최유경유아놀이교육연구소 책 만들기 시리즈 ⑤ – 문학적 수준으로의 읽기와 쓰기를 위한 첫 발

책 만들기를 통한 창의적 언어교육 V

For Ring Binding, Stick, Box, Stitch & Cover Books

최 유 경 著

WOWPLAY

생각하고, 생각하고 또 생각하고 표현하고, 표현하고 또 표현한다.

매일, 짧게라도, 꾸준히 쓰기를 실천하자!

삐뚤빼뚤 종이를 절반으로 접고 듬성듬성 축하 글과 그림을 담은 카드 만들기로 첫 발을 내딛기 시작한 책 만들기 활동이 이제 다양한 방식의 제본과 표지가 있는 책을 마지막으로 그 끝을 맺고자 한다. 카드의 양끝을 맞추어 접지도 못하고 글자 쓰기 이전 단계의 유아들과 학교와 학원을 뛰어다니느라 자신의 주변을 돌아볼 여유도 없고 필요성 또한 느끼지 않으며, '글쓰기는 지겨워' 라는 생각이 이미 마음 한구석에 자리 잡은 초등학생들과 시작한 책 만들기 활동은 어린이, 교사 그리고 저자의 고민과 한숨으로 출발했다. 책 만들기와 글쓰기는 지도하는 교사와 참여하는 어린이 모두에게 비공식적으로 추가된 과제와 같은 부담감으로 만남이 시작되고 한 걸음씩 내딛을 때 마다 다양한 고민이 쏟아져 나왔다. 어린이들은 시간을 쪼개어 매일 또는 꾸준히 글을 써야 한다는 부담감과 더불어 글쓰기는 어렵고 지겨운 활동이라는 생각으로 마지못해 참여하는 모습에서 미안함마저 느껴야 했다. 이들을 지도하는 교사와 부모는 무엇을 어떻게 쓰고 표현하도록 해야 하는지 끊임없는 고민과 어려움에 좌절과 불안감을 토로했다.

생각보다 어려워요!
어떻게 해야 할지 모르겠어요.
이렇게 해도 되나요?
대충 써버려요.
아이들마다 쓰는 방법(또는 속도)이 달라서 진행하기가 어려워요.
같이 하면 서로 똑같이 또는 비슷하게 써서 이야기가 다 같아져요.
학교와 학원 숙제를 하다 보면 책을 만들고 글쓰기를 할 시간이 없어요.
그림 그리기만 좋아하고 글은 안 쓰려고 해요.
자기 마음대로만 쓰려고 해요.
문법에 맞지 않는 부분은 어떻게 지도해 주어야 하나요?

길고 힘든 과정에서 고민을 이야기하고 해결방법을 찾기 위한 끊임없는 숙고의 시간이 늘어나면서 점차 조그마한 변화의 모습을 읽을 수 있게 되었다. 어린이와 교사는 자신의 글과 작품을 통해 조금씩 용기를 얻고 자신감을 갖으며 스스로 발전된 모습을 읽어 나갔고 이를 지켜보는 저자는 미안함과 안타까움에서 본 활동의 의미와 가치를 보여줄 수 있는 행복함에 감사할 수 있게 되었다. 끼적거리기에서 시작하여 표준적 쓰기에 이르기까지 상이한 발달단계의 영유아와 어린이를 대상으로 책을 만들고 문학적이며 논리적으로 생각을 표현하도록 이끄는 방법과 과정은 주어진 시간 내에 만족할만한 답변을 보여주기 어려운 과제이기에 이해하기 쉽고 실천할 수 있는 생활 속 방법을 통해 책 만들기의 매력을 느끼고 표현의 가치를 이해할 수 있도록 매일, 짧게라도, 꾸준히 쓰기를 강조했다. 이를 위해 영아에서 초등학생에 이르기까지 몇 가지 전략을 실천할 수 있어야 함을 강조했다.

영아기 부터 끼적거리기(낙서)를 즐기게 한다. – 마음껏 끼적거릴 수 있도록 다양한 종이를 준비해 주세요!
어린이의 끼적거리기에 관심을 갖고 그 자료를 소중히 여긴다. – 절대로, 절대로 낙서한 종이도 버리지 마세요!
끼적거린 내용에 질문을 던지고 날짜를 적어준다. – 언제, 무엇을 표현한 것인지 이야기를 듣고 받아 적어주세요!
낱장의 그림이나 글 조각 종이들을 모아서 한 권의 책으로 묶어준다. – 구슬이 서 말이라도 꿰어야 보배에요!
끼적거린 종이를 모아 엮은 낙서책을 함께 읽고 이야기 나눈다. – 다른 사람의 관심은 어린이에게 중요한 동기가 될 수 있어요!
하얀색의 사각 종이 외에 다양한 색깔과 모양의 종이를 제공한다. – 보기에 예쁘면 맛도 좋아요!
이야기의 틀을 정하지 않는다. – 말도 안 되는 이야기도 참고 귀담아 들어주세요!
틀린 글자와 문법이라도 성인이 고치지 않는다. – 우리는 빨간펜 선생님이 아니에요!
부모님도 나름의 주제로 매일 글을 쓴다. – 자녀를 탓하기 전에 자신의 생활을 되돌아보세요!
책을 완성하거나 글쓰기가 끝난 후 다시 읽는다. – 다시 읽기는 쓰기만큼 중요한 과정이에요.
…………………………….

끝없이 제시하는 전략들은 일상적이고 익숙한 지침으로 그 목적과 의미 또한 별도의 설명이 필요치 않음을 느끼게 될 것이다. 다만 모두가 알고 있음에도 불구하고 많은 시간과 힘든 과정을 생략하며 이를 실천하지 못하는 우리의 게으름이 생각의 힘과 표현의 아름다움을 느끼지도 못한 채 흘려보내고 있는 것이 아닌지 끊임없이 반문하는 자세가 필요하지 않을까?

『책 만들기를 통한 창의적 언어교육Ⅴ』은 지난 10여 년 간 온 마음을 다해 함께 해 온「최유경유아놀이교육연구소 책 만들기 시리즈」의 완결판으로 최유경유아놀이교육연구소에서 실시하고 있는「책 만들기를 통한 문해 활동 전문가과정(초급)」의 12주 교육과정 중 마지막 주에 진행되는 교육내용과 더불어 강의를 통해 소개되지 않았던 도구와 재료를 이용한 책 만들기 활동으로 구성하였다. 기존의 접기를 바탕으로 책 형태에 가까운 제본 방식을 통해 보다 깊이 있는 글쓰기로 나아갈 수 있도록 다양한 도구를 활용한 제본 및 표지 만들기를 통해 진행할 수 있는 책 만들기 활동을 소개하였다.

제 5집은 여덟 가지 유형의 책 만들기 방식을 28가지 문해 활동으로 구성하였다.
CHAPTER 1은 링 제본기사용방법과 외겹접기, 전통접기, 양장접기, 테두리접기 링 제본책을 활용한 문해 활동
CHAPTER 2는 덮개 카드, 병풍접기, 다면접기, 양문접기 링 제본책을 활용한 문해 활동
CHAPTER 3은 다단 외겹접기, 다단 테두리접기, 다단 양문접기 링 제본책을 활용한 문해 활동
CHAPTER 4는 주머니 접기, 접착주머니, 봉투 링 제본책을 활용한 문해 활동
CHAPTER 5는 계단, 모양, 필름, Pop-Up 링 제본책을 활용한 문해 활동
CHAPTER 6은 태그, 아일릿, 포스트, 책철을 활용한 문해 활동
CHAPTER 7은 막대, 상자, 꿰매기 제본을 활용한 문해 활동
CHAPTER 8은 양면 보드 표지책, 책등이 있는 표지책, 소품을 활용한 나만의 책 만들기 활동으로 이루어져있다.

책 만들기에 첫 발을 내딛는 교사와 부모, 영아에서 유아뿐만 아니라 초등학교와 중· 고등학교의 글쓰기 교육과 독서 교육에 폭넓게 활용될 수 있도록 간단한 유형의 책 만들기를 통한 표현 활동에서부터 높은 수준의 책 만들기를 통한 글쓰기 활동을 다루었고 다양한 연령의 어린이들과 작가의 작품을 통해 활동에 대한 이해의 폭을 넓힐 수 있도록 각각의 활동에 따른 작품을 소개하였다. 더불어 교육현장과 가정에서 교사와 부모의 수업 준비를 직접적으로 지원하고 아름다운 책 만들기를 이끌어줄 수 있도록 CD-ROM을 부록으로 제작하였다. CD-ROM에는 이 책에 소개된 책 만들기를 위한 생각 모으기 활동지와 라벨 자료가 유형별로 제공된다.

「책 만들기를 통한 창의적 언어교육Ⅰ·Ⅱ·Ⅲ·Ⅳ」의 첫 발걸음부터 시리즈를 끝마치는 이 순간까지 오랜 시간 함께 하며 연구위탁기관으로 참여해 주신 꽃동산유치원·꿈꾸는 아이들 어린이집·경기도청어린이집·소망어린이집·수원여자대학부설어린이집·쑥쑥이어린이집·엔젤킹덤어린이집·유정유치원·혜전대학부속유치원의 기관장님들, 촉박한 일정 속에서 매주 어린이들과의 책 만들기 활동을 위해 수고를 아끼지 않고 활동을 이끌어주신 선생님들, 힘들고 지루한 글쓰기 활동에 인내심을 갖고 생각을 풀어내 준 어린 친구들, 자녀와 함께 글쓰기의 어려움을 몸소 체험하며 이해의 폭을 넓혀주신 부모님들, 본 연구소의「책 만들기를 통한 문해 활동 전문가과정」을 통하여 연구 활동과 작품 위탁에 협조해 주신 선생님들, 힘든 교육과정 속에서 과제물에 시간을 쪼개어 생각과 마음을 보내준 새마을연수원보육교사교육원, 수원여자대학 아동보육과 그리고 경원대학 생활보육과 학생들, 첫 걸음부터 도착지에 이르기까지 힘든 내색 없이 즐거운 마음으로 수고해 주신 디자이너 이홍님, 작품 제작과 연구 진행을 위해 묵묵히 수고해주신 박현희 연구원과 정현숙 연구원, 마지막으로 촬영과 편집을 위해 시간을 쪼개어 힘을 더해 준 양수용님과 최유정 선생님께 짧은 글로 큰 고마움을 전합니다.

나는 세상의 일부분이고 세상은 수없이 다양한 나를 껴안고 있음을 느낄 때 같지만 다른 무수히 많은 나를 보게 된다. 무심코 곁을 스쳐가는 수많은 나를 바라보는 시선이 보다 따뜻해지고 편안해질 수 있기를 겸허한 마음으로 꿈꾸어본다. 눈을 들어 바라 본 창밖에서 나뭇잎 사이로 비춰지는 햇살을 발견하고 그 빛줄기에 이끌려 나선 마당 앞에서 귓가를 스쳐가는 바람 한 줄기를 느낄 때마다 세상의 아름다움을 다시금 느끼고 행복함에 빠져든다. 나를 둘러싼 이 모든 세상과 그 안의 존재에 대하여 더없이 감사함을 느끼는 오늘, 또 다른 나를 세상에 내보인다. 끊임없이 변하는 나와 마주한 이들이 함께 세상의 아름다움을 느끼고 이를 존중하며, 손잡을 수 있기를 바라는 마음만이 간절하다. 이 책을 통해 같지만 또 다른 이들이 만나 삶의 일부분을 서로 나눌 수 있는 시간을 갖게 되길 염원하며 긴 여정을 끝맺는다.

2009년 2월

최유경유아놀이교육연구소 소장 최 유 경

연구위탁기관 · 연구참여기관

꽃동산유치원 · 유정유치원 · 혜전대학부속유치원 · 꿈꾸는 아이들 어린이집 · 경기도청어린이집
수원여자대학부설어린이집 · 쑥쑥이어린이집 · 아이사랑어린이집 · 엔젤킹덤어린이집 · 현대열린어린이집
경원대학교 생활보육과 · 수원여자대학 아동보육과 · 새마을중앙연수원부설보육교사교육원

지도교사 · 참여교사 · 참여학생

강선영 · 강명숙 · 강윤미 · 강정숙 · 곽혜진 · 권효주 · 김경미 · 김문정 · 김미숙 · 김미영 · 김수진[1] · 김수진[2]
김연자 · 김연하 · 김영아 · 김인영 · 김지영 · 김진영 · 김진희 · 김현정 · 나현숙 · 류경숙 · 류인선 · 방인숙
박경희 · 박미란 · 박민정 · 박선희 · 박성숙 · 박수진 · 박영주 · 박윤희 · 박정님 · 변영옥 · 서해경 · 성미란
송의경 · 송하나 · 오은주 · 왕선미 · 연영인 · 오애랑 · 유미선 · 유선경 · 유선영 · 유제은 · 이명숙 · 이미경
이선영 · 이승희 · 이아영 · 이영미 · 이은주 · 이주연 · 이지혜 · 이화옥 · 이혜진 · 인선화 · 장미정 · 장세희
장혜령 · 전지영 · 정은미 · 조순예 · 조은수 · 조희정 · 최선희 · 최유정 · 최필녀 · 최혜정 · 한미희 · 함경주
함슬기 · 황보영 · 황순영 · 허은선 · 허정민

함께 한 어린이들

강다혜 · 강민지 · 강석환 · 강태웅 · 고경민 · 고주성 · 고희은 · 구본민 · 권유진 · 권현선 · 권혁민 · 김가연
김가은 · 김가현 · 김고운 · 김광욱 · 김광채 · 김기욱 · 김다은 · 김다인 · 김다운 · 김령현 · 김민지 · 김민경
김민정 · 김병권 · 김보래 · 김선영 · 김성연 · 김수진 · 김신득 · 김운진 · 김예진 · 김재연 · 김재엽 · 김재훈
김재희 · 김정찬 · 김주영[1] · 김주영[2] · 김지선 · 김지수 · 김지우 · 김지태 · 김지현 · 김찬영 · 김찬진 · 김태정
김혜민 · 김희진 · 나용준 · 나예슬 · 나종원 · 나지원 · 남준영 · 남하연 · 남현욱 · 노예림 · 도서원 · 도하은
류시현 · 류태현 · 문민선 · 문성백 · 문성빈 · 문정원 · 문혜성 · 박가을 · 박병연 · 박보경 · 박상현 · 박수경
박예지 · 박유정 · 박유진 · 박정은 · 박종훈 · 박진희 · 박희준 · 배서영 · 변 관 · 문소정 · 백수빈 · 백유니
백유빈 · 서준일 · 선현규 · 손동우 · 손성민 · 송교원 · 송현욱 · 송신영 · 송채린 · 송현규 · 신미주 · 신민기
신은철 · 신현준 · 신현호 · 신현재 · 신혜민 · 심규호 · 안가현 · 안성환 · 양우석 · 오지현 · 왕수진 · 엄희윤
여승엽 · 오동혁 · 유동민 · 유수진 · 유승원 · 유예린 · 유하영 · 윤나은 · 윤상준 · 윤선영 · 윤성한 · 윤주희
윤효곤 · 이건혁 · 이건호 · 이경동 · 이경창 · 이나영 · 이다인 · 이다혜 · 이병호 · 이승원 · 이아민 · 이영재
이예인 · 이예현 · 이우민 · 이원형 · 이유진 · 이용채 · 이재빈 · 이정수 · 이준태 · 이지영 · 이지우 · 이채영
이채원 · 이혜진 · 이효제 · 임도현 · 임성주 · 임재상 · 임현영 · 장민혁 · 장영준 · 전주희 · 전 진 · 전찬호
전태현 · 정세린 · 정승환 · 정연서 · 정우손 · 정원준 · 정유빈 · 정재빈 · 정채영 · 정현준 · 조민곤 · 조상호
조성민 · 조성태 · 조소영 · 조재길 · 조한솜 · 주연우 · 주현지 · 진예진 · 채 연 · 최가희 · 최덕준 · 최성원
최세진 · 최여진 · 최용주 · 최원준 · 최원희 · 최찬희 · 최희연 · 한 율 · 한은수 · 한의정 · 한채원 · 황은정
황보영 · 황성영 · 황승민 · 황태랑 · 허영재 · 허채영 · 홍강래 · 홍다빈 · 홍성익

함께 한 부모님들

강선덕 · 권오영 · 권희순 · 김경자 · 김동은 · 김미옥 · 김삼필 · 김상복 · 김연태 · 김윤자 · 김재경 · 김지현
김필진 · 나성일 · 박경옥 · 박성옥 · 박연춘 · 박유정 · 박은희 · 박희숙 · 서해경 · 손영철 · 송정애 · 신미섭
신종희 · 신화태 · 안미선 · 안정미 · 여제호 · 오연욱 · 오진희 · 우선하 · 유정례 · 유재문 · 이규순 · 이금영
이미라 · 이성식 · 이소연 · 이영미 · 이웅식 · 이재명 · 이정숙 · 이정희 · 장환희 · 전수임 · 전창봉 · 정문숙
정원정 · 정호선 · 조근영 · 조미경 · 조미영 · 조수정 · 조연진 · 주경미 · 주 현 · 지소영 · 차은주 · 최미선
최영주 · 최우석 · 최윤경 · 한정숙 · 황우정

CD-ROM 실행 방법

CD-ROM에는 책 만들기에 필요한 생각 모으기 활동지와 라벨이 문서 파일 한글 2002로 제작(한글 프로그램 미 설치자를 위한 한글 viewer 설치)되어 있습니다. CD-ROM을 CD drive에 삽입하면 프로그램이 자동 실행되고 활동자료의 제목이 화면에 나타납니다. 사용하고자 하는 생각 모으기 활동지 또는 라벨 제목을 클릭하면 해당 문서가 열립니다.
CD-ROM에 실린 자료 목록은 부록에 소개되어 있으므로 이를 참고하시기 바랍니다.

CD-ROM 활용 방법

CD-ROM의 자료를 사용할 때에는 선택한 자료의 유형을 확인하고 흑백 또는 컬러 프린터에 적합한 용지 (A4 복사용지 또는 Formtec Label)를 삽입하여 흑백 또는 컬러 출력합니다. 생각 모으기 자료는 흑백으로 제작되어 있고 라벨 자료는 흑백과 컬러로 각각 제작되어 있으므로 원하는 유형의 라벨을 선택하여 흑백 또는 컬러 인쇄합니다. 사용하는 자료가 Formtec Label인 경우 제품은 시중 문구점에서 구입할 수 있으며, 각각의 제품은 20매 또는 100매 단위로 포장되어 판매되고 있습니다. 생각 모으기 활동지는 A4 복사용지 크기에 맞추어 제작되어 있으므로 복사용지(80g/㎡) 또는 A4 크기의 다양한 용지를 이용하여 출력하고 필요한 매수만큼 복사하여 사용합니다. 어린이의 발달단계 또는 활동 유형에 따라 A4 용지가 작은 경우 B4 또는 A3 용지에 확대 복사하여 사용할 수 있으며, 확대 복사하여 사용할 경우 확대 비율은 다음과 같습니다.

- A4 → B4 확대 시 122%
- A4 → A3 확대 시 141%

모양 본 제작 방법 및 사용방법

책 만들기 활용에 필요한 모양 본을 제작하는 방법은 다음과 같습니다.

① A4 복사용지에 필요한 형태의 모양을 그리거나 본 뜬다.
② 복사 용지에 그린 모양 선을 따라 자른다.
③ 선을 따라 자른 모양 종이를 마분지(500g) 또는 P.P 필름(500mic) 위에 올려놓고 유성펜을 이용하여 모양을 본뜬다.
④ 모양을 본 뜬 마분지 또는 P.P 필름을 선을 따라 자른다.
⑤ 모양 본이 뾰족한 경우 어린이에게 제공하기 전에 모양 본 사용 시 주의사항을 알려준다.

CD-ROM 자료 사용 시 주의할 점

CD-ROM 자료 사용은 다음의 규정에 따릅니다.

1. CD-ROM에 실린 자료는 계약을 통해 허용한 경우를 제외하고 어떠한 부분도 출판물로 다시 만들거나 데이터로 저장될 수 없습니다. 또 서면 허가 없이는 어떤 방법으로나 형식으로도 다른 곳에 인용될 수 없으며 이에 대한 문의는 출판사로 연락하시기 바랍니다.
2. CD-ROM의 자료 사용은 교육 기관 및 가정의 교육 활동 내에서 허용됩니다.
3. CD-ROM의 자료는 판매하거나 대여하지 못합니다.

「책 만들기를 통한 문해 활동 전문가과정」 강좌 안내

「책 만들기를 통한 문해 활동 전문가과정」의 차시별 교육내용 및 수강신청 방법에 대한 자세한 사항은 최유경유아놀이교육연구소 홈페이지(www.wowplay.org)를 통해 소개되어 있으므로 참고하시기 바랍니다.

지류 및 재료 구입 안내

교육기관과 가정에서 편리한 책 만들기 활동을 지원하기 위하여 다양한 규격과 색상의 지류, 접착 주머니, 투명 CD, 뉴칼라 봉투, 뉴칼라 편지지를 개발 및 제작하여 판매하고 있습니다. 제품 구입에 따른 규격 및 단가표와 구입 방법 및 구입 신청서는 부록으로 제공된 CD-ROM에 소개되어 있으므로 이를 참고하시기 바라며, www.wowplay.org에서 구입하실 수 있습니다.

최유경유아놀이교육연구소 책 만들기 시리즈 5
문학적 수준으로의 읽기와 쓰기를 위한 첫 발
책 만들기를 통한 창의적 언어교육 V
For Ring Binding, Stick, Box, Stitch & Cover Books

초판 1쇄 인쇄 2009년 3월 15일
초판 1쇄 발행 2009년 3월 20일

저　　자 최유경
발 행 인 최유경
발 행 처 WOWPLAY
디자이너 이　홍
사　　진 양수용
CD 제작 미래미디어
인　　쇄 성인문화사

주　　소 465-010 경기도 하남시 덕풍동 774-1번지 1F
전　　화 031. 792. 4057
F A X 031. 792. 4059
Home-page http://www.wowplay.org
E-mail wowplay@wowplay.org
등　　록 2005. 1. 26. 제 303-2005-00004호

I S B N 978-89-91911-11-6 98370(세트)
978-89-91911-12-3 98370

I S B N(CD-ROM)
978-89-91911-11-6 98370(세트)
978-89-91911-13-0 98370

값 1세트(CD 1매 포함) 32,000원

CHAPTER 1

접기를 활용한 링 제본책 문해 활동 Ⅰ

Literacy Activities through Folding Ring Binder Books Ⅰ

- 링 제본기 사용방법
- 외겹접기 링 제본책
- 전통접기 링 제본책
- 양장접기 링 제본책
- 테두리접기 링 제본책

링 제본기 사용방법

준비물

- **표지** | P.P 필름 사선 · 샌딩(500mic) A4 · B5
  | 종이 커버(210g/㎡~280g/㎡) A4 · B5
  | PVC 필름(200mic · 300mic) B5 · A4 · A3
  | 다양한 규격의 보드
- **내지** | 다양한 크기의 양면색지
  | P.P 필름 · PVC 필름
  | 편지봉투 · 카드봉투 · 접착주머니
- **플라스틱 링** 6㎜~51㎜
- **링 제본기**

- **플라스틱 링 제본기 주요 명칭**

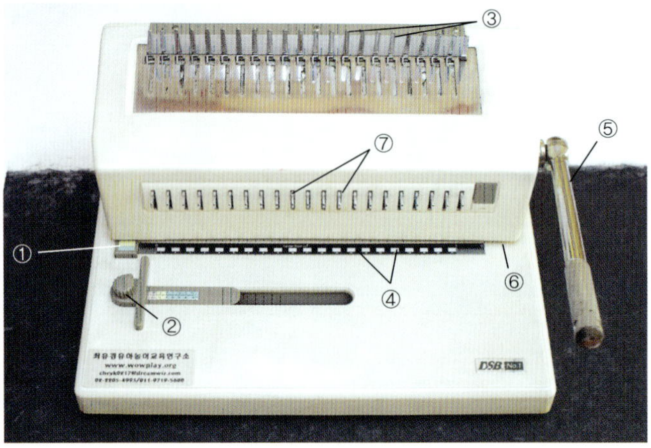

① 천공 깊이 조절판 ② 페이퍼 가이드 ③ 링 가이드
④ 천공 위치 ⑤ 타공 핸들 ⑥ 천공 홈 ⑦ 천공 조절핀

- **표지 · 내지**

⑧ P.P 필름(샌딩) ⑨ P.P 필름(사선) ⑩ 종이 커버
⑪ 양면 색지 ⑫ 편지봉투 ⑬ 접착주머니

- **플라스틱 링**

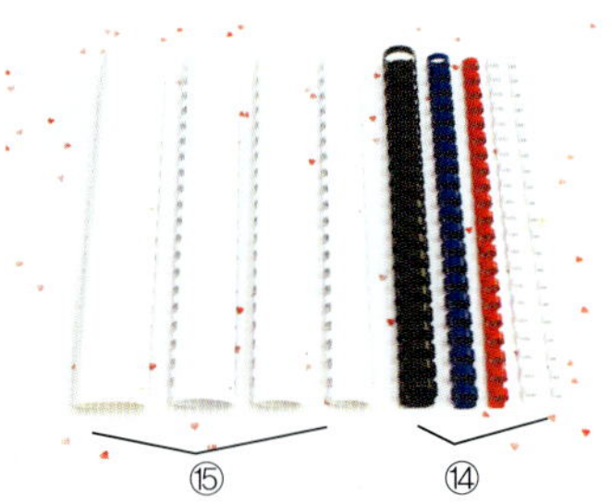

⑭ 원형 플라스틱 링 | 6㎜~28㎜
⑮ 타원 플라스틱 링 | 32㎜~51㎜

Tips

- 플라스틱 링 제본기 외에 스프링 노트와 같은 제본이 가능한 와이어 제본기가 있어요. 와이어 제본기가 있는 경우 플라스틱 링 제본기 대신에 사용하세요. 그러나 소개된 책을 만들기 위하여 제본기를 구입하는 경우 와이어 제본기 보다 는 플라스틱 링 제본기를 구입하는 것이 좋아요.

- 플라스틱 링 제본기는 사용방법이 간단하고 강한 힘을 요구하지 않으므로 낮은 연령의 어린이도 성인의 지도에 따라 쉽게 사용할 수 있고 사용방법이 익숙해지면 초등생 이상의 어린이는 스스로 제본하는데 어려움이 없어요. 그러나 와이어 제본기는 사용방법이 다소 복잡하고 강한 힘을 요구하므로 어린이가 사용하는데 어려움이 있어요.

- 플라스틱 링 제본기는 제조사에 따라 제품사양에 차이가 있으므로 사용방법에 약간의 차이가 있을 수 있어요.

- 표지는 내지 유형과 표현 내용에 따라 사선이 있는 불투명한 색깔의 P.P 필름 · 사선이 없는 샌딩 P.P 필름(500mic) 그리고 PVC 필름(200mic · 300mic)을 사용할 수 있어요. 표지로 OHP 필름을 사용하면 기계 손상의 주된 요인이 되고 책의 견고성이 떨어지므로 사용하지 않도록 주의하세요.

- 책의 유형에 따라 표지는 P.P 필름 대신 종이 표지를 사용할 수 있어요. 종이 표지는 시중에서 판매되는 제본 표지 제품이나 평량이 높은 지종을 사용하세요.

- A4 규격 외의 책을 제본하는 경우 P.P 필름이나 종이 표지는 사용하는 내지의 크기에 따라 재단하여 사용하세요. 이때 P.P 필름은 어린이가 반듯이 자르기 어려우므로 성인이 알맞은 크기로 재단하여 제공해 주세요.

- 내지 크기에 따라 P.P 필름을 재단하여 사용하는 경우 모서리 부분이 날카로워 다칠 수 있으므로 가위로 둥글게 처리하여 제공하세요.

- 링은 6㎜~51㎜ 까지 크기와 색상이 다양하므로 제본량과 용지 색상에 따라 적절한 크기와 색상의 링을 구입하여 사용하세요. 링의 크기에 따른 제본매수는 복사용지(80g/㎡)를 기준으로 제시되어 있으므로 사용하는 지종의 평량에 따라 사용하는 링의 크기는 달라질 수 있어요.

- A4 규격 외의 책 제본 시 남는 링 부분은 잘라내고 P.P 필름과 같이 양 끝 모서리 부분을 둥글게 처리하여 다치지 않도록 주의하세요.

- 링 제본책은 플라스틱 링의 앞면을 이용하여 책등을 꾸밀 수 있어요. 책등에는 유성펜, 스티커, 라벨 등을 이용하여 제목, 지은이, 출판사 명을 적거나 그림을 그려 꾸미세요.

- 규정된 매수 이상을 타공하면 링 제본기가 손상될 수 있으므로 지종에 따라 매수를 조절하여 타공하세요. P.P 필름은 1매, 지류는 5매 정도씩 타공하는 것이 적절해요.

사용방법

1 천공깊이조절핀을 원하는 깊이로 조절하고 A4 크기의 P.P 필름과 내지의 위아래 부분이 천공핀에 걸리지 않도록 페이퍼가이드를 맞추어 타공한다.

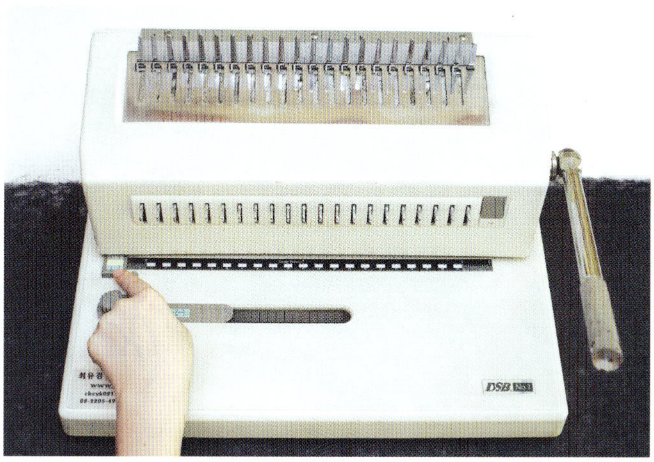

❶-1 천공깊이조절핀 조절하기

1단 조절핀 타공시 | 2단 조절핀 타공시 | 3단 조절핀 타공시

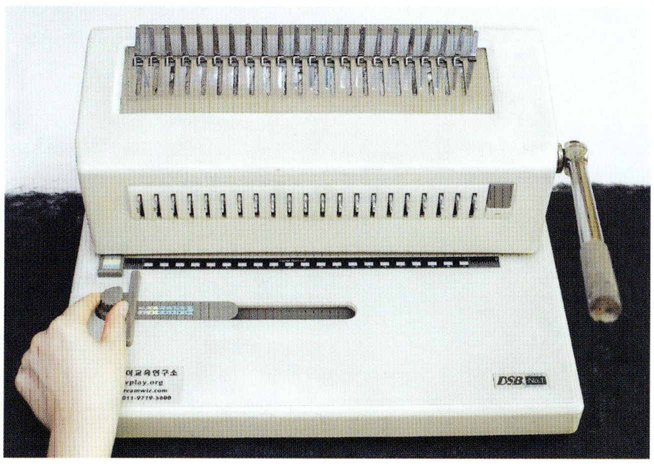

❶-2 페이퍼가이드 맞추기

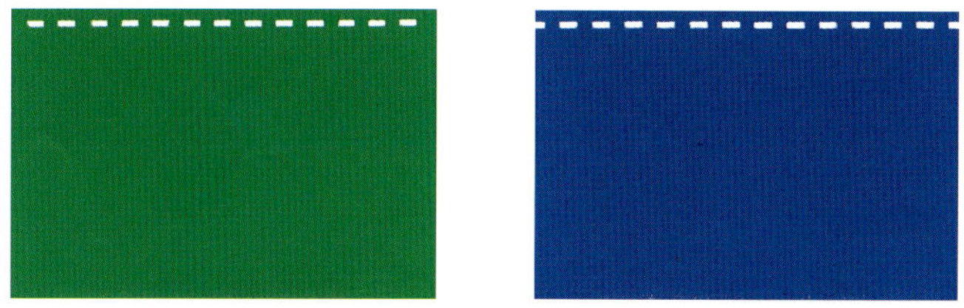

페이퍼가이드를 바르게 조절하여 맞춘 경우

페이퍼가이드를 잘못 조절하여 맞춘 경우

2 P.P 필름은 1매씩 그리고 내지는 천공 매수에 맞추어 5~10매 정도씩 1~2회로 나누어 타공한다.

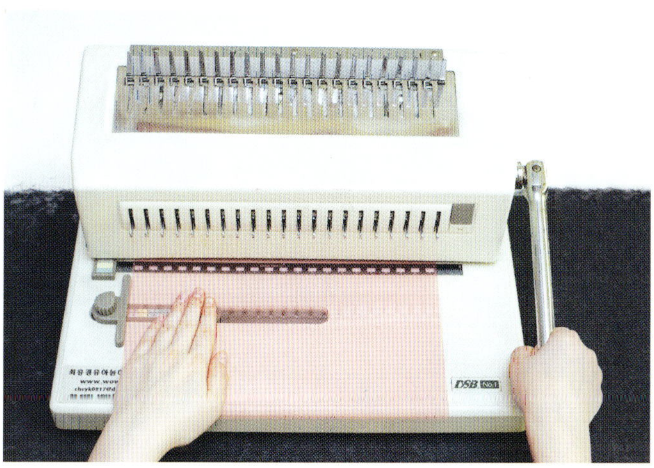

❷-1 P.P 필름 1매씩 타공하기

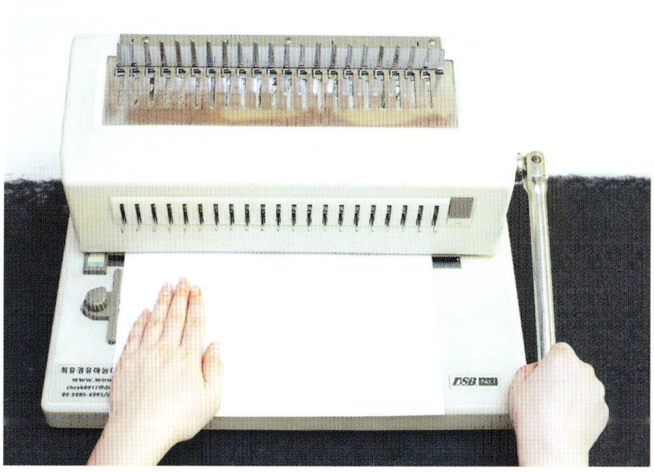

❷-2 내지 5~10매씩 타공하기

3 플라스틱 링의 열려진 부분이 위로 향하게 링 가이드에 끼우고 핸들을 앞으로 내리거나 뒤로 젖혀서 적당한 넓이로 벌린다.

❸-1 링 가이드에 플라스틱 링 끼우기

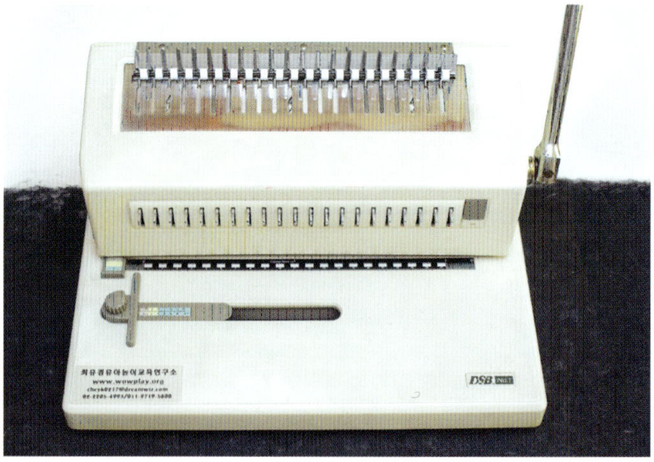

❸-2 링 벌리기

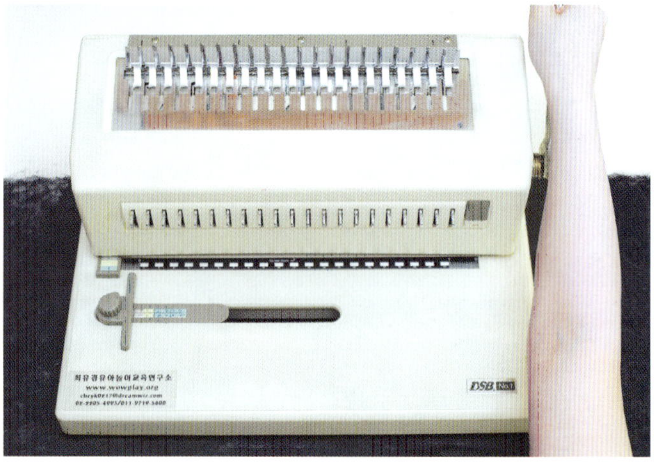

4 내지 앞뒷면에 P.P 필름을 각각 덮어 가지런히 맞추고 벌려진 플라스틱 링 사이에 타공 부분을 맞추어 끼운다.

5 핸들을 앞으로 내리거나 뒤로 젖혀서 원 위치 시킨 후 링 제본된 책을 링 가이드에서 빼낸다.

- A4 크기 외의 링 제본책 만들기

6 A4 크기의 P.P 필름을 만들고자 하는 책의 내지와 같은 크기로 앞표지와 뒷표지로 사용할 2매를 자른다. 자른 표지 필름 2매의 뾰족한 모서리를 가위로 각각 둥글게 자른다.

❻-1 P.P 필름의 네 모서리를 둥글게 자르기

❻-2 내지와 같은 크기로 표지 P.P 필름 자르기

7 표지 필름 사이에 내지를 끼워 링 제본하고 플라스틱 링의 남는 부분을 잘라낸다. 플라스틱 링 위 · 아래 면의 뾰족한 끝 부분을 가위로 각각 둥글게 자른다.

❼-1 남는 링 잘라내기

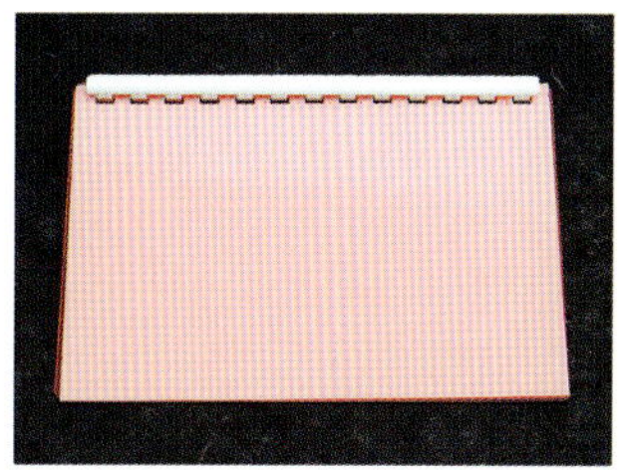

❼-2 자른 링의 양 끝부분을 둥글게 처리하기

- 전체를 타공하지 않고 일부분만 타공하여 제본하기

8 준비한 표지와 내지의 크기에 맞추어 페이퍼가이드를 조절하고 타공 위치를 맞춘다. 타공하지 않을 위치의 천공조절핀을 앞으로 잡아당긴 후 타공한다.

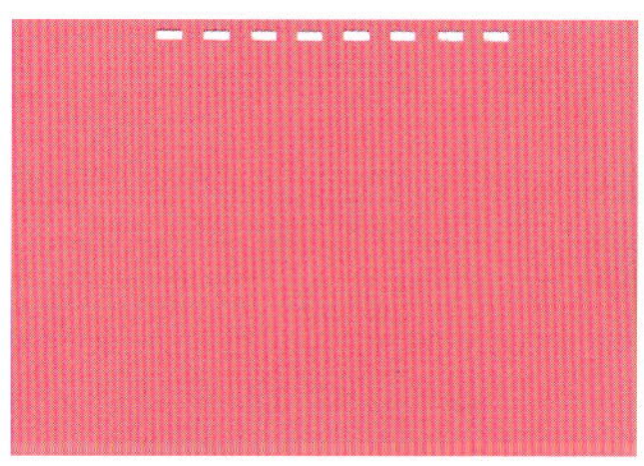

❽-1 양끝 부분의 천공조절핀을 잡아당기고 타공한 예

❽-2 중앙 부분의 천공조절핀을 잡아당기고 타공한 예

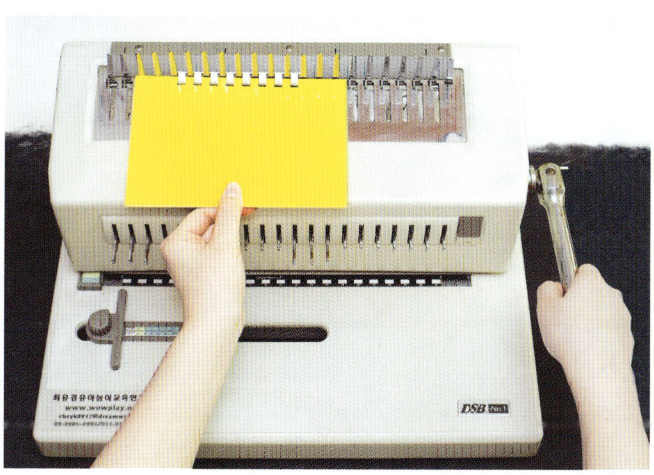

9 내지 앞뒷면에 P.P 필름을 각각 덮어 링 제본하고 플라스틱 링의 남는 부분을 잘라낸다. 플라스틱 링 위 · 아래 면의 뾰족한 끝 부분을 가위로 각각 둥글게 자른다.

❾-1 자른 링의 양 끝부분을 둥글게 처리하기

외겹접기 링 제본책

준비물

- **표지** | P.P 필름 A4 1매
- **내지** | 양면 색지 135㎜×195㎜ 6매
- **속지** | 양면 색지 115㎜×175㎜ 12매
- **플라스틱 링 12㎜ 1개**
- **플라스틱 링 제본기**

- 이유진(만 3세). 파랑이와 노랑이. 135㎜×195㎜.
- 활용도서 | 레오 리오니(2003). 파랑이와 노랑이. 물구나무.

- 김정찬(만 4세). 그림책은 재미있어요. 135㎜×195㎜.
- 표지 | P.P 필름 135㎜×195㎜ 2매
- 내지 | 뉴칼라 135㎜×195㎜ 9매
- 속지 | 뉴칼라 115㎜×175㎜ 10매
- 플라스틱 링 10㎜ 1개
- 나의 그림책 라벨 3621(CD-ROM)
- 나의 그림책 생각 모으기(CD-ROM)

- 강석환(초등 1년). 우리 순이 어디 가니? 150㎜×205㎜.
- 활용도서 | 윤구병 글 · 이태수 그림(1999). 우리 순이 어디 가니? 보리.
- 표지 | P.P 필름 150㎜×205㎜ 2매
- 내지 | 뉴칼라 150㎜×205㎜ 11매
- 속지 | 복사용지 135㎜×190㎜ 21매
- 플라스틱 링 12㎜ 1개

- 경기도청어린이집 친구들(만 3세). 엄마와 아빠와 나. 120㎜×290㎜.
- 표지 | P.P 필름 120㎜×290㎜ 2매
- 내지 | 뉴칼라 120㎜×290㎜ 5매
- 속지 | 뉴칼라 100㎜×270㎜ 6매
- Formtec Label 3105
- 플라스틱 링 10㎜ 1개

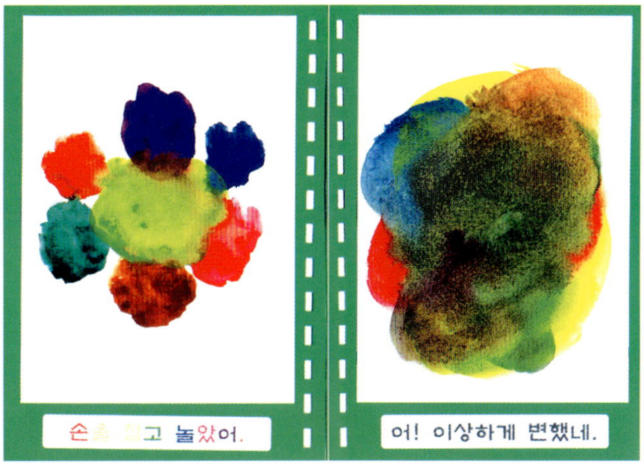

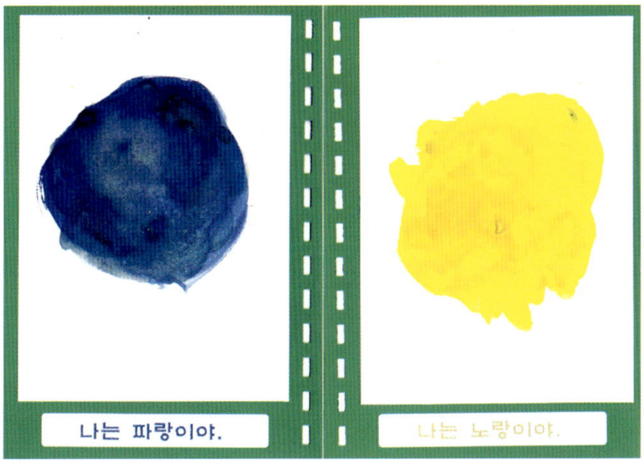

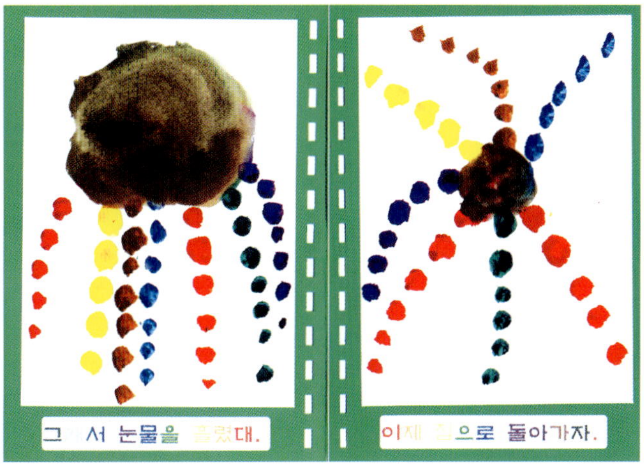

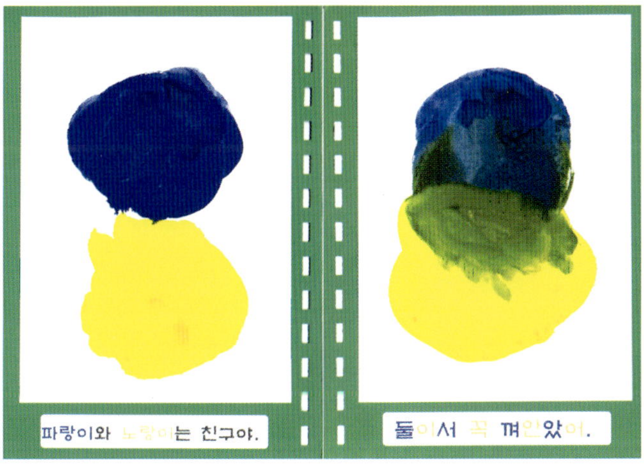

생각 모으기

Q. 접지 않은 한 장의 카드를 무슨 접기라고 할까요?

A.

Q. 외겹접기로 만든 링 제본 책을 이용하여 할 수 있는 문해 활동을 생각하고 적어보세요.

A.

Q. 외겹접기를 이용하여 링 제본 책을 만들 때 고려해야 할 점은 무엇일까요?

A.

Q. 외겹접기를 이용하여 만들 수 있는 링 제본 책의 다양한 크기 외 형태를 생각하고 그려보세요.

Tips

- 그림과 글의 표현 내용과 양에 따라 다양한 크기의 라벨을 이용하세요. 이때 라벨의 크기와 붙이는 방법에 따라 적절한 크기의 속지와 제본 형태를 고려하여 만들어보세요.

- 영유아가 그림만 그린 내지는 표현 내용에 대하여 이야기 나누고 교사 또는 부모님이 이야기를 받아 적어주거나 라벨이나 다양한 색깔의 종이에 인쇄하여 붙여주세요.

- 글을 받아 적을 때 그림의 여백 부분 중 일정한 위치를 정하여 정자로 적고 그림과 글이 어울리도록 그림에 적절한 색깔의 펜을 사용하세요. 글이 완성되면 어린이와 함께 읽는 시간을 갖으세요.

만들기

1 P.P 필름 자르기

- A4 규격의 P.P 필름을 135㎜×195㎜ 크기로 자르고 2매의 필름 모서리를 각각 둥글게 처리하여 제공한다.

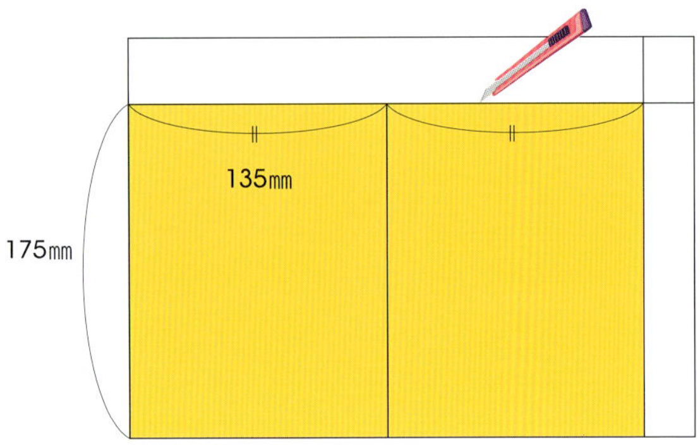

A4 P.P 필름

2 외겹접기 내지 포개기

- 135㎜×195㎜ 크기의 외겹접기 내지를 필요한 매수만큼 준비하여 포갠다.

3 표지 필름과 외겹접기 내지 맞추기

- 외겹접기 내지 앞뒷면에 표지 필름을 겹쳐 보고 크기가 맞는지 확인한다.

4 링 제본하기

- 표지 필름 2매를 각각 1매씩 타공한다.
- 외겹접기 내지를 포개어 타공한다.
- 외겹접기 내지 앞뒷면에 표지 필름을 덮고 링 제본한다.
- 남는 링 부분은 잘라내고 모서리를 둥글게 처리한다.

5 속지 붙이기

- 내지의 색상에 따라 필요한 경우 표현 내용과 사용하는 재료에 따라 다양한 크기와 색상을 사용한다.

6 앞표지 꾸미기

- 외겹접기 내지 첫 면에 제목, 지은이, 앞표지 그림, 출판사 명 등을 꾸민다.
- 본문 면을 완성하고 앞표지를 꾸미도록 할 수 있다.

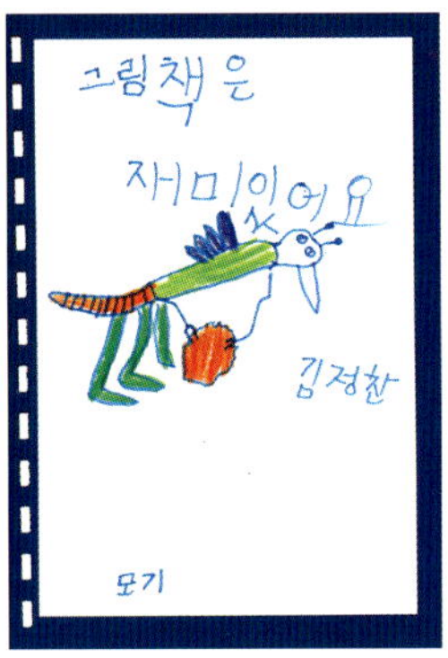

7 본문 면 꾸미기

- 앞표지를 꾸민 외겹접기 내지의 두 번째 면부터 활동 내용과 주제에 따라 자유롭게 그림과 글을 담아 꾸민다.
- 필요한 경우 어린이의 이야기를 듣고 글을 받아 적어준다.
- 어린이의 글을 받아 적어줄 때는 정자체로 적어주거나 라벨에 출력하여 붙여주는 것이 적절하다.

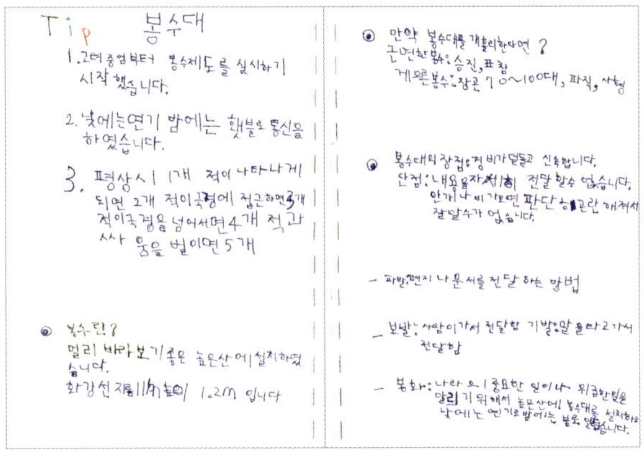

8 뒷표지 꾸미기

- 외겹접기 내지 마지막 장의 뒷면에 끝마친 날, 광고문, 소개하는 글, 값, 바코드 그리고 ISBN 등을 적어 꾸민다.
- 어린이 스스로 글을 적을 수 없는 경우 뒷표지 그림을 그리고 성인이 필요한 정보를 적어 꾸민다.

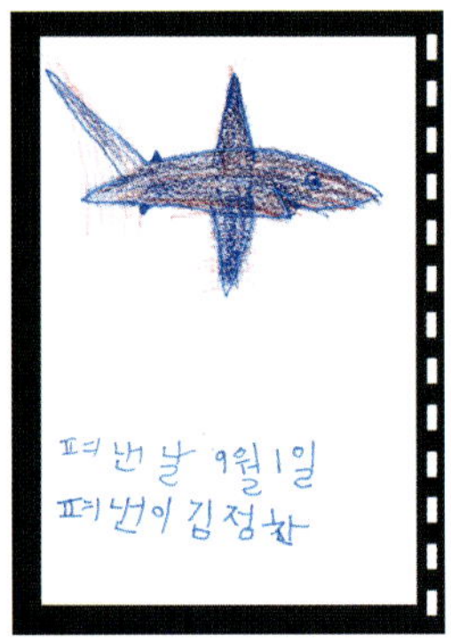

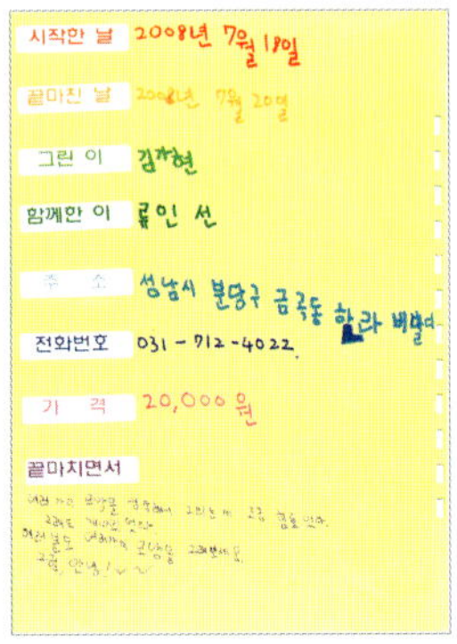

9 소개하기 · 감상하기

- 그림책의 이야기를 어떻게 표현했는지 소개한다.
- 어린이의 그림과 성인의 글이 어울려 완성된 책은 함께 읽는 시간을 갖는다.

• 경기도청어린이집 친구들(만 3세). 주말 지낸 이야기. 290㎜×120㎜.

• 경기도청어린이집 친구들(만 3세). 엄마와 아빠와 나. 120㎜×290㎜.

- 강석환(초등 1년). 강아지똥. 150㎜×210㎜.
- 활용도서 | 권정생 글 · 정승각 그림(1996). 강아지똥. 길벗어린이.
- 표지 | P.P 필름 150㎜×210㎜ 2매
- 내지 | 뉴칼라 150㎜×210㎜ 11매
- 속지 | 복사용지 150㎜×210㎜ 21매
- 플라스틱 링 10㎜ 1개

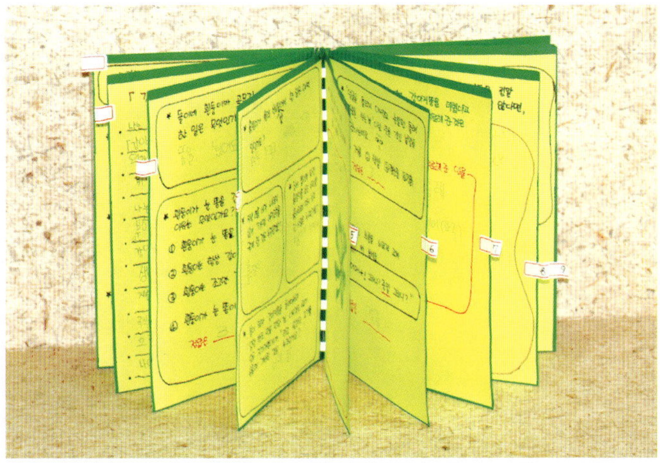

- 김정찬(만 4세). 그림책은 재미있어요. 135㎜×195㎜.
- 표지 | P.P 필름 135㎜×195㎜ 2매
- 내지 | 뉴칼라 135㎜×195㎜ 9매
- 속지 | 뉴칼라 115㎜×175㎜ 10매
- 플라스틱 링 10㎜ 1개
- 나의 그림책 라벨 3621(CD-ROM)
- 나의 그림책 생각 모으기(CD-ROM)

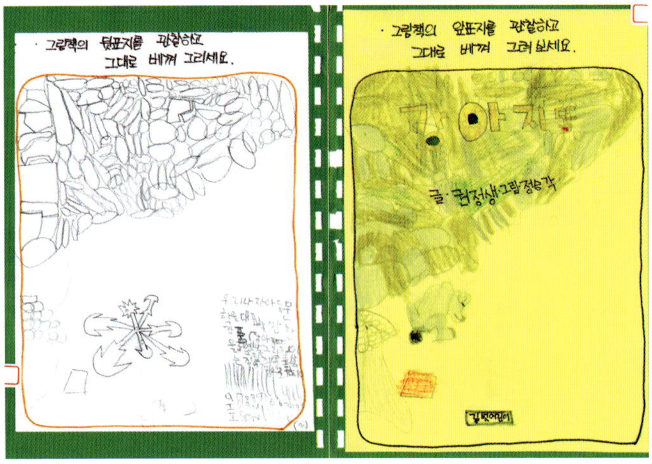

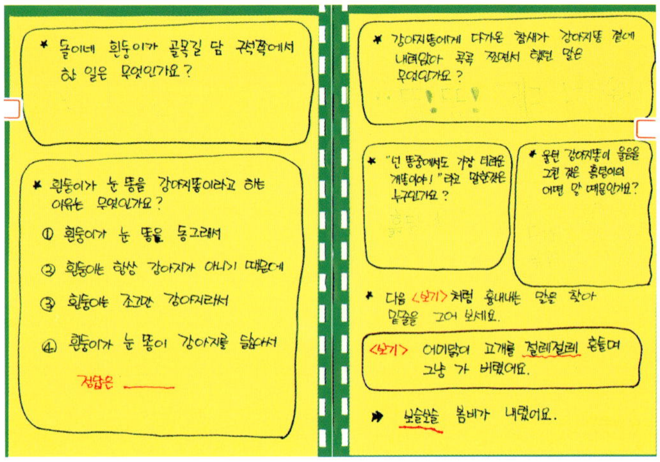

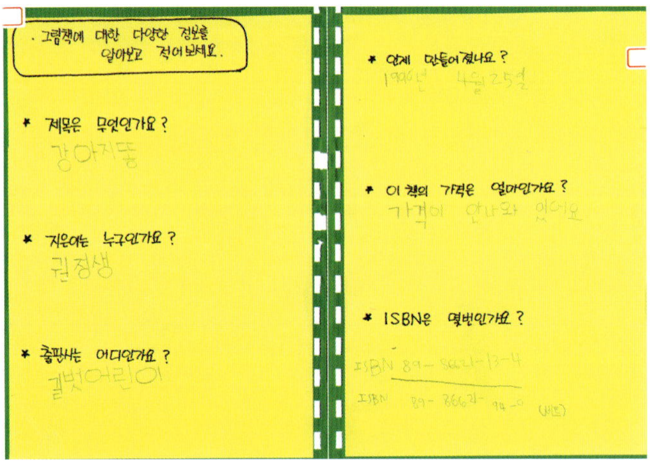

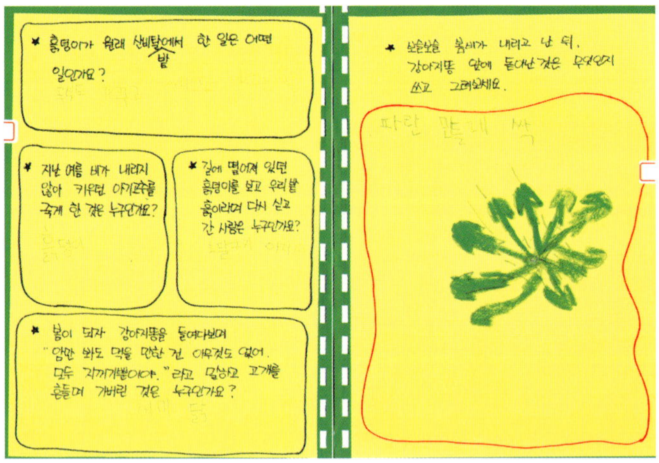

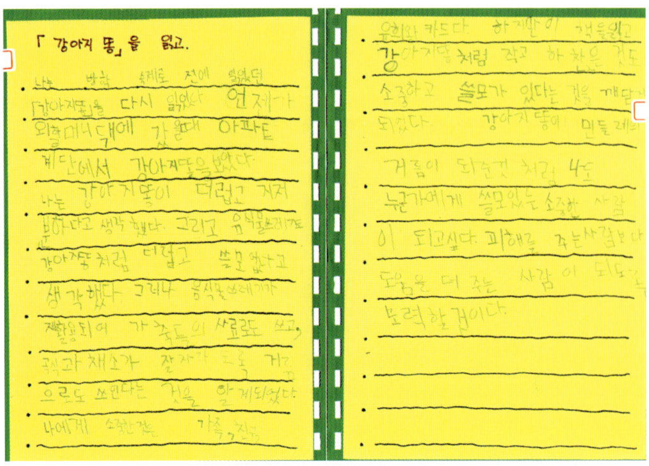

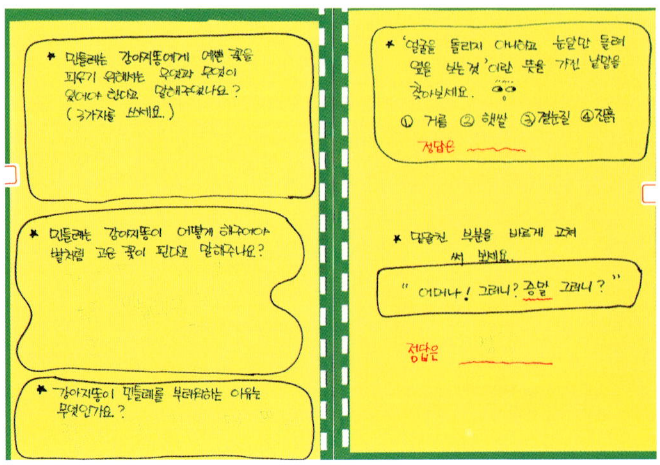

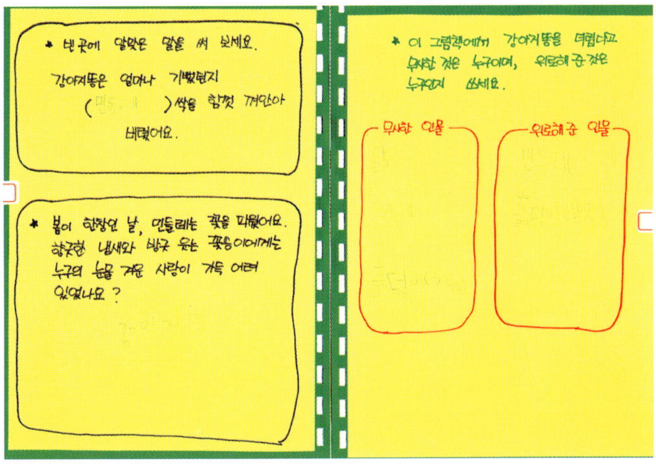
* 빈 곳에 알맞은 말을 써 보세요.
강아지똥은 얼마나 기뻤던지 ( ) 싹을 힘껏 껴안아 버렸어요.
* 봄이 한창인 날, 민들레는 꽃을 피웠어요. 향긋한 냄새와 방긋 웃는 꽃송이에게는 누구의 눈물 겨운 사랑이 가득 어려 있었나요?
* 이 그림책에서 강아지똥을 더럽다고 무시한 것은 누구이며, 위로해 준 것은 누구인지 쓰세요.
무시한 인물
위로해 준 인물

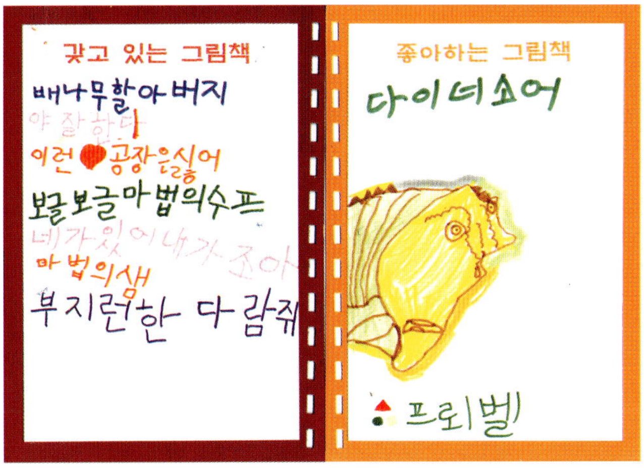
갖고 있는 그림책
배나무 할아버지
야 잘한다
이런 공장은 싫어
보글보글 마법의 수프
네가 있어 내가 좋아
마법의 샘
부지런한 다람쥐
좋아하는 그림책
다이너소어
프뢰벨

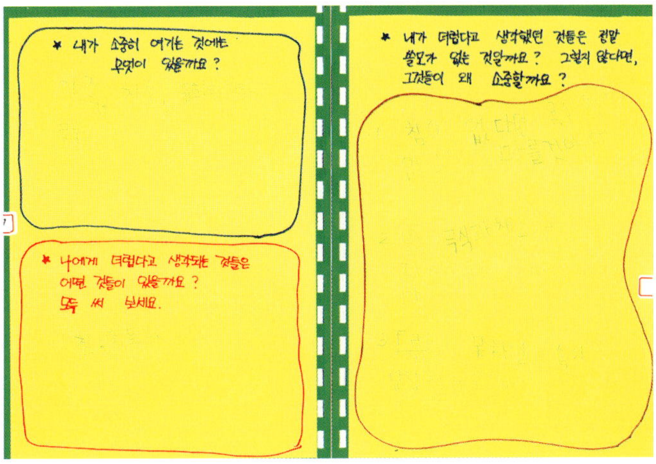
* 내가 소중히 여기는 것에는 무엇이 있을까요?
* 나에게 더럽다고 생각되는 것들은 어떤 것들이 있을까요? 모두 써 보세요.
* 내가 더럽다고 생각했던 것들은 정말 쓸모가 없는 것일까요? 그렇지 않다면, 그것들이 왜 소중할까요?

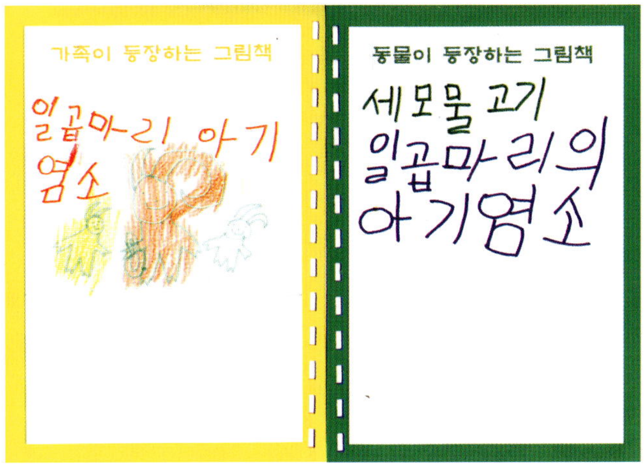
가족이 등장하는 그림책
일곱마리 아기 염소
동물이 등장하는 그림책
세모물고기
일곱마리의 아기염소

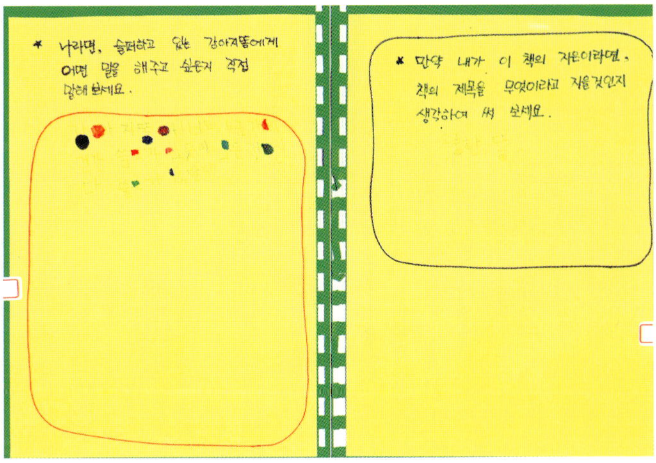
* 나라면, 슬퍼하고 있는 강아지똥에게 어떤 말을 해주고 싶은지 직접 말해 보세요.
* 만약 내가 이 책의 지은이라면, 책의 제목을 무엇이라고 지을것인지 생각하며 써 보세요.

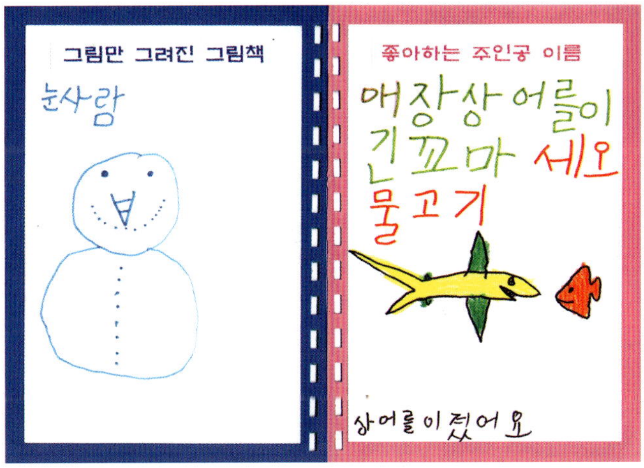
그림만 그려진 그림책
눈사람
좋아하는 주인공 이름
매장상어 틀이 긴꼬마 세오 물고기
상어를 이겼어요

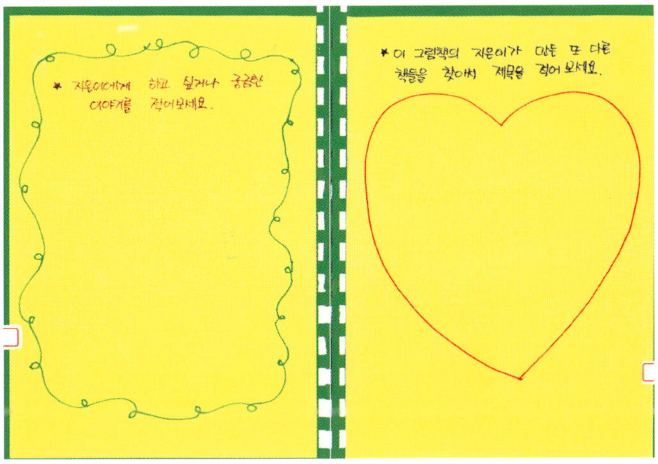
* 지은이에게 하고 싶거나 궁금한 이야기를 적어보세요.
* 이 그림책의 지은이가 만든 또 다른 책들을 찾아서 제목을 적어 보세요.

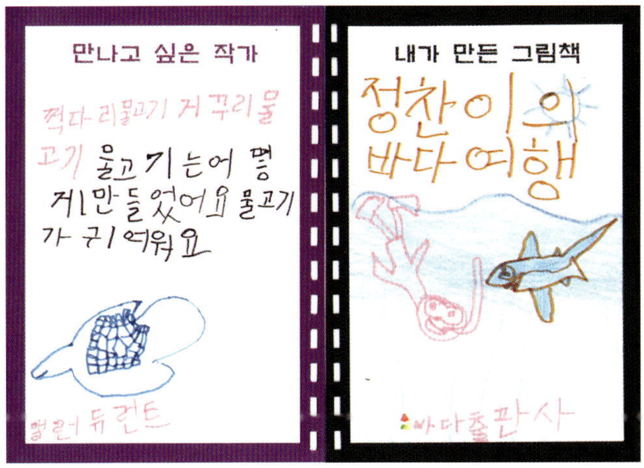
만나고 싶은 작가
물고기는 어떻게 만들었어요 물고기가 귀여워요
내가 만든 그림책
정찬이와 바다여행
바다출판사

19

- 강민지(초등 4년). 마당을 나온 암탉. 145㎜×185㎜.
- 활용도서 | 황선미 글 · 김환영 그림(2000). 마당을 나온 암탉. 사계절.
- 표지 | P.P 필름 145㎜×185㎜ 2매
- 내지 | 뉴칼라 145㎜×185㎜ 11매
- 속지 | 복사용지 130㎜×175㎜ 21매
- 플라스틱 링 10㎜ 1개

- 경기도청어린이집 친구들(만 3세). 주말 지낸 이야기. 290㎜×120㎜.
- 표지 | P.P 필름 290㎜×120㎜ 2매
- 내지 | 뉴칼라 290㎜×120㎜ 10매
- 속지 | 뉴칼라 270㎜×100㎜ 12매
- Formtec Label 3910S
- 플라스틱 링 10㎜ 1개

- 활용도서 | 레오 리오니(1997). 으뜸헤엄이. 마루벌.
  | 에드 영(1999). 일곱 마리 눈먼 생쥐. 시공주니어.
  | 로렌 차일드(2001). 난 토마토 절대 안 먹어. 국민서관.
  | 헬린 옥슨버리 글 · 마이클 로젠 그림(1994).
  | 곰 사냥을 떠나자. 시공주니어.
- 표지 | P.P 필름 125㎜×60㎜ · 140㎜×62㎜ · 180㎜×50㎜ 각 2매
- 내지 | 컬러머메이드 125㎜×60㎜ 각 16매 · 22매 · 27매
  | 디에스칼라 140㎜×50㎜ 8매 · 9매
  | 뉴칼라 180㎜×50㎜ 110매
- Formtec Label 3108 · 3620 · 3625
- 플라스틱 링 12㎜ · 18㎜ · 45㎜ 각 1개

- 표지 | P.P 필름 90㎜×130㎜ · 180㎜×125㎜ · B5 · A4 각 2매
  | 펜시홀 90㎜×130㎜ · 180㎜×125㎜ · B5 · A4 각 2매
- 내지 | 뉴칼라 90㎜×130㎜ · 180㎜×125㎜ · B5 · A4 각 50매
- 플라스틱 링 18㎜ 각 1개

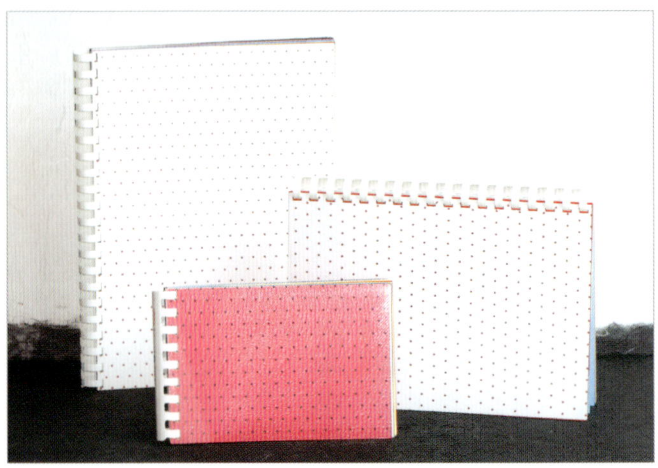

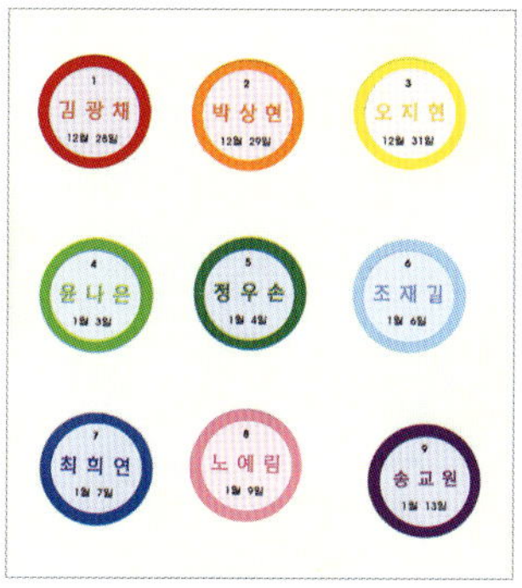

간호사 언니에게 날개가 생겼어요.
간호사 언니는 천사 같아요.

- 혜전대학부속유치원 친구들(만 4세). 주말 지낸 이야기. 230㎜×240㎜
- 표지 | PVC 필름 230㎜×240㎜ 2매
- 내지 | 켄트지 230㎜×240㎜ 10매
- 속지 | 색도화지 Φ190㎜ 18매
- 배지 | 뉴칼라 Φ47㎜ 18매
- Formtec Label 3639 · 3910S
- 플라스틱 링 12㎜ 1개

Tips

- 다양한 크기의 정사각형과 직사각형 종이를 준비하여 크기와 모양에 따른 차이와 느낌 그리고 그림을 그리거나 글을 쓸 때 구성 방식과 표현 내용의 차이점에 대하여 이야기 나누세요.

- 내지 매수가 많거나 필요한 경우 적절한 위치에 쪽수를 적거나 숫자 스티커를 붙이고 책 만들기 경험이 풍부한 어린이와 활동하는 경우 목차를 적도록 지도해 주세요.

- 매월 학급 어린이가 다함께 생일을 맞이한 친구에게 하고 싶은 이야기나 즐거웠던 추억을 그림 그리고 이를 모아 링 제본하여 생일날 전해 주세요. 그 어떤 선물보다 소중하고 기억에 남는 특별한 생일 선물이 될 수 있어요.

- 1년은 몇 주일까요? 다양한 색상의 내지 55매를 링 제본하고 매주 월요일 마다 친구들과 주말 지낸 이야기를 나누고 그림을 그리도록 지도해 주세요. 매주 표현한 날짜와 이야기를 적으면 1년 뒤 멋진 나의 주말 지낸 이야기 그림책이 만들어진답니다.

- 1년 동안 사용할 일기장을 만들려면 몇 장의 내지가 필요할까요? 12가지 색깔의 양면색지를 각각 28~31매씩 각 월별로 필요한 매수만큼 준비하여 링 제본하세요. 월 별로 색깔을 정하여 다양한 색상의 내지를 사용하면 특정한 날을 찾아보기 쉽고 시각적으로도 아름다운 일기장을 만들 수 있어요.

- 어린이가 사용하는 일기장이나 그림책은 원색 보다는 옅은 색상이나 하얀색의 색지를 사용하는 것이 좋아요. 내지의 색깔이 짙은 경우 연미색 또는 옅은 색깔의 속지를 사용하여 붙여주세요.

- 끼적거리기를 즐기는 시기의 어린이는 하루에도 수십 장씩 종이를 소모하지요. 이 단계의 영유아기에 양면색지를 제공하면 비용 면에서 뿐만 아니라 자원 활용에 있어서 낭비되는 측면이 크답니다. 따라서 신문지, 광고 전단지, 이면지, 모조지, B5 · A4 크기의 복사용지를 종류별로 링 제본하거나 다양한 크기와 지종을 혼합하여 링 제본하세요. 표현 내용과 활동 시기에 따라 제공하는 종이의 종류를 바꾸어 활동하면 자료의 특성에 따른 차이를 자연스럽게 경험할 수 있고 표현 방법과 내용 또한 다르게 활동할 수 있어요.

- 링 제본책의 내지 매수가 같더라도 단면만 사용하는 경우와 양면을 사용하는 경우 담을 수 있는 내용과 양뿐만 아니라 표현 방법도 달라질 수 있어요. 단면만 사용하는 제본책과 양면을 사용하는 제본책의 차이점에 대하여 생각을 나누고 각각의 방법으로 활동해 보세요.

- 같은 크기의 내지라도 가로 제본과 세로 제본에 따라 표현 내용과 방법이 달라지게 되요. 같은 크기의 내지를 활동에 따라 가로 또는 세로로 제본하여 제공하고 형태에 적합한 내용을 생각하여 활동해 보세요.

양장접기 링 제본책

준비물

- **표지** | P.P 필름 A4 1매
- **내지** | 양면색지 135㎜×195㎜ 15매
- **폼사 라벨 3623(CD-ROM)**
- **이름씨 · 그림씨 · 동작씨 생각 모으기(CD-ROM)**
- **Formtec Label 3642 1매**
- **플라스틱 링 28㎜ 1개**
- **플라스틱 링 제본기**

- 김태정(초등 1년). 이름씨 · 그림씨 · 동작씨. 98.5㎜×135㎜.
- 활용도서 | 이수지(2006). 움직이는 ㄱㄴㄷ. 돌베개어린이.

- 김선영(만 4세). 선영이의 마음대로 그림책. 210㎜×300㎜.
- 표지 | PVC 필름 A4 2매
- 내지 | A4 복사용지 16매
- 띠지 | 뉴칼라 300㎜×50㎜ 8매
- 플라스틱 링 12㎜ 1개

- 표지 | P.P 필름 A4 1매
- 내지 | Element A4 60매
- 팬시홀 B5 15매
- 플라스틱 링 48㎜ 1개

- 표지 | P.P 필름 A4 1매
- 내지 | Element A4 60매
  | 팬시홀 B5 15매
- 플라스틱 링 48㎜ 1개

생각 모으기

Q. 생일카드 또는 축하카드와 같이 외겹접기 카드를 절반으로 접는 방법은 무슨 접기라고 할까요?

A.

Q. 한 장의 외겹접기 카드를 양장접기하면 전체는 몇 면이 만들어지나요?

A.

Q. 양장접기 내지를 탐색하고 4면을 활용하여 표현할 수 있는 내용이나 방법을 생각하고 적어보세요.

A.

Tips

- 자음을 이용한 낱말 놀이 외에 4면을 이용한 이야기 만들기 활동을 할 수 있어요. 이야기의 시작을 첫 면에 붙여주고 뒷이야기를 만들도록 지도해 주세요.

- 스스로 주제를 정할 수 있다면 주제가 정해지지 않은 활동지를 제공하고 스스로 이야기를 적도록 지도해 주세요.

- 양장접기 내지를 2~5매씩 안으로 포개어 7~12 세트를 링 제본해 보세요. 일주일 또는 1년 간 사용하는 수첩, 일기장, 독서일지, 주제별 탐구일지 등으로 다양하게 활용할 수 있어요.

- 양장접기 책등 면에 다양한 색깔의 띠지를 절반으로 접어서 풀칠하여 붙이거나 덧씌워 링 제본해 보세요. 시각적으로 아름답고 제본 부분이 견고하여 전시 및 보관에 도움이 되고 띠지에 날짜, 제목, 주제 등을 적어서 꾸밀 수 있어요.

① 내지보다 길이가 짧고 폭이 좁은 띠지를 붙인 양장접기 내지

② 내지와 길이가 같고 폭이 좁은 띠지를 붙인 양장접기 내지

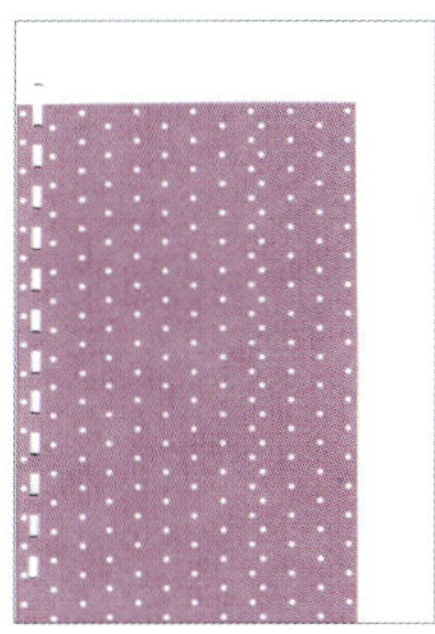

③ 내지보다 길이가 짧고 폭이 넓은 띠지를 덧씌운 양장접기 내지

④ 내지와 길이가 같고 폭이 넓은 띠지를 덧씌운 양장접기 내지

- 띠지는 다양한 색깔의 색지를 이용하여 막대 형태뿐만 아니라 내지와 같이 양장 접기 카드로 만들 수 있어요. 띠지의 색깔, 크기, 모양, 지종의 차이 등에 따라 표현 방식에 변화를 주거나 시각적 분류 효과를 줄 수 있어요.

만들기

1 P.P 필름 자르기

- A4 규격의 P.P 필름을 135㎜×195㎜ 크기로 자른다.
- 135㎜×195㎜ 크기의 필름 2매를 다시 98.5㎜×135㎜ 크기로 자르고 필름 모서리를 각각 둥글게 처리하여 제공한다.

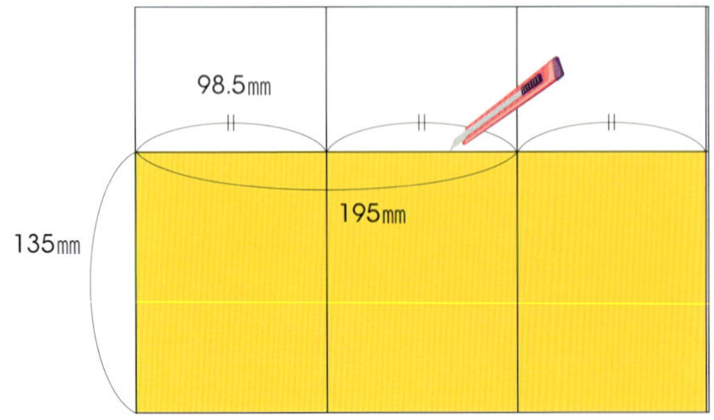

A4 P.P 필름

2 외겹접기 표지 만들기

- 135㎜×195㎜ 크기의 내지 1매를 반으로 접었다 펼친다.
- 접은 선을 따라 절반으로 자른다.
- 어린이 스스로 반듯하게 자르기 어려워하는 경우 교사가 잘라서 제공한다.
- 앞 · 뒷표지가 사선이 없는 샌딩 P.P 필름인 경우 외겹접기 표지를 만들지 않고 필름에 직접 표지를 꾸밀 수 있다.

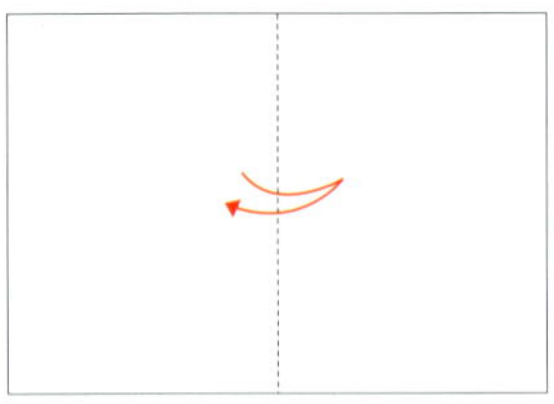

❷-1 외겹접기 내지 1매를 절반으로 접었다 펼친다.

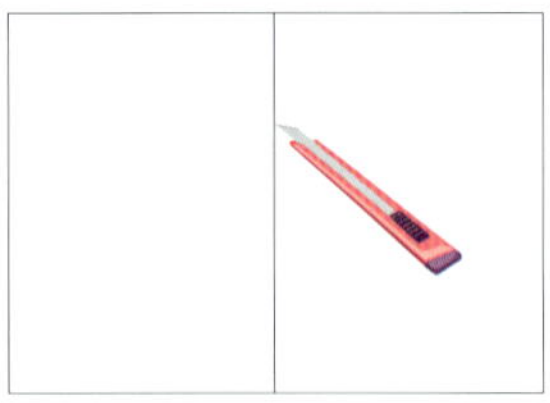

❷-2 접은 선을 따라 자를 대고 칼로 자른다.

3 내지 양장접기

- 135㎜×195㎜ 크기의 내지 14매를 각각 절반으로 접는다.
- 절반으로 접은 내지를 접은 면이 책등이 되도록 포갠다.

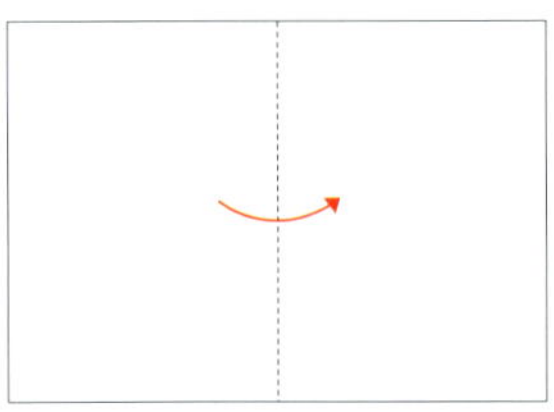

❸-1 외겹접기 내지 14매를 각각 1매씩 절반으로 접는다.

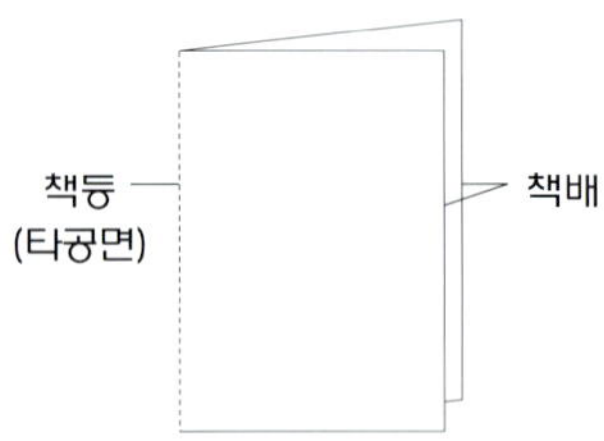

❸-2 절반으로 접은 면이 책등이 되도록 14매를 차례로 포갠다.

4 외겹접기 표지와 양장접기 내지 포개기

- 절반으로 접은 양장접기 내지 14매를 접은 면이 책등으로 가도록 한 매씩 포갠다.
- 2에서 만든 98.5㎜×135㎜ 크기의 외겹접기 표지 2매를 포개어놓은 양장접기 내지 14매의 앞뒷면에 각각 한 매씩 포갠다.

5 표지 필름 · 외겹접기 표지 · 양장접기 내지 맞추기

- 포개어 놓은 외겹접기 표지와 양장접기 내지 앞뒷면에 표지 필름을 겹쳐보고 크기가 맞는지 확인한다.

6 링 제본하기

- 표지 필름 2매를 각각 1매씩 타공한다.
- 외겹접기 표지와 양장접기 내지를 적당한 매수만큼 포개고 접은 면이 책등이 되도록 타공한다.
- 링에 앞표지 P.P 필름 ⇒ 외겹접기 앞표지 ⇒ 양장접기 내지(14매) ⇒ 외겹접기 뒷표지 ⇒ 뒷표지 P.P 필름의 순서로 차례로 끼어 링 제본한다.
- 남는 링 부분은 잘라내고 모서리를 둥글게 처리한다.

7 앞표지 꾸미기

- 외겹접기 내지 앞면에 제목, 지은이, 앞표지 그림, 출판사 명 등을 꾸민다.

8 본문 면 꾸미기

- 이름씨, 그림씨, 동작씨의 의미에 대하여 이야기 나눈다.
- **품사 라벨 3623(CD-ROM)**을 Formtec Label 3623에 출력한다.
- 첫 번째 양장접기 내지 1면에 'ㄱ'과 '기역'을 적는다.
- 첫 번째 양장접기 내지 2면, 3면, 4면에 각각 이름씨, 그림씨, 동작씨 라벨을 붙인다.
- 'ㄱ'으로 시작하는 이름씨, 그림씨, 동작씨를 생각하고 내지에 자유롭게 생각한 낱말들을 적는다.

  예) 이름씨 : 가지, 고래, 구멍, 거위, 공, 국기, 개구리, 게 등
  　　그림씨 : 가늘다, 가볍다, 거칠다, 게으르다, 고소하다 등
  　　동작씨 : 가다, 걷다, 굴리다, 가두다, 그리다, 고치다 등
- 위와 같은 방법으로 나머지 양장 접기 본문 면들을 차례로 꾸민다.
- 활동 내용에 대한 준비가 필요한 경우 **이름씨 · 그림씨 · 동작씨 생각 모으기(CD-ROM)** 활동지를 제공한다.

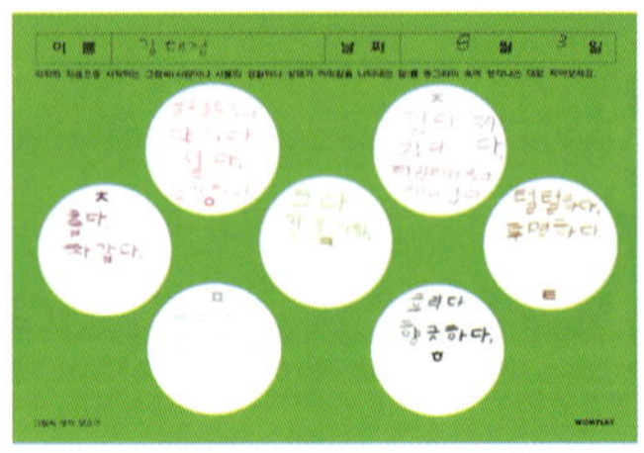

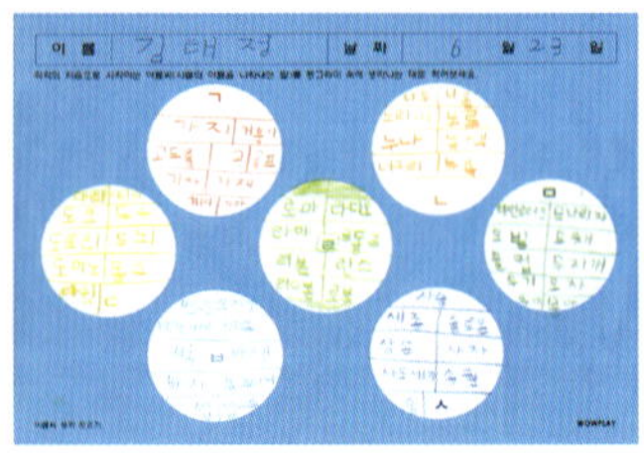

9 헌정사 · 목차 꾸미기

- 본문 면 꾸미기가 끝나면 앞표지를 꾸민 첫 번째 외겹접기 내지 뒷면에 헌정사 또는 목차를 적어 꾸민다.

10 판권면 꾸미기

- 외겹접기 내지 마지막 면 앞면에 펴낸 날, 펴낸 곳, 연락처 등을 적는다.
- 외겹접기 내지 마지막 면 뒷면에 뒷표지 그림, 소개하는 글, 값, 바코드 등을 그리고 ISBN 등을 적어 꾸민다.

11 소개하기 · 감상하기

- 양장접기 내지의 각 면에 자음에 따라 생각한 이름씨, 그림씨, 동작씨를 소개한다.
- 소개된 낱말 중에 처음 듣거나 모르는 뜻의 낱말 또는 특이한 낱말이 있는지 알아보고 그 뜻에 대해 이야기 나눈다.

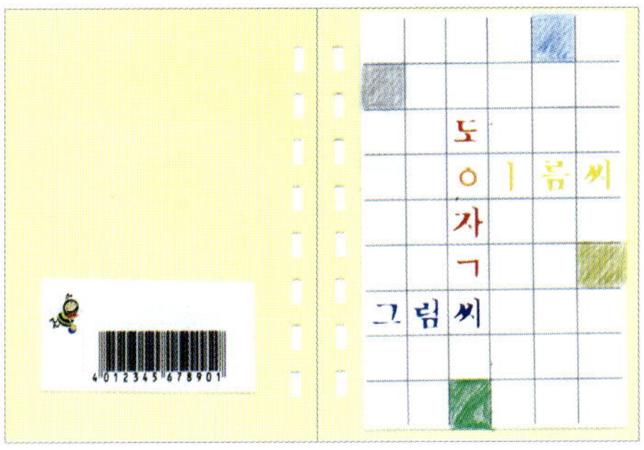

뒷표지 · 앞표지

머리말 · 1면

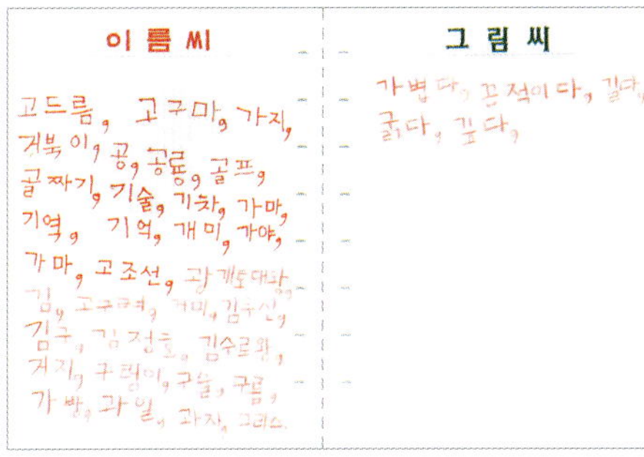

2면 · 3면

4면 · 5면

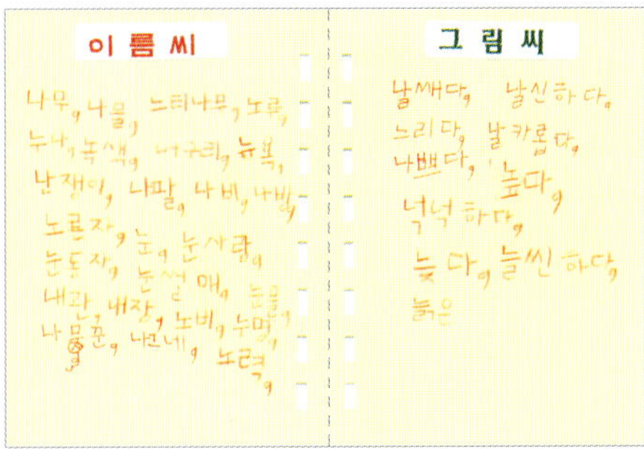

6면 · 7면

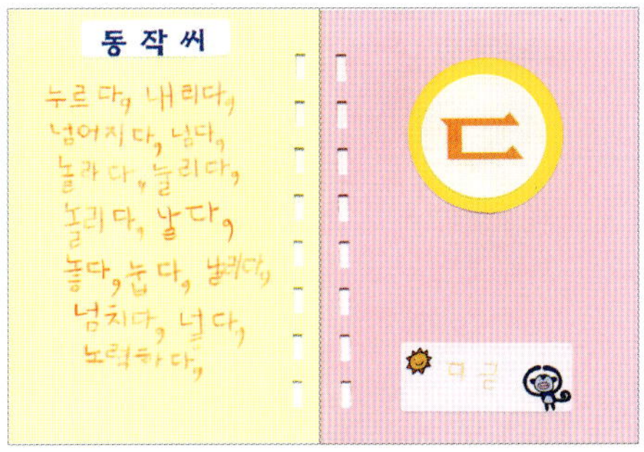

8면 · 9면

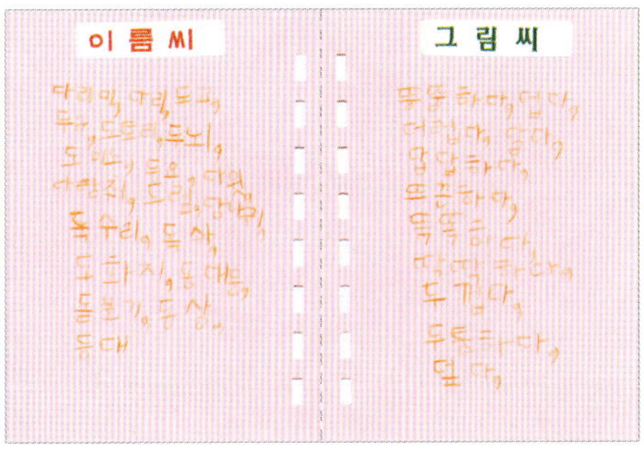

10면 · 11면

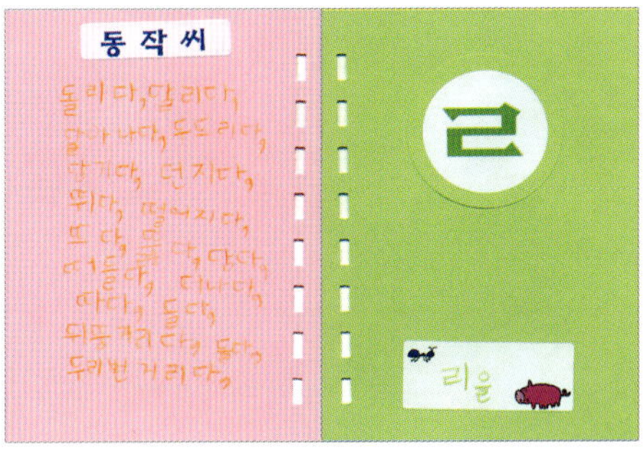

12면 · 13면

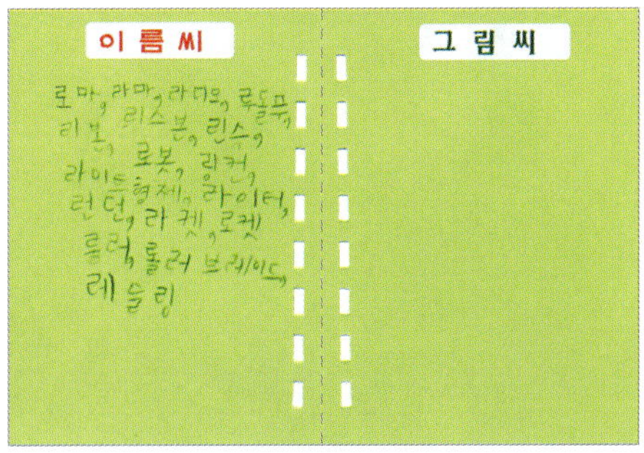

14면 · 15면

16면 · 17면

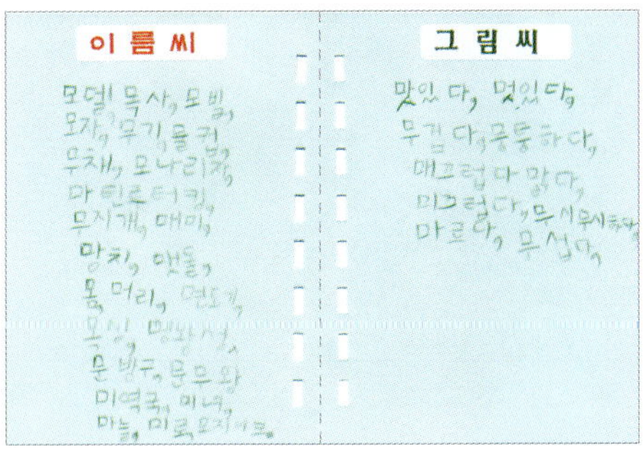

18면 · 19면

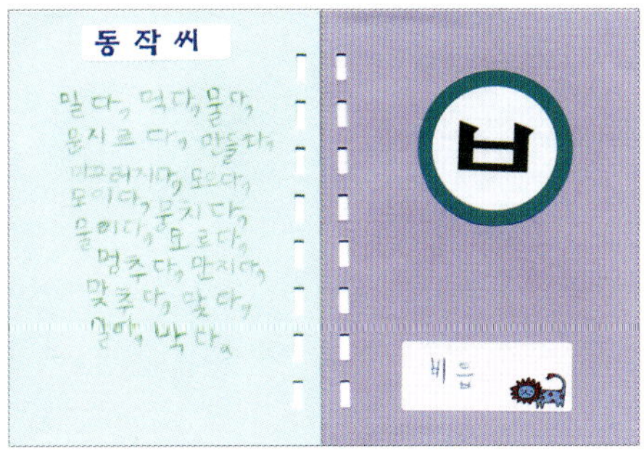

20면 · 21면

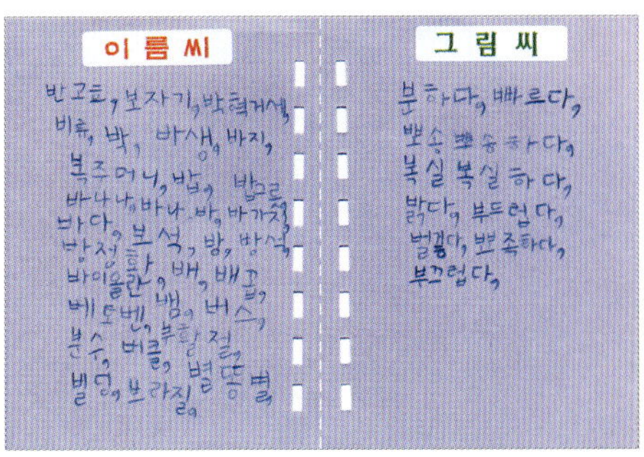

22면 · 23면

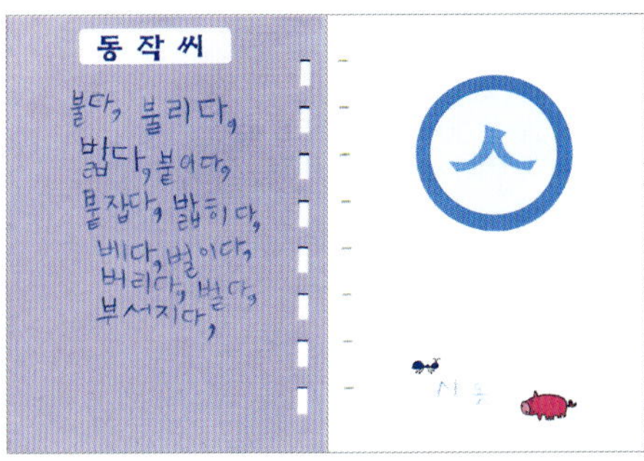

24면 · 25면

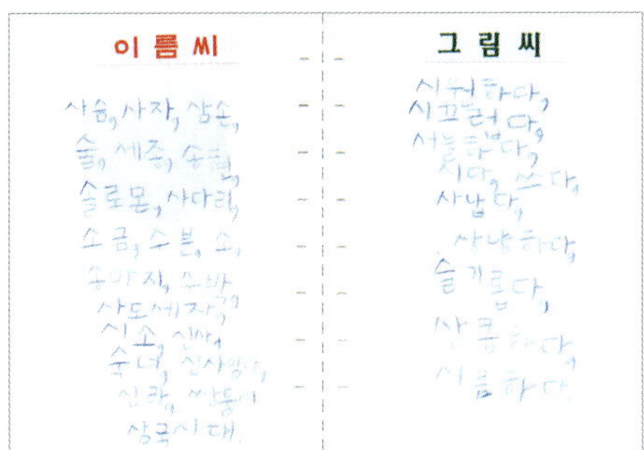

26면 · 27면

• 김태정(초등 1년). 이름씨 · 그림씨 · 동작씨. 98.5㎜×135㎜.

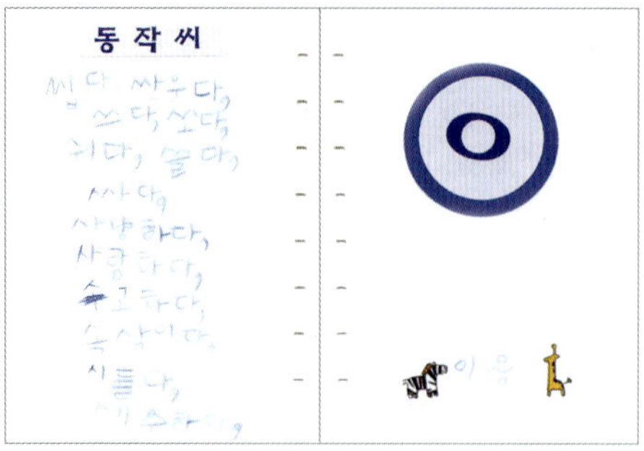

28면 · 29면

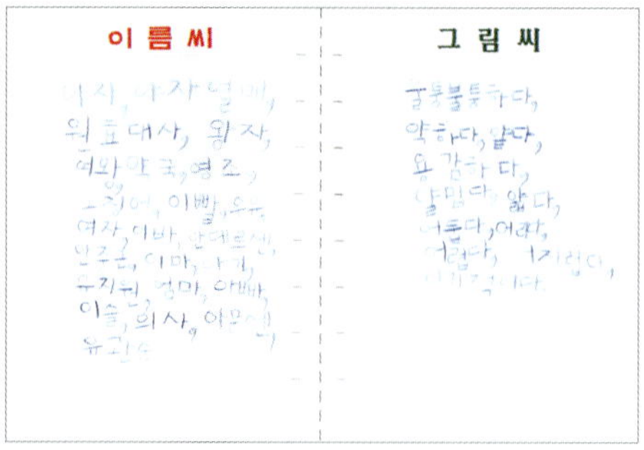

30면 · 31면

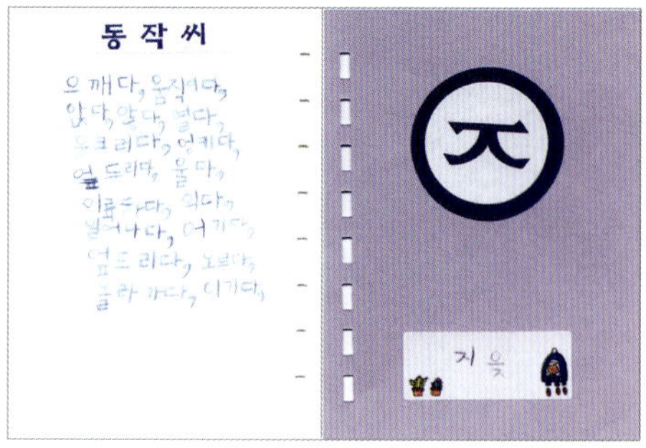

32면 · 33면

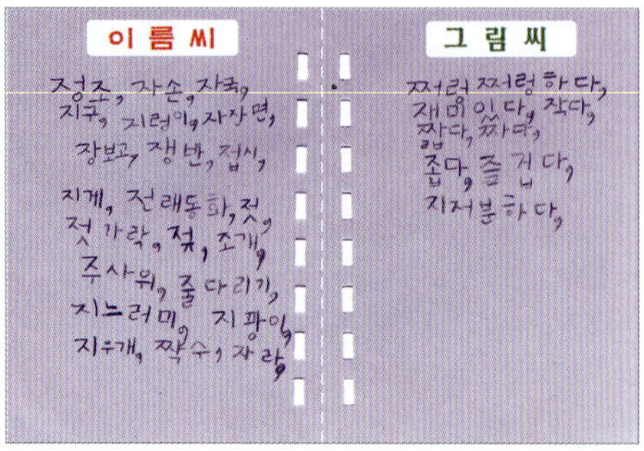

34면 · 35면

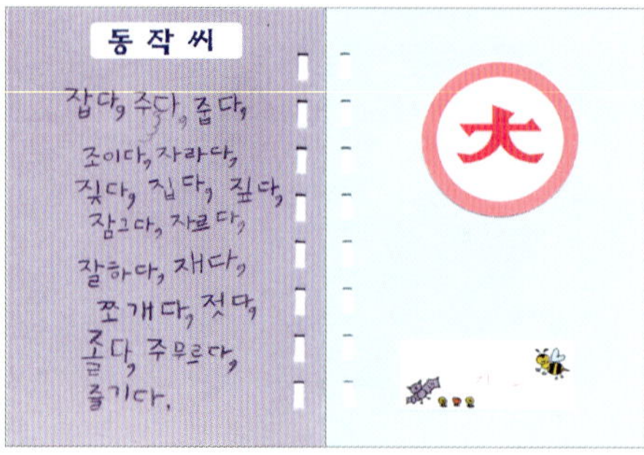

36면 · 37면

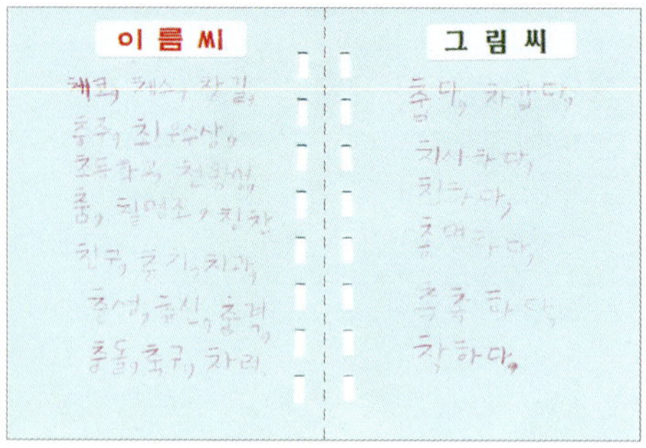

38면 · 39면

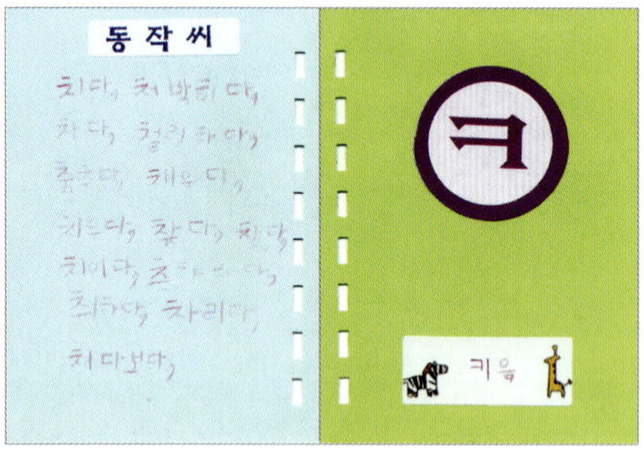

40면 · 41면

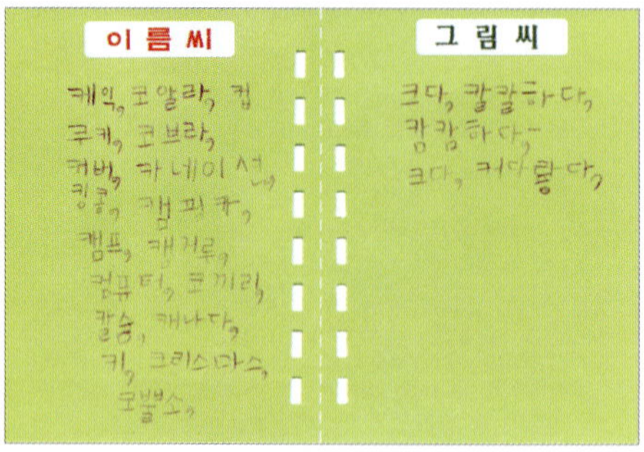

42면 · 43면

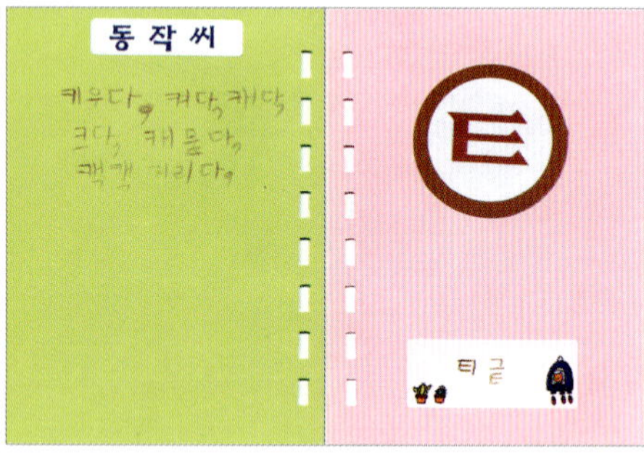

44면 · 45면

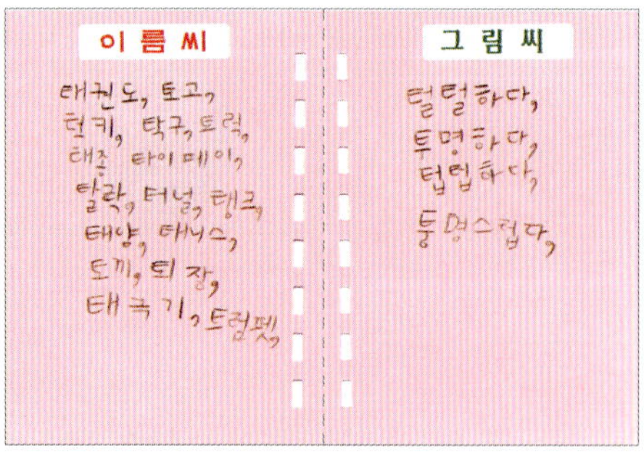

46면 · 47면

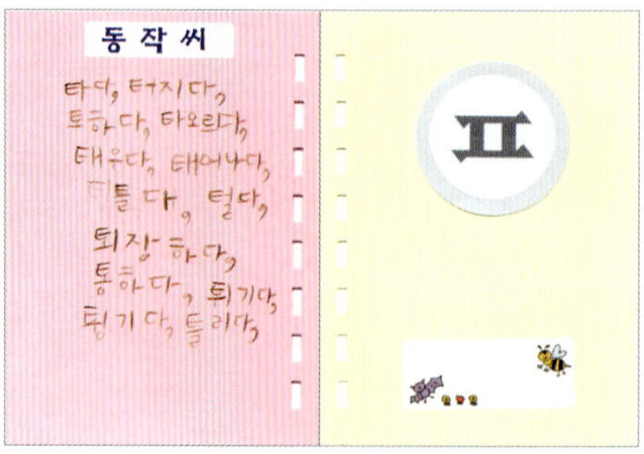

48면 · 49면

50면 · 51면

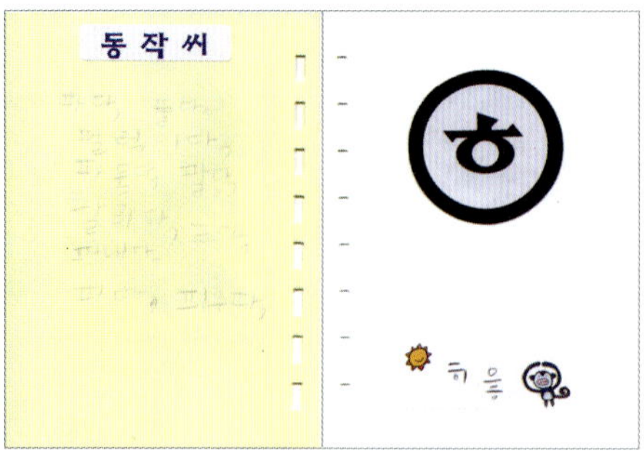

52면 · 53면

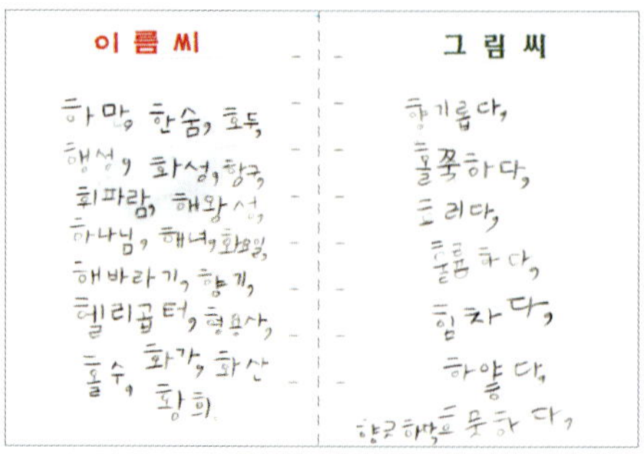

54면 · 55면

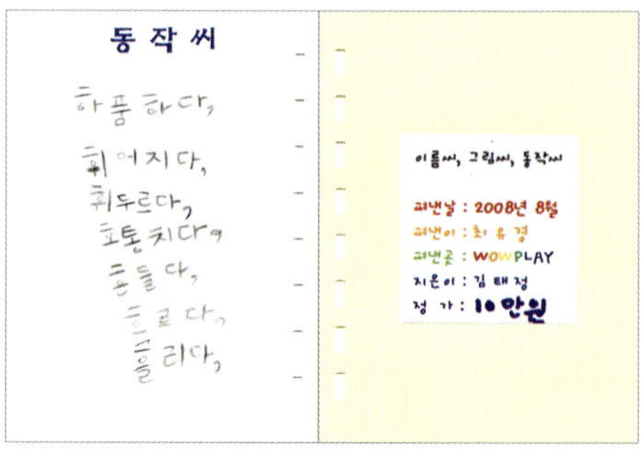

56면 · 판권면

전통접기 링 제본책

준비물

- **표지** | P.P 필름 A4 1매
- **내지** | 전통접기 활동지(CD-ROM) A4 7매
- **플라스틱 링 12㎜ 1개**
- **플라스틱 링 제본기**

- 이창호(초등 1년). 일곱 마리 눈먼 생쥐. 148㎜×210㎜.
- 활용도서 | 에드 영(1999). 일곱 마리 눈먼 생쥐. 시공주니어.

생각 모으기

Q. 서양에서 사용하는 접은 면이 등이 되게 접는 방법을 무엇이라고 할까요?

A.

Q. 양장접기와 달리 동양에서 전통적으로 사용하는 접은 면이 배가 되게 접는 방법을 무엇이라고 할까요?

A.

Q. 외겹접기와 전통접기로 제작한 링 제본책의 특징과 차이를 살펴보고 각각의 책에 적합한 활동이나 표현 방법에 있어서 어떤 차이가 있는지 생각하여 적어보세요.

A.

Tips

- 전통접기 활동지(CD-ROM)는 앞표지, 내지 그리고 뒷표지에 따라 다른 형태의 활동지로 구성되어 있어요. 앞 · 뒷표지와 내지가 다른 경우와 앞 · 뒷표지와 내지가 같으면 표현 방법도 달라지지요.

- 전통접기 활동지(CD-ROM)를 유형별로 각각 1매씩 출력하여 절반으로 접고 내지의 형태에 따라 그림과 글의 구성과 표현 방법에 대하여 어린이와 이야기 나누고 원하는 방법으로 표현하도록 지도해 주세요.

- 그림을 크게 그려야 하거나 표현 내용이 많은 경우 전통접기 활동지를 A4 용지에 출력하고 B4 또는 A3 크기로 확대 복사하여 활용하세요.

- 전통접기 활동지는 열린 면이 책등이 되고 닫힌 면이 책배가 되므로 내지의 두께가 두 겹이 되고 안쪽 면은 사용하지 못하는 특성이 있어요. 이러한 특성은 어린이의 그림 그리기 활동에 적합한 장점이 있지요.

- 크레파스, 색연필, 사인펜, 물감 등의 필기도구들은 뒷면에 선이 나타나거나 흔적이 남는 경우가 많아요. 연필이나 볼펜심에 강한 힘을 주고 글을 쓰는 경우에도 뒷면에 울퉁불퉁 흔적이 나타나 표현에 지장을 받는 경우가 있지요. 양면을 사용하는 활동이나 사용하는 재료 및 대상의 특성에 따라 한 겹의 외겹접기 내지 보다는 두 겹의 전통접기 내지 를 사용하는 것이 필요한 경우 활용해 보세요.

만들기

1 표지 P.P 필름 자르기

- A4 용지를 절반으로 접어서 A4 규격의 P.P 필름 오른쪽 면 위에 맞추어 올려놓고 선을 따라 자른다.
- 절반으로 자른 표지 필름 2매의 모서리를 각각 둥글게 처리하여 제공한다.

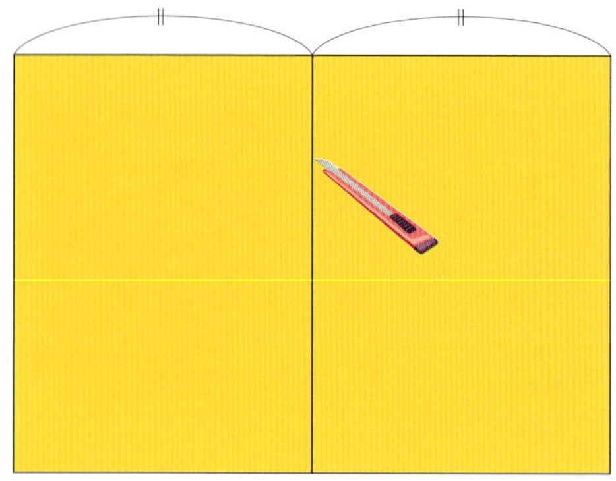

A4 P.P 필름

2 내지 전통 접기

- 활동에 적합한 유형의 **전통접기 활동지(CD-ROM)**를 A4 복사용지에 필요한 매수만큼 출력하거나 한 매씩 출력하여 복사한다.
- 출력한 전통접기 활동지를 절반으로 접는다.
- 이때 내지는 반드시 한 매씩 접도록 지도한다.

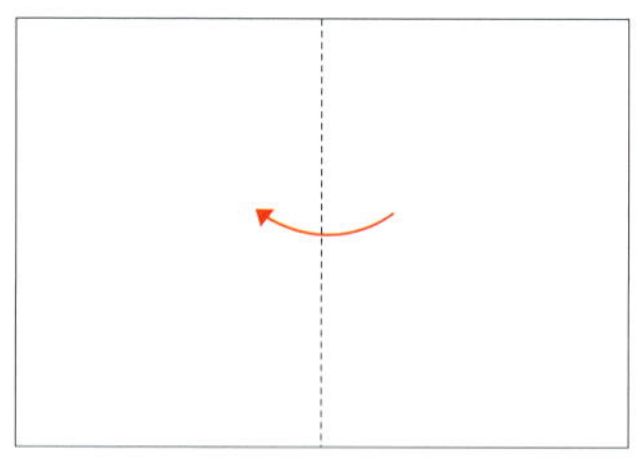

❷-1 A4 크기의 전통접기 활동지를 내지를 절반으로 접는다.

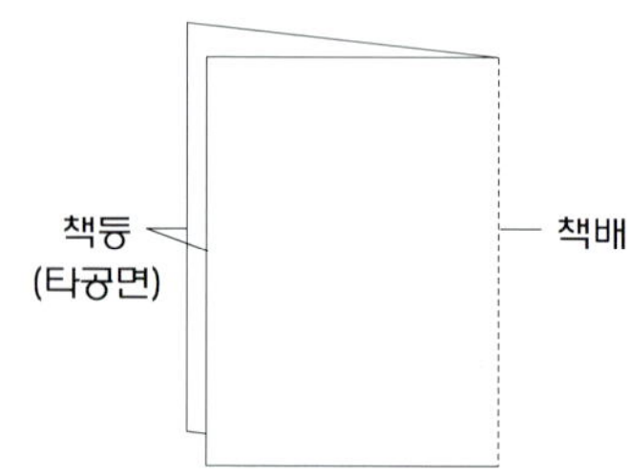

❷-2 접은 면이 책배가 되도록 포갠다.

3 전통접기 내지 테두리 꾸미기

- 전통접기 활동지를 출력하여 사용하지 않고 적합한 크기의 양면색지를 준비하여 절반으로 접어서 전통접기 내지를 만들 수 있다.
- 복사용지 또는 양면색지를 이용하여 전통접기 내지를 만드는 경우 어린이 스스로 내지의 테두리를 원하는 형태 또는 모양으로 꾸미도록 지도한다.
- 전통접기 내지의 테두리 꾸미기는 필기구 외에 모양 펀치 · 스티커 · 모양자 · 도장 등을 활용하여 꾸미도록 지도한다.

4 표지 필름과 전통접기 내지 맞추기

- 전통접기 내지 앞뒷면에 절반으로 자른 표지 필름을 겹쳐보고 크기가 맞는지 확인한다.

5 링 제본하기

- 표지 필름 2매를 각각 1매씩 타공한다.
- 절반으로 접은 전통접기 내지는 적당한 매수만큼 나누어 접은 면이 배가 되도록 열려진 면을 타공한다.
- 링에 앞표지 P.P 필름 ⇒ 전통접기 내지 ⇒ 뒷표지 P.P 필름의 순서로 차례로 끼어 링 제본한다.
- 남는 링 부분은 잘라내고 모서리를 둥글게 처리한다.

6 전통접기 내지 꾸미기

- 전통접기 내지의 첫 장에 제목, 지은이, 앞표지 그림, 출판사 명을 등을 담아 앞표지를 꾸민다.
- 전통접기 내지의 형태에 따라 활동 주제와 표현 내용을 그림과 글로 담아 꾸민다.

7 뒷표지 꾸미기

- 마지막 전통접기 내지 뒷면에 판권면을 꾸미거나 광고문, 소개하는 글, 값, 바코드 그리고 ISBN 등을 적는다.

8 소개하기 · 감상하기

- 전통접기 내지의 형태에 따라 어떤 이야기를 어떻게 담았는지 소개한다.
- 어린이 스스로 만든 전통접기 내지의 경우 테두리 모양과 구성 방식에 대하여 이야기 나눈다.
- 외겹접기 내지, 양장접기 내지 그리고 전통접기 내지에 따라 표현 방법에 어떤 차이가 있는지 알아본다.

Tips

- 어린이 스스로 전통접기 내지를 꾸민 경우 각각의 내지 형태를 소개하고 테두리 모양과 구성 방식이 독특하거나 아름답게 꾸민 내지를 알아보세요.
- 어린이가 만든 전통접기 내지의 테두리가 독특하거나 아름다운 경우 새로운 내지에 어린이 또는 교사가 재제작하고 필요할 때마다 복사하여 다양한 활동에 활용하세요.
- 다양한 유형의 전통접기 활동지(CD-ROM)를 출력하여 살펴보고 각각의 형태에 따라 그림과 글을 어떻게 구성하면 적절한지 이야기 나누고 표현해 보세요.

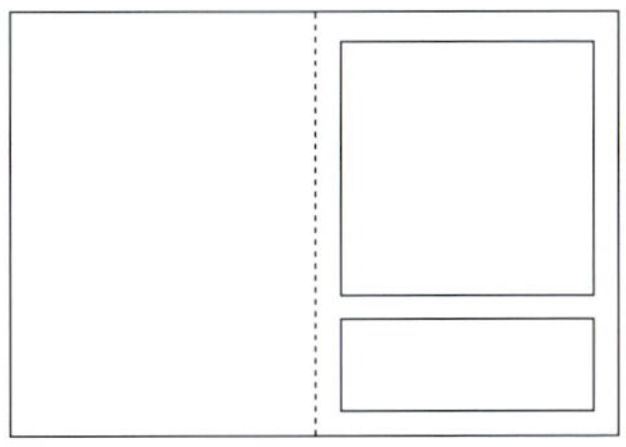

① 전통접기 활동지1(앞표지 · 내지)

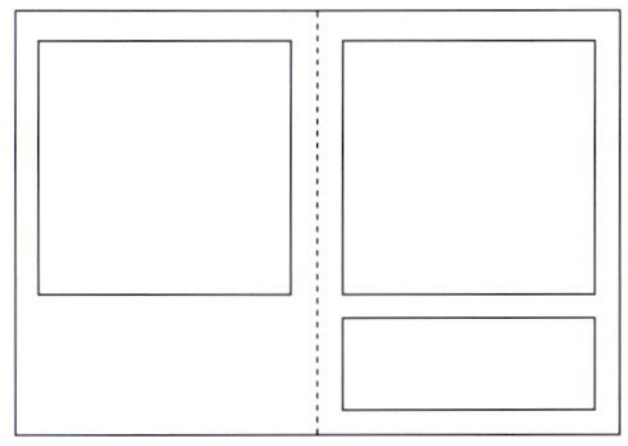

② 전통접기 활동지2(앞표지 · 내지)

③ 전통접기 활동지3(앞표지 · 내지)

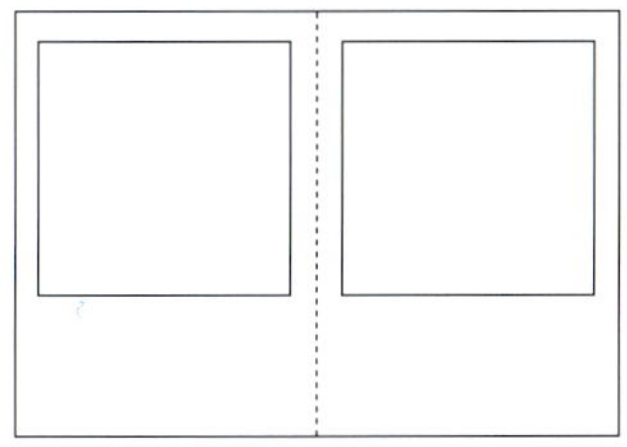

④ 전통접기 활동지4(내지 · 내지)

⑤ 전통접기 활동지5(내지 · 내지)

⑥ 전통접기 활동지6(내지 · 내지)

⑦ 전통접기 활동지7(내지 · 내지)

⑧ 전통접기 활동지8(내지 · 뒷표지)

⑨ 전통접기 활동지9(내지 · 뒷표지)

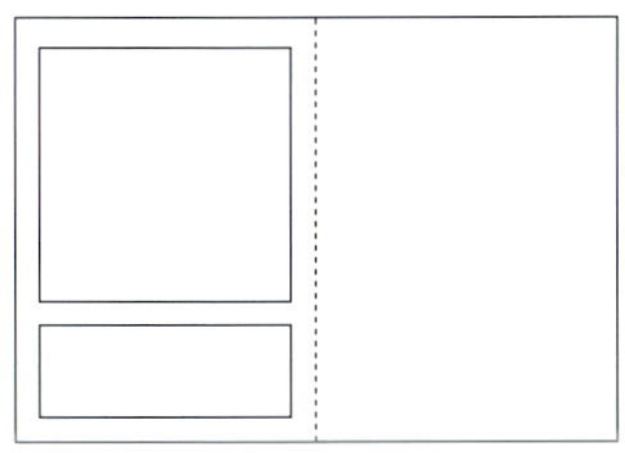

⑩ 전통접기 활동지10(내지 · 뒷표지)

- 박진희 · 박병연 · 김민정 · 문정원(초등 2 · 3년). 구름공항. A5.
- 활용도서 | 데이비드 위즈너(2002). 구름공항. 중앙출판사.
- 표지 | PVC 필름 A4 1매
- 내지 | 복사용지 A4 8매
- 플라스틱 링 12㎜ 1개

- 신현준(초등 3년). 구름공항. A5.
- 활용도서 | 데이비드 위즈너(2002). 구름공항. 중앙출판사.
- 표지 | PVC 필름 A4 1매
- 내지 | Element A4 23매
- 플라스틱 링 10㎜ 1개

- 표지 | PVC 필름 130㎜×300㎜ 2매
| 아트지 260㎜×300㎜ 2매
| 뉴칼라 240㎜×290㎜ 2매
- 내지 | 뉴칼라 260㎜×300㎜ 34매
| 뉴칼라 180㎜×245㎜ 34매
| 플라스틱 링 36㎜ 1개

- 표지 | PVC 필름 130㎜×185㎜ 2매
| 메탈팩보드 260㎜×185㎜ 2매
- 내지 | 뉴칼라 260㎜×185㎜ 26매
| 뉴칼라 200㎜×135㎜ 26매
- 플라스틱 링 36㎜ 1개

- 진순주(2004). 반대말을 알아요. A4.
- 표지 | PVC 필름 A4 2매
- 내지 | 전통접기 활동지(CD-ROM) A4 6매
- 플라스틱 링 10㎜ 1개

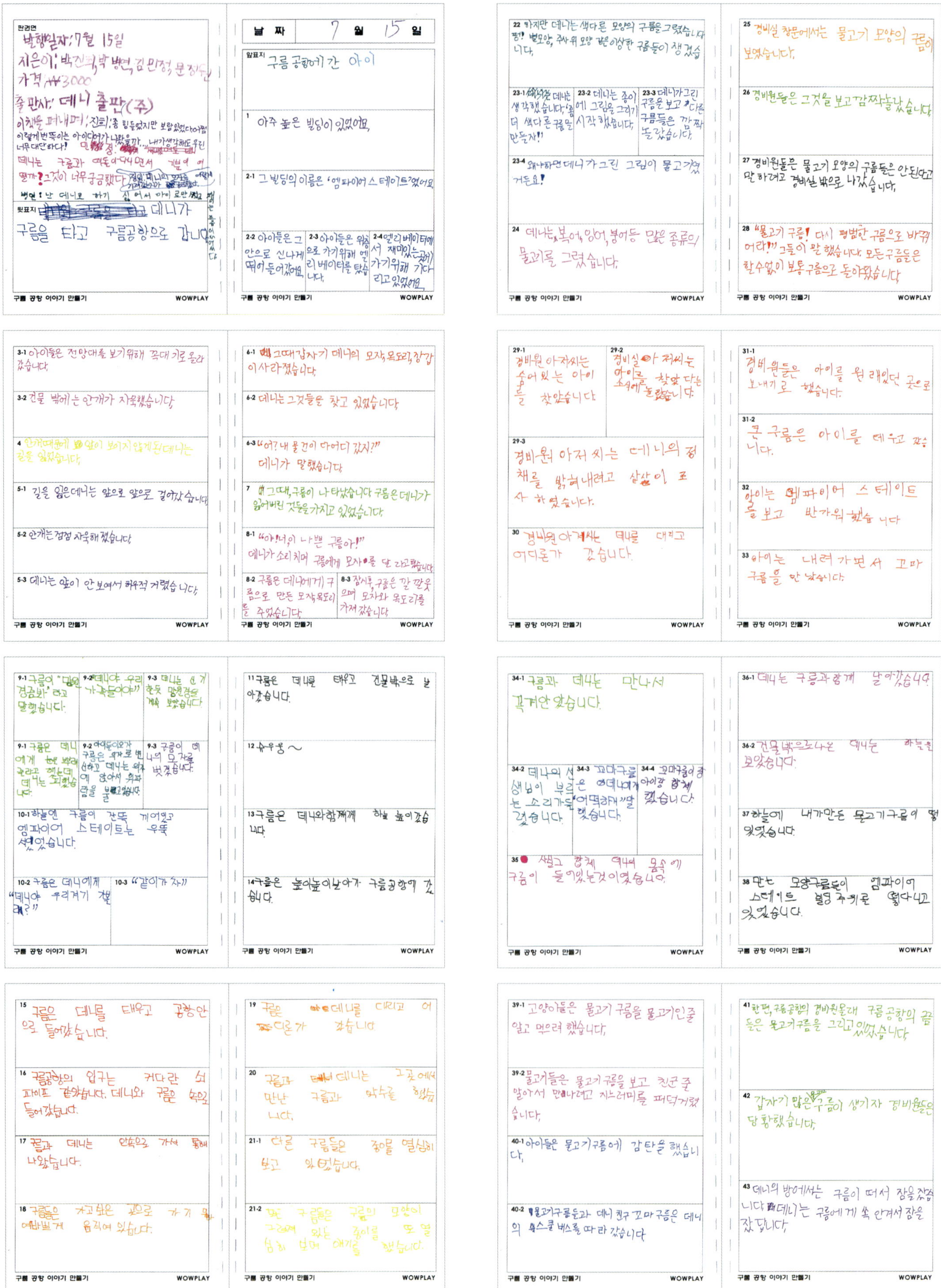

- 박진희 · 박병연 · 김민정 · 문정원(초등 2 · 3년). 구름공항. A5.
- 활용도서 | 데이비드 위즈너(2002). 구름공항. 중앙출판사.

뒷표지 · 앞표지

1면 · 2면

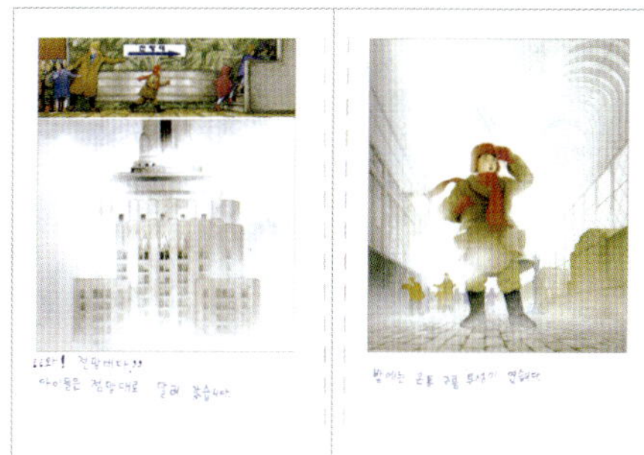

3면 · 4면

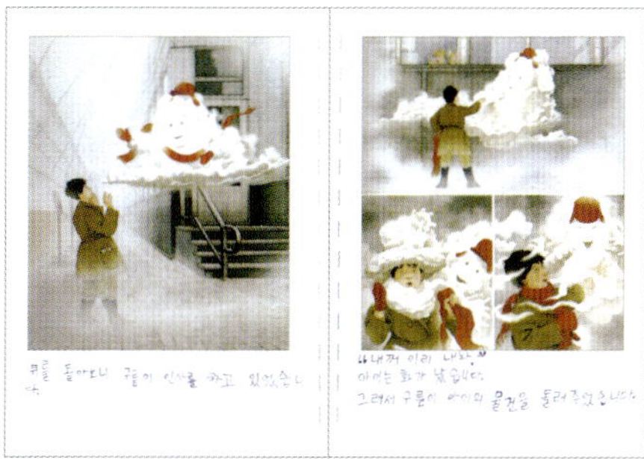

7면 · 8면

11면 · 12면

13면 · 14면

17면 · 18면

21면 · 22면

23면 · 24면

27면 · 28면

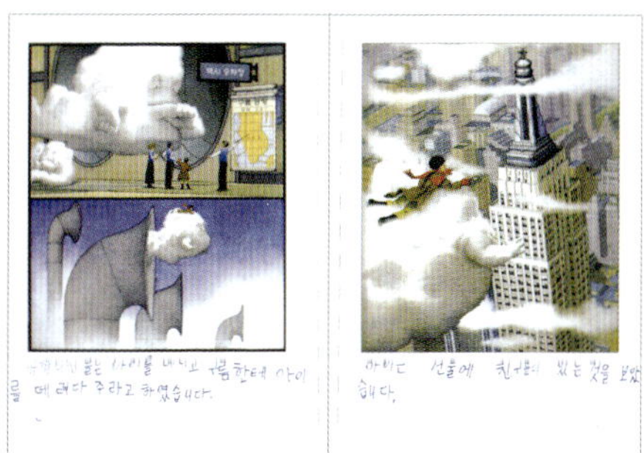

31면 · 32면

35면 · 36면

37면 · 38면

39면 · 40면

43면 · 판권면

- 신현준(초등 3년). 구름공항. A5.
- 활용도서 | 데이비드 위즈너(2002). 구름공항. 중앙출판사.

테두리접기 링 제본책

준비물

- 표지 | PVC 필름 A3 2매
  | 컬러 하드보드 4절 1매
- 내지 | 양면색지 350㎜×250㎜ 9매
- 속지 | 양면색지 230㎜×230㎜ 18매
- 조각 양면색지
- Formtec Label 3108 · 3621 · 3639
- P.P 필름(무색) A4 1매
- 뼈칼
- 가족사진 여러 매
- 표지 삼각 모서리 금속 장식 4개
- 플라스틱 링 24㎜ 1개
- 플라스틱 링 제본기

생각 모으기

Q. 카드를 접을 때 접은 양면의 너비가 대칭이 되도록 접는 방법을 무엇이라고 할까요?

A.

Q. 카드를 접을 때 접은 양면의 너비가 비대칭이 되도록 접는 방법을 무엇이라고 할까요?

A.

Q. 테두리접기 카드의 양면은 어느 정도의 비율로 접는 것이 적절한지 생각해보고 다양한 비율로 접어 탐색해 보세요.

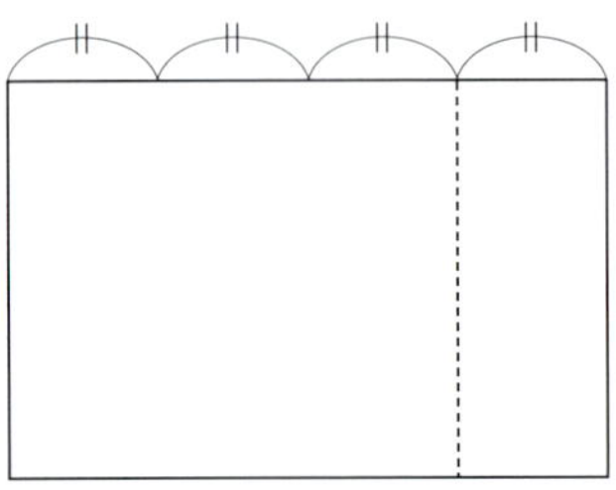

① 1/3 비율의 테두리접기 예

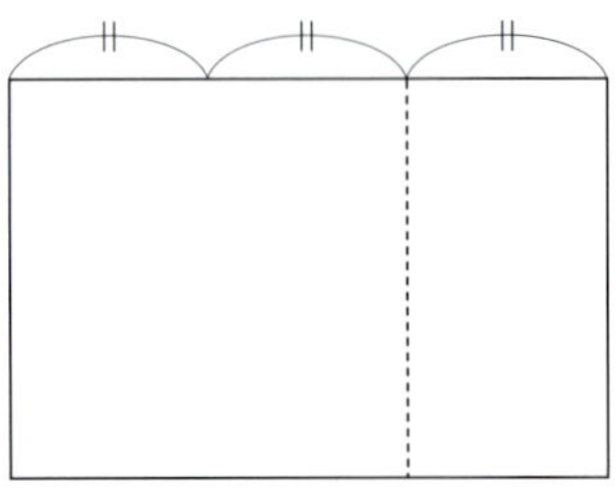

② 1/2 비율의 테두리접기 예

Q. 테두리접기 내지의 날개 면을 책배로 제본하는 방식과 반대로 날개가 연결된 면이 책등이 되도록 제본하는 형태를 탐색하고 각각의 제본 방법에 따른 차이점과 특징을 생각하고 적어보세요.

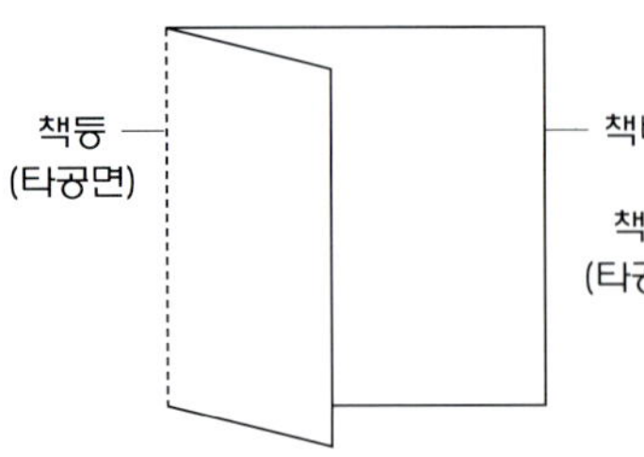

③ 날개 면을 책등으로 제본하기

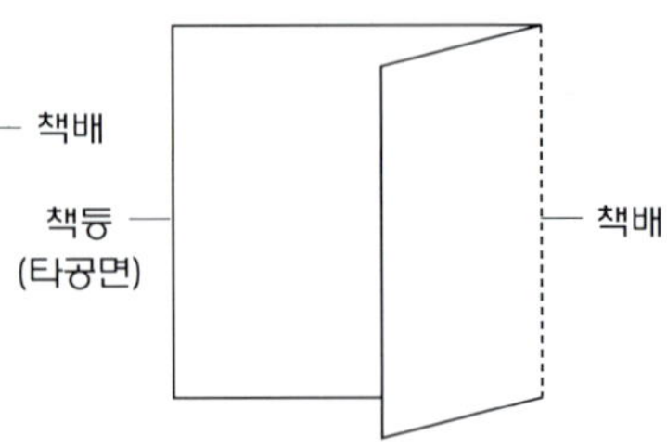

④ 날개 면을 책배로 제본하기

Q. 테두리접기 카드의 날개 너비에 따라 내지의 넓은 면과 좁은 면을 탐색하고 각 면을 어떻게 활용할 수 있는지 생각하고 적어보세요.

A.

- 쑥쑥이어린이집 친구들(만 4세). 손바닥 가족. 250㎜×250㎜.
- 활용도서 | 한태희(2002). 손바닥 놀이공원. 예림당.
- 표지 | PVC 필름 A3 2매
  | 컬러 하드보드 4절 1매
- 내지 | 양면색지 350㎜×250㎜ 9매
- 속지 | 양면색지 230㎜×230㎜ 18매
- 조각 양면색지
- Formtec Label 3108 · 3621 · 3639
- P.P 필름 A4 1매

만들기

1 테두리접기 모양 본 만들기

- A4 크기의 P.P 필름을 250㎜×100㎜ 크기로 자른다.
- 모양 본은 활동 참여 인원에 맞추어 여러 매 제작한다.

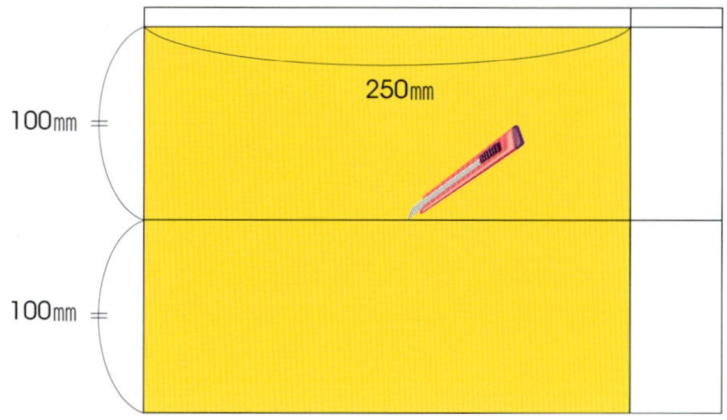

A4 P.P 필름

2 표지 PVC 필름 · 컬러 하드보드 자르기

- A3 규격의 PVC 필름과 4절 크기의 컬러 하드보드를 250㎜×250㎜ 크기로 각각 2매씩 자르고 2매의 필름 모서리를 각각 둥글게 처리하여 제공한다.
- 표지는 컬러 하드보드 외에 메탈팩보드, 흑기사, 아트지 등 두꺼운 지류나 보드를 사용할 수 있다.
- PVC 필름은 표지를 보호하기 위하기 사용하는 것이므로 지종에 따라 PVC 필름을 사용하지 않아도 된다.

3 내지 테두리접기

- 350㎜×250㎜ 크기의 내지 오른쪽 면에 테두리접기 모양 본을 올려놓는다.
- 모양 본의 테두리 선을 따라 연필 또는 뼈칼로 선을 긋고 그어진 선을 따라 1매씩 접는다.
- 활동 유형에 따라 테두리접기 내지의 날개 너비는 넓거나 좁게 조절하여 접는다.
- 양장접기와 같이 날개를 만든 테두리접기 내지의 접은 면이 책등이 되고 날개 부분이 뒷면으로 가도록 테두리접기 내지를 뒤집는다.
- 표현 내용과 활동 방법에 따라 테두리접기 내지의 날개 면이 앞으로 오게 하거나 책배가 되도록 포갤 수 있다.

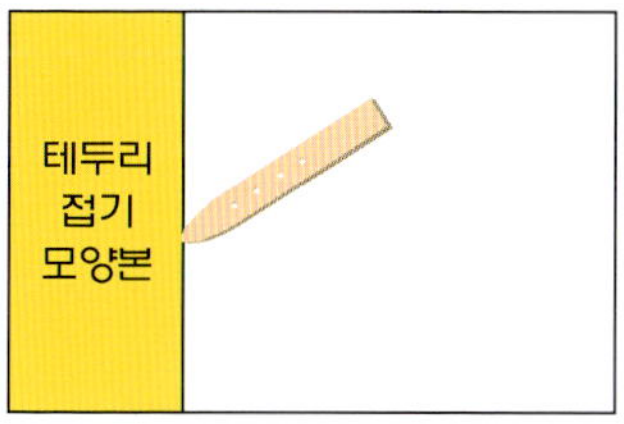

❸-1 내지 한쪽 면에 테두리접기 모양 본을 올려놓고 선을 따라 긋는다.

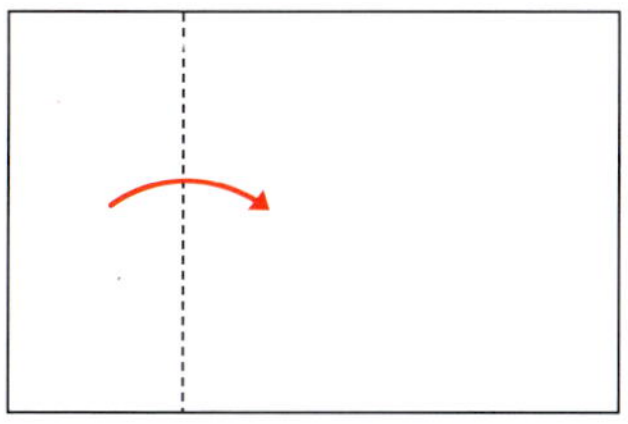

❸-2 그어진 선을 따라 내지를 접어서 날개를 만든다(테두리접기).

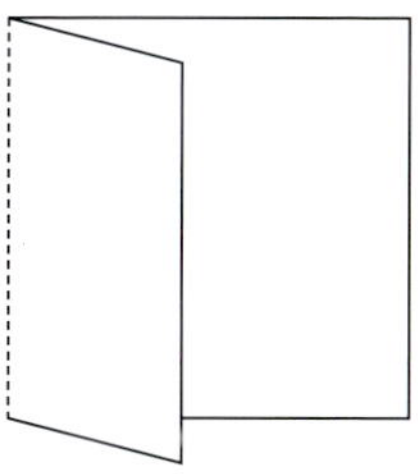

❸-3 완성된 테두리접기 내지

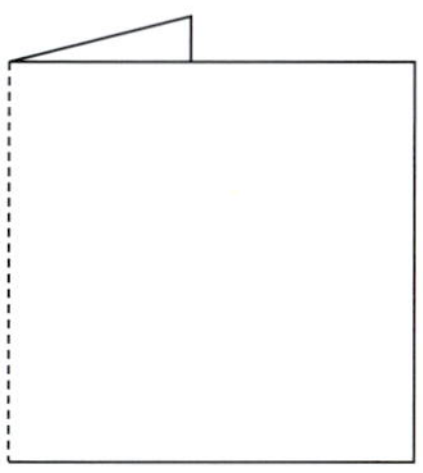

❸-4 테두리접기 내지 뒤집기

4 테두리접기 내지 포개기

- 양장접기와 같이 날개를 만든 테두리접기 내지의 접은 면이 책등이 되고 날개 부분이 뒷면으로 가도록 한 매씩 포갠다.
- 위와 반대로 표현 내용이나 활동 방법에 따라 날개 부분이 앞면으로 오도록 포개어 제본할 수 있다.

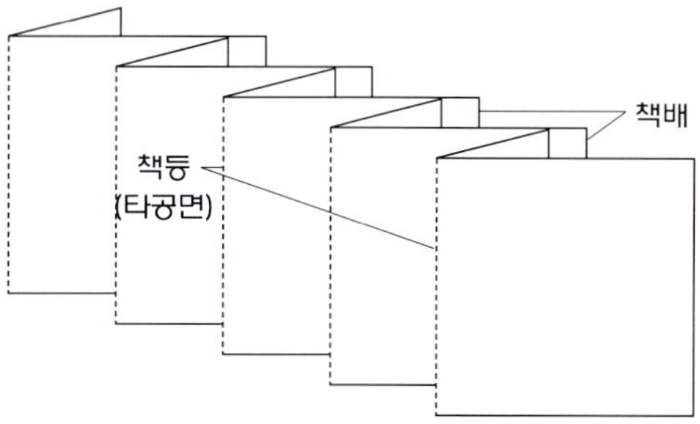

❹ 테두리접기 내지의 접은 면이 책등이 되고 날개 면이 뒷면으로 가도록 필요한 매수만큼 접어서 포갠다.

5 컬러 하드보드 표지와 테두리접기 내지 맞추기

- 포개어 놓은 테두리접기 내지 앞뒷면에 컬러 하드보드 표지를 덮고 그 위에 PVC 표지 필름을 겹쳐 크기가 맞는지 확인한다.

6 링 제본하기

- 표지 PVC 필름 2매를 포개어 동시에 타공한다.
- 컬러 하드보드 표지 2매를 각각 1매씩 타공한다.
- 테두리접기 내지는 접은 면이 책등이 되도록 적당한 매수 만큼 나누어 타공한다.
- 링에 앞표지 PVC 필름 ⇒ 앞표지 컬러 하드보드 ⇒ 테두리접기 내지 ⇒ 뒷표지 컬러 하드보드 ⇒ 뒷표지 PVC 필름의 순서로 차례로 끼어 링 제본한다.
- PVC 표지 필름을 사용하지 않는 경우 앞표지 컬러 하드보드 ⇒ 테두리접기 내지 ⇒ 뒷표지 컬러 하드보드의 순서로 차례로 끼어 링 제본한다.
- 남는 링 부분은 잘라내고 모서리를 둥글게 처리한다.

7 앞표지 꾸미기

- 컬러 하드보드 앞표지에 제목, 지은이, 앞표지 그림, 출판사 명 등을 꾸민다.
- 보드의 종류와 색깔에 따라 230㎜×230㎜ 크기의 속지를 붙이고 꾸미도록 지도한다.
- 활동 내용과 방법에 따라 내지를 완성하고 마지막에 제목을 정하여 앞표지를 꾸미도록 할 수 있다.
- 두꺼운 보드로 앞표지를 만든 경우 표지의 삼각 모서리를 보호할 수 있도록 앞 · 뒷표지의 책배 모서리에 각각 삼각 모서리 금속 장식을 끼우고 펜치를 이용하여 단단하게 눌러 준다.

8 속지 꾸미기

- 물감 접시에 적당한 농도로 물감을 풀고 솜을 깔아서 물감이 튀지 않도록 준비한다.
- 손바닥 가족의 얼굴과 머리카락을 찍기 위한 물감 색은 살구색 외에 황토색, 분홍색, 노란색, 갈색, 검정색 등 다양한 색깔의 물감을 풀어 준비한다.
- 230㎜×230㎜ 크기의 속지 1매에 손가락 부분을 제외하고 손바닥 부분에만 원하는 색깔의 물감을 묻혀 가족 인원만큼 다양한 색깔의 손바닥 도장을 찍는다.

- 손바닥 도장을 찍을 때 가족의 특징에 따라 다양한 색깔 물감을 사용하도록 지도한다.
- 손바닥 물감 도장을 찍은 속지는 물감이 마를 때까지 건조대에 걸어 놓는다.
- 손바닥 도장의 물감이 마르는 동안 230㎜×230㎜ 크기의 다른 속지 1매에 가족과의 즐거웠던 경험을 생각하고 그림을 그린다.
- 물감이 마른 손바닥 도장에 가족들의 모습을 다양한 재료를 이용하여 꾸민다.

9 속지 붙이기

- 첫 번째 테두리접기 내지의 앞면은 본문 꾸미기가 끝난 후 헌정사 또는 목차를 표현할 면으로 남겨준다.
- 가족과의 즐거웠던 추억을 그린 속지 뒷면에 풀칠하고 첫 번째 테두리접기 내지 안쪽 면에 붙인다.
- Formtec Label 3108 라벨용지 또는 조각 색지에 그림의 제목이나 이야기를 적고 테두리접기 내지의 날개 부분에 풀칠하여 붙인다.
- 손바닥 도장 그림 속지 뒷면에 풀칠하고 두 번째 테두리접기 내지 앞면에 붙인다.
- 왼쪽 앞면의 테두리접기 내지 날개부분에 가족사진을 붙이거나 가족의 이름을 적는다.
- 위와 같은 방법으로 나머지 내지들을 일주일에 1~2회씩 마주보는 면을 짝지어 다양한 표현활동을 꾸미고 제목이나 이야기를 적어서 완성하도록 지도한다.

예) 직선 그림 – 곡선 그림
점 그림 – 선 그림
물감 흘리기 – 물감 뿌리기
콜라주 – 모자이크
행복해요 – 슬퍼요
동그라미 세상 꾸미기 – 네모 세상 꾸미기
엄마와 함께 – 아빠와 함께

10 헌정사 · 목차 꾸미기

- 내지 꾸미기가 끝나면 남겨놓은 첫 번째 테두리접기 내지 앞면에 헌정사 또는 목차를 적는다.
- 목차를 적는 경우 내지의 적당한 위치에 쪽 수를 적도록 지도한다.

11 뒷표지 꾸미기

- 마지막 테두리접기 내지의 뒷면과 날개 면에 뒷표지 그림, 광고문, 소개하는 글, 펴낸 날, 펴낸이, 가격, ISBN, 바코드 등을 적거나 그려서 판권면으로 꾸민다.
- 바코드와 ISBN은 뒷표지 컬러 하드보드의 하단에 적을 수 있다.

12 소개하기 · 감상하기

- 테두리접기 내지의 각 면을 어떻게 활용하여 꾸몄는지 그리고 어떤 이야기를 담았는지 소개한다.
- 테두리접기 링 제본책 내지의 넓은 면과 좁은 날개 부분을 활용할 수 있는 다양한 방법에 대하여 탐색하고 알아본다.

- 경기도청어린이집 친구들(만 4세). 생각하는 ㄱㄴㄷ. 250㎜×250㎜.
- 활용도서 | 이지원 기획 · 이보나 흐미엘레프스카(2005). 생각하는 ㄱㄴㄷ.논장.

앞표지

헌정사

• 쑥쑥어린이집 친구들(만 4세). 손바닥 가족. 250㎜×250㎜.

가족들과 놀이터에
갔을 때 행복했어요.
이 건 혁

가족이 함께 여행을
갔을 때 행복했어요.
나 종 원

바닷가에서 조개를 구워
먹었을 때 행복했어요.
장 영 준

가족과 놀이터에 가서
놀았을 때 행복했어요.
손 성 민

가족과 놀이터에 가서
놀았을 때 행복했어요.
김 광 욱

팩 스 02. 2205. 4999
홈페이지 http://www.wowplay.org
E-mail wowplay@wowplay.org
ISBN 89-1004-701-1

CHAPTER 2

접기를 활용한 링 제본책 문해 활동 II

Literacy Activities through Folding Ring Binder Books II

- 덮개 카드 링 제본책
- 병풍접기 링 제본책
- 다면접기 링 제본책
- 양문 링 제본책

덮개 카드 링 제본책

준비물

- 표지 | P.P 필름 A4 1매
- 내지 | 양면색지 135㎜×195㎜ 3~5매
- 속지 | 양면색지 115㎜×175㎜ 1~2매
  | 양면색지 100㎜×180㎜ 2매
  | 양면색지 120㎜×160㎜ 2매
- 큰 말 · 작은 말 생각 모으기(CD-ROM)
- 반대말 생각 모으기(CD-ROM)
- 수수께끼 생각 모으기(CD-ROM)
- 플라스틱 링 10㎜ 1개
- 플라스틱 링 제본기

- 김동휘(만 5세). 길고 짧고. 135㎜×195㎜.
- 활용도서 | 멜라니 월시(2002). 크고 작고. 시공주니어.

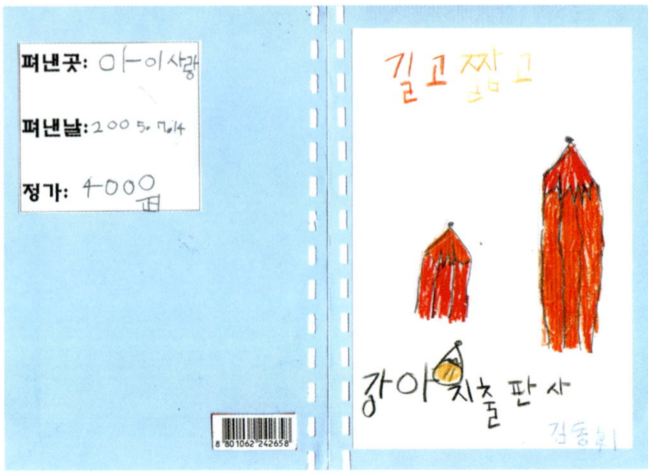

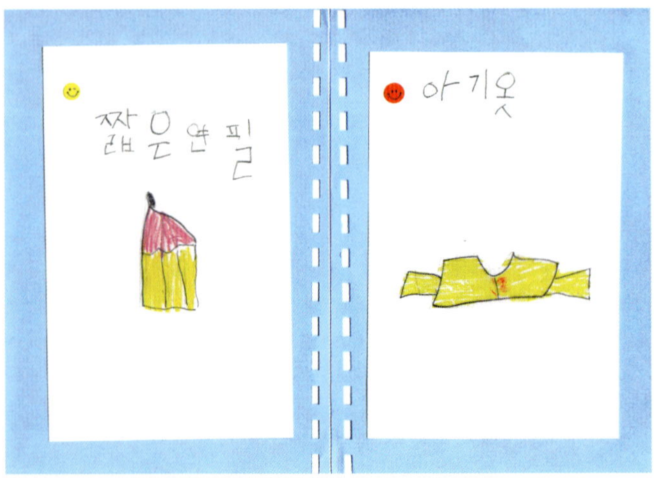

Tips

- 한 장의 외겹접기 카드는 단면에만 내용을 담는 경우 1쪽의 면이 생기지요. 앞뒤 양면을 사용하면 2쪽의 본문 면이 생기므로 표현할 수 있는 양이 늘어날 뿐만 아니라 같은 내용을 표현하는 경우 필요한 카드 매수는 ½만 필요해요.

- 물감 표현이나 두께감이 있는 입체 자료를 사용하는 경우에는 단면만 사용하고 글이 위주이거나 그림 표현이 단순한 작품인 경우 양면을 사용하세요.

- 덮개 카드는 여닫는 방향에 따라 내지의 모양과 크기가 다르기 때문에 카드 형태에 따라 적합한 표현 내용 및 방법 또한 달라지게 되요. 덮개 카드의 형태에 따른 차이를 관찰하고 각각의 유형은 어떤 표현에 적절한지 생각해보세요.

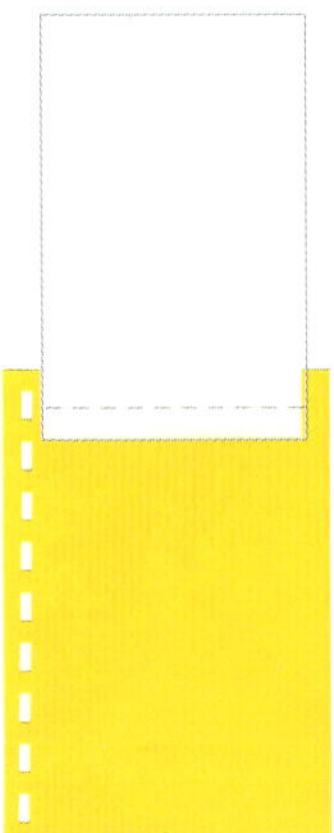
① 위로 여는 덮개

② 아래로 여는 형태

③ 왼쪽으로 여는 덮개

④ 오른쪽으로 여는 형태

만들기

1 표지 P.P 필름 자르기

- A4 규격의 P.P 필름을 135㎜×195㎜ 크기로 자르고 2매의 필름 모서리를 각각 둥글게 처리하여 제공한다.

2 외겹접기 내지 포개기

- 135㎜×195㎜ 크기의 외겹접기 내지를 필요한 매수만큼 준비하여 포갠다.

3 표지와 외겹접기 내지 맞추기

- 외겹접기 내지 앞뒷면에 표지 필름을 겹쳐 보고 크기가 맞는지 확인한다.

4 링 제본하기

- 표지 필름 2매를 각각 1매씩 타공한다.
- 외겹접기 내지는 적당한 매수만큼 포개어 타공한다.
- 외겹접기 내지 앞뒷면에 표지 필름을 덮어 링 제본한다.
- 남는 링 부분은 잘라내고 모서리를 둥글게 처리한다.

5 속지 시접 접기

- 100㎜×180㎜ 크기의 속지를 필요한 매수만큼 준비하여 윗면을 2㎝ 정도 접어서 덮개 카드의 시접을 만든다.
- 120㎜×160㎜ 크기의 속지를 필요한 매수만큼 준비하여 옆면을 2㎝ 정도 접어서 덮개 카드의 시접을 만든다.
- 속지는 표현 내용에 따라 100㎜×180㎜ 또는 120㎜×160㎜ 크기 중 적합한 크기를 준비하여 제공한다.

❺-1 100㎜×180㎜ 크기의 속지 시접을 접었다 펼친다.

❺-2 120㎜×160㎜ 크기의 속지 시접을 접었다 펼친다.

6 덮개 카드 만들기

- 속지의 시접 부분에 풀칠하고 외겹접기 링 제본책의 앞표지와 뒷표지를 제외한 본문 면 중앙에 적합한 형태의 속지를 붙여서 덮개 카드를 만든다.
- 내지의 양면을 사용하는 경우 덮개 카드는 양쪽 면에 각각 붙이고 한 면에만 표현하는 경우 내지의 오른쪽 면에만 덮개 카드를 붙인다.

❻-1 내지의 한 면만 사용하기

❻-2 내지의 양면 사용하기

7 앞표지 꾸미기

- 외겹접기 링 제본책의 내지 첫 면에 제목, 지은이, 앞표지 그림, 출판사 명 등을 꾸민다.
- 내지의 색깔이 짙은 색상인 경우 115㎜×175㎜ 크기의 연미색 속지를 풀칠하여 붙이고 꾸미도록 지도한다.

8 본문 면 꾸미기

- 덮개 카드의 앞면에 반대되는 말, 느낌이 큰 말(또는 작은 말), 울음소리, 수수께끼, 속담 등 활동 주제에 따른 이야기를 그림과 글로 꾸민다.

  예) 크고, 뚱뚱한, 어둡다, 아침 등
  부글부글, 성큼성큼, 껑충껑충, 주물주물 등
  일을 많이 할수록 키가 작아지는 것은?

- 덮개 카드를 열고 내지에 덮개 카드에 적은 이야기와 관련된 생각이나 답을 그림과 글로 꾸민다.

  예) 작고, 날씬한, 밝다, 저녁 등
  보글보글, 살금살금, 깡충깡충, 조물조물 등
  연필

- 위와 같은 방법으로 나머지 면들을 차례로 꾸민다.

9 뒷표지 꾸미기

- 마지막 외겹접기 링 제본책 내지의 뒷면에 뒷표지 그림, 광고문, 소개하는 글, 바코드 그리고 ISBN 등을 적어 꾸민다.
- 앞표지와 마찬가지로 내지의 색깔이 짙은 색상인 경우 연미색 속지를 풀칠하여 붙이고 꾸미도록 지도한다.

10 소개하기 · 감상하기

- 덮개 카드의 각 면을 어떻게 붙이고 어떤 이야기를 꾸몄는지 소개한다.
- 덮개 카드 형태에 따라 표현 내용이 적절한 작품을 알아본다.

- 문민선(만 5세). 무엇이 무엇이 될까요? 135㎜×135㎜.
- 활용도서 | 멜라니 월시(2002). 무엇이 될까요? 시공주니어.
- 표지 | PVC 필름 A4 1매
- 내지 | 켄트지 135㎜×135㎜ 5매
- 속지 | 뉴칼라 120㎜×240㎜ 4매
- 무엇이 될까요 생각 모으기(CD-ROM)
- 플라스틱 링 12㎜ 1개

2면

1면

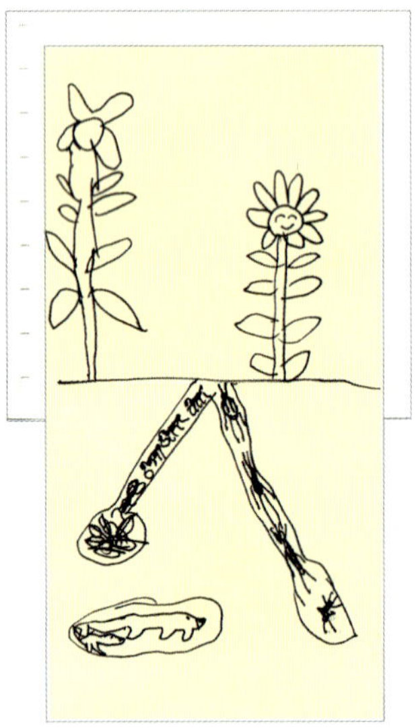

3면

4면

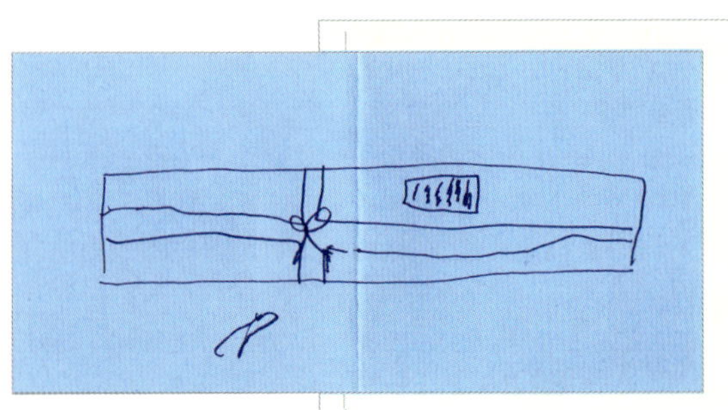

- 표지 | P.P 필름 150㎜×80㎜ 2매
- 내지 | 컬러머메이드 150㎜×80㎜ 14매
- 속지 | 컬러머메이드 120㎜×110㎜ · 240㎜×55㎜ 각 8매
- 큰 말 · 작은 말 생각 모으기(CD-ROM)
- 큰 말 · 작은 말 라벨 3108(CD-ROM)
- Formtec Label 3102 1매 · Formtec Label 3108 2매
- 플라스틱 링 24㎜ 1개

Tips

- 큰 말 · 작은 말 라벨 3108(CD-ROM)을 Formtec Label 3108 라벨용지에 출력하여 「작고 작은 말 크고 큰 말」 덮개 카드 링 제본책을 직접 만들어 소개해 주세요.

- 소집단 또는 개별적으로 큰 말 · 작은 말 생각 모으기(CD-ROM) 활동지에 크고 작은 느낌의 새로운 낱말들을 생각하여 적도록 지도하세요. 완성된 생각 모으기 활동지를 참고하여 「작고 작은 말 크고 큰 말」 덮개 카드 링 제본책 만들기 활동을 진행해 보세요.

- 말놀이를 활용한 덮개 카드 링 제본책 만들기 활동이 익숙해지면 어린이 스스로 다양한 주제의 말놀이를 즐기고 덮개 카드 링 제본책을 만들 수 있도록 격려해 주세요.
  예) 수수께끼, 반대말, 비슷한 말, 같은 자음이나 모음으로 시작하는 말 또는 끝나는 말, 속담풀이, 좋아하는 말과 싫어하는 말 등

- 활용도서, 활동 주제, 표현 내용 그리고 구성 방식 등에 따라 내지와 덮개 카드의 크기 및 형태를 다양하게 바꾸어 만들어보세요. 덮개 카드는 내지의 전체 면을 사용하기 위한 크기뿐만 아니라 내용의 일부분을 숨기거나 들춰볼 수 있도록 작게 만들면 재미난 놀이책을 만들 수 있어요.

- 속지의 윗면이나 옆면을 접어서 시접을 만들고 내지에 붙이면 덮개 카드를 열었을 때 시접 면이 보일뿐만 아니라 시접의 너비가 제각각 달라서 덮개 카드의 크기가 일정하지 않기 때문에 시각적 매력이 떨어질 수 있어요. 속지를 양장 접기와 같이 절반으로 접고 뒷면에 풀칠하여 붙여보세요. 덮개 카드를 열고 닫을 때 시접 면이 보이지 않으므로 깔끔하고 어린이 스스로 표현할 공간을 시각적으로 확인할 수 있어요.

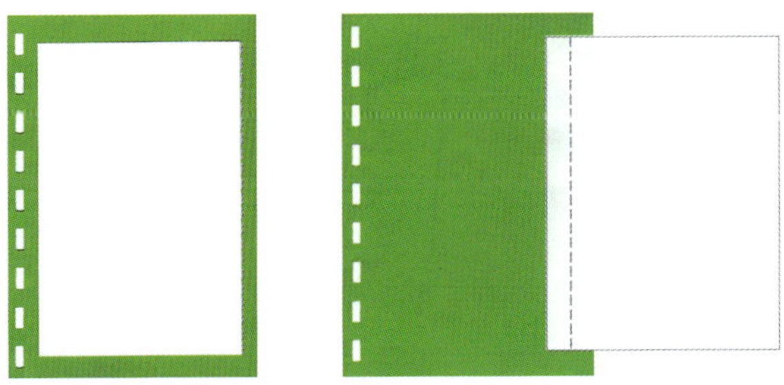

⑤ 시접이 있는 덮개 카드를 붙인 내지

⑥ 양장덮기 덮개 카드를 붙인 내지

병풍접기 링 제본책

준비물

- **표지** | P.P 필름 A4 1매
- **내지** | 양면색지 1080㎜×97.5㎜ 4매
- **속지** | 복사용지 120㎜×90㎜ 64매
- **띠지** | 양면색지 30㎜×100㎜ 4매
- **플라스틱 링 20㎜ 1개**
- **플라스틱 링 제본기**

- 강석환(초등 1년). 멀뚱이의 식물일기. 1080㎜×100㎜.
- 활용도서 | 김지희 글 · 김영곤 그림(2005). 멀뚱이의 식물일기. 진선출판사.

- 강민지(초등 4년). 동물농장. 1080㎜×80㎜.
- 활용도서 | 조지 오웰 글 · 박제희 그림(2004). 동물농장. 혜원출판사.
- 표지 | PVC 필름 200㎜×80㎜ 2매
- 내지 | 뉴칼라 1080㎜×80㎜ 5매
- 속지 | 복사용지 170㎜×70㎜ 60매
- 띠지 | 뉴칼라 30㎜×80㎜ 5매
- 플라스틱 링 10㎜ 1개

- 쑥쑥이어린이집 친구들(만 4세). 오렌지반을 소개합니다. 1080㎜×65㎜.
- 표지 | P.P 필름 150㎜×65㎜ 2매
- 내지 | 뉴칼라 150㎜×65㎜ 2매
  | 뉴칼라 1080㎜×65㎜ 4매
- 우리 반 소개하기 라벨 3108(CD-ROM)
- 우리 반 소개하기 생각 모으기(CD-ROM)
- Formtec Label 3108 1매
- 플라스틱 링 18㎜ 1개

- 쑥쑥이어린이집 친구들(만 3세). 나처럼 움직여 봐! 1080㎜×135㎜.
- 표지 | P.P 필름 110㎜×135㎜ 2매
- 내지 | 뉴칼라 110㎜×135㎜ 2매
  | 뉴칼라 1080㎜×135㎜ 8매
- 띠지 | 뉴칼라 40㎜×135㎜ 2매
- 동물 모양 펀치
- 조각 색지
- Formtec Label 3110 · 3623 1매

만들기

1 표지 P.P 필름 자르기

- A4 규격의 P.P 필름을 150mm×97.5mm 크기로 자르고 2매의 필름 모서리를 각각 둥글게 처리하여 제공한다.

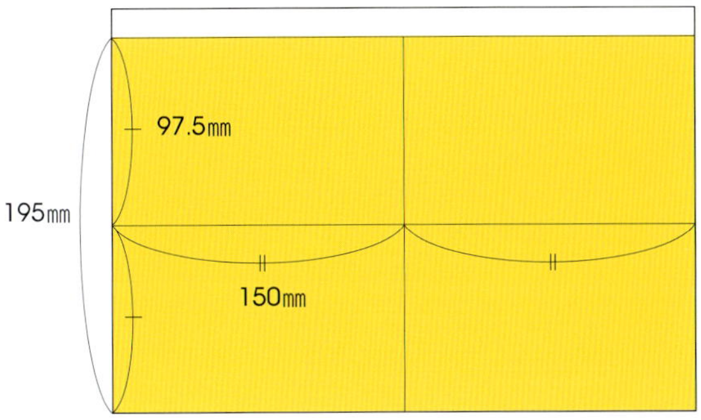

A4 P.P 필름

2 내지 8면 병풍접기

- 1080mm×97.5mm 크기의 내지를 필요한 매수만큼 준비한다.
- 각각의 내지를 지그재그로 접어서 4면 병풍 내지를 만든다.
- 4면 병풍 내지를 다시 지그재그로 접어서 8면 병풍 내지를 만든다.

❷-1 내지를 지그재그로 접어서 4면 병풍 내지를 만든다.

❷-2 4면 병풍 내지를 다시 지그재그로 접어서 8면 병풍 접기한다.

3 띠지 접기

- 1080mm×97.5mm 크기의 내지 매수만큼 40mm×97.5mm 크기의 띠지를 준비하고 길게 절반으로 접었다 펼친다.

4 8면 병풍 내지 시접에 띠지 붙이기

- 절반으로 접었다 펼친 띠지의 안쪽 면에 골고루 풀칠하고 8면 병풍 내지의 1면 앞부분을 띠지의 절반 정도를 덮도록 끼워 붙인다.
- 나머지 8면 병풍 내지도 위와 같은 방법으로 각각 띠지에 끼워 붙인다.
- 병풍접기 링 제본책은 내지의 길이가 길기 때문에 제본 면에 가해지는 무게로 인하여 링 제본된 구멍이 쉽게 찢어질수 있다. 병풍접기 내지의 제본 면에 띠지를 붙이면 시각적으로 아름답고 타공 제본 부분이 견고하여 전시 및 보관에도움이 된다.
- 띠지는 내지의 색상과 표현 주제에 따라 다양한 색깔을 사용한다.

❸-1 띠지를 길게 절반으로 접었다 펼친다.

❹-1 접었다 펼친 띠지 안에 골고루 풀칠한다.

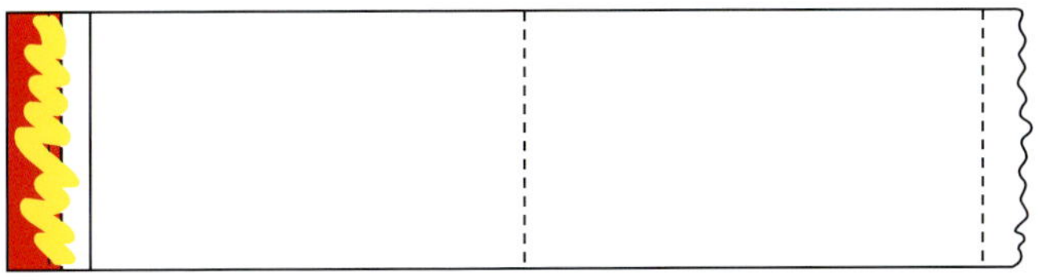

❹-2 띠지의 절반 정도를 덮도록 8면 병풍 내지의 1면을 끼워 붙인다.

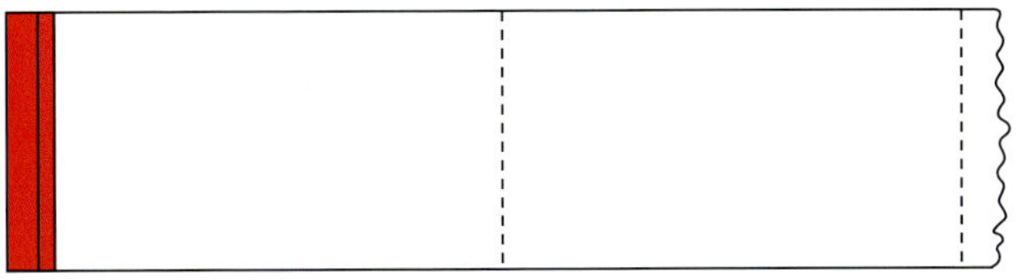

❹-3 띠지의 중앙선을 따라 8면 병풍 내지의 1면 위에 덮어 붙인다.

5 표지와 병풍 내지 맞추기

- 띠지를 붙인 8면 병풍 내지를 지그재그로 포개고 앞뒷면에 표지 필름을 겹쳐 크기가 맞는지 확인한다.

6 링 제본하기

- 표지 필름 2매를 각각 1매씩 타공한다.
- 각각의 8면 병풍 내지를 각각 펼치고 띠지 부분을 맞추어 포갠다.
- 띠지를 맞추어 포개어 놓은 8면 병풍 내지의 띠지 부분을 타공한다.
- 타공한 병풍접기 내지를 다시 지그재그로 접고 띠지를 맞추어 포갠다.
- 링에 앞표지 필름 ⇒ 병풍접기 내지 ⇒ 뒷표지 필름의 순서로 차례로 끼어 링 제본한다.
- 표현 내용에 따라 150mm×97.5mm 크기의 외겹접기 내지 2매를 준비하여 앞 · 뒷표지를 꾸미는 경우 앞표지 필름 ⇒ 앞표지 외겹접기 내지 ⇒ 병풍접기 내지 ⇒ 뒷표지 외겹접기 내지 ⇒ 뒷표지 필름의 순서로 차례로 끼어 링 제본한다.
- 남는 링 부분은 잘라내고 모서리를 둥글게 처리한다.

❹-3 띠지를 붙인 병풍내지

❻ 띠지를 타공한 병풍내지

7 앞표지 꾸미기

- 첫 번째 8면 병풍 내지의 앞면에 제목, 지은이, 앞표지 그림, 출판사명 등을 꾸민다.
- 내지의 색깔이 짙은 색상인 경우 130mm×80mm 크기의 연미색 속지를 풀칠하여 붙이고 꾸미도록 지도한다.
- 앞표지 외겹접기 내지를 포개어 링 제본한 경우 이 카드에 표현한다.

❼-1 8면 병풍내지에 꾸민 앞표지

❼-2 외겹접기 내지에 꾸민 앞표지

8 본문 면 꾸미기

- 8면 병풍접기 내지의 각각의 면에 활용도서에서 관심 있게 읽은 내용, 새롭게 알게 된 지식, 스스로 탐구한 내용과 궁금한 질문 등을 하루에 1면~4면씩 글과 그림으로 표현하고 탐구 과정 중에 수집한 자료 등을 붙여서 꾸민다.
- 탐구일지를 작성하는 경우 씨앗이나 알의 성장 과정을 하루 또는 이틀에 한 번씩 관찰하고 꾸준히 표현한다.
- 인터넷 검색, 사전, 신문 등 다양한 매체와 자료를 활용하거나 토론과 실험을 통한 탐구 내용을 벤다이어그램, 그래프, 그림, 사진, 글, 채취 표본 등 다양한 방법으로 표현하도록 지도한다.
- 관찰일 또는 실험한 날짜 등을 적어야 하는 경우 날짜 라벨 3626 (CD-ROM)을 Formtec Label 3626 라벨용지에 출력하여 제공하고 8면 병풍 내지의 필요한 면에 붙여서 날짜를 적도록 지도한다.
- 내지의 색깔이 짙은 색상인 경우 130mm×90mm 크기의 속지 카드를 풀칠하여 붙이고 꾸미도록 지도한다.

9 뒷표지 꾸미기

- 마지막 8면 병풍접기 내지의 뒷면에 끝마친 날, 뒷표지 그림, 소개하는 글, 값, 바코드 그리고 ISBN 등을 적어 꾸민다.
- 앞표지와 마찬가지로 별도의 뒷표지 외겹접기 내지를 사용한 경우 이 카드에 표현한다.

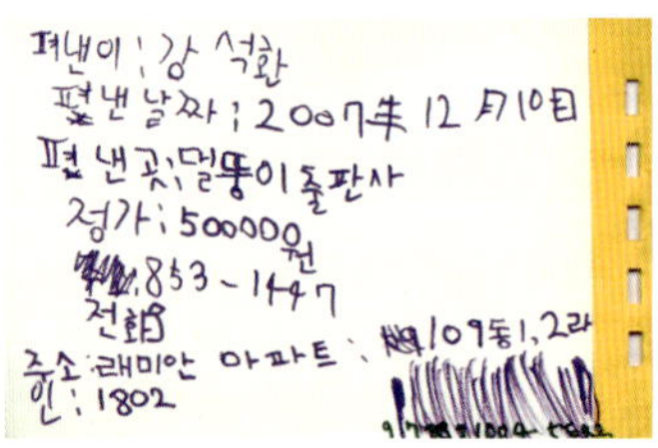

❼-1 8면 병풍내지에 꾸민 뒷표지

❼-2 외겹접기 내지에 꾸민 뒷표지

10 소개하기 · 감상하기

- 8면 병풍 내지의 각 면에 어떤 이야기를 어떻게 담았는지 소개한다.
- 자료와 정보를 수집한 방법과 장소, 탐구 과정 중 느낀 어려움, 새롭게 알게 된 지식, 관찰하거나 조사한 내용의 같은점과 차이점 등에 대하여 알아본다.
- 8면 병풍접기 링 제본책을 만들고 표현하면서 느낀 어려움이나 다른 유형의 내지와 비교하여 어떤 차이점이나 특징이 있는지 이야기 나눈다.

Tips

- 쑥쑥이어린이집 친구들의 「오렌지반을 소개합니다」와 같이 소집단 또는 개별적으로 일상생활과 주변 환경을 탐색하고 분류할 수 있는 활동을 찾아서 진행해 보세요.

  예) 곤충, 동물, 식물, 물고기 이름 모으기
  봄, 여름 , 가을, 겨울에 볼 수 있는 것
  악기, 음식, 운동경기, 장난감 모으기
  색깔, 모양, 숫자 모으기
  아빠, 엄마, 나, 동생에게 필요한 것
  하고 싶은 것, 하기 싫은 것, 해야 하는 것, 할 수 있는 것
  행복할 때, 슬플 때, 기분이 좋을 때, 화가 날 때

- 학급 전체 어린이들이 참여하여 활동하거나 어린이 스스로 주제를 정하기 어려워하는 경우에는 우리 반 소개하기 라벨 3108 (CD-ROM)을 Formtec Label 3108 라벨용지에 출력하여 제공하세요. 하루에 한 가지씩 원하는 주제를 탐색하여 정보를 모으고 다 함께 모여 수집한 정보를 병풍접기 링 제본책에 옮겨 적도록 지도해 주세요. 매일 꾸준히 활동하면 일주일 또는 한 달 후에는 다양한 정보와 자료를 수집한 나만의 두툼한 우리 반 사전 책을 갖게 될 거예요.

- 어린이의 연령이 낮거나 표현 내용이 적거나 탐구 기간이 짧은 경우 4면 또는 6면 병풍접기 내지 4매를 링 제본하여 활동한다.

- 병풍 내지는 5면 또는 7면과 같은 홀수 면의 내지를 만들어 사용할 수 있어요. 홀수 면의 병풍내지 앞면에 주제를 적고 병풍 내지 앞뒷면에 주제를 나누어 적을 수 있어요.

- 4매의 병풍접기 링 제본책에 표현할 수 있는 일주일 또는 4주 동안 진행할 수 있는 탐구 활동 또는 글쓰기 주제를 생각하고 적어보세요.

  예) 오늘 내가 한 착한 일 자랑하기
  내가 한 잘못한 일 반성하기
  오늘 있었던 행복한 느낌 기억하기
  오늘 있었던 슬픈 느낌 기억하기

- 병풍접기 링 제본책은 접혀진 내지의 두께 때문에 앞면의 내지에 그림을 그리거나 글을 쓰기 어려울 수 있어요. 이런 경우 표현할 면의 병풍 내지를 모두 펼치고 표지와 다른 내지는 반대 면으로 접어서 겹치지 않도록 한 후 표현하도록 지도해주세요.

- 병풍접기 링 제본책은 내지를 접는 방법과 내지의 책등을 어떤 방향으로 제본하는가에 따라 다른 유형의 책을 만들 수 있어요. 외겹접기의 연장된 형태로 병풍을 만드는 방법 외에 양장접기와 전통접기의 연장된 형태로 링 제본할 수도 있어요.

- 각각의 접기 방식에 따라 책을 펼치는 방법, 본문 면의 쪽 수, 표현 방식 등이 달라지므로 47쪽에 소개된 다양한 방식의 병풍접기 링 제본책을 탐색하고 각각의 내지와 제본 형태에 따른 적절한 활동방법을 설계하여 활용해보세요.

- 표지 | P.P 필름 135㎜×195㎜ 2매
- 내지 | 컬러 머메이드 1080㎜×195㎜ 13매
- 띠지 | 컬러 머메이드 30㎜×195㎜ 13매
- 플라스틱 링 51㎜ 1개

- 표지 | P.P 필름 145㎜×195㎜ 2매
- 내지 | 컬러 머메이드 1080㎜×195㎜ 13매
- 띠지 | 컬러 머메이드 30㎜×195㎜ 13매
- 플라스틱 링 51㎜ 1개

- 표지 | P.P 필름 145㎜×195㎜ 2매
- 내지 | 컬러 머메이드 1080㎜×195㎜ 19매
- 플라스틱 링 51㎜ 1개

- 표지 | P.P 필름 135㎜×195㎜ 2매
- 내지 | 컬러 머메이드 1080㎜×195㎜ 14매
- 플라스틱 링 51㎜ 1개

• 강석환(초등 1년). 멀뚱이의 식물일기. 1080㎜×100㎜.

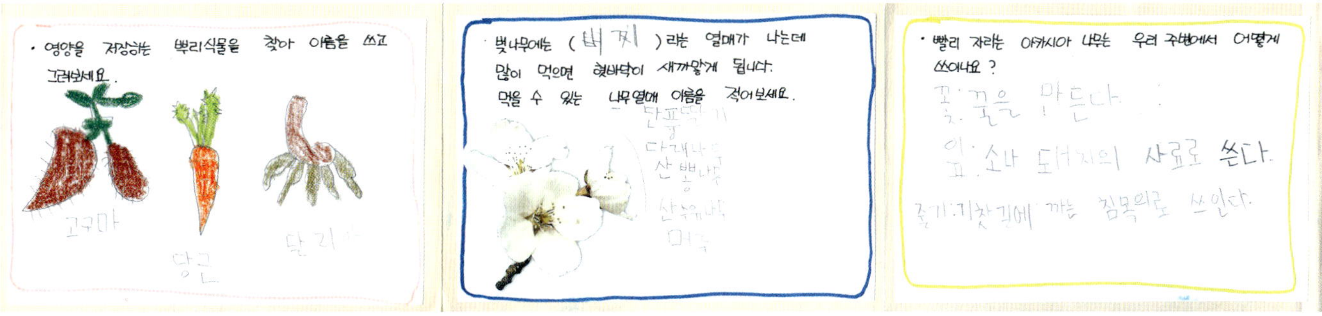

· 영양을 저장하는 뿌리식물을 찾아 이름을 쓰고 그려보세요.
고구마
당근
달리아
벚나무에는 (버찌)라는 열매가 나는데 많이 먹으면 혓바닥이 새까맣게 됩니다. 먹을 수 있는 나무열매 이름을 적어보세요.
단풍딸기
다래나무
산뽕나무
산수유나무
머루
· 빨리 자라는 아카시아 나무는 우리 주변에서 어떻게 쓰이나요?
꽃: 꿀을 만든다.
잎: 소나 돼지의 사료로 쓴다.
줄기: 기찻길에 까는 침목으로 쓰인다.

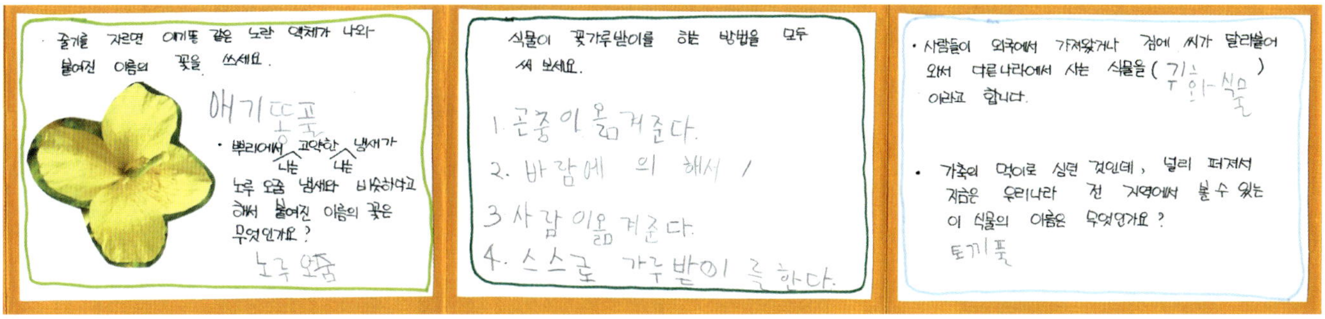

· 줄기를 자르면 애기똥 같은 노란 액체가 나와 붙여진 이름의 꽃을 쓰세요.
애기똥풀
· 뿌리에서 고약한 냄새가 나는 노루 오줌 냄새와 비슷하다고 해서 붙여진 이름의 꽃은 무엇인가요?
노루오줌
식물이 꽃가루받이를 하는 방법을 모두 써 보세요.
1. 곤충이 옮겨준다.
2. 바람에 의해서
3. 사람이 옮겨준다.
4. 스스로 가루받이를 한다.
· 사람들이 외국에서 가져왔거나 짐에 씨가 달라붙어 와서 다른나라에서 사는 식물을 (귀화식물) 이라고 합니다.
· 가축의 먹이로 심던 것인데, 널리 퍼져서 지금은 우리나라 전 지역에서 볼 수 있는 이 식물의 이름은 무엇인가요?
토끼풀

꽃잎이 통으로 붙어 있는 꽃을 무엇이라고 하나요? 사진이나 그림을 찾아 붙이세요. 통꽃
나팔꽃
작살나무
도라지꽃
하나의 꽃에 무수히 많은 통꽃들이 모여 있는 꽃들에는 어떤 것들이 있는지 사진이나 그림을 찾아 붙이세요.
민들레
통꽃
해바라기
코스모스
국화

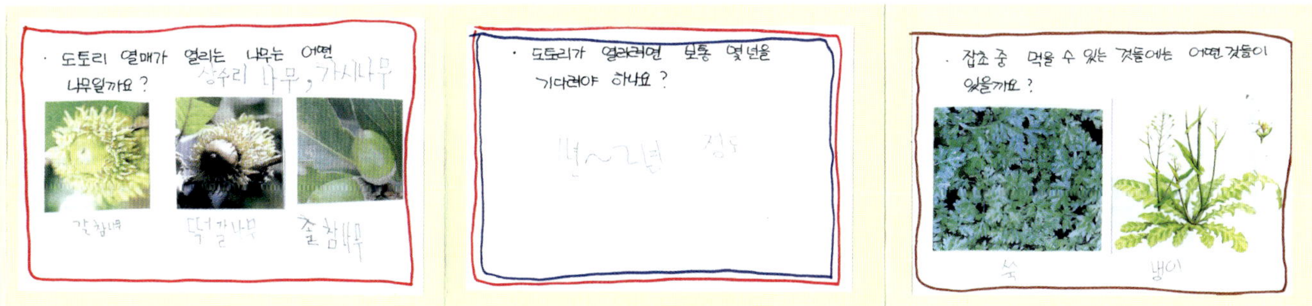

· 도토리 열매가 열리는 나무는 어떤 나무일까요? 상수리나무, 가시나무
갈참나무
떡갈나무
졸참나무
· 도토리가 열리려면 보통 몇 년을 기다려야 하나요?
1년~2년 정도
· 잡초 중 먹을 수 있는 것들에는 어떤 것들이 있을까요?
쑥
냉이

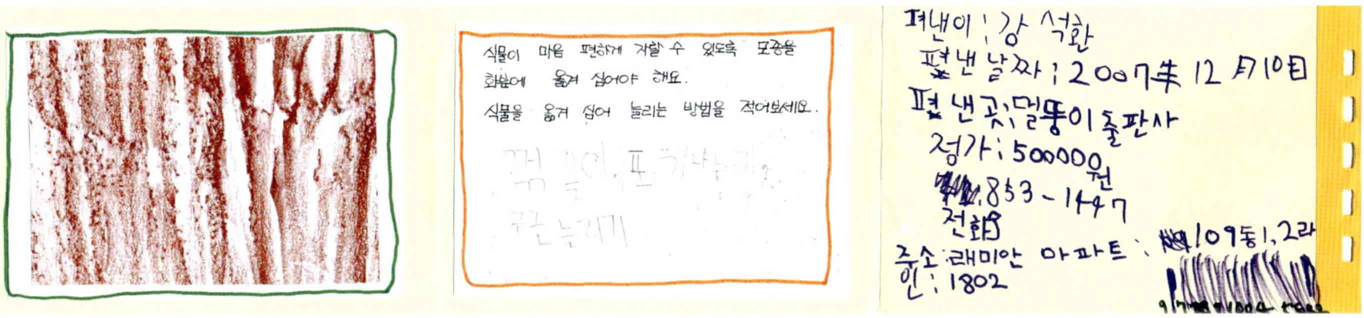

식물이 마음 편하게 자랄 수 있도록 모종을 화분에 옮겨 심어야 해요.
식물을 옮겨 심어 늘리는 방법을 적어보세요.
꺾꽂이, 포기나누기,
구근 늘리기
펴낸이 : 강석환
펴낸 날짜 : 2007年 12月 10日
펴낸 곳 : 덜똥이 출판사
정가 : 50000원
전화 : 853-1447
주소 : 래미안 아파트 109동 1, 2라인 : 1802

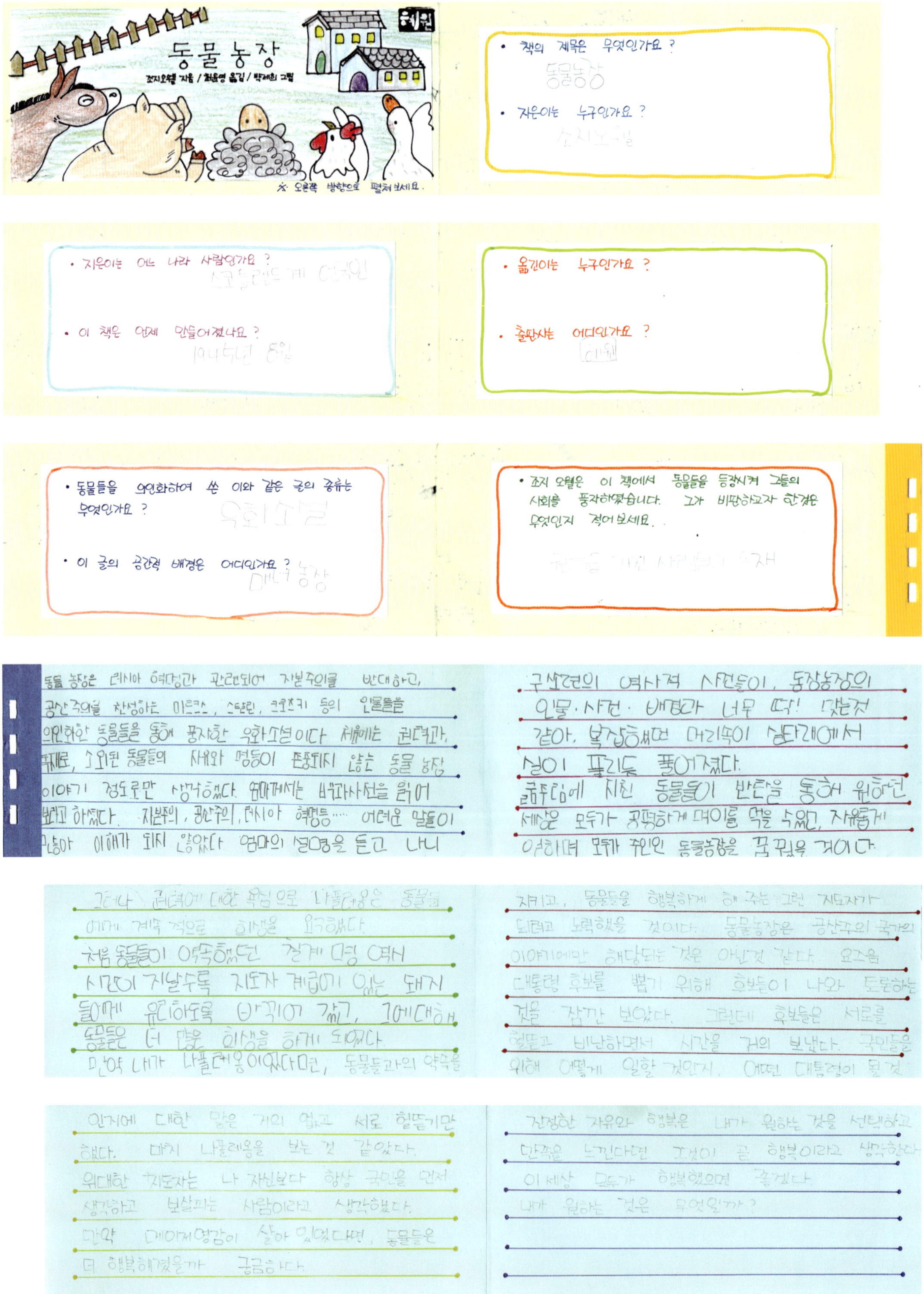

• 강민지(초등 5년). 동물농장. 1080㎜×80㎜.

「동물 농장」을 읽고!

〈독서 감상문〉

• 「자본주의」란 무엇인지 백과사전을 찾아보고 간략하게 정리해보세요.

개인의 소유와 개인의 이윤에 기반을 두고, 있는 정치·경제·체제이다.
즉 개인의 사유재산을 인정하고, 개인의 경제적 결정을 인정하는 체제이다.
(예)
미국·일본·독일·영국·프랑스·캐나다. 우리나라 등등……

• 내가 생각하는 「자본주의」의 장점과 단점을 써 보세요.

〈장점〉
자신의 능력에 따라 경제적 활동을 선택할 수 있고, 자유롭게 경제 활동에 종사할 수 있다.
〈단점〉
빈부의 격차가 심하고, 경제가 불안해지면 높은 실업률이 발생한다.

• 「공산주의」란 무엇인지 백과사전에서 찾아보고 간략하게 정리해보세요.

국가가 생산수단을 소유하고 중앙한 경제 활동 계획을 세우는 명령 경제 정치 체제이다.
개인 보다는 국가나 사회의 부를 더 중요하게 생각하므로 개인의 이윤이나 적성에 맞는 경제활동을 선택할수 없다.

• 내가 생각하는 「공산주의」의 장점과 단점을 써 보세요.

장점: … X 없다
단점: 개인의 능력이 무시 된다.
종교의 자유가 없다.
대부분의 국민이 가난하다.

• 내가 살고 있는 나라는 어떤 경제원칙과 사회개념을 가지고 이루어진 국가일까요?

자본주의 경제 원칙을 가진 나라이며, 개인의 능력과 자유로운 경제 활동을 할 수 있다.
그러나, 개인의 능력에 따라 빈부의 격차가 심한 것 같다.

• 매너 농장의 주인 이름은 무엇인가요?

존스

• 동물들의 노래는 무슨 노래와 무슨 노래의 음조가 섞여 있나요?

클레멘타인, 라 쿠카라차

• 존스씨는 쫓겨 난 후 대부분의 시간을 어디서 보냈나요?

레드 라이온 술집

• 무공훈장을 수여받은 동물의 이름은 무엇인가요?

복서, 스노볼

• 동물농장의 첫번째 반역자라 칭한 동물의 이름은 누구인가요?

몰리

• "풍차건설"의 제안으로 인해 동물들은 어떻게 두패로 갈렸나요?

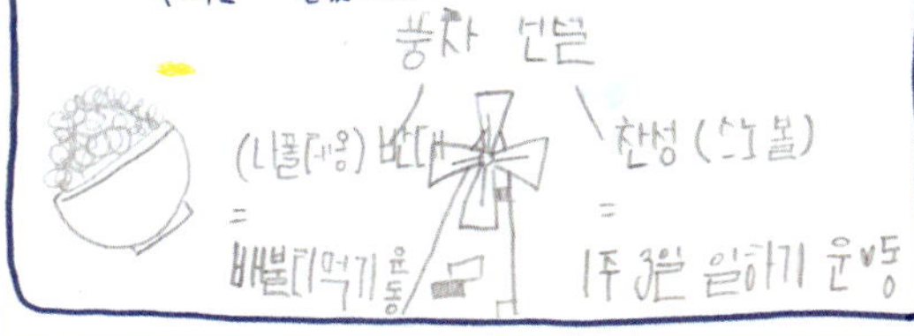

• 수확을 힘들게 하는 데도 동물들이 즐거워했는 이유를 쓰세요.

그들이 하고 있는 모든 것들이 인간을 위한것이 아니라 자신들을 위한 것이라 생각했기 때문에….

• 풍차건설을 하는데 돌을 알맞은 크기로 잘라내는 방법은 무엇이었나요?

중력을 이용하는 방법

병풍접기 링 제본책

다면접기 링 제본책

준비물

- 표지 | P.P 필름 A4 2매
- 내지 | 흑기사(240g/㎡) 170㎜×225㎜ 8매
  | 양면색지 540㎜×390㎜ 7매
- 속지 | 양면색지 135㎜×195㎜ 2매
- 다면접기 생각 모으기(CD-ROM)
- 플라스틱 링 32㎜ 1개
- 플라스틱 링 제본기

생각 모으기

Q. 4절 크기의 양면색지 또는 A3 크기의 복사용지를 이용하여 4, 8, 9, 10, 12, 16면 등으로 나누어 접을 수 있는 방법을 생각하고 그려보세요.

A.

Q. 각각의 다면접기 내지를 열고 닫을 수 있는 다양한 방법을 생각하고 상하좌우 순서를 바꾸어 접어보세요.

A.

Q. 각각의 다면접기 내지를 탐색하고 다면 유형과 내지 크기에 따라 적합한 표현 내용과 방법에 대하여 생각하고 적어 보세요.

Tips

- 다면접기는 한 장의 종이를 자르지 않고 2등분 또는 3등분 접기를 반복하여 점점 작은 크기로 만들어가는 방법이에요. 커다란 한 장의 종이가 다양한 크기와 형태로 변화하는 과정을 단계별로 관찰할 수 있고 면의 크기와 형태에 따라 표현 내용과 활용 방법을 자유자재로 바꿀 수 있으므로 자유로운 생각을 이끌어내기 위한 수업에 활용하면 좋아요.

- 다면접기 내지는 접는 순서와 세우는 방향에 따라 다양한 형태로 변형될 수 있어요. 옆면에 제시된 다면접기 내지를 상단과 하단 또는 왼쪽과 오른쪽 면의 순서를 바꾸어 접어 보고 각각의 형태를 탐색해 보세요.

- 물감과 크레파스뿐만 아니라 파스텔, 색연필, 촛농, 염색풀, 표백제와 같은 재료와 면봉, 모양 색종이, 사포, 스펀지, 실, 테이프, 붓, 비닐, 은박지, 고무줄 등 다양한 성질의 자료들을 활용하여 선, 점, 면으로 표현할 수 있는 모양과 구성 방법에 대하여 이야기 나누어 보세요.

- B5 · A4 · B4 · A3 규격의 복사용지와 4절 크기의 켄트지나 모조지를 준비하여 자유로이 표현할 수 있도록 격려하면 큰 종이에 대한 두려움이 사라지고 대근육을 사용하는 표현의 즐거움을 느낄 수 있어요.

- 쑥쑥이어린이집 친구들(만 4세). ART. 170㎜×225㎜.
- 활용도서 | 레오 리오니(2003). 파랑이와 노랑이. 물구나무.
  | 페드릭 멕도넬(2006). 아트. 지경사.

- 수원여자대학 아동보육과. 2007. 나 돌아보기. 135㎜×170㎜.
- 표지 | P.P 필름 135㎜×170㎜ 2매
- 내지 | P.P 필름 135㎜×170㎜ 12매
  | Element A4 14매
- 플라스틱 링 51㎜ 1개

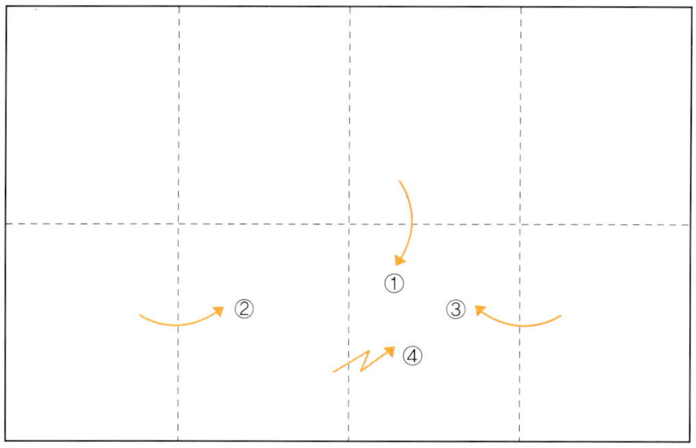

① 8면 접기

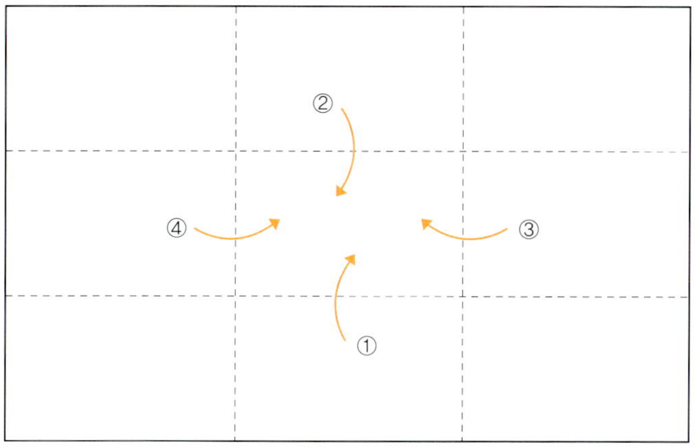

② 9면 접기

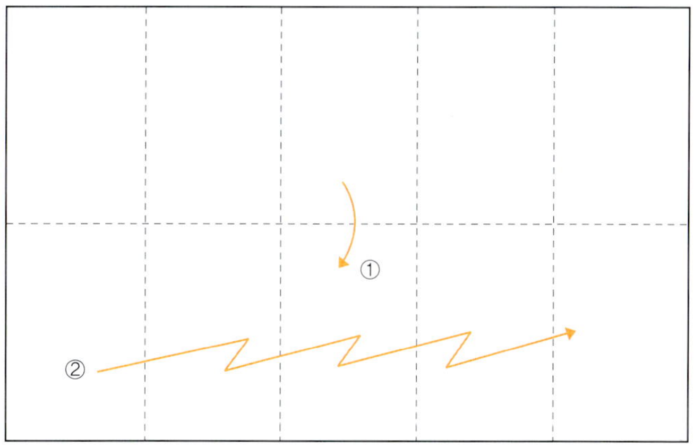

③ 10면 접기

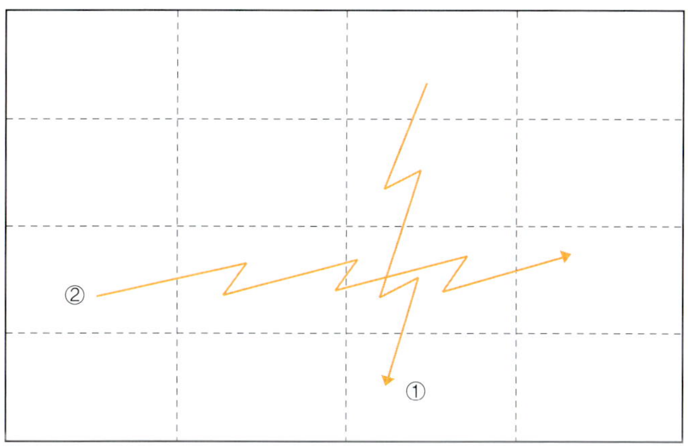

④ 16면 접기

만들기

1 표지 P.P 필름 자르기

- A4 규격의 P.P 필름을 170㎜×225㎜ 크기로 자르고 2매의 필름 모서리를 각각 둥글게 처리하여 제공한다.

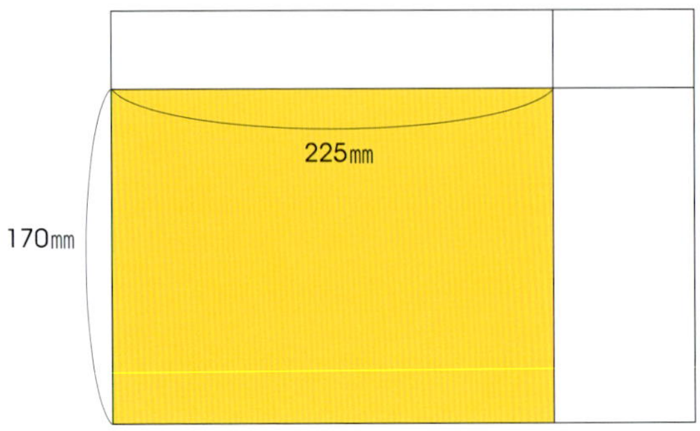

A4 P.P 필름

2 내지 포개기

- 170㎜×225㎜ 크기의 외겹접기 내지를 필요한 매수만큼 준비하여 포갠다.

3 표지와 외겹접기 내지 맞추기

- 외겹접기 내지 앞뒷면에 표지 필름을 겹쳐 보고 크기가 맞는지 확인한다.

4 링 제본하기

- 표지 필름 2매를 각각 1매씩 타공한다.
- 외겹접기 내지는 적당한 매수만큼 나누어 타공한다.
- 내지 앞뒷면에 각각 표지 필름을 덮어 링 제본한다.
- 남는 링 부분은 잘라내고 모서리를 둥글게 처리한다.

5 앞표지 꾸미기

- 외겹접기 링 제본책의 내지 첫 면에 제목, 지은이, 앞표지 그림, 출판사 명 등을 꾸민다.
- 본문 면을 완성하고 앞표지를 꾸미도록 할 수 있다.
- 표지 카드의 색깔이 짙은 색상인 경우 135㎜×195㎜ 크기의 속지 카드를 풀칠하여 붙이고 꾸미도록 지도한다.

6 8면 다면접기

- 540㎜×390㎜ 크기의 내지를 필요한 매수만큼 준비하고 다양한 방법으로 접어서 8면으로 나누어 큰 책을 만든다.

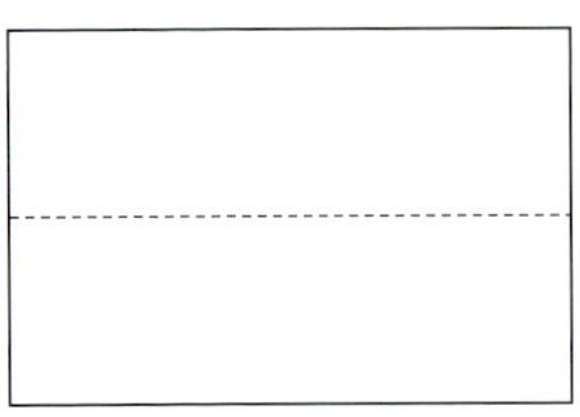

❶ 길게 절반으로 접었다 펼친다.

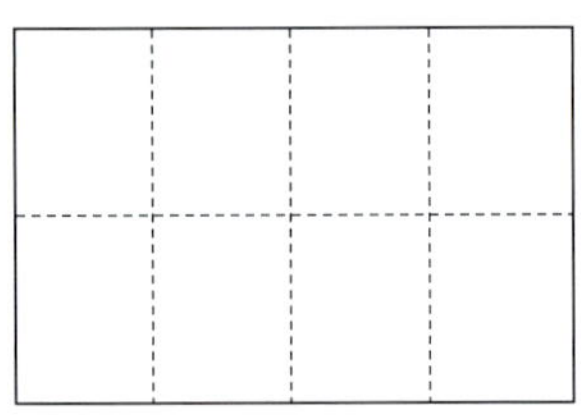

❷ 세로로 지그재그로 접었다 펼친다.

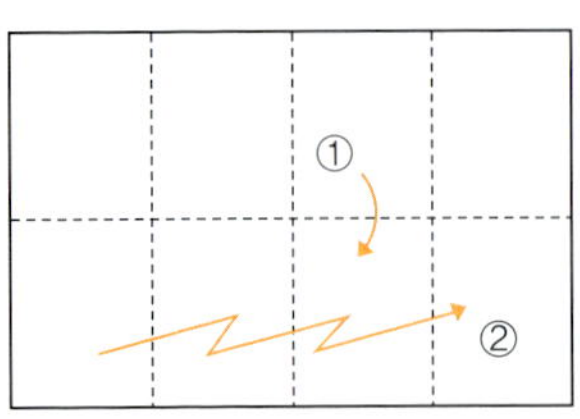

❸-1 윗면을 접어내리고 지그재그로 접어서 두 겹 병풍책을 만든다.

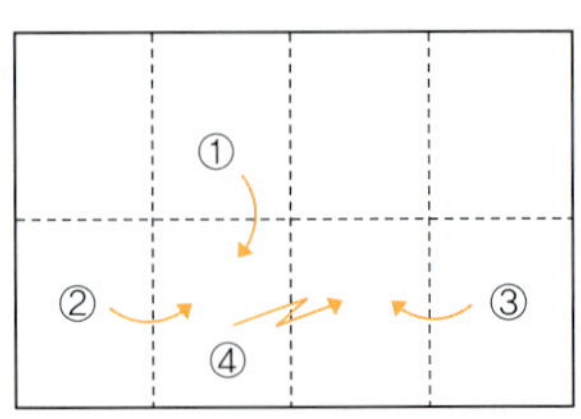

❸-2 윗면을 접어내리고 양면을 마주 접어서 두 겹 양문접기한다.

7 8면 다면접기 내지 꾸미기

- 8면으로 접었다 펼친 내지에 물감 또는 준비한 재료를 이용하여 자유로운 방법으로 그림을 그리거나 표현하고 싶은 주제에 따라 각각의 면을 꾸민다.
- 물감이 마르면 물감의 형태와 구성을 관찰하고 크레파스를 이용하여 물감 그림을 꾸민다.
- 위의 방법과 반대로 크레파스로 그림을 그리고 그 위에 물감을 이용하여 다양한 방법으로 꾸밀 수 있다.
- 활동 주제 및 표현 방법에 따라 8면 내지 전체를 한 면으로 꾸미거나 8면으로 나누어 각각의 면에 연결된 이야기 또는 표현 활동을 하도록 지도한다.
- 조형미술 활동 외에 8면 내지에 이야기 만들기 또는 구성 방법을 설계하거나 연습해야 하는 활동을 진행하는 경우 내지의 만들어진 면에 따라 적절한 유형의 **다면접기 생각 모으기(CD-ROM)** 활동지를 출력하여 제공한다.
- **다면접기 생각 모으기(CD-ROM)** 활동지는 표현 방식에 따라 적절한 유형을 선택할 수 있도록 다양하게 준비하고 필요한 경우 B4 또는 A3 크기로 확대 복사하여 제공한다.

8 8면 다면접기 내지 붙이고 이야기 꾸미기

- 8면 다면접기 내지 꾸미기가 끝나면 앞서 접었던 선을 따라 두 겹 병풍접기 또는 두 겹 양문접기로 접어서 닫는다.
- 접은 8면 다면접기 내지 앞면에 제목, 이야기, 날짜 등을 적거나 본문과 같은 방법으로 꾸민다.
- 8면 다면접기 내지의 표지 꾸미기가 끝나면 뒷면에 풀칠하고 외겹접기 링 제본책의 두 번째 면에 붙인다.
- 8면 다면접기 내지의 앞표지에 글을 쓰기 어렵거나 표현 내용에 대한 이야기가 길면 다양한 크기의 카드 또는 라벨에 이야기와 날짜를 적고 왼쪽 면에 붙이도록 지도한다.
- 위와 같은 방법으로 나머지 8면 큰 책에 정해진 주제에 따른 표현이나 원하는 활동 방법으로 꾸미고 뒷면에 풀칠하여 외겹접기 링 제본책 내지에 차례로 붙인다.

9 뒷표지 꾸미기

- 외겹접기 링 제본책의 내지 마지막 면 뒷면에 끝마친 날, 뒷표지 그림, 광고문, 소개하는 글, 값, 바코드 그리고 ISBN 등을 적어 꾸민다.
- 앞표지와 마찬가지로 표지 카드의 색깔이 짙은 색상인 경우 135㎜×195㎜ 크기의 속지 카드를 풀칠하여 붙이고 꾸미도록 지도한다.

10 소개하기 · 감상하기

- 어떤 방식의 접기를 이용하여 내지를 8면으로 나누어 접었는지 소개한다.
- 8면 내지의 접기 방법에 따라 내지를 펼치고 닫는 방법에 대하여 이야기 나눈다.
- 8면 다면접기 내지 각 면에 어떤 재료와 자료를 이용하여 무엇을 표현했는지 소개한다.
- 8면 다면접기 내지를 아름답게 구성한 작품을 알아본다.
- 표현 방법이 독특하거나 재료 사용 시 어려웠던 점에 대하여 이야기 나눈다.

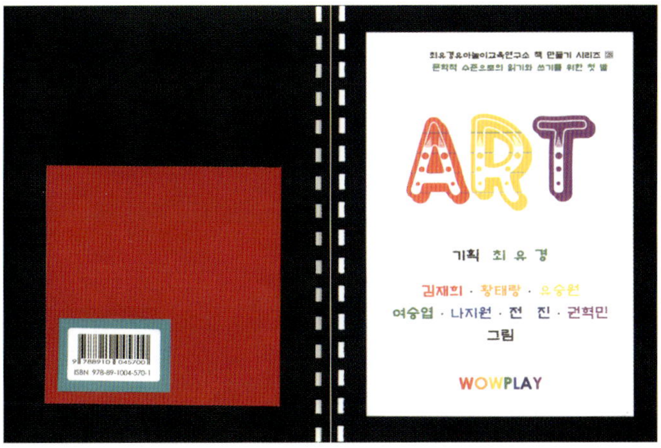

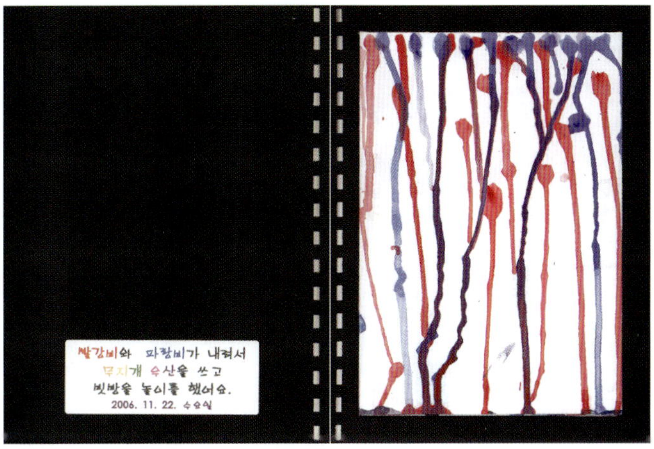

• 쑥쑥어린이집 친구들(만 4세). ART. 170㎜×225㎜.

• 장선미(2006). 선미의 모든 것. A4.

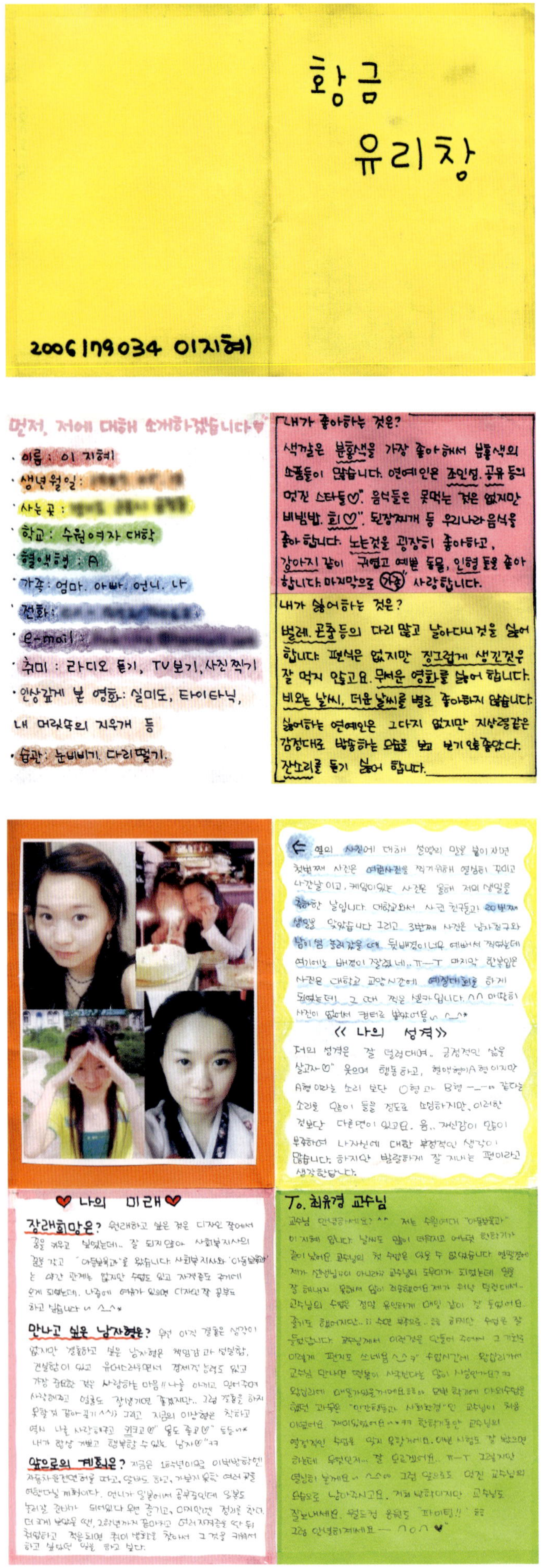

• 이지혜(2006). 황금 유리창. A4.

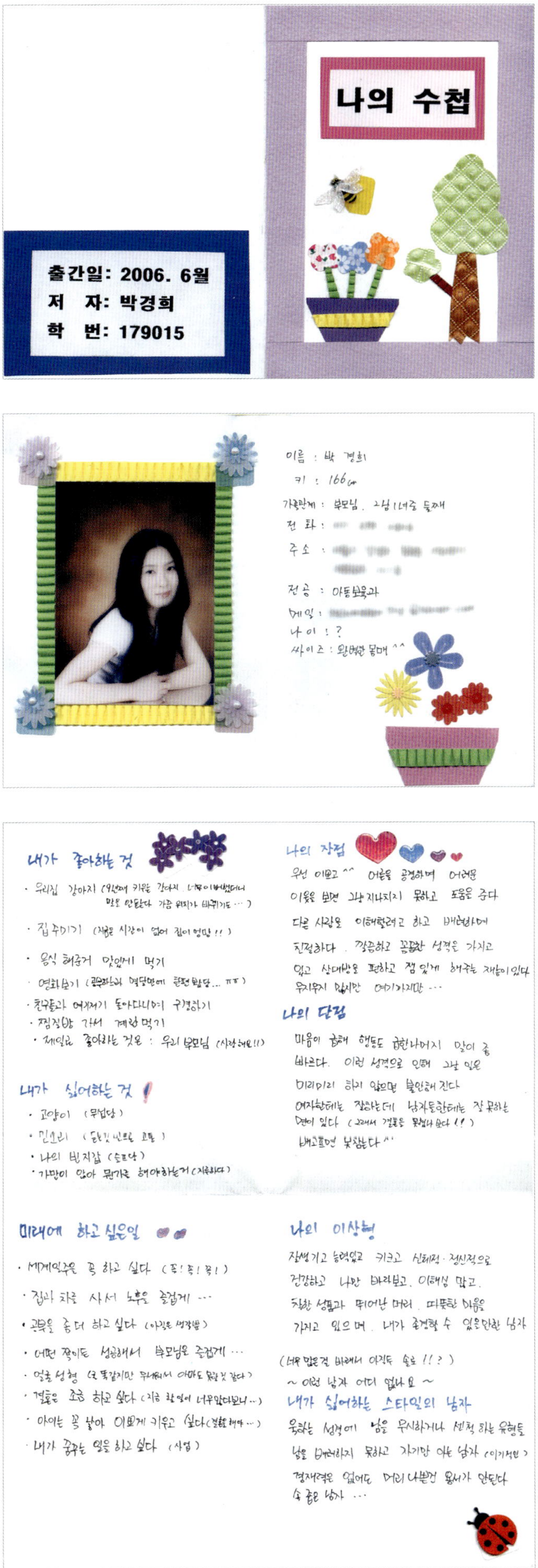

• 박경희(2006). 나의 수첩. A4.

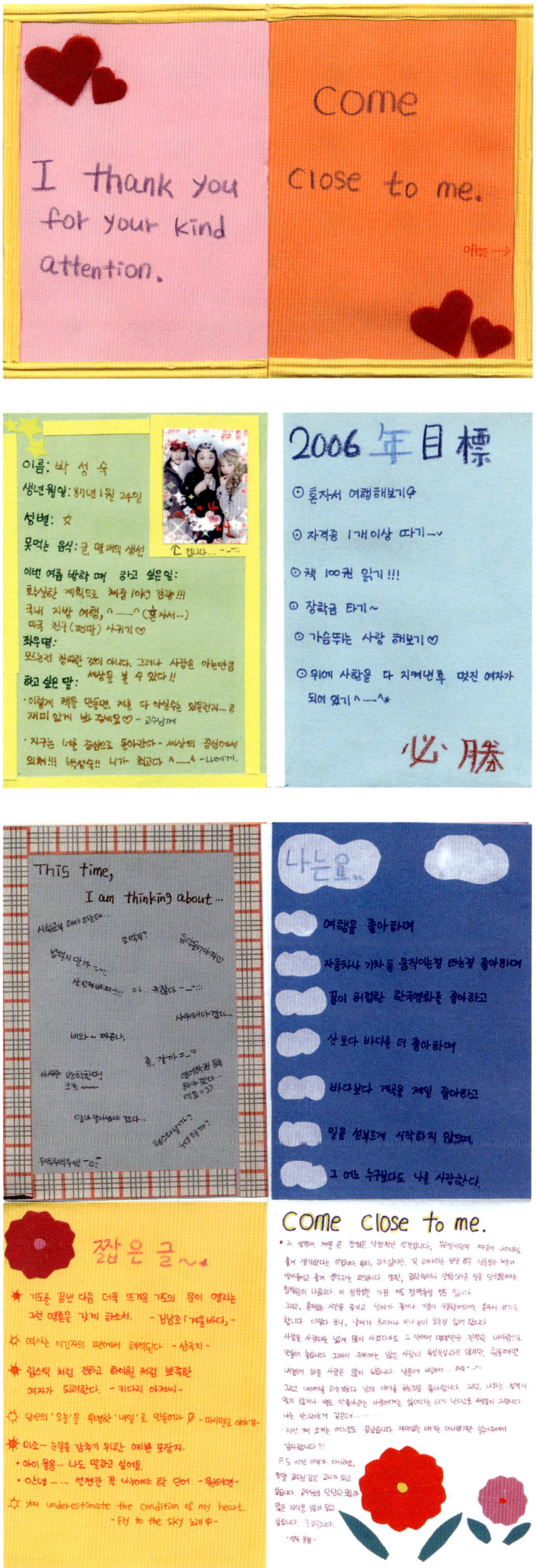

• 박성숙(2006). Come close to me. A4.

양문 링 제본책

준비물

- 표지 | P.P 필름 A4 2매
- 내지 | 양면색지 195㎜×135㎜ 18매
- 속지 | 양면색지 175㎜×115㎜ 20매
- 가치 생각 모으기(CD-ROM)
- 가치 라벨 3621(CD-ROM)
- 플라스틱 링 12㎜ 3개
- 플라스틱 링 제본기

- 강민지(초등 4년). 8개의 아름다운 가치. 390㎜×135㎜.
- 활용도서 | 채인선 글 · 김은정 그림(2005). 아름다운 가치사전. 한울림어린이.

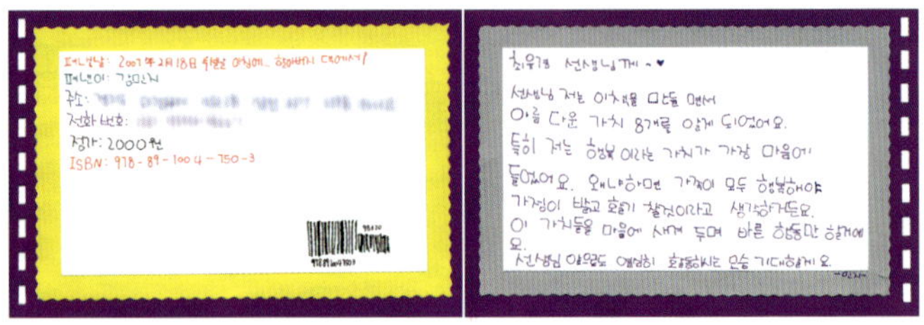

- 김수현(만 5세). 있고 없고. 310㎜×90㎜.
- 활용도서 | 이지현(2005). 어디 있나 내 볼? 삼성출판사.
  | 하브 제마크 글 · 마고 제마크 그림(2004). 어리석은 판사. 시공주니어.
- 표지 | P.P 필름 155㎜×90㎜ 4매
- 내지 | 켄트지 155㎜×90㎜ 36매
- 속지 | SOP 140㎜×75㎜ 70매
- 큰 말 · 작은 말 생각 모으기(CD-ROM)
- 반대말 생각 모으기(CD-ROM)
- 플라스틱 링 20㎜ 2개

- 표지 | P.P 필름 170㎜×135㎜ 1매 · 85㎜×135㎜ 2매
  | 하드 보드 170㎜×135㎜ 1매 · 85㎜×135㎜ 2매
  | 커버지 190㎜×155㎜ 1매 · 165㎜×130㎜ 1매
  105㎜×155㎜ 1매 · 80㎜×130㎜ 2매
- 내지 | Go Fish(Game Cards). School zone.
- 플라스틱 링 20㎜ 2개

생각 모으기

Q. '가치'란 어떤 의미인가요? '가치'의 뜻에 대하여 생각하고 어린이와 함께 알아볼 수 있는 가치에 대하여 적어보세요.

A.

Q. 생각한 '가치'의 의미를 어린이에게 어떻게 설명할 수 있는지 생각하고 각각 적어 보세요.

A.

Q. 외겹접기 내지를 이용하여 양문 링 제본책을 만들 수 있는 방법을 생각하고 만들어 보세요.

A.

Q. 양장접기 내지를 이용하여 양문 링 제본책을 만들 수 있는 방법을 생각하고 만들어 보세요.

A.

Q. 테두리접기 내지를 이용하여 양문 링 제본책을 만들 수 있는 방법을 생각하고 만들어 보세요.

A.

Q. 외겹접기, 양장접기 그리고 테두리접기 양문 링 제본책을 만들어 탐색하고 각 제본책의 특징을 설명해 보세요.

A.

Q. 외겹접기, 양장접기, 테두리접기 내지 외에 양문 링 제본책을 만들 수 있는 새로운 접기 또는 내지 유형을 생각하고 만들어 보세요.

A.

Tips

- 활용도서에 소개된 24가지 가치 외에 어린이 스스로 생각하거나 알아보고 싶은 새로운 가치에 대하여 토의하고 적합한 유형의 가치 생각 모으기(CD-ROM) 활동지에 경험과 생각을 표현하도록 지도해주세요.

- 많은 면을 필요로 하거나 표현할 가치의 개수가 많은 경우 양문 카드의 앞뒤 양면을 사용하여 꾸미도록 지도하세요.

- 양문접기 링 제본책은 외겹접기 뿐만 아니라 비대칭 외겹접기, 전통접기, 양장접기, 테두리접기 내지나 계단 카드와 봉투를 내지로 만들 수 있어요.

만들기

1 표지 P.P 필름 자르기

- A4 규격의 P.P 필름 2매를 195㎜×135㎜ 크기로 잘라서 4매를 만든다.
- 195㎜×135㎜ 필름 4매의 모서리를 각각 둥글게 처리하여 제공한다.

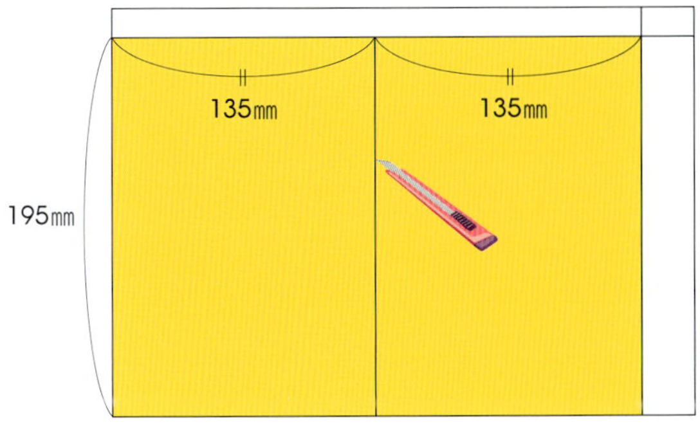

A4 P.P 필름

2 외겹접기 내지 포개기

- 195㎜×135㎜ 크기의 외겹접기 내지를 필요한 매수만큼 준비하고 양면에 같은 매수만큼 나누어 포갠다.

3 표지와 외겹접기 내지 맞추기

- 2의 포개어 놓은 외겹접기 내지 2set 앞뒷면에 각각 표지 필름 2매를 앞뒷면에 포개어 겹쳐보고 크기가 맞는지 확인한다.

4 외겹접기 링 제본하기

- 표지 필름 2매를 각각 1매씩 타공한다.
- 외겹접기 내지는 적당한 매수만큼 나누어 타공한다.
- 외겹접기 내지 앞뒷면에 표지 필름을 덮고 링 제본한다.
- 남는 링 부분은 잘라내고 모서리를 둥글게 처리한다.
- 위와 같은 방법으로 남아있는 2매의 표지 필름을 포개어 놓은 외겹접기 내지 앞뒷면에 포개어 링 제본하고 남는 링 부분은 잘라내고 모서리를 둥글게 처리한다.
- 표현 내용에 따라 내지의 크기를 보다 크거나 작게 준비하여 제공한다.
- 외겹접기 링 제본은 표현 내용에 따라 가로형태와 세로형태로 제본할 수 있다.
- 가로로 길게 표현해야 하는 경우 135㎜×195㎜ 형태로 내지를 눕혀서 타공하여 양문 링 제본한다.
- 세로로 높게 표현해야 하는 경우 195㎜×135㎜ 형태로 내지를 세워서 타공하여 양문 링 제본한다.

❹-1 가로형 외겹접기 링 제본책

❹-2 세로형 외겹접기 링 제본책

5 양문 링 제본하기

- 2권의 외겹접기 링 제본책을 마주보게 놓는다.
- 마주보게 놓은 2권의 외겹접기 링 제본책 뒷표지 필름을 포개어 맞춘다.
- 포개어 맞춘 2매의 뒷표지 필름을 동시에 타공한다.
- 타공한 뒷표지 필름 2매를 포개어 링 제본한다.
- 남는 링 부분은 잘라내고 모서리를 둥글게 처리한다.

6 앞표지 꾸미기

- 양문 링 제본책의 내지 첫 면의 왼쪽 면에 제목, 지은이, 출판사 명 등을 나누어 꾸민다.
- 양문 링 제본책의 내지 첫 면의 오른쪽 면에 앞표지 그림을 그린다.
- 표지 카드의 색깔이 짙은 색상인 경우 175㎜×115㎜ 크기의 속지 카드를 풀칠하여 붙이고 꾸미도록 지도한다.
- 표현 내용에 따라 본문 면을 먼저 표현하고 앞표지를 꾸미도록 할 수 있다.

❺-1 2권의 외겹접기 링 제본책을 마주보게 놓는다.

❺-2 마주보게 놓은 2권의 외겹접기 링 제본책의 뒷표지 필름 2매를 포갠다.

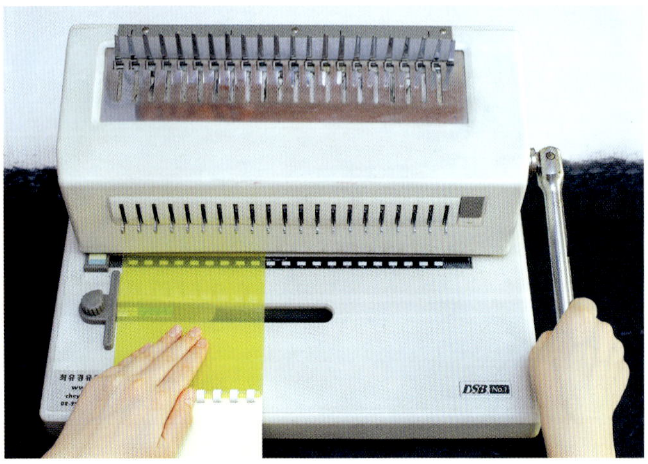

❺-3 포개어 맞춘 뒷표지 필름 2매를 타공한다.

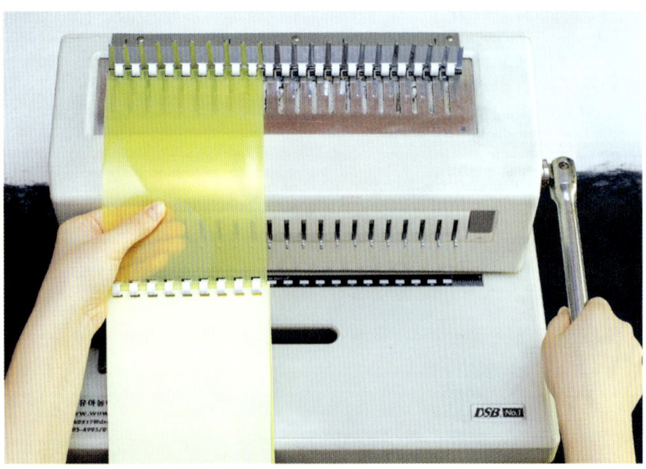

❺-4 타공한 뒷표지 필름 2매를 링 제본한다.

7 내지 꾸미기

- **가치 라벨 3621(CD-ROM)**을 출력하여 제공하고 원하는 가치 라벨을 떼어 양문 카드의 한 쪽 면 상단에 붙인다.
- 어린이 스스로 새로운 가치를 생각한 경우 가치 라벨을 제공하지 않고 조각 종이나 내지에 적도록 지도한다.
- 선택한 가치의 뜻(의미), 경험, 적절한 상황 등에 대하여 생각하고 글로 설명한다.
- 설명한 글에 대한 의미 또는 상황에 적절한 그림을 마주보는 면에 그린다.
- '가치'에 대한 설명이나 표현에 어려움을 느끼는 경우 소집단으로 모여 각각의 가치에 대하여 이야기 나누고 **가치 생각 모으기(CD-ROM)** 활동지에 표현하고 싶은 가치를 선택하여 구체적인 생각과 경험을 정리하도록 지도한다.
- 한 번에 여러 개의 가치에 대한 표현 활동을 하기 보다는 하루에 한 가지씩 가치 카드를 뽑아서 이야기 나누고 표현하는 방법으로 24가지 가치에 대하여 알아본다.
- 가치 생각 모으기 활동지는 인쇄된 생각 모으기 활동지를 사용하거나 **가치 라벨 3640(CD-ROM)**을 Formtec Label 3640 라벨용지에 출력하여 사용할 수 있다.

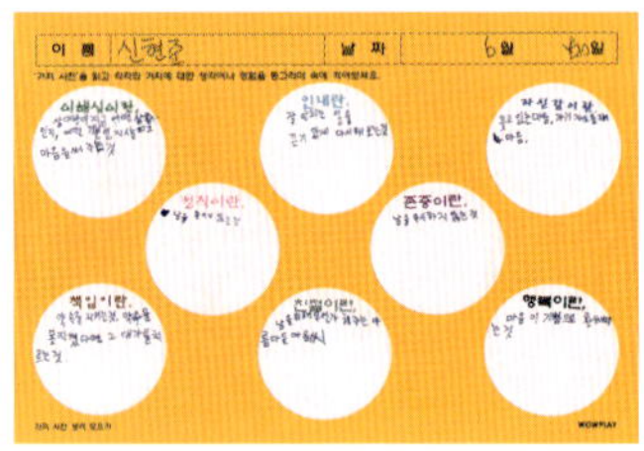

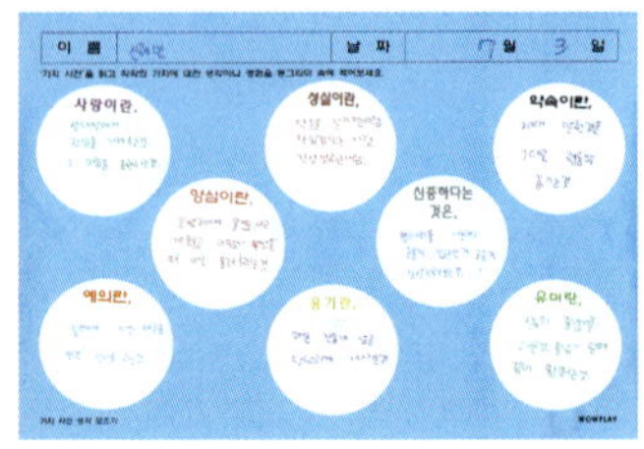

8 뒷표지 꾸미기

- 양문 링 제본책의 내지 마지막 양면 뒷면에 펴낸 날 또는 끝마친 날, 뒷표지 그림, 광고문, 소개하는 글, 책을 끝마치며 느낀 점, 값, 바코드 그리고 ISBN 등을 적어 꾸민다.
- 앞표지와 마찬가지로 뒷표지 카드의 색깔이 짙은 색상인 경우 175㎜×115㎜ 크기의 속지 카드를 풀칠하여 붙이고 꾸미도록 지도한다.

9 소개하기 · 감상하기

- 생각한 가치가 무엇인지 그리고 그 가치에 대한 경험이나 생각을 어떻게 표현했는지 소개한다.
- 표현한 가치에 대한 경험과 생각이 독특하거나 아름다운 작품을 알아본다.
- 생각한 가치 중에 가장 마음에 드는 가치, 설명하기 어려운 가치, 실천해 본 가치, 아직까지 실천해 보지 못한 가치 그리고 내가 만든 새로운 가치 등에 대하여 이야기 나눈다.
- 가치 외에 만들 수 있는 사전의 주제에 대하여 이야기 나누고 원하는 주제의 양문 링 제본 사전책을 만들어본다.

• 강민지(초등 4년). 8개의 아름다운 가치. 390㎜×135㎜.

약속이란,

약속이란, 친구들과, 수영장에서, 1시에 만나자고 약속했으면, 그것을 지키려고 노력하는 것.

예의란,

예의란, 학교에 갈때! 부모님께 "다녀오겠습니다" 라고 인사하며 학교에서 돌아오면 "다녀왔습니다"라고 말씀드리는것.

책임이란,

책임이란, 모둠별 각자 맡은 준비물을 꼭 챙겨가는 것.

사랑이란,

사랑이란, 내가 키우고 있는 애완동물을 아끼고 정성스럽게 기르고 보살펴 주는 것.

CHAPTER 3

다단 접기를 활용한 링 제본책 문해 활동

Literacy Activities through Multi Folding Ring Binder Books

- 다단 외겹접기 링 제본책
- 다단 테두리접기 링 제본책
- 다단 양문접기 링 제본책

다단 외겹접기 링 제본책

준비물

- **표지** | P.P 필름 195㎜×270㎜ 2매
  | 양면색지 195㎜×270㎜ 2매
- **내지** | 양면색지 195㎜×135㎜ 19매
- **속지** | 양면색지 155㎜×230㎜ · 175㎜×250㎜ 1매
  | 양면색지 175㎜×115㎜ 19매
- **다단 이야기 생각 모으기(CD-ROM)**
- **플라스틱 링 12㎜ 1개**
- **플라스틱 링 제본기**

- 쑥쑥이어린이집 친구들(만 4세). 우리가 행복할 때 · 슬플 때. 195㎜×270㎜.
- 활용도서 | 토트 파(2005). 기분이 좋아지는 책. 베이제어린이.

- 강서연(만 4세). 예쁜 책. 135㎜×135㎜.
- 활용도서 | 샘 로이드(2007). 이 말은 무슨 말. 문학동네어린이.
- 표지 | P.P 필름 135㎜×135㎜ 2매
- 내지 | 뉴칼라 135㎜×135㎜ 2매
  | 뉴칼라 135㎜×67.5㎜ 24매
- 플라스틱 링 12㎜ 1개

- 박병연(초등 2년). 단어의 변신. 100㎜×130㎜.
- 활용도서 | 하야시 아키코(2007). 달님 안녕. 한림출판사.
- 표지 | P.P 필름 100㎜×130㎜ 2매
- 내지 | 뉴칼라 200㎜×130㎜ 6매
- 플라스틱 링 12㎜ 1개

- 김민정(초등 2년). 신기한 낱말 찾기. 100㎜×195㎜.
- 활용도서 | 한태희(2002). 손바닥 놀이 공원. 예림당.
- 표지 | P.P 필름 100㎜×195㎜ 2매
- 내지 | 뉴칼라 200㎜×195㎜ 6매
- 플라스틱 링 12㎜ 1개

- 백수빈(초등 5년). 장애인캠프를 다녀와서. 90㎜×185㎜.
- 표지 | P.P 필름 90㎜×185㎜ 2매
- 내지 | 켄트지 1080㎜×185㎜ 1매
- 플라스틱 링 12㎜ 1개

만들기

1 표지 P.P 필름 자르기

- A4 규격의 P.P 필름 2매를 각각 195㎜×270㎜ 크기로 자르고 2매의 필름 모서리를 각각 둥글게 처리하여 제공한다.

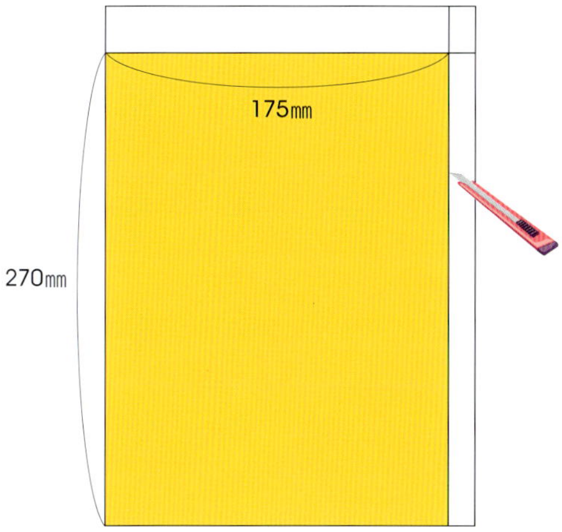

A4 P.P 필름

2 외겹접기 표지 · 내지 포개기

- 195㎜×270㎜ 크기의 외겹접기 표지 2매와 내지를 필요한 매수만큼 준비하여 포갠다.
- 외겹접기 내지는 195㎜×270㎜ 크기 대신에 절반으로 자른 195㎜×135㎜ 크기의 내지를 사용할 수 있다.

3 표지 필름과 표지와 내지 맞추기

- 포개어 놓은 외겹접기 표지와 내지 앞뒷면에 195㎜×270㎜ 크기의 표지 필름을 겹쳐 보고 크기가 맞는지 확인한다.

4 외겹접기 내지 2단 접기

- 포개어 놓은 195㎜×270㎜ 크기의 내지 중 1매를 절반으로 접었다 펼친다.
- 195㎜×135㎜ 크기의 내지를 사용하는 경우 2단 접기 과정은 생략한다.

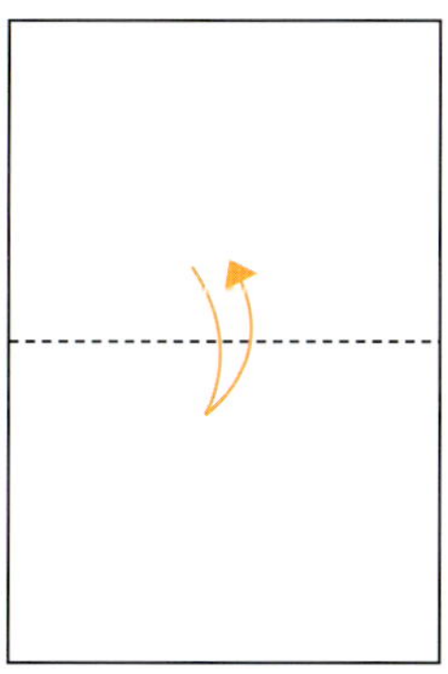

❹ 195㎜×270㎜ 크기의 내지 1매를 절반으로 접었다 펼친다.

5 외겹접기 표지 · 내지 타공하기

- 195㎜×270㎜ 크기의 표지와 내지를 포개어 링 제본할 면을 타공한다.

6 외겹접기 내지 2단으로 자르기

- 2단으로 접었다 펼친 내지 1매를 남은 내지 위에 포개어 올려놓고 접은 선을 따라 자를 대고 칼로 자른다.
- 저학년의 어린이와 활동하는 경우 교사가 절반으로 재단하여 제공한다.

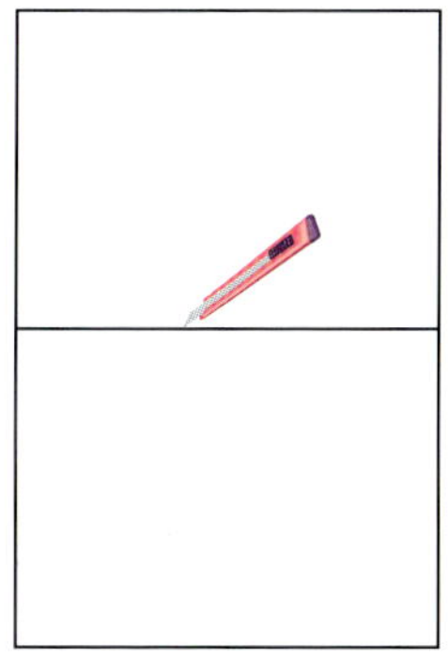

❻ 외겹접기 내지를 포개어 접은 선을 따라 절반으로 자른다.

7 링 제본하기

- 표지 필름 2매를 각각 1매씩 타공한다.
- 링에 앞표지 P.P 필름 ⇒ 앞표지 ⇒ 2단으로 자른 외겹접기 내지 ⇒ 뒷표지 ⇒ 뒷표지 P.P 필름의 순서로 차례로 끼어 링 제본한다.
- 남는 링 부분은 잘라내고 모서리를 둥글게 처리한다.

8 앞표지 꾸미기

- 외겹접기 내지 첫 면에 제목, 지은이, 앞표지 그림, 출판사명 등을 꾸민다.
- 표지 카드의 색깔이 짙은 색상인 경우 175㎜×250㎜ 크기의 속지 카드를 풀칠하여 붙이고 꾸미도록 지도한다.
- 본문 면을 완성하고 앞표지를 꾸미도록 할 수 있다.

9 본문 면 꾸미기

- 2단 외겹카드 내지 1면 상단과 하단에 각 단에 표현할 주제를 적고 간단히 그림을 그리거나 장식하여 꾸민다.

예) 행복할 때 · 슬플 때
기분이 좋아질 때 · 기분이 나빠질 때
무섭게 끝나는 이야기 · 재미있게 끝나는 이야기
행복하게 끝나는 이야기 · 슬프게 끝나는 이야기
내가 아기였을 때 · 내가 어른이 되면
지구가 아파할 때 · 지구를 살리려면
만약 나에게 날개가 있다면 · 만약 나에게 꼬리가 있다면
내가 아빠라면 · 내가 엄마라면
태양이 사라진다면 · 달이 사라진다면
좋아하는 말 · 싫어하는 말
느낌이 작은 말 · 느낌이 큰 말
나라명(대한민국 · 미국) · 수도(서울 · 워싱턴)
날짜(10월 9일 · 12월 25일) · 기념일(한글날 · 크리스마스)

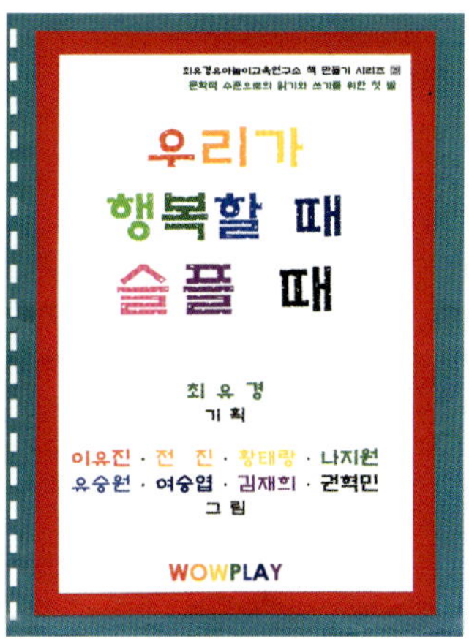

앞표지

1면 2단 외겹접기 내지

- 2단 외겹접기 내지 상단의 2면부터 마지막 면까지 1면 상단에 적은 주제에 따른 생각이나 경험을 차례로 글과 그림으로 표현한다.
- 2단 외겹접기 내지 하단의 2면부터 마지막 면까지 1면 하단에 적은 주제에 따른 생각이나 경험을 차례로 글과 그림으로 표현한다.
- 어린이 스스로 글을 쓰기 어려운 경우 그림에 대한 이야기를 듣고 교사가 적당한 위치에 받아 적어준다.
- 활동 주제에 따라 이야기를 구성하거나 계획을 세워야 하는 경우 적합한 유형의 **다단 이야기 생각 모으기(CD-ROM)** 활동지를 출력하여 제공한다.
- 내지의 면 수가 많은 경우 본문 면의 적당한 위치에 쪽 수를 적도록 지도한다.

10 헌정사 · 목차 꾸미기

- 본문 면 꾸미기가 끝나면 앞표지 외겹접기 내지 뒷면에 헌정사 또는 목차를 적는다.
- 표지 카드의 색깔이 짙은 색상인 경우 적당한 크기의 조각 카드를 풀칠하여 붙이고 적도록 지도한다.

11 판권면 꾸미기

- 외겹접기 뒷표지의 앞면과 뒷면에 펴낸 날, 펴낸이, 펴낸곳, 뒷표지 그림, 소개하는 글, 연락처, 값 그리고 ISBN 등을 적어 꾸미고 뒷면에 바코드를 직접 그리거나 상품의 바코드를 오려 붙인다.
- 표지 카드의 색깔이 짙은 색상인 경우 175㎜×250㎜ 또는175㎜×115㎜ 크기의 속지 카드를 풀칠하여 붙이고 꾸미도록 지도한다.

12 소개하기 · 감상하기

- 2단 외겹접기 내지의 상단과 하단에 어떤 주제를 적었는지 소개한다.
- 표현한 내용 중에 서로 같거나 다른 경험과 생각이 무엇인지 알아본다.
- 주제에 대한 생각과 표현 내용이 재미있거나 독특한 작품을 알아본다.
- 2단 외겹접기 링 제본책에 표현할 수 있는 2가지 서로 다른 이야기 또는 주제를 알아본다.
- 2단 외에 3단 또는 4단 외겹접기 링 제본책을 만들 경우 표현할 수 있는 각각의 주제에 대하여 이야기 나누고 원하는 주제를 선택하여 3단 · 4단 외겹접기 링 제본책을 각각 만들어보도록 지도한다.

Tips

- 다단 이야기 생각 모으기(CD-ROM) 활동지는 2단 · 3단 · 4단으로 활동주제에 따라 주제가 제시된 유형과 스스로 주제를 적을 수 있는 활동지가 각각 제작되어 있어요. 주제가 제시된 활동지를 사용하는 경우 적합한 유형의 활용도서 또는 활동 주제를 선정하여 다단 링 제본책을 만들어 보세요.

- 스스로 주제를 정할 수 있다면 주제가 정해지지 않은 다단 이야기 생각 모으기(CD-ROM) 활동지를 제공하고 스스로 표현할 주제를 정하여 이야기를 적도록 지도해 주세요.

- 어린이 스스로 주제를 정하기 어려워하는 경우 활용도서 또는 학급의 교육 단원에 따라 적절한 주제를 선정하여 소개해 주세요. 대집단 또는 소집단으로 주제에 대하여 서로의 경험과 생각을 이야기 나누고 연령이나 경험에 따라 개별 또는 소집 단으로 다단 링 제본책을 만들어 보세요.
- 3단 외겹접기 링 제본책을 만들 때 표현할 수 있는 다양한 주제들을 생각하고 적어보세요.

예) 행복할 때 · 슬플 때 · 화가 날 때
해야 할 일 · 하고 싶은 일 · 하기 싫은 일
아빠가 하시는 일 · 엄마가 하시는 일 · 내가 하는 일
가 · 나 · 다 자로 시작하는 말
기 · 리 · 이 자로 끝나는 말
좋아하는 음식 · 하고 싶은 놀이 · 갖고 있는 장난감
우리 교실에 있는 장난감 · 우리 교실에 있는 그림책 · 우리 반 친구들
세 글자 낱말(고양이 · 무지개 · 들국화 · 비둘기 · 잠자리 등)

- 4단 외겹접기 링 제본책을 만들 때 표현할 수 있는 다양한 주제들을 생각하고 적어보세요.

예) 내가 알고 있는 동물 · 곤충 · 새 · 물고기
내가 알고 있는 나무 · 꽃 · 과일 · 채소
아 · 오 · 우 · 이 자로 시작하는 말
기 · 리 · 이 · 지 자로 끝나는 말
사자성어
네 글자 낱말(소금쟁이 · 물레방아 · 지지배배 · 무당벌레 · 칙칙폭폭 등)

- 시중에서 판매되는 퍼즐 카드를 이용하여 다단 링 제본책을 만들어 보세요. 그림 맞추기, 낱말놀이, 퍼즐놀이, 수수께끼 놀이 등 다양한 방법으로 활동할 수 있어요.

- 상업적으로 판매되는 카드 또는 카드를 이용하여 만든 책은 여러 어린이가 사용하거나 놀이를 위해 긴 시간 동안 꾸준히 활동하는 자료이므로 쉽게 훼손될 수 있어요. 종이 재질의 카드를 이용하여 다단 링 제본책을 만드는 경우 라미네이팅하여 링 제본하면 카드가 쉽게 손상되지 않으므로 보관과 활용에 도움이 돼요.

- 퍼즐 카드를 라미네이팅하여 링 제본하는 경우 카드 종류에 따라 배지를 붙이거나 붙이지 않고 링 제본할 수 있어요. 배지를 붙이지 않고 카드를 라미네이팅하는 경우 타공을 하는 윗면 또는 옆면은 다른 면보다 여유를 두고 필름을 잘라야 카드 그림이나 내용이 잘리지 않아요.

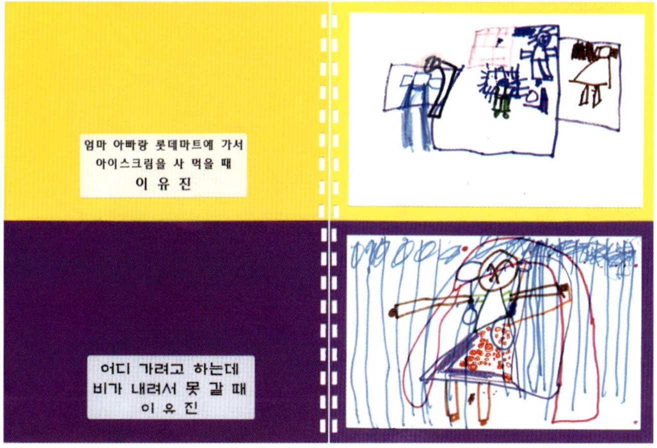

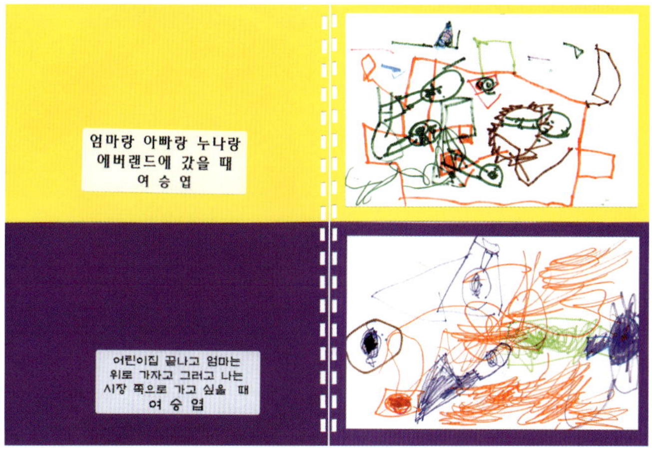

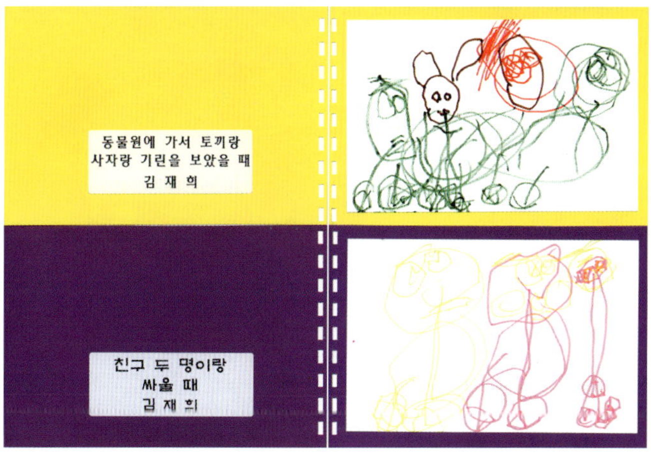

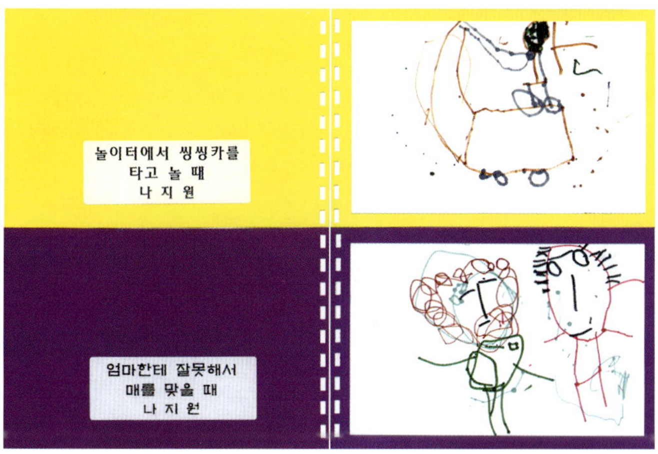

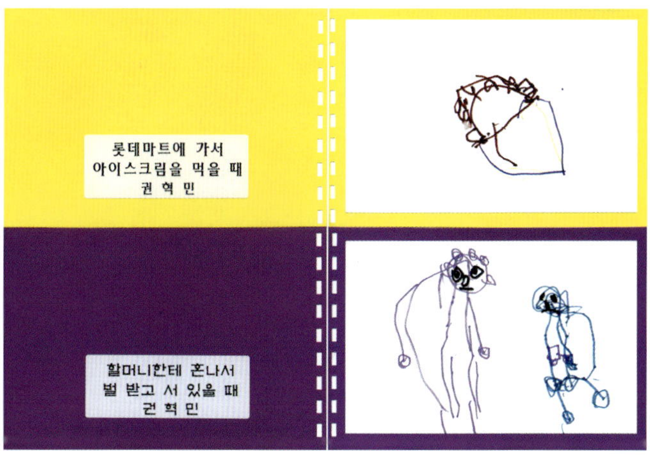

• 쑥쑥어린이집 친구들(만 4세). 우리가 행복할 때 · 슬플 때. 195㎜×270㎜.

- 표지 | P.P 필름 130㎜×180㎜ 2매
  | 컬러 머메이드 130㎜×180㎜ 2매
- 내지 | 컬러 머메이드 130㎜×60㎜ 45매
- Formtec Label 3102 · 3108 · 3116 · 3621 · 3623
- 플라스틱 링 18㎜ 1개

- 표지 | 컬러 머메이드 165㎜×135㎜ 2매
- 내지 | 컬러 머메이드 165㎜×135㎜ 1매
- Old Maid Game Cadrs 20매
- 라미네이팅 필름 A4 11매
- 플라스틱 링 12㎜ 1개

- 표지 | 컬러 머메이드 250㎜×135㎜ 2매
- 내지 | 컬러 머메이드 250㎜×135㎜ 19매
  | Numbers, Colors & Shapes Puzzle Cards 54매
- 라미네이팅 필름 A4 21매
- Formtec Label 3102 · 3621
- 플라스틱 링 18㎜ 1개

- 표지 | P.P 필름 270㎜×165㎜ 2매
  | 컬러 머메이드 270㎜×165㎜ 2매
- 내지 | 컬러 머메이드 270㎜×165㎜ 21매
  | Three-Letter Words Puzzle Cards 54매
- Formtec Label 3102 · 3639
- 플라스틱 링 18㎜ 1개

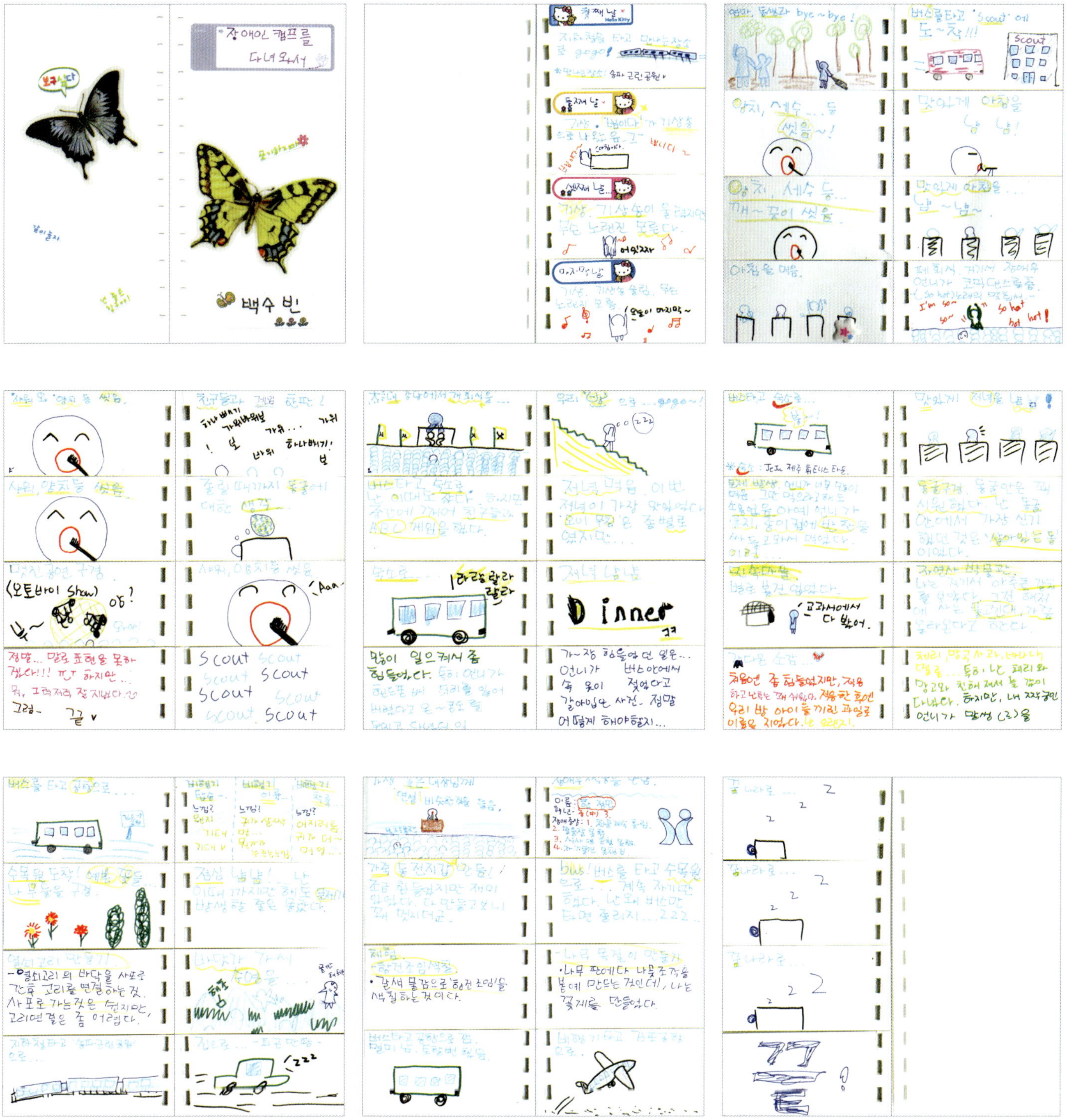

- 백수빈(초등 5년). 장애인캠프를 다녀와서. 90㎜×185㎜.
- 표지 | P.P 필름 90㎜×185㎜ 2매
- 내지 | 켄트지 1080㎜×185㎜ 1매
- 플라스틱 링 12㎜ 1개

Tip

- 다단 외겹접기 링 제본책은 내지의 유형에 따라 다양한 방법으로 제작할 수 있어요. 64쪽과 67쪽에 소개된 「쑥쑥이어린이집 친구들(만 4세). 우리가 행복할 때 · 슬플 때」를 제작하는 방법에 따라 각 단마다 외겹접기 내지를 사용하여 링 제본하는 방법과 이와 달리 위에 소개된 「백수빈(초등 5년). 장애인캠프를 다녀와서」에 사용된 방법처럼 병풍접기 내지를 필요한 다단으로 나누어 링 제본할 수 있어요. 외겹접기 다단 링 제본책은 전시할 때 각 단을 세우는데 어려움이 있는 반면 병풍접기 다단 링 제본책은 각 단의 내지가 연결되어 있기 때문에 각 면의 지지력이 높아서 세우거나 펼치기 쉬운 장점이 있어요. 각각의 방법으로 다단 링 제본책을 만들어 제작방법에 따른 차이를 탐색하고 유형에 따라 적합한 활동내용을 생각해 보세요.

• 칙칙폭폭 글자놀이 기 · 리 · 이. 130㎜×180㎜.

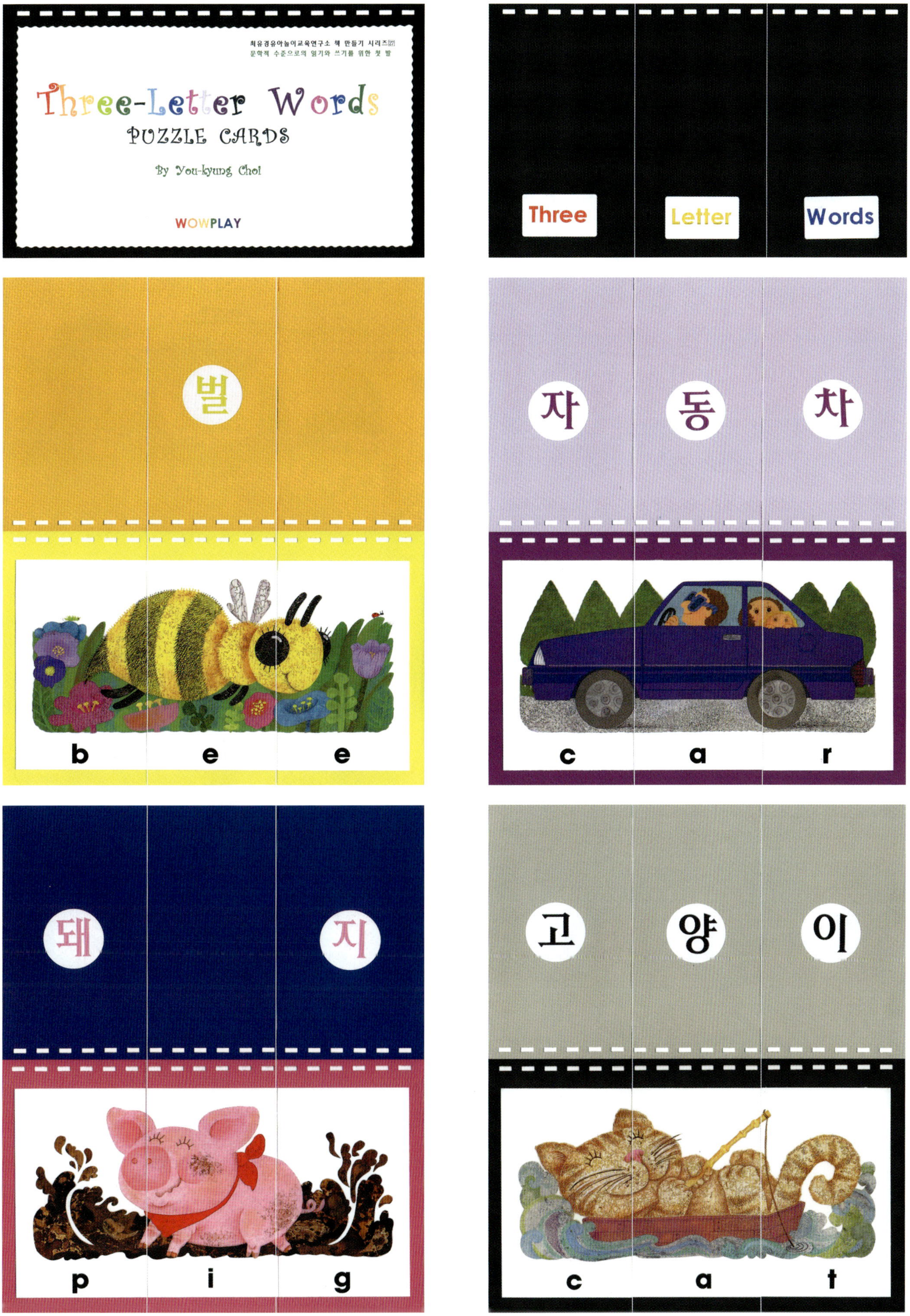

• Three Letter Words Puzzle Cards Book. 270㎜×165㎜.

다단 테두리접기 링 제본책

준비물

- **표지** | P.P 필름 195㎜×270㎜ 2매
  | 양면색지 195㎜×270㎜ 2매
- **내지** | 양면색지 370㎜×270㎜ 4매
- **속지** | 양면색지 135㎜×195㎜ 2매
- **다단 이야기 라벨 3910S(CD-ROM)**
- **플라스틱 링 10㎜ 1개**
- **플라스틱 링 제본기**

- 김광욱(만 4세). 예쁜 나의 생각. 195㎜×270㎜.
- 활용도서 | 토드 파(2005). 기분이 좋아지는 책. 삐아제어린이.

- 이다인(만 4세). 나의 예쁜 생각. 195㎜×270㎜.
- 활용도서 | 크베타 파코브스카(2000). 모양 놀이. 베틀북.
- 표지 | P.P 필름 195㎜×270㎜ 2매
  | 뉴칼라 195㎜×270㎜ 2매
- 내지 | 뉴칼라 370㎜×270㎜ 4매
- 속지 | 뉴칼라 135㎜×195㎜ 2매
- 다단 이야기 라벨 3910S(CD-ROM)
- 플라스틱 링 10㎜ 1개

- 최찬희(초등 3년). 통신과 교통의 발달. 195㎜×270㎜.
- 표지 | P.P 필름 135㎜×197㎜ 2매
- 내지 | 켄트지 135㎜×195㎜ 4매
  | 켄트지 250㎜×195㎜ 2매
  | 켄트지 270㎜×195㎜ 2매
- 플라스틱 링 12㎜ 1개

- 신혜민(초등 3년). 옛날과 오늘날의 비교 타임. 195㎜×270㎜.
- 표지 | P.P 필름 135㎜×197㎜ 2매
- 내지 | 켄트지 135㎜×195㎜ 4매
  | 켄트지 250㎜×195㎜ 2매
  | 켄트지 270㎜×195㎜ 2매
- 플라스틱 링 12㎜ 1개

기분이 좋아져요!
마음이 슬퍼져요!

기분이 좋아져요!
마음이 슬퍼져요!

동그라미를 보면 생각나요
세모를 보면 생각나요
네모를 보면 생각나요

동그라미를 보면 생각나요
세모를 보면 생각나요
네모를 보면 생각나요

생각 모으기

Q. 다단 테두리접기 내지를 탐색하고 다단 테두리접기 링 제본책을 만들 때 고려해야 할 점을 생각하여 적어보세요.

A.

Q. 2단 테두리접기 내지를 탐색하고 내지의 날개 앞면과 안쪽 면에 담을 수 있는 2가지 주제와 표현 내용을 생각하여 적어보세요.

A.

Q. 3단 테두리접기 내지를 탐색하고 내지의 날개 앞면과 안쪽 면에 담을 수 있는 3가지 주제와 표현 내용을 생각하여 적어보세요.

A.

Q. 4단 테두리접기 내지를 탐색하고 내지의 날개 앞면과 안쪽 면에 담을 수 있는 4가지 주제와 표현 내용을 생각하여 적어보세요.

A.

Q. 5단 테두리접기 내지를 탐색하고 내지의 날개 앞면과 안쪽 면에 담을 수 있는 5가지 주제와 표현 내용을 생각하여 적어보세요.

A.

Tips

- 다단 테두리접기 링 제본책은 내지의 전체 면을 다단 테두리접기 내지를 사용하여 제본하기 보다는 외겹접기, 양문접기, 양장접기 내지 사이사이에 1매씩 끼우거나 1단, 2단, 3 단, 4단, 5단 테두리접기 내지를 각각 1매씩 접어서 제본하면 다양한 주제를 선택할 수 있고 각각의 유형에 따라 특성을 살려 표현할 수 있어요.

- A4 또는 A3 크기의 내지를 8매씩 준비하여 각각 4매씩 가로와 세로로 접어서 2단, 3단, 4단, 5단 테두리접기 내지를 만들고 각각의 날개를 탐색해보세요. 같은 크기의 내지라도 가로 또는 세로 형태에 따라 다단 날개의 크기와 형태가 달라지므로 표현 내용과 방법도 다양하게 활동할 수 있어요.

만들기

1 표지 P.P 필름 자르기

- A4 규격의 P.P 필름 2매를 각각 195mm×270mm 크기로 자르고 2매의 필름 모서리를 각각 둥글게 처리하여 제공한다.

2 테두리접기 모양 본 만들기

- A4 크기의 P.P 필름을 175mm×270mm 크기로 활동에 참여하는 어린이들의 인원에 맞추어 여러 매 제작한다.

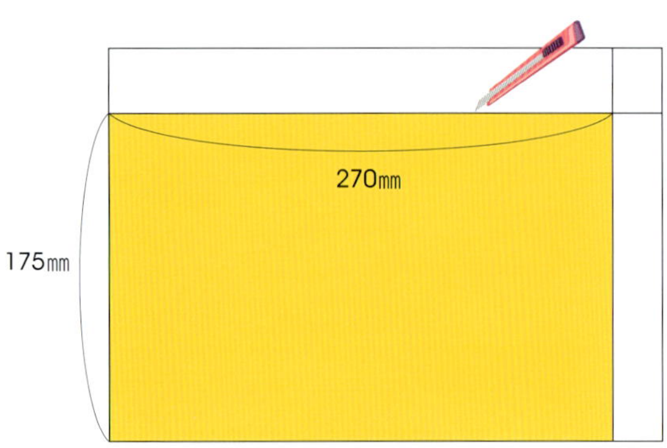

A4 P.P 필름

3 2단 · 3단 · 4단 · 5단 테두리접기 모양 본 만들기

- A4 크기의 P.P 필름을 175mm×135mm 크기로 활동에 참여하는 어린이들의 인원에 맞추어 여러 매 제작한다.
- A4 크기의 P.P 필름을 175mm×90mm 크기로 활동에 참여하는 어린이들의 인원에 맞추어 여러 매 제작한다.
- A4 크기의 P.P 필름을 175mm×67.5mm 크기로 활동에 참여하는 어린이들의 인원에 맞추어 여러 매 제작한다.
- A4 크기의 P.P 필름을 175mm×54mm 크기로 활동에 참여하는 어린이들의 인원에 맞추어 여러 매 제작한다.

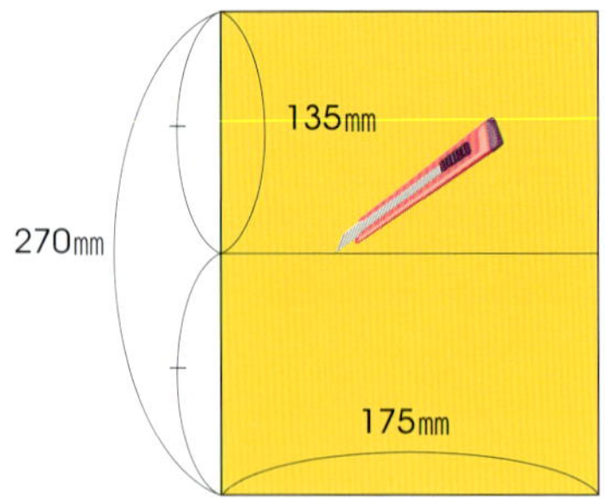

175mm×135mm
(2단 테두리접기 본)

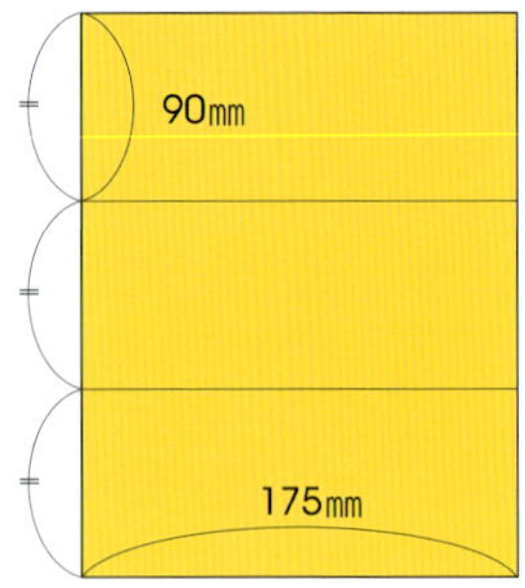

175mm×90mm
(3단 테두리접기 본)

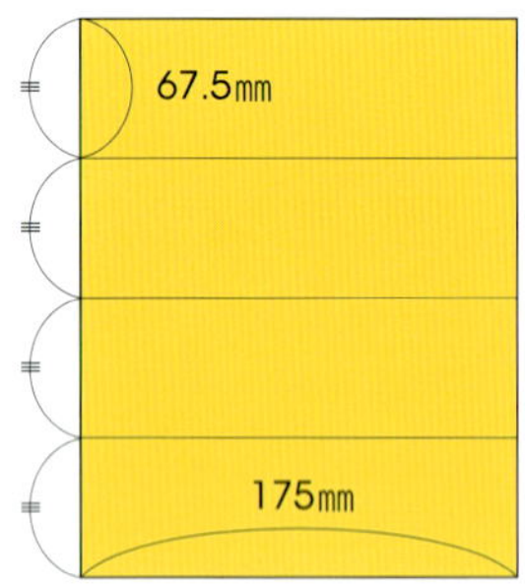

175mm×67.5mm
(4단 테두리접기 본)

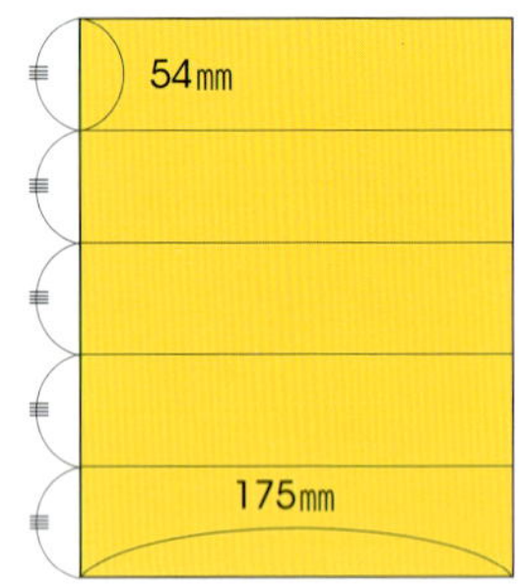

175mm×54mm
(5단 테두리접기 본)

4 내지 테두리접기

- 370mm×270mm 크기의 내지를 필요한 매수만큼 준비하고 한쪽 면에 테두리접기 모양 본을 올려놓는다.
- 모양 본의 오른쪽 테두리 선을 따라 연필 또는 본 폴더로 1매씩 선을 긋는다.
- 그어진 선을 따라 내지를 1매씩 접는다.

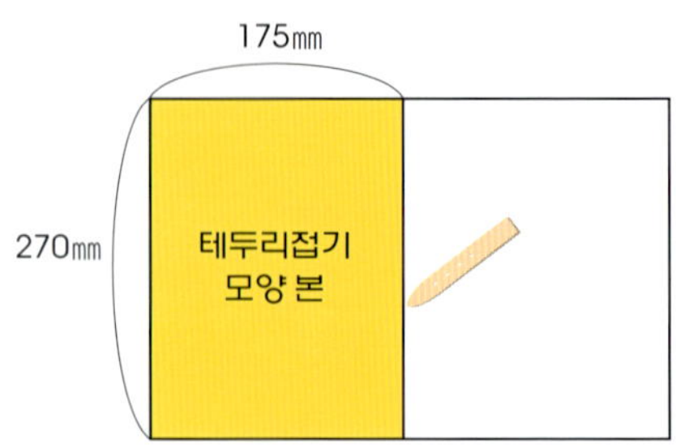

❹-1 내지 한쪽 면에 테두리접기 모양 본을 올려놓고 선을 따라 긋는다.

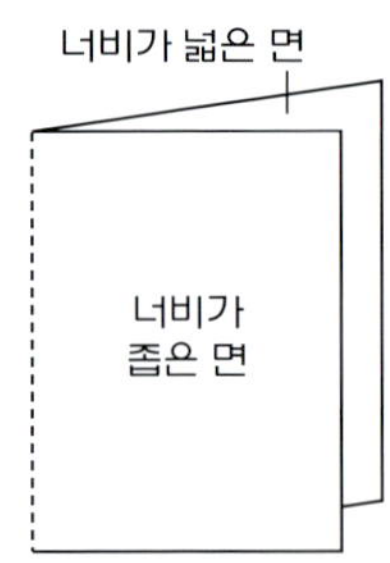

❹-2 그어진 선을 따라 내지를 접어서 날개를 만든다 (테두리접기).

5 테두리접기 내지 방향 바꾸기

- 테두리접기 내지를 180도 돌려서 너비가 좁은 날개 면이 오른쪽으로 가도록 방향을 바꾼다.
- 표현 내용이나 주제에 따라 너비가 좁은 날개 면을 왼쪽으로 두어 책등이 되는 타공면을 바꿀 수 있다.

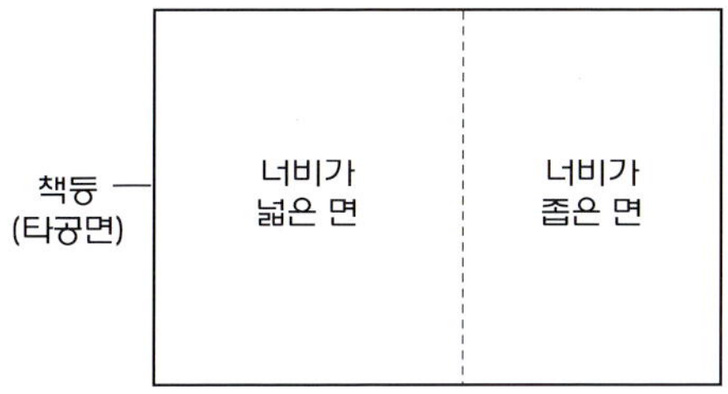

❺ 너비가 좁은 날개 면이 오른쪽으로 가도록 내지를 180도 돌린다.

6 2단 · 3단 · 4단 · 5단 테두리접기 내지 만들기

- 날개를 만든 테두리접기 내지를 펼치고 너비가 좁은 면의 날개 위에 175㎜×135㎜ 크기로 자른 2단 테두리접기 모양본을 올려놓고 연필 또는 뼈칼로 선을 긋는다.
- 선을 그은 테두리접기 내지 뒷면에 필요한 2단 테두리접기 내지 매수만큼 내지를 포갠다.
- 윗면의 테두리접기 내지 날개 면에 그어진 선을 따라 자를 대고 칼로 잘라 2단 테두리접기 날개를 만든다.
- 2단 테두리접기 내지 만들기와 같은 방법으로 테두리접기 내지의 날개 위에 3단 · 4단 · 5단 테두리접기 모양 본을 이용하여 각 단의 선을 긋고 잘라서 3단 · 4단 · 5단 테두리접기 내지를 만든다.
- 테두리접기 내지의 다단은 표현 내용에 따라 위 규격을 참고하여 2단 · 3단 · 4단 · 5단 테두리접기 내지를 각각 1매씩 사용하거나 같은 다단의 내지만을 만들어 표현한다.

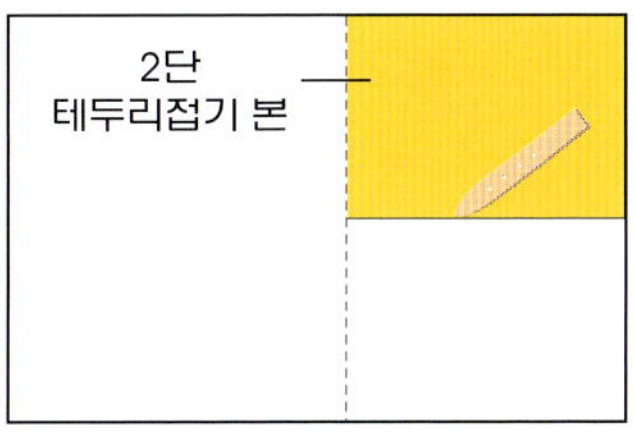

❻-1 내지의 폭이 좁은 날개 위에 2단 모양 본을 올려놓고 하단의 테두리를 따라 연필 또는 뼈칼로 선을 긋는다.

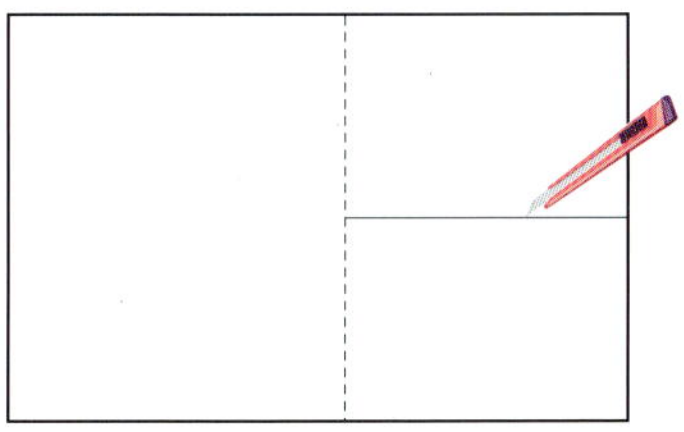

❻-2 선을 그은 내지를 윗면에 놓고 나머지 내지들을 밑면에 포개어 놓고 그어진 선을 따라 자를 대고 칼로 자른다.

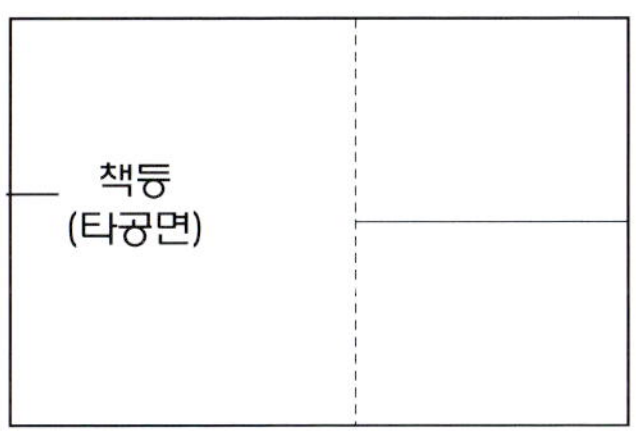

❻-3 2단 테두리접기 내지

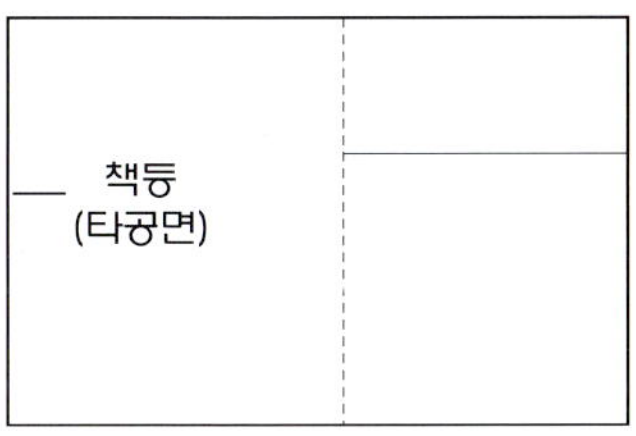

❻-4 3단 테두리접기 내지

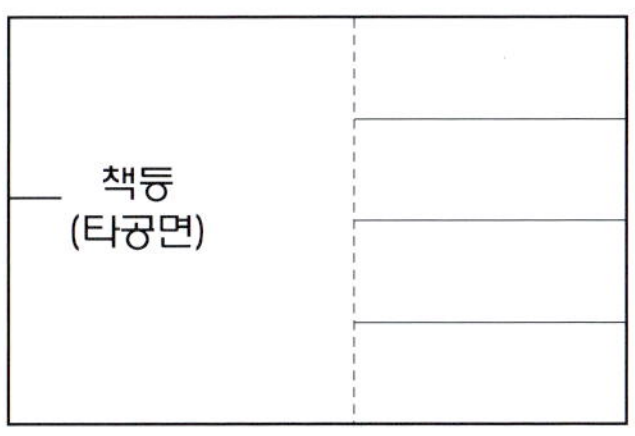

❻-5 4단 테두리접기 내지

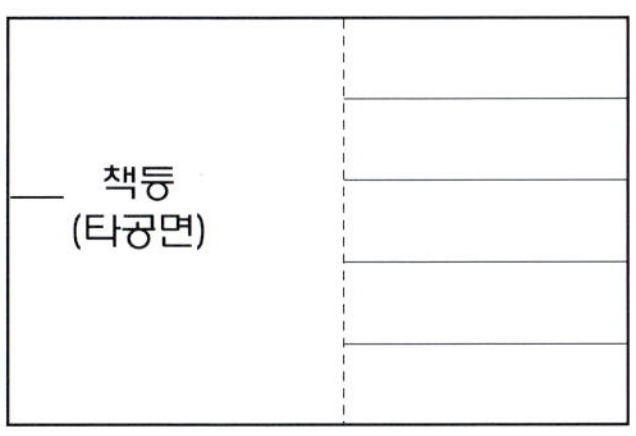

❻-6 5단 테두리접기 내지

7 표지와 내지 맞추기

- 테두리접기 내지 앞뒷면에 P.P 표지 필름과 195㎜×270㎜ 크기의 표지와 각각의 테두리접기 내지를 포개어 크기가 맞는지 확인한다.

8 링 제본하기

- 표지 필름 2매를 각각 1매씩 타공한다.
- 외겹접기 표지와 테두리접기 내지는 적당한 매수만큼 포개어 타공한다.
- 링에 앞표지 P.P 필름 ⇒ 앞표지 ⇒ 2단 · 3단 · 4단 · 5단 테두리접기 내지 ⇒ 뒷표지 ⇒ 뒷표지 P.P 필름의 순서로 차례로 끼어 링 제본한다.
- 남는 링 부분은 잘라내고 모서리를 둥글게 처리한다.

9 앞표지 꾸미기

- 외겹접기 내지 첫 면에 제목, 지은이, 앞표지 그림, 출판사명 등을 꾸민다.
- 본문 면을 완성하고 앞표지를 꾸미도록 할 수 있다.
- 표지 카드의 색깔이 짙은 색상인 경우 175㎜×250㎜ 크기의 연미색 속지 카드를 풀칠하여 붙이고 꾸미도록 지도한다.
- 속지 카드는 원하는 크기와 모양으로 자르거나 찢어서 자유로운 형태로 꾸밀 수 있다.

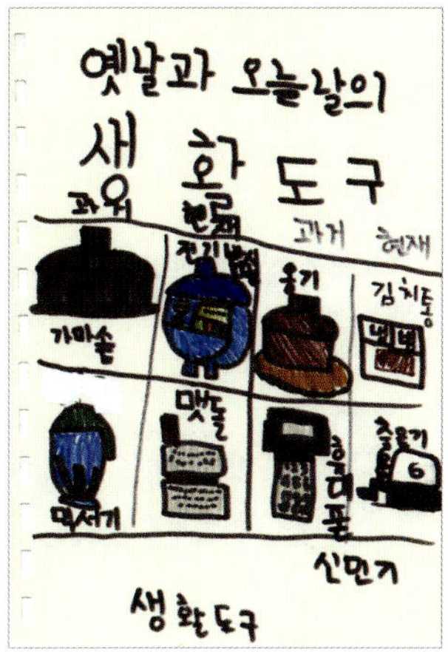

10 본문 면 꾸미기

- 2단 테두리접기 내지 상단과 하단에 각 단에 표현할 주제를 적고 그림을 그리거나 장식하여 꾸민다.
- 2단 테두리접기 내지를 펼치고 안쪽에 앞면에 적은 주제에 따른 생각이나 경험을 글과 그림으로 표현한다.
- 2단 테두리접기 내지와 같은 방법으로 3단 · 4단 · 5단 테두리접기 내지의 각 단에 표현할 주제 또는 이야기를 적고 그림을 그리거나 장식하여 꾸민다.
- 각 단의 테두리접기 내지를 펼치고 안쪽에 앞면에 적은 주제에 대한 생각이나 경험을 차례로 글과 그림으로 표현한다.
- 어린이 스스로 글을 쓰기 어려운 경우 그림에 대한 이야기를 듣고 교사가 적당한 위치에 받아 적어준다.
- 내지의 면 수가 많은 경우 본문 면의 적당한 위치에 쪽 수를 적도록 지도한다.
- 활동 내용에 따라 **다단 이야기 라벨 3910S(CD-ROM)**를 Formtec Label 3910S에 출력하여 사용한다.
- **다단 이야기 라벨 3910S(CD-ROM)**는 다양한 주제를 담고 있으므로 2단, 3단, 4단, 5단 테두리접기 내지에 따라 적한 유형의 라벨을 출력하여 사용하거나 다단 주제에 따라 마음에 드는 주제 라벨을 자유로이 선택하여 활동할 수 있도록 지도한다.

11 헌정사 · 목차 꾸미기

- 본문 면 꾸미기가 끝나면 앞표지 외겹접기 내지 뒷면에 헌정사 또는 목차를 적는다.
- 표지 카드의 색깔이 짙은 색상인 경우 적당한 크기의 조각 카드를 풀칠하여 붙이고 적도록 지도한다.

12 뒷표지 꾸미기

- 외겹접기 뒷표지의 앞면과 뒷면에 펴낸 날, 펴낸이, 펴낸곳, 뒷표지 그림, 소개하는 글, 연락처, 값 그리고 ISBN 등을 적어 꾸미고 뒷면에 바코드를 직접 그리거나 상품의 바코드를 오려 붙인다.
- 표지 카드의 색깔이 짙은 색상인 경우 175㎜×250㎜ 또는 175㎜×115㎜ 크기의 속지 카드를 풀칠하여 붙이고 꾸미도록 지도한다.

13 소개하기 · 감상하기

- 2단 · 3단 · 4단 · 5단 테두리접기 내지의 각 단에 어떤 주제에 대하여 표현했는지 소개한다.
- 표현한 내용 중에 서로 같거나 다른 경험이나 생각이 무엇인지 알아본다.
- 각 다단 테두리접기 내지에 표현한 주제와 이야기가 독특하거나 인상 깊은 작품을 알아본다.

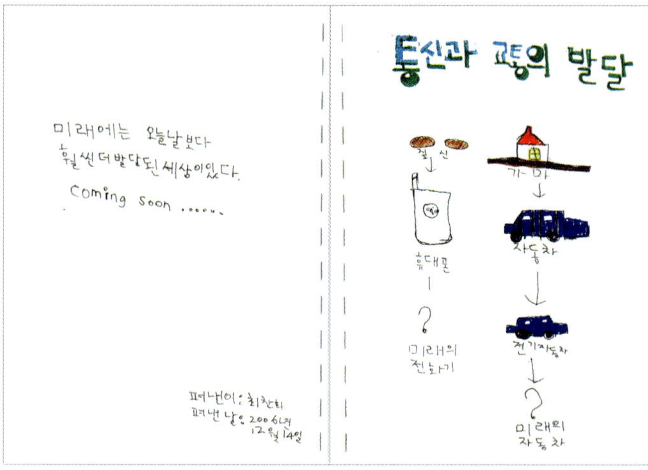

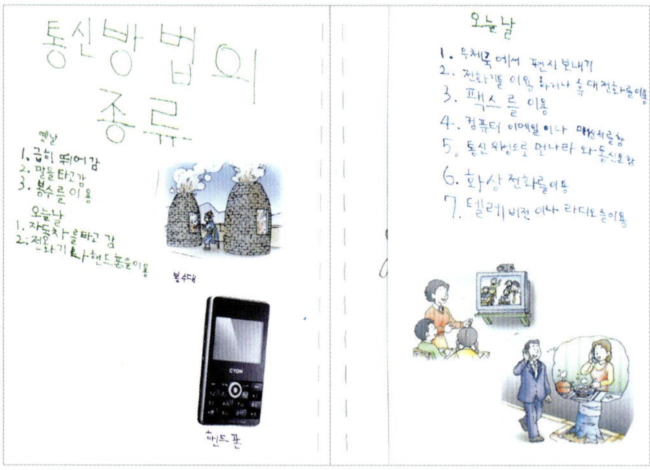

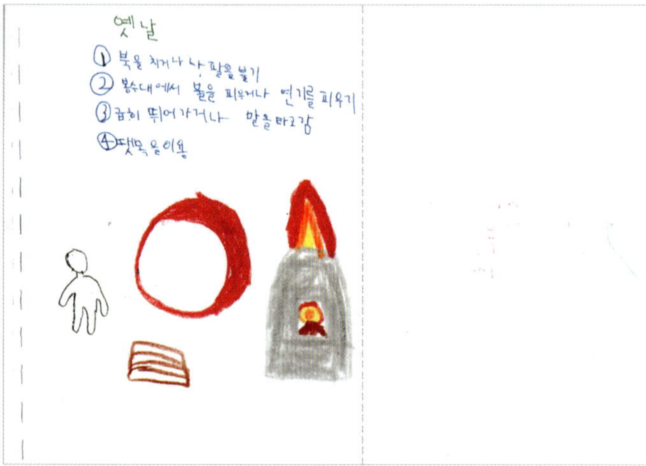

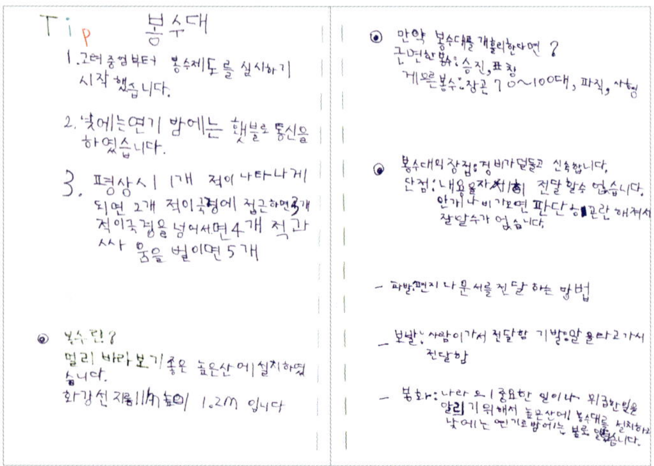

- 신혜민(초등 3년). 옛날과 오늘날의 비교 타입. 195㎜×270㎜.
- 최찬희(초등 3년). 통신과 교통의 발달. 195㎜×270㎜.

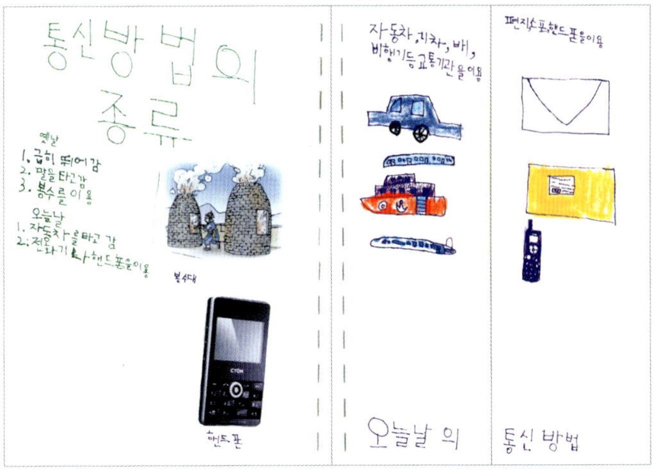
통신방법의 종류
옛날
1. 급히 뛰어감
2. 말을 타고 감
3. 봉수를 이용
오늘날
1. 자동차를 타고 감
2. 전화기나 핸드폰을 이용
봉수대
핸드폰
자동차, 기차, 배, 비행기 등 교통기관을 이용
편지나 핸드폰을 이용
오늘날의 통신 방법

빨리 걸어서 감
어영이요!
짚신
나막신
말이 지치면 말을 바꾸는 곳
말을 타고 감

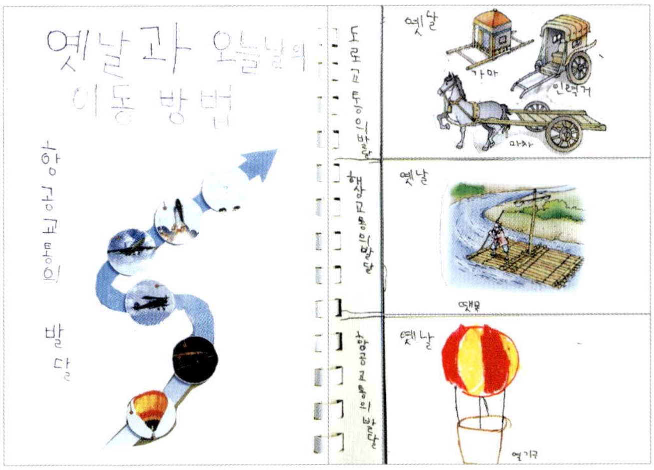
옛날과 오늘날의 이동 방법
항공교통의 발달
도로교통의 발달
해상교통의 발달
항공교통의 발달
옛날
가마
인력거
마차
뗏목
열기구

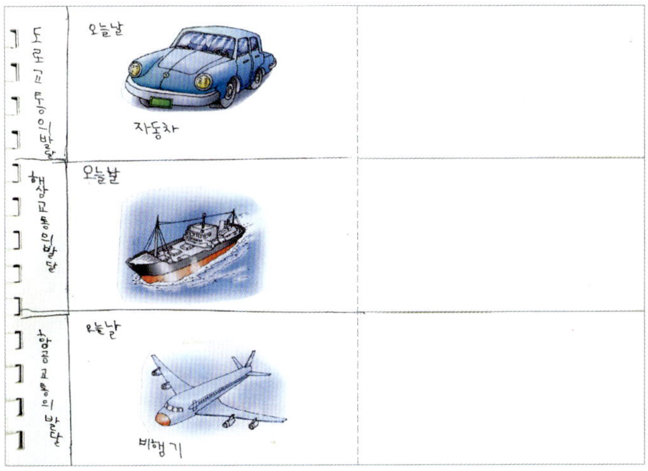
도로교통의 발달
오늘날
자동차
해상교통의 발달
오늘날
항공교통의 발달
오늘날
비행기

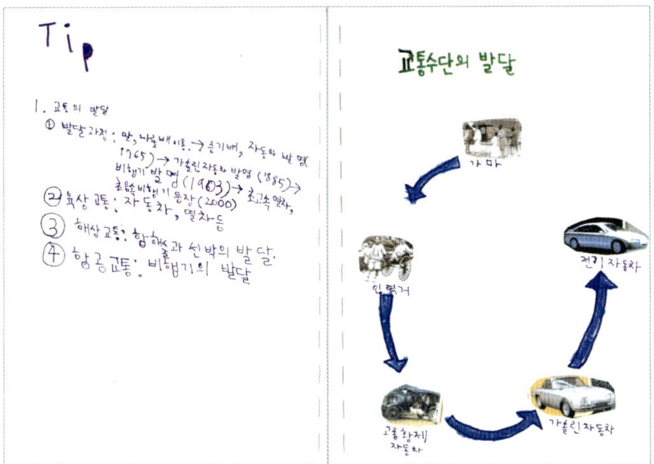
Tip
1. 교통의 발달
③ 해상 교통: 항해술과 선박의 발달
④ 항공 교통: 비행기의 발달
교통수단의 발달
가마
인력거
전기 자동차
가솔린 자동차

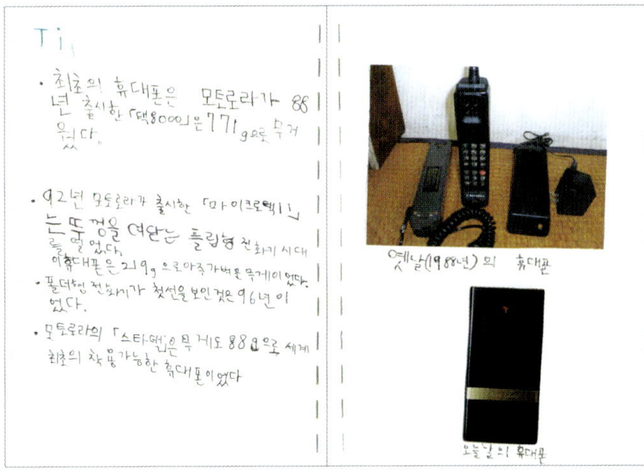
Tip
· 최초의 휴대폰은 모토로라가 88년 출시한 「택8000」은 771g으로 무거웠다.
옛날(1988년)의 휴대폰
오늘날의 휴대폰

교통의 발달
도로교통의 발달
철도교통의 발달
증기기차
디젤기관차
해상교통의 발달
항공교통의 발달
뗏목
돛단배
증기선
유람선
열기구
비행기
디젤 기관차
디젤 기관선
전투기
유람선

옛날의 도로교통
가마
말
증기기차
옛날의 철도 교통
옛날의 해상교통
뗏목
돛단배
증기선
옛날의 항공교통
열기구
라이트 형제의 비행기

다단 양문접기 링 제본책

준비물

- **표지** | P.P 필름 195㎜×270㎜ 2매
  | 양면색지 195㎜×270㎜ 2매
- **내지** | 양면색지 390㎜×270㎜ 4매
- **속지** | 양면색지 135㎜×195㎜ 2매
- **다단 이야기 라벨 3105 · 3110(CD-ROM)**
- **플라스틱 링 10㎜ 1개**
- **플라스틱 링 제본기**

- 손성민(만 4세). 예쁜 나의 생각. 195㎜×270㎜.
- 활용도서 | 토드 파(2005). 기분이 좋아지는 책. 삐아제어린이.

- 이다인(만 4세). 예쁜 나의 생각. 195㎜×270㎜.
- 활용도서 | 크베타 파코브스카(2000). 모양 놀이. 베틀북.
- 표지 | P.P 필름 195㎜×270㎜ 2매
  | 뉴칼라 195㎜×270㎜ 2매
- 내지 | 뉴칼라 370㎜×270㎜ 4매
- 속지 | 뉴칼라 135㎜×195㎜ 2매
- 다단 이야기 라벨 3910S(CD-ROM)
- 플라스틱 링 10㎜ 1개

- 신민기(초등 3년). 옛날과 오늘날의 생활도구. 195㎜×270㎜.
- 표지 | P.P 필름 135㎜×197㎜ 2매
- 내지 | 켄트지 135㎜×195㎜ 4매
  | 켄트지 250㎜×195㎜ 2매
  | 켄트지 270㎜×195㎜ 2매
- 플라스틱 링 12㎜ 1개

- 최찬희(초등 3년). 통신과 교통의 발달. 195㎜×270㎜.
- 표지 | P.P 필름 135㎜×197㎜ 2매
- 내지 | 켄트지 135㎜×195㎜ 4매
  | 켄트지 250㎜×195㎜ 2매
  | 켄트지 270㎜×195㎜ 2매
- 플라스틱 링 12㎜ 1개

만들기

1 표지 P.P 필름 자르기

- A4 규격의 P.P 필름 2매를 각각 195㎜×270㎜ 크기로 자르고 2매의 필름 모서리를 각각 둥글게 처리하여 제공한다.

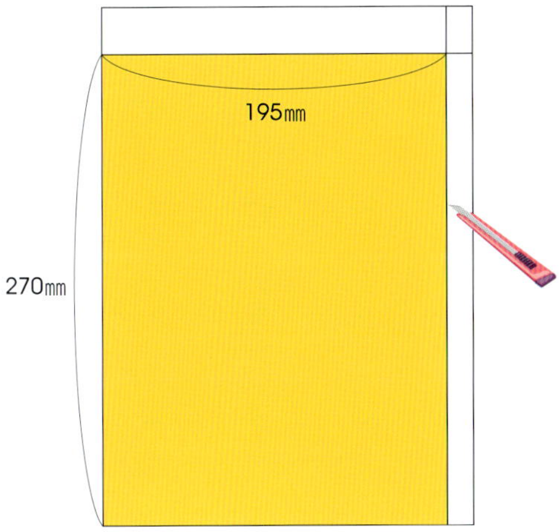

A4 P.P 필름

2 1단 · 2단 · 3단 · 4단 · 5단 모양 본 만들기

- A4 크기의 P.P 필름 2매를 준비하고 표지 필름 크기와 같이 195㎜×270㎜ 크기로 잘라서 4매를 제작한다.
- 195㎜×270㎜ 크기의 P.P 필름 4매를 각각 세로로 길게 절반으로 잘라서 97.5㎜×270㎜ 크기의 1단 모양 본 8매를 만든다.

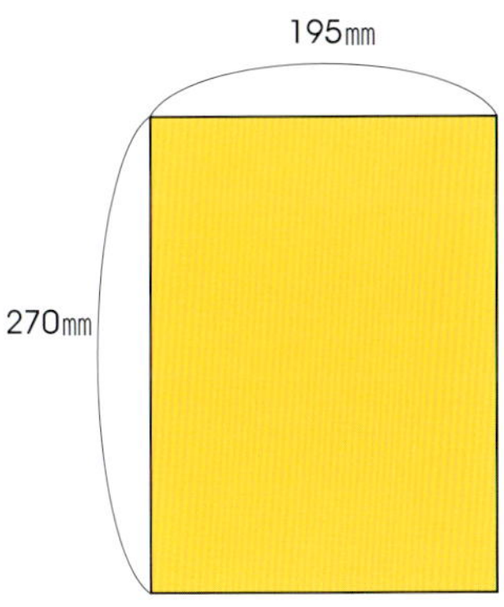

195㎜×270㎜

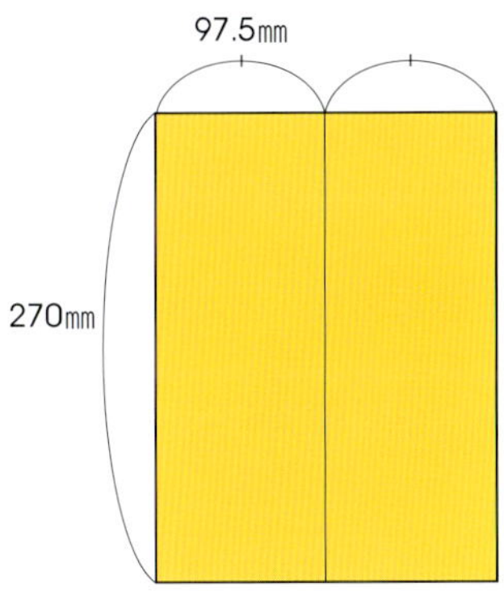

97.5㎜×270㎜
(1단 모양 본)

- 1단 모양 본 1매를 가로로 짧게 절반으로 잘라서 97.5㎜×135㎜ 크기의 2단 모양 본 2매를 만든다.
- 1단 모양 본 1매를 가로로 짧게 3등분으로 잘라서 97.5㎜×90㎜ 크기의 3단 모양 본 3매를 만든다.
- 인원에 따라 1단 모양 본을 여러 매 사용한다.

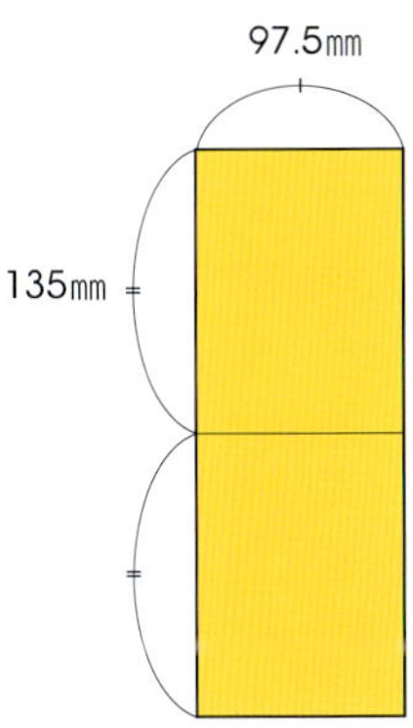

97.5㎜×135㎜
(2단 모양 본)

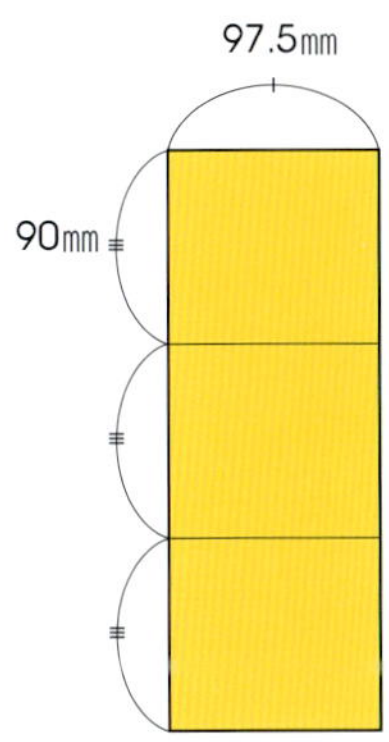

97.5㎜×90㎜
(3단 모양 본)

- 1단 모양 본 1매를 가로로 짧게 4등분으로 잘라서 97.5㎜×67.5㎜ 크기의 4단 모양 본 4매를 만든다.
- 1단 모양 본 1매를 가로로 짧게 5등분으로 잘라서 97.5㎜×54㎜ 크기의 5단 모양 본 5매를 만든다.
- 인원에 따라 1단 모양 본을 여러 매 사용한다.

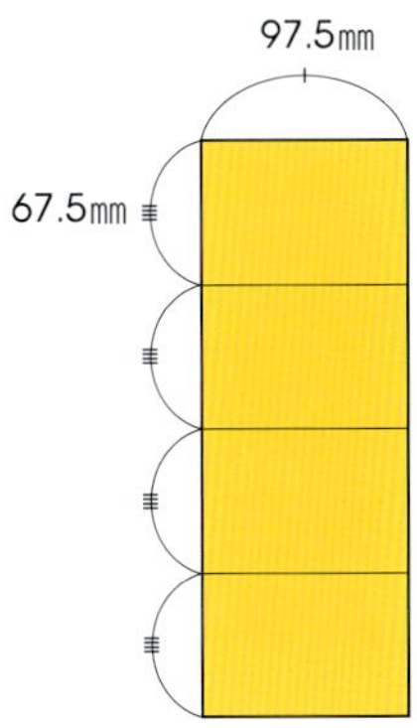

97.5㎜×67.5㎜
(4단 모양 본)

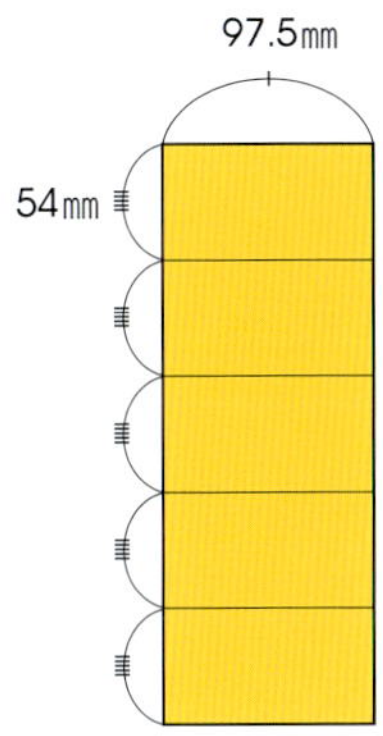

97.5㎜×54㎜
(5단 모양 본)

3 내지 양문접기

- 370㎜×270㎜ 크기의 내지를 필요한 매수만큼 준비하고 절반으로 접어서 양장접기 내지를 만든다.
- 양장접기 내지를 다시 펼치고 중심선을 향해 마주보게 접어서 양문접기 내지를 만든다.

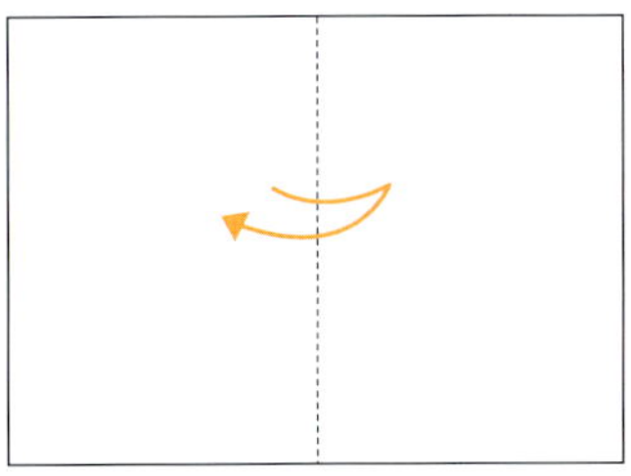
❸-1 절반으로 접었다 펼친다.

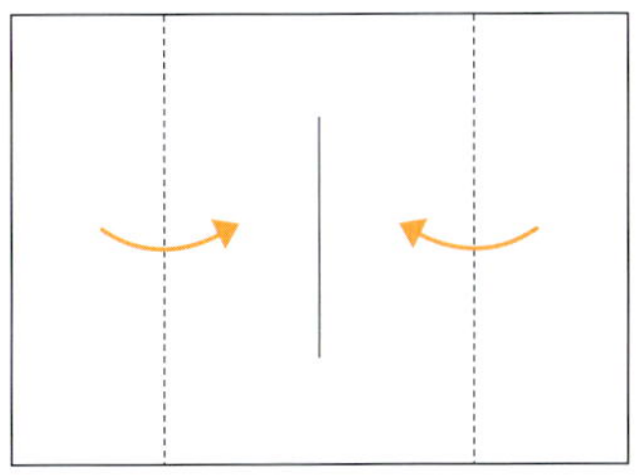
❸-2 중심선을 향해 마주 접는다.

4 2단 · 3단 · 4단 · 5단 양문접기 내지 만들기

- 양문접기 내지를 펼치고 다시 양장접기 형태로 접는다.
- 양장접기 내지의 열리는 면 날개 위에 2단 모양 본을 올려놓고 연필 또는 뼈칼로 선을 긋는다.
- 날개 면에 그어진 선을 따라 자를 대고 칼로 잘라 2단 날개를 만든다.
- 2단 날개를 만든 양장접기 내지를 펼치고 다시 중심선을 향해 마주접어서 2단 양문접기 내지를 만든다.
- 2단 양문접기 내지 만들기와 같은 방법으로 남은 3장의 양문접기 내지 날개 위에 각각 3단 · 4단 · 5단 모양 본을 이용하여 각 단의 선을 긋고 잘라서 3단 · 4단 · 5단 내지를 만든다.
- 각 단을 자른 양문접기 내지를 펼치고 다시 중심선을 향해 마주 접어서 다단 양문접기 내지를 만든다.

❹-1 양문접기 내지를 펼쳐서 다시 양장접기로 접는다.

❹-2 열리는 면 위에 2단 모양 본을 올려놓고 선을 따라 긋는다.

❹-3 내지 날개 위에 그어진 선을 따라 자를 대고 칼로 자른다.

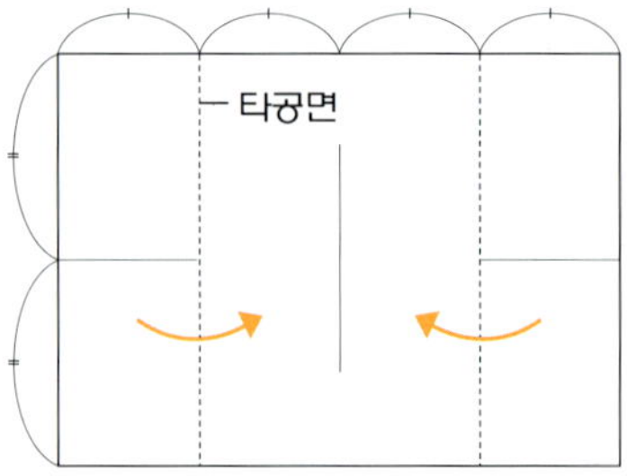

❹-4 2단 양문접기 내지

❹-5 3단 양문접기 내지 만들기

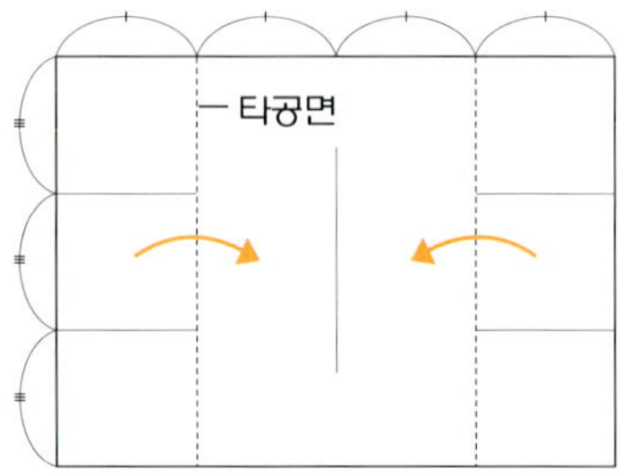

❹-6 3단 양문접기 내지

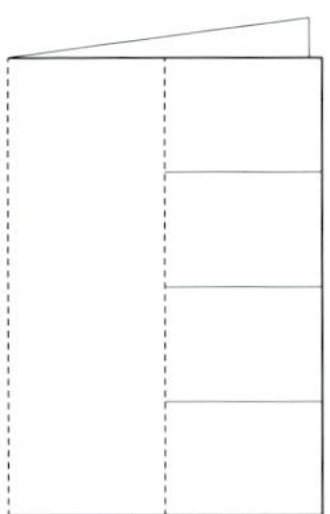

❹-7 4단 양문접기 내지 만들기

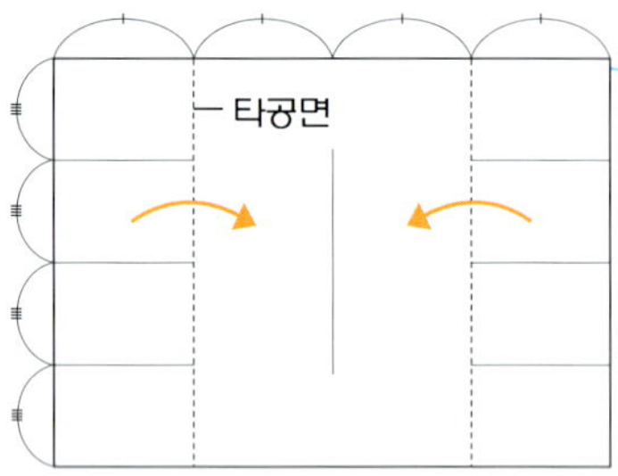

❹-8 4단 양문접기 내지

❹-9 5단 양문접기 내지 만들기

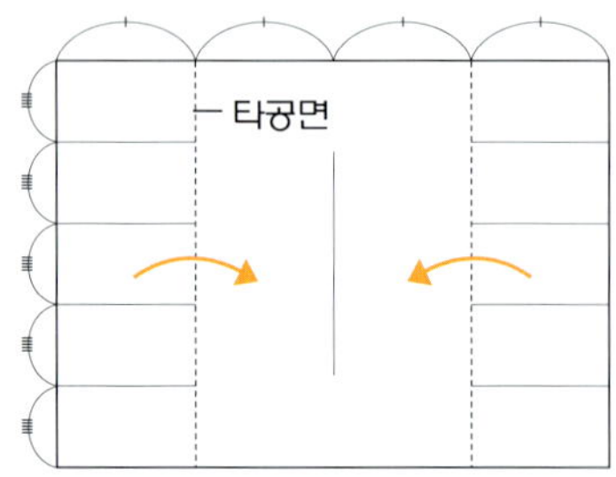

❹-10 5단 양문접기 내지

5 표지와 내지 맞추기

- 양문접기 내지 앞뒷면에 P.P 표지 필름, 195㎜×270㎜ 크기의 외겹접기 앞·뒷표지 그리고 각각의 다단 양문접기 내지를 포개어 크기가 맞는지 확인한다.

6 링 제본하기

- 표지 필름 2매를 각각 1매씩 타공한다.
- 외겹접기 표지와 양문접기 내지를 포개어 타공한다.
- 링에 앞표지 P.P 필름 ⇒ 앞표지 ⇒ 2단·3단·4단·5단 양문접기 내지 ⇒ 뒷표지 ⇒ 뒷표지 P.P 필름의 순서로 차례로 끼어 링 제본한다.
- 남는 링 부분은 잘라내고 모서리를 둥글게 처리한다.

7 앞표지 꾸미기

- 외겹접기 내지 앞면에 제목, 지은이, 앞표지 그림, 출판사명 등을 꾸민다.

- 표지 카드의 색깔이 짙은 색상인 경우 175㎜×250㎜ 크기의 속지 카드를 풀칠하여 붙이고 꾸미도록 지도한다.

8 본문 면 꾸미기

- 2단 양문접기 내지의 양문 상단과 하단에 각 단에 표현할 주제를 적고 그림을 그리거나 장식하여 꾸민다.
- 2단 양문접기 내지를 좌우로 펼치고 안쪽 면에 앞면에 적은 주제에 따른 생각이나 경험을 글과 그림으로 표현한다.
- 2단 양문접기 내지 꾸미기와 같은 방법으로 3단·4단·5단 양문접기 내지의 각 단에 표현할 주제 또는 이야기를 적고 그림을 그리거나 장식하여 꾸민다.
- 각 단의 양문접기 내지를 좌우로 펼치고 안쪽 면에 앞면에 적은 주제에 대한 생각이나 경험을 차례로 글과 그림으로 표현한다.
- 활동 내용에 따라 **다단 이야기 라벨 3105·3110(CD-ROM)**을 Formtec Label 3105·3110에 출력하여 사용한다.
- **다단 이야기 라벨 3105·3110(CD-ROM)**은 다양한 주제를 담고 있으므로 2단·3단·4단·5단 양문접기 내지에 따라 적합한 유형의 라벨을 출력하여 사용하거나 다단 주제에 관계없이 마음에 드는 주제 라벨을 자유로이 선택하여 활동할 수 있도록 지도한다.

9 헌정사·목차 꾸미기

- 본문 면 꾸미기가 끝나면 앞표지 외겹접기 내지 뒷면에 헌정사 또는 목차를 적는다.

10 뒷표지 꾸미기

- 외겹접기 뒷표지의 앞면과 뒷면에 펴낸 날, 펴낸이, 펴낸곳, 뒷표지 그림, 소개하는 글, 연락처, 값 그리고 ISBN 등을 적어 꾸미고 뒷면에 바코드를 직접 그리거나 상품의 바코드를 오려 붙인다.
- 표지 카드의 색깔이 짙은 색상인 경우 앞표지와 같이 속지 카드를 풀칠하여 붙이고 꾸미도록 지도한다.

앞표지

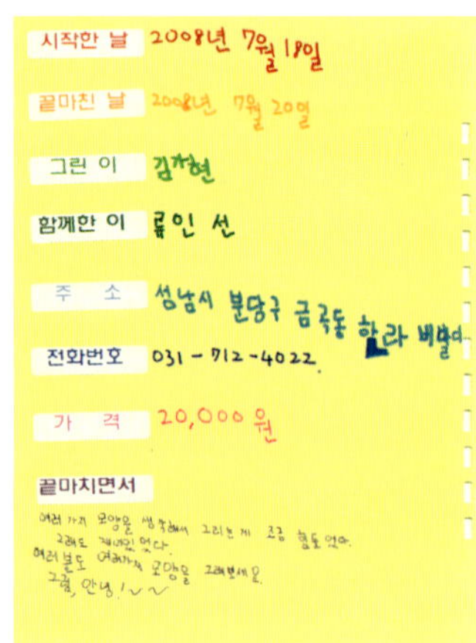

뒷표지

11 소개하기·감상하기

- 2단·3단·4단·5단 양문접기 내지의 좌우 각 단에 어떤 주제에 대하여 어떻게 표현했는지 소개한다.
- 표현한 내용 중에 서로 같거나 다른 경험이나 생각이 무엇인지 알아본다.
- 각각의 다단 양문접기 내지에 표현한 주제와 이야기가 독특하거나 인상 깊은 작품을 알아본다.

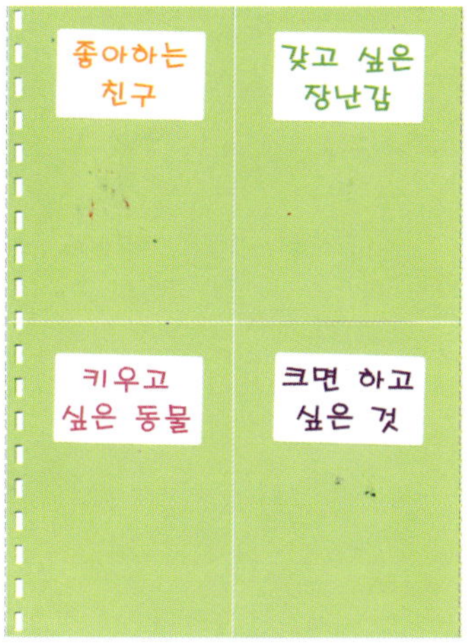
좋아하는 친구
갖고 싶은 장난감
키우고 싶은 동물
크면 하고 싶은 것

이다인
요술봉
요술봉
토끼
강아지
선생님
간호사

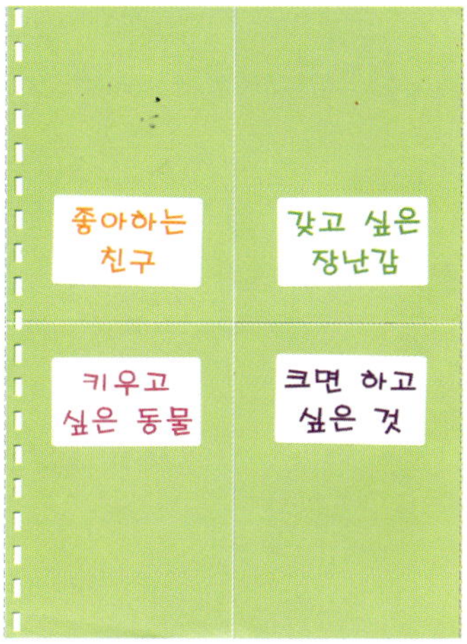
좋아하는 친구
갖고 싶은 장난감
키우고 싶은 동물
크면 하고 싶은 것

손성민
공룡
팽이
햄스터
고양이
소방관
아빠

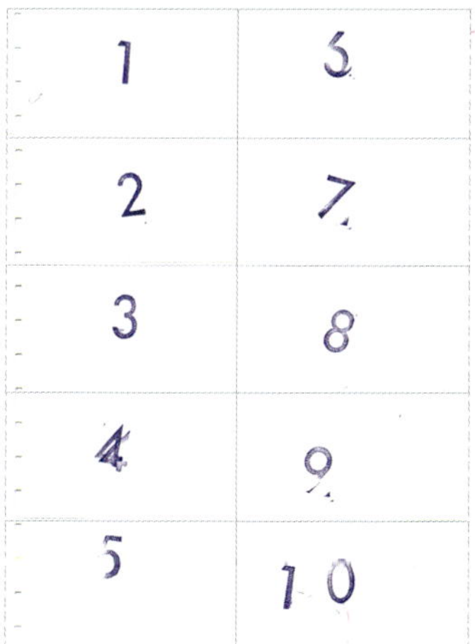

나
엄마아빠
무지개
오징어
소방서
119
오른손
꽃게

나
무지개
소방서
119
오른손

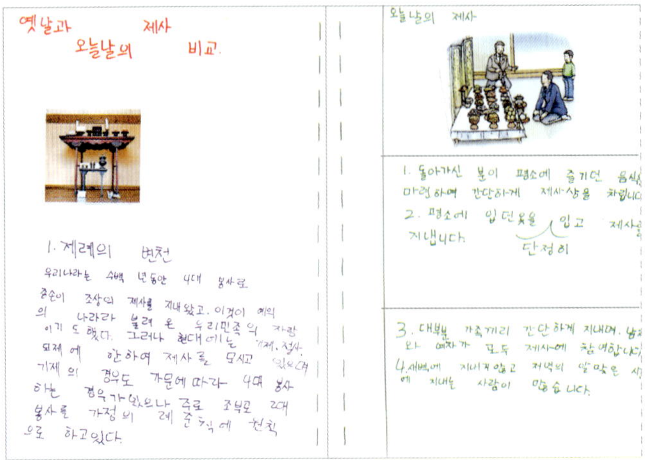
옛날과 오늘날의 제사 비교
1. 제례의 변천
우리나라는 수백 년 동안 4대 봉사로 종손이 조상의 제사를 지내 왔고, 이것이 예의의 나라라 불려 온 우리민족의 자랑이기도 했다. 그러나 현대에는 기제, 절사, 묘제에 한하여 제사를 모시고 있으며 기제의 경우도 가문에 따라 4대 봉사하는 경우가 있으나 주로 조부모 2대 봉사를 가정의례 준칙에 원칙으로 하고있다.
오늘날의 제사
1. 돌아가신 분이 평소에 즐기던 음식을 마련하여 간단하게 제사상을 차립니다
2. 평소에 입던 옷을 단정히 입고 제사를 지냅니다.
3. 대부분 가족끼리 간단하게 지내며, 남자와 여자가 모두 제사에 참여합니다.
4. 새벽에 지내지 않고 저녁의 알맞은 시간에 지내는 사람이 많습니다.

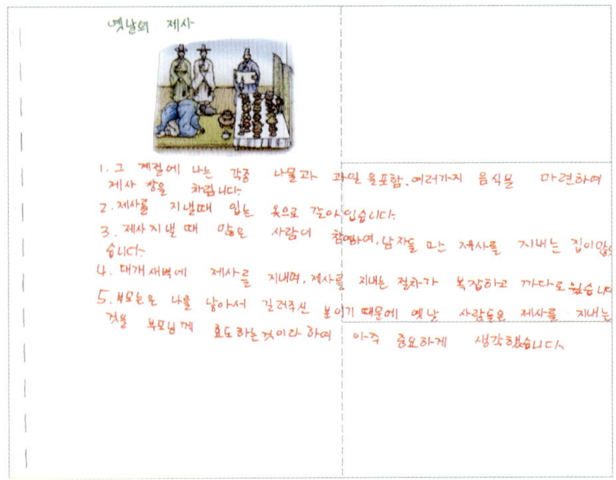
옛날의 제사
1. 그 계절에 나는 각종 나물과 과일을 포함, 여러가지 음식을 마련하여 제사 상을 차립니다.
2. 제사를 지낼때 입는 옷으로 갈아입습니다.
3. 제사 지낼 때 많은 사람이 참여하며, 남자들만 제사를 지내는 집이 많았습니다.
4. 대개 새벽에 제사를 지내며, 제사를 지내는 절차가 복잡하고 까다로웠습니다.
5. 부모님은 나를 낳아서 길러주신 분이기 때문에 옛날 사람들은 제사를 지내는 것을 부모님께 효도하는 것이라 하여 아주 중요하게 생각했습니다.

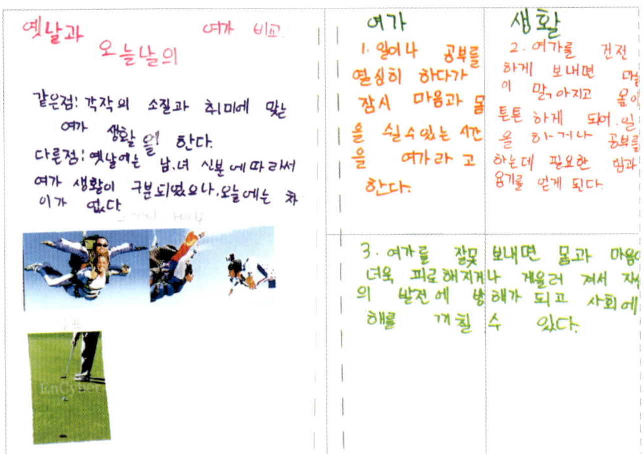
옛날과 오늘날의 여가 비교
같은점: 각자의 소질과 취미에 맞는 여가 생활을 한다.
다른점: 옛날에는 남, 녀 신분에 따라서 여가 생활이 구분되었으나, 오늘에는 차이가 없다
여가 생활
1. 일이나 공부를 열심히 하다가 잠시 마음과 몸을 쉴수있는 시간을 여가라고 한다.
2. 여가를 건전하게 보내면 마음이 맑아지고 몸이 튼튼하게 되어, 일을 하거나 공부를 하는데 필요한 힘과 용기를 얻게 된다.
3. 여가를 잘못 보내면 몸과 마음이 더욱 피로해지거나 게을러 져서 자신의 발전에 방해가 되고 사회에 해를 끼칠 수 있다.

옛날의 여가

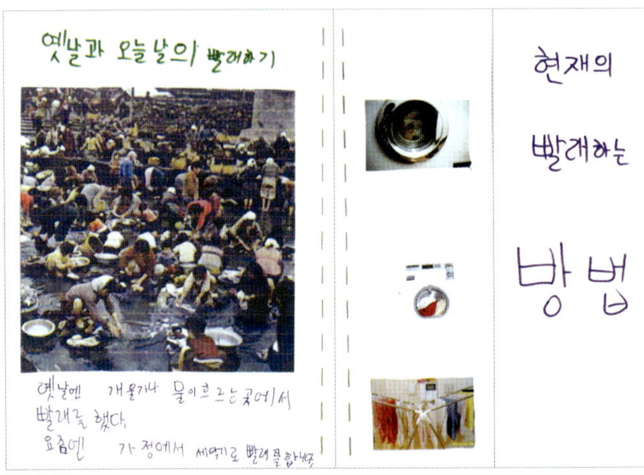
옛날과 오늘날의 빨래하기
옛날엔 개울가나 물이흐르는곳에서 빨래를 했다.
요즘엔 가정에서 세탁기로 빨래를 합니다.
현재의 빨래하는 방법

비벼서 빱니다.
잿물을 넣고 삶아 하얗게 만듭니다
햇볕에 말립니다.
잘 말린 옷을 발 등이 차곡차곡 접습니다
잘 말린 풀을 먹입니다
다듬질하여 매끄럽고 빳빳하게 손질합니다.
옛날의 빨래하는 방법

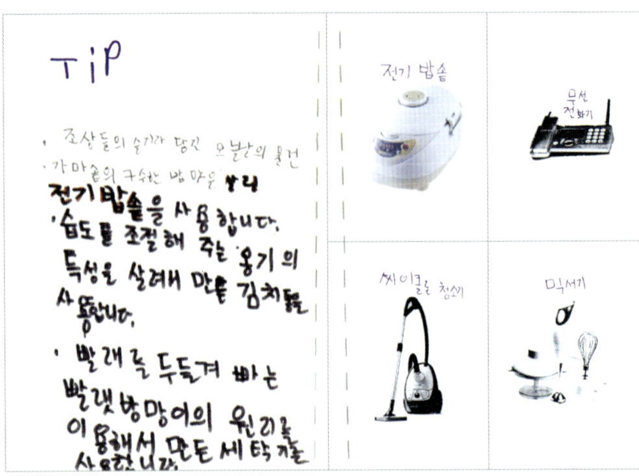
Tip
· 조상들의 슬기가 담긴 오늘날의 물건
· 가마솥의 구수한 밥 맛을 살린 전기밥솥을 사용합니다.
· 습도를 조절해 주는 옹기의 특성을 살려서 만든 김치통을 사용합니다.
· 빨래를 두들겨 빠는 빨랫방망이의 원리를 이용해서 만든 세탁기를 사용합니다.
전기 밥솥
무선 전화기
싸이클론 청소기
믹서기

가마솥
축음기
빗자루
맷돌

CHAPTER 4

주머니와 봉투를 활용한 링 제본책 문해 활동

Literacy Activities through Pocket & Envelop Ring Binder Books

- 주머니접기 링 제본책
- 접착주머니 링 제본책
- 봉투 링 제본책

주머니접기 링 제본책

준비물

- 표지 | P.P 필름 A4 2매
- 내지 | 양면색지 320㎜×260㎜ 16매
- 속지 | 양면색지 135㎜×195㎜ 32매
- 모양 본 | P.P 필름 A4 1매
- 이야기 목록표(CD-ROM)
- 뼈칼
- 플라스틱 링 28㎜ 1개
- 플라스틱 링 제본기

생각 모으기

Q. 전통접기 내지를 이용하여 주머니를 만들 수 있는 방법에 대하여 생각하고 그려보세요.

A.

Q. 4면 또는 8면 병풍책을 이용하여 주머니를 만들 수 있는 방법에 대하여 생각하고 그려보세요.

A.

Q. 전통접기 또는 병풍접기 내지를 이용하여 주머니 링 제본책을 만들 때 고려해야 할 점을 생각하고 적어보세요.

A.

Q. 주머니 접기 링 제본책에 담을 수 있는 다양한 자료들에 대하여 생각하고 적어보세요.

A.

Q. 주머니 접기 링 제본책의 주머니 하단 부분에 담을 수 있는 내용과 표현 방법에 대하여 생각하고 적어보세요.

A.

Q. 하루에 한 가지씩 주제를 정하여 글을 쓴다면 어떤 이야기를 담을 수 있을지 생각하고 한 달 동안 쓰고 싶은 28~31가지 주제를 선정하여 이야기 목록표(CD-ROM)를 출력하고 차례로 적어보세요.

A.

Tips

- 주머니접기 링 제본책에 사용하는 링의 지름은 주머니접기 내지의 두께 외에 주머니에 담을 자료의 두께를 함께 고려하여 선택하세요. 내지 두께에만 맞추어 그에 맞는 링을 사용하면 책을 완성하고 난 후 주머니에 속지 또는 자료를 담았을 때 책배 부분이 크게 벌어지는 현상이 나타나 보관에 어려움이 생기고 내지를 넘기기 불편하거나 내지의 타공된 링 제본 면이 쉽게 찢어질 수 있어요.

- 주머니 접기 링 제본책은 내지의 형태에 따라 다양한 유형의 책을 만들 수 있어요. 전통접기 내지의 하단을 접으면 2면 주머니 내지가 만들어 지지요. 4면 병풍접기 내지의 하단을 접어 올리면 4면 주머니 병풍책을 만들 수 있어요. 다양한 형태의 주머니접기 내지를 필요한 매수만큼 접고 주머니가 열려지는 바깥 부분을 책등으로 가도록 포개어 링 제본하거나 각각의 주머니 병풍책을 한 권씩 연결하여 링 제본하면 독특한 감각의 주머니 책을 만들어 보세요.

- 백유니(초등 3년). 유니의 5월 이야기. 160㎜×210㎜.
- 표지 | P.P 필름 160㎜×210㎜ 2매
- 내지 | 뉴칼라 320㎜×260㎜ 16매
- 속지 | 뉴칼라 135㎜×195㎜ 32매
- 플라스틱 링 28㎜ 1개

- 표지 | P.P 필름 170㎜×150㎜ 2매
- 내지 | 뉴칼라 340㎜×260㎜ 25매
- 플라스틱 링 51㎜ 1개

- 표지 | 컬러 머메이드 340㎜×250㎜ 2매
- 내지 | 디자이너스칼라 370㎜×250㎜ 12매
- 플라스틱 링 18㎜ 1개

- 표지 | 하드보드 210㎜×290㎜ 2매
  | 커버지 240㎜×320㎜ · 205㎜×285㎜ 각 2매
- 내지 | 컬러 머메이드 420㎜×395㎜ 13매
- 접착주머니(대) 4매
- 플라스틱 링 51㎜ 1개

- 표지 | P.P 필름 95㎜×140㎜ 2매
- 내지 | 컬러 머메이드 380㎜×190㎜ 7매
- 플라스틱 링 8㎜ 8개

- 표지 | P.P 필름 95㎜×140㎜ 2매
- 내지 | 컬러 머메이드 380㎜×190㎜ 14매
- 플라스틱 링 8㎜ 15개

만들기

1 표지 P.P 필름 자르기

- A4 규격의 P.P 필름 1매를 160㎜×210㎜ 크기로 자르고 2매의 필름 모서리를 각각 둥글게 처리하여 제공한다.

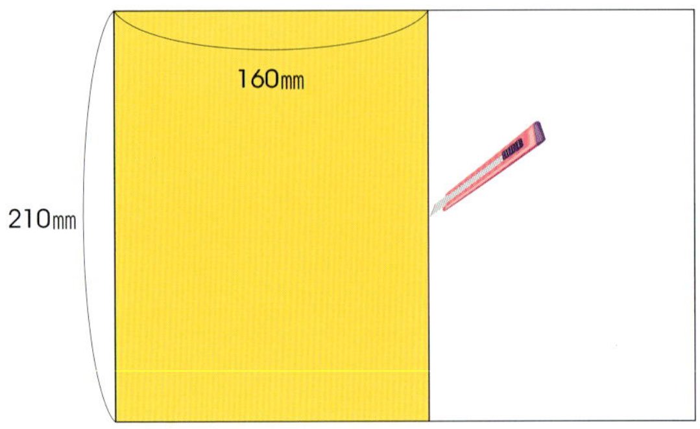

A4 P.P 필름

2 주머니 모양 본 만들기

- A4 크기의 P.P 필름을 길게 너비 5㎝ 크기로 자른다.
- 주머니 모양 본은 활동에 참여하는 어린이들의 인원에 맞추어 여러 매 제작한다.
- 모양 본의 각 모서리를 각각 둥글게 처리하여 제공한다.

A4 P.P 필름

3 내지 주머니접기

- 320㎜×260㎜ 크기의 내지의 한쪽 면에 주머니 모양 본을 올려놓는다.
- 모양 본의 윗면을 따라 연필 또는 뼈칼로 선을 긋는다.
- 내지를 뒤집어 그은 선을 따라 하단을 위로 접어 올린다.

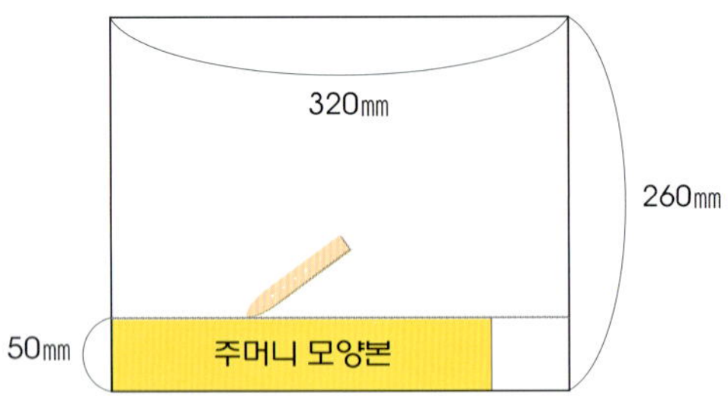

❸-1 모양 본을 맞추어 올려놓고 선을 따라 긋는다.

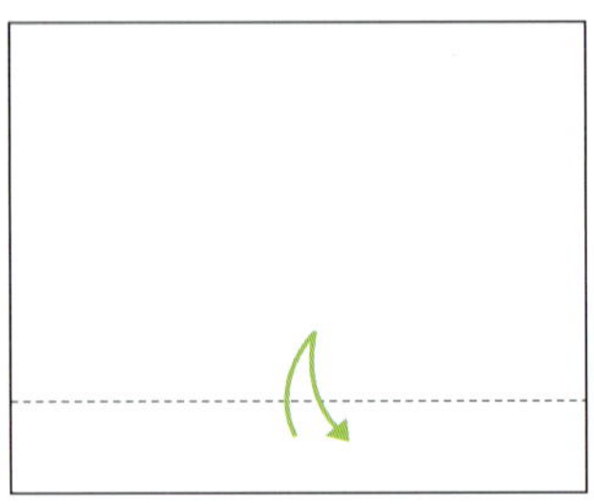

❸-2 내지를 뒤집어 그은 선을 따라 위로 접어 올렸다 펼친다.

- 내지의 접어 올린 하단을 다시 펼치고 세로로 절반으로 꺾어 접었다 펼친다.
- 내지의 접은 선을 따라 하단 주머니 부분을 접어 올린다.
- 하단을 접어 올린 주머니가 앞면으로 보이도록 접었다 펼친 선을 따라 다시 절반으로 접는다.
- 위와 같은 방법으로 필요한 매수만큼 내지를 준비하여 주머니접기 내지를 만든다.

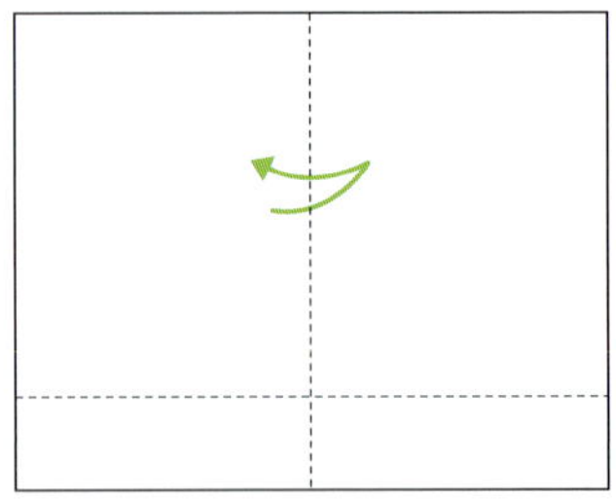

❸-3 내지를 절반으로 꺾어 접었다 펼친다.

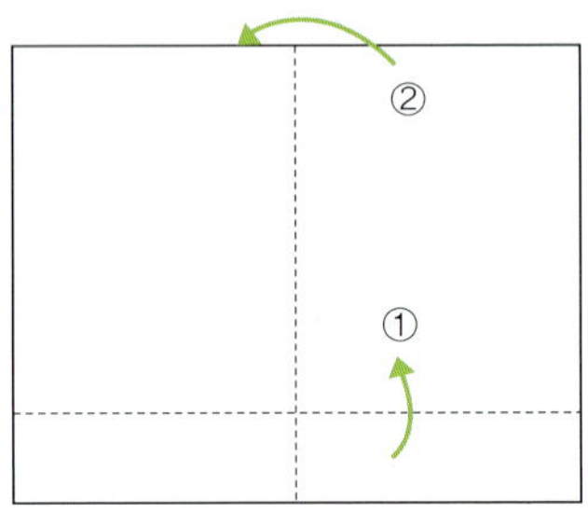

❸-4 접었다 펼친 하단의 주머니를 먼저 위로 접어 올리고 중앙의 접은 선을 따라 절반으로 꺾어 접는다(주머니접기 완성).

4 주머니접기 내지 포개기

- 위와 같은 방법으로 접은 주머니접기 내지를 필요한 매수만큼 준비하고 접힌 면이 책배가 되고 열려진 면이 책등이 되도록 차례로 포갠다.

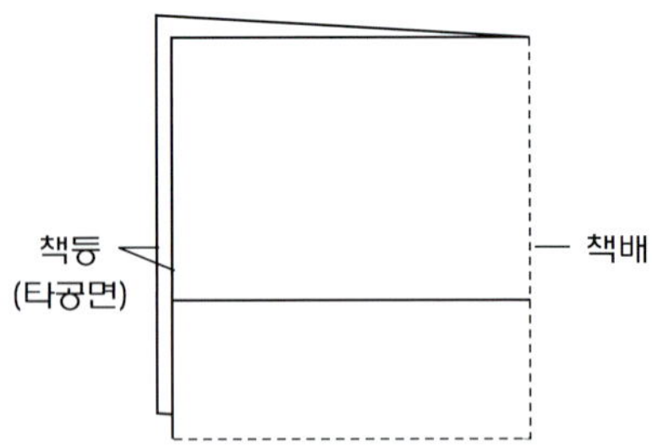

5 표지와 주머니접기 내지 맞추기

- 주머니접기 내지 앞뒷면에 표지 필름을 겹쳐 보고 크기가 맞는지 확인한다.

6 링 제본하기

- 표지 필름 2매를 각각 1매씩 타공한다.
- 주머니접기 내지는 적당한 매수만큼 나누어 타공한다.
- 주머니접기 내지 앞뒷면에 각각 표지 필름을 덮어 링 제본한다.
- 남는 링 부분은 잘라내고 모서리를 둥글게 처리한다.

7 앞표지 꾸미기

- 다양한 크기와 모양의 라벨에 제목, 지은이, 출판사 명 등을 적고 앞표지 P.P 필름의 적당한 위치에 각각 붙인다.
- 앞표지 P.P 필름 여백에 그림을 그리거나 장식 재료를 이용하여 꾸민다.
- 본문 면을 완성하고 앞표지를 꾸미도록 할 수 있다.
- 무색의 P.P 필름 앞면은 사선이 그어져 있으므로 라벨을 붙이거나 그림을 그릴 수 없다. 무색의 P.P 필름을 사용하여 앞표지를 만든 경우 135㎜×195㎜ 크기의 속지 카드에 앞표지를 꾸며서 주머니접기 내지 1면에 끼우도록 지도한다.

8 이야기 주제 정하기

- **이야기 목록표(CD-ROM)**를 출력하여 준비한다.
- 이야기 목록표에 시작하는 날자와 요일을 적는다.
- 표현할 이야기 주제를 정하고 그에 따른 제목을 생각하여 각각 적는다.
- 어린 연령의 어린이 또는 교사가 이야기 주제를 정하여 활동하는 경우 이야기 목록표는 사용하지 않는다.
- 이야기 목록표 작성하기는 글을 쓰기 전에 매일 매일 적어가거나 2~3일에 걸쳐 한 달 동안 쓰고 싶은 주제를 미리 선정하여 적도록 지도한다.
- 이야기 목록표는 주머니접기 링 제본책을 완성하는 기간 동안 자유로이 읽고 생각할 수 있도록 눈에 잘 띄는 벽면 또는 정해진 위치에 부착해 놓는다.
- 미리 이야기 주제를 정한 경우라도 글 쓰는 상황에 따라 자유로이 수정하거나 변경할 수 있도록 지도한다.

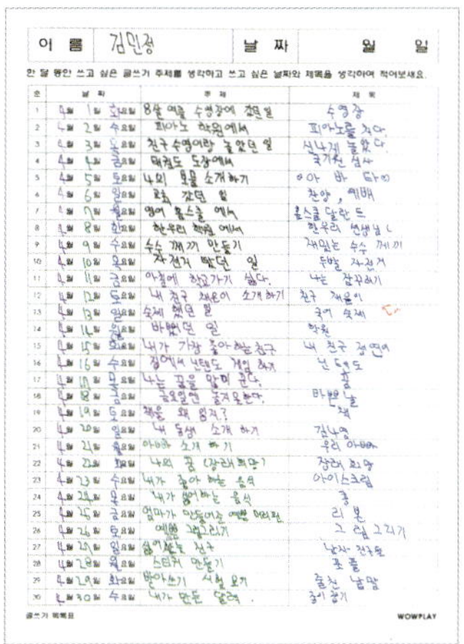

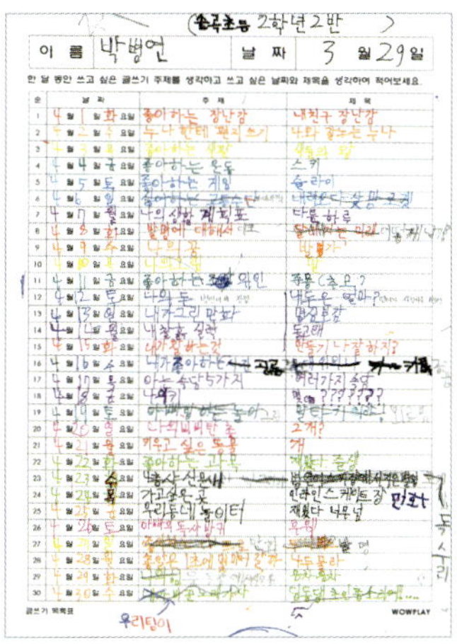

9 본문 면 꾸미기

- 이야기를 담는 첫 날의 주제에 따라 135㎜×195㎜ 크기의 속지에 그림과 글로 담아 꾸민다.
- 어린이 스스로 주제를 정하지 못한 경우 이야기 주제를 정하여 소개하고 경험한 것, 알고 있는 것, 알고 싶은 것 등에 대하여 자유로이 이야기 나누고 표현하도록 지도한다.

10 주머니에 속지 끼우기

- 주머니접기 링 제본책의 1면 주머니에 완성한 속지 카드를 끼우고 주머니 하단에 주제, 제목, 날짜 등을 적는다.
- 위와 같은 방법으로 나머지 면들을 차례로 꾸민다.
- 주머니접기 내지의 면 수가 많은 경우 주머니의 적당한 위치에 쪽 수를 적도록 지도한다.

11 판권면 꾸미기

- 135㎜×195㎜ 크기의 속지에 펴낸 날, 펴낸이, 펴낸 곳, 뒷표지 그림, 소개하는 글, 연락처, 값 그리고 ISBN 등을 적고 주머니접기 링 제본책의 마지막 면 주머니에 끼운다.

12 뒷표지 꾸미기

- 뒷표지에 라벨을 붙이고 바코드를 직접 그리거나 상품의 바코드를 오려 붙인다.
- 표지 필름이 사선이 없는 P.P 필름이며 스티커를 붙이거나 유성펜을 이용하여 그림을 그린다.

13 링 꾸미기

- 링에 직접 쓰거나 적합한 크기의 라벨을 붙이고 앞표지와 같이 제목, 지은이, 출판사 명 등을 적어 꾸민다.

14 소개하기 · 감상하기

- 한 달 동안의 이야기 주제로 무엇을 정하였는지 소개한다.
- 매일 매일 주제를 정하거나 글을 쓰며 느낀 점이나 어려움에 대하여 이야기 나눈다.
- 어떤 이야기 주제가 독특하거나 흥미 있는지 알아본다.
- 조각 카드에 어린이 각각의 이름과 이야기 주제를 적고 이를 모아 같은 이야기 주제끼리 모아서 그래프를 만들거나 제비뽑기하여 선정된 어린이의 글을 읽고 경험을 모은다.

Tips

- **주머니접기 링 제본책의 내지는 주머니에 담을 자료의 크기와 형태에 따라 달라져야 해요. 주머니의 높이나 폭이 적절하지 않으면 안에 담은 자료가 밖으로 휘어지거나 이리저리 움직이기 때문에 전시 및 보관에 어려움이 발생할 수 있어요. 자료의 길이, 높이, 두께 등의 특징에 따라 주머니의 높이와 내지의 폭을 늘리거나 줄여서 다양한 크기와 형태의 주머니접기 링 제본책을 만들어보세요.**

- **주머니접기 링 제본책을 만들 때 사용하는 내지는 주머니에 담는 자료를 고려하여 선택하세요. 한 두 장의 카드를 담는 경우 뉴칼라(128g/㎡) 또는 디자이너스 칼라(116.3g/㎡)와 같은 얇은 지종을 사용해도 전시와 자료 보관에 별다른 문제가 없어요. 그러나 여러 겹의 책자 또는 두꺼운 자료를 담아야 하는 경우 머메이드(186g/㎡) 또는 아트지(200g/㎡)와 같은 두꺼운 지종을 사용하여 접어야 책을 세울 수 있고 자료가 쏟아지지 않아요.**

- **두꺼운 지종을 사용하여 주머니를 만드는 경우 어린 연령의 어린이는 반듯하게 접기 어렵기 때문에 주머니접기 내지가 제각각 들쭉날쭉한 경우가 많아요. 또한 주머니 모양 본을 이용하여 주머니 접는 선을 그을 때도 모양 본이 움직이지 않게 고정시키는 것 역시 힘들어요. 주머니접기 내지가 반듯하지 못하면 제본 시 바르게 세워지지 않고 자료를 담기 어려울 뿐만 아니라 형태상 울퉁불퉁하여 시각적인 만족도 또한 떨어지므로 성인의 도움이 필요해요. 성인이 주머니 내지를 접어서 링 제본하여 제공하고 어린이는 속지를 작성하여 한 장 한 장 끼우도록 지도해 주세요.**

• 백유니(초등 3년). 유니의 5월 이야기. 160㎜×210㎜.

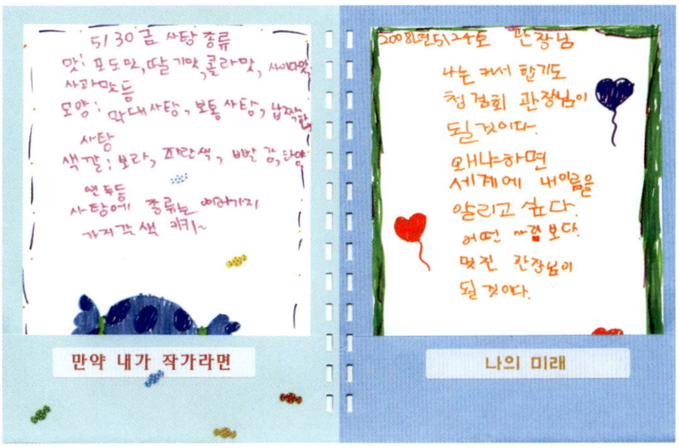
만약 내가 작가라면
나의 미래

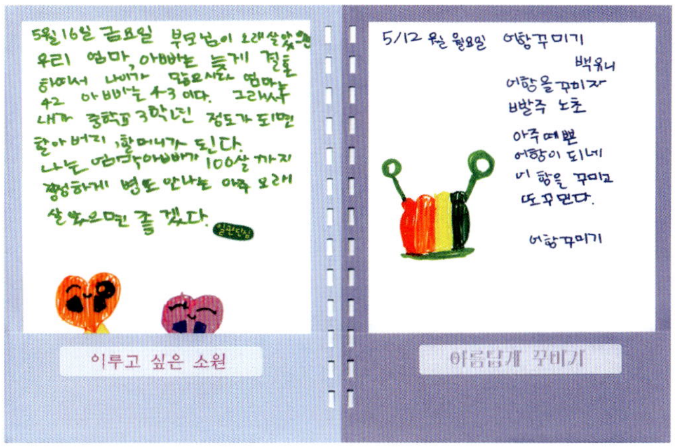
이루고 싶은 소원
아름답게 꾸미기

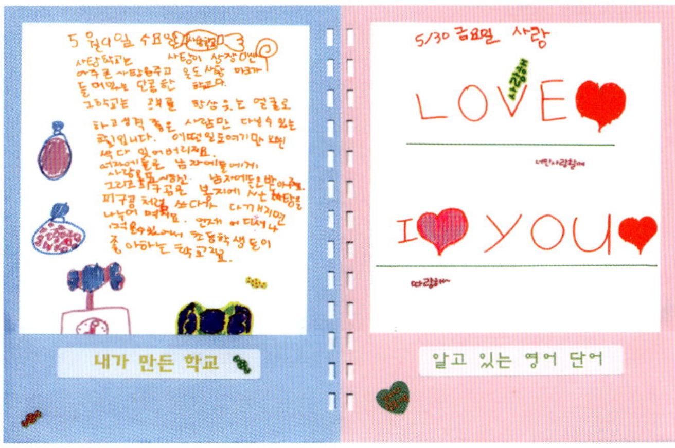
내가 만든 학교
알고 있는 영어 단어

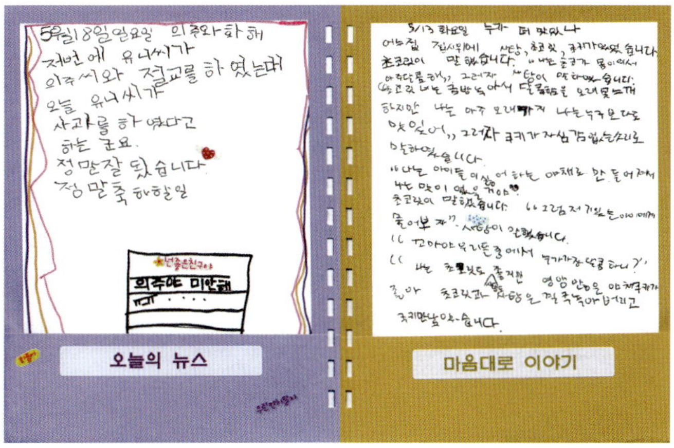
오늘의 뉴스
마음대로 이야기

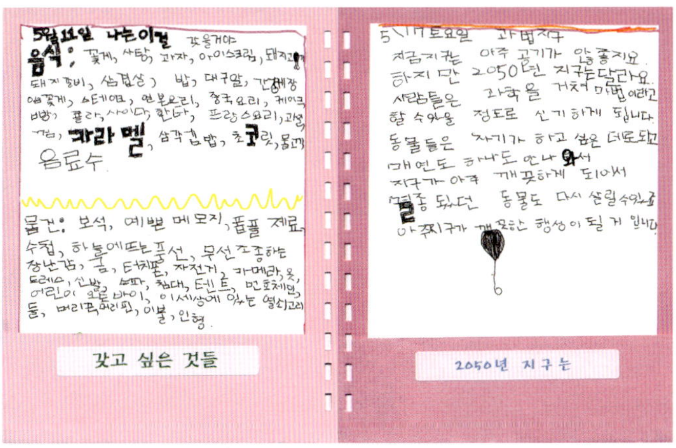
갖고 싶은 것들
2050년 지구는

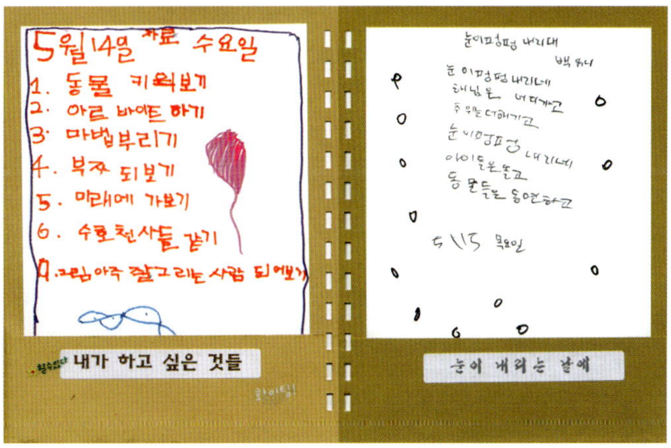
내가 하고 싶은 것들
눈이 내리는 날에

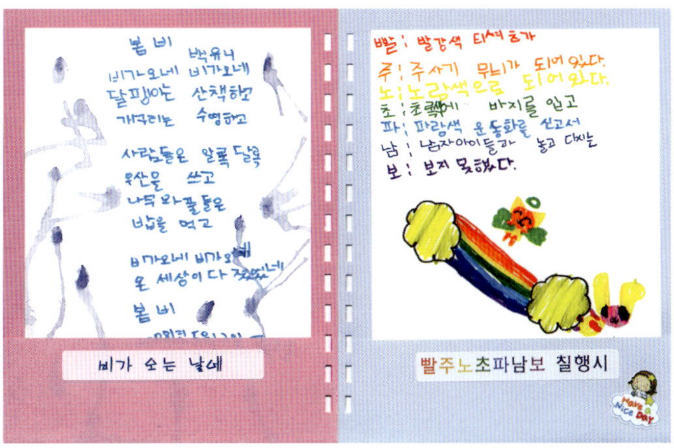
비가 오는 날에
빨주노초파남보 칠행시

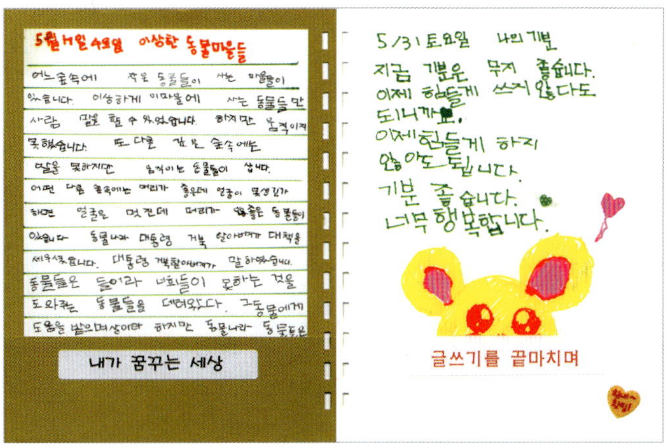
내가 꿈꾸는 세상
글쓰기를 끝마치며

접착주머니 링 제본책

준비물

- 표지 | P.P 필름 A4 2매
- 내지 | 양면색지 155㎜×160㎜ 10매
- 속지 | 양면색지 125㎜×135㎜ 9매
  | 양면색지 120㎜×120㎜ 2매
- 접착주머니(소) 11매
- 각종 입장권 · 안내책자 · 영수증
- 플라스틱 링 20㎜ 1개
- 플라스틱 링 제본기

Tips

- 접착주머니는 「최유경유아놀이교육연구소」에서 CD용 접착주머니 1종과 일반 접착주머니 2종이 개발되어 판매되고 있어요. 내지 크기, 자료 유형 그리고 표현 방법에 따라 아래에 제시된 형태를 참고하고 활동 내용과 자료 유형에 따라 필요한 규격을 구입하여 사용하세요(CD-ROM 참조).

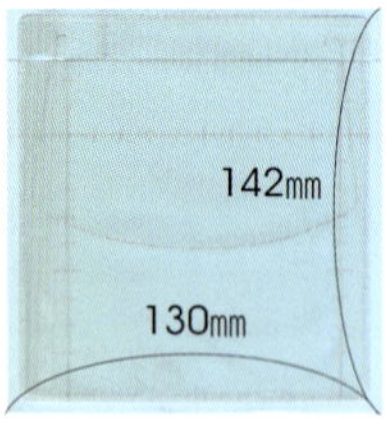

① CD 접착주머니

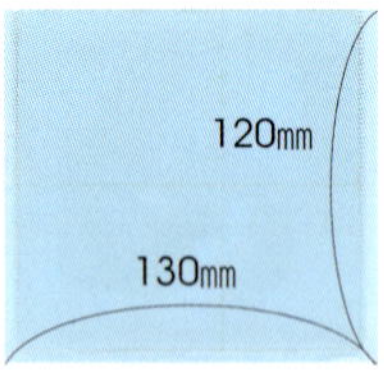

② 접착주머니(소)

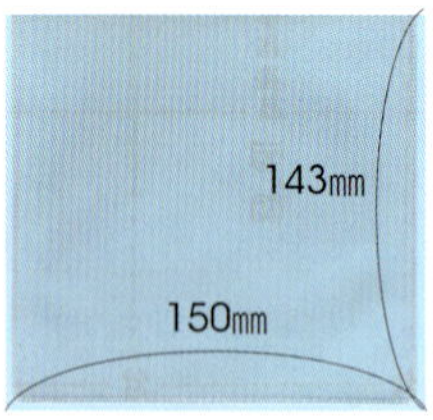

③ 접착주머니(대)

- 접착주머니는 뒷면의 배지를 떼어내면 별도의 접착제나 접착 과정 없이 종이, 보드, 필름, 비닐, 타일, 유리창 등 다양한 재질에 손쉽게 붙일 수 있어요.

- 접착주머니 유형에 따라 사용하는 내지의 크기는 달라져야 해요. 내지에 접착주머니를 붙이고 링 제본을 위한 여분을 고려하여 아래 규격의 내지를 사용하세요.
  ① CD 접착주머니 : 130㎜×142㎜
  CD 접착주머니 내지 : 155㎜×170㎜
  ② 접착주머니(소) : 130㎜×120㎜
  접착주머니(소) 내지 : 155㎜×145㎜
  ③ 접착주머니(대) : 150㎜×143㎜
  접착주머니(대) 내지 : 170㎜×170㎜

- 내지에 접착주머니를 붙이고 링 제본하는 책은 책등이 되는 타공 면의 여백이 책배 부분보다 0.5㎝ 정도 넓게 여유를 두고 제작해야 접착주머니가 손상되지 않아요.

- 내지 양면에 CD 접착주머니를 붙이고 투명 CD에 유성펜 또는 아크릴 물감으로 그림을 그리거나 색종이를 접어 붙이고 CD 접착주머니 속에 끼워 넣어 보세요. CD에 글을 쓰거나 그림을 그리고 꾸며서 만든 내지는 종이책과는 다른 특별한 감각의 책을 만들 때 활용하면 좋아요.

- 쑥쑥이어린이집 친구들(만 4세). 나의 티켓 모음집. 155㎜×160㎜.

생각 모으기

Q. 입장권 또는 영수증을 주고 받는 곳이나 필요한 경우를 생각하고 적어보세요.

A.

Q. 어린이가 관람하거나 견학하는 장소 또는 기관에서 수집한 안내문이나 입장권 등을 모아 어떤 내용들이 적혀있는지 탐색하고 공통적으로 표현된 내용들을 찾아서 적어보세요.

A.

Q. 여행, 견학, 관람 등의 문화 활동과 관련하여 수집한 각종 입장권, 영수증, 안내책자 등을 이용하여 할 수 있는 통합적 활동을 생각하고 활동 계획안을 설계해 보세요.

A.

Q. 영수증, 입장권, 안내 책자 외에 접착 주머니에 담을 수 있는 것들에 대하여 생각하고 적어보세요.

A.

만들기

1 표지 P.P 필름 자르기

- A4 규격의 P.P 필름 2매를 각각 155㎜×160㎜ 크기로 자르고 2매의 필름 모서리를 각각 둥글게 처리하여 제공한다.

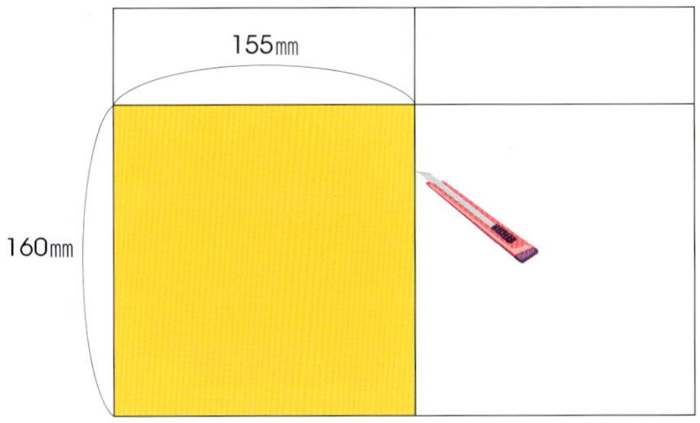

A4 P.P 필름

2 외겹접기 내지 포개기

- 155㎜×160㎜ 크기의 외겹접기 내지를 필요한 매수만큼 준비하여 포갠다.

3 표지 필름과 외겹접기 내지 맞추기

- 포개어 놓은 외겹접기 내지 앞뒷면에 표지 필름을 겹쳐 보고 크기가 맞는지 확인한다.

4 링 제본하기

- 표지 필름 2매를 각각 1매씩 타공한다.
- 외겹접기 내지는 적당한 매수만큼 나누어 타공한다.
- 내지 앞뒷면에 각각 표지 필름을 덮어 링 제본한다.
- 남는 링 부분은 잘라내고 모서리를 둥글게 처리한다.

5 접착 주머니 붙이기

- 외겹접기 내지의 앞표지 앞면과 뒷표지 뒷면 중앙 부분에 접착주머니의 배지를 떼어내고 각각 1매씩 붙인다.
- 외겹접기 내지의 두 번째 면부터 마지막 면까지 본문 면의 왼쪽 또는 오른쪽 면 중앙 부분에 접착주머니의 배지를 떼어내고 각각 1매씩 붙인다.
- 표현 방법과 내용에 따라 앞표지와 뒷표지에는 접착주머니를 붙이지 않고 125㎜×135㎜ 크기의 속지 카드를 풀칠하여 붙이고 표현한다.
- 옅은 색깔의 내지는 속지 카드를 사용하지 않고 꾸민다.
- 담아야 할 자료가 많으면 내지 양면에 각각 접착 주머니를 붙인다.
- 내지에 접착주머니를 붙일 때 링 제본 되는 책등 면의 여분을 고려하여 붙이도록 지도한다. 왼쪽 면에 접착하는 경우 내지의 오른쪽 면의 여분을 넓게 남기고 반대로 오른쪽 면에 부착하는 경우 왼쪽 면의 여분을 넓게 남기고 붙인다.

6 앞표지 꾸미기

- 120㎜×120㎜ 크기의 속지에 제목, 지은이, 앞표지 그림, 출판사 명 등을 꾸미고 첫 번째 외겹접기 내지에 부착한 앞표지 접착주머니에 끼운다.
- 본문 면을 완성하고 앞표지를 꾸미도록 할 수 있다.
- 앞표지에 접착주머니를 붙이지 않은 경우 125㎜×135㎜ 크기의 속지 카드를 사용하거나 옅은 색깔의 내지인 경우 직접 글과 그림을 담아 앞표지를 꾸민다.

7 접착 주머니에 수집 자료 끼우기

- 각각의 접착주머니 안에 여행지, 공연 및 전시회, 견학 기관 등에서 교환했거나 수집한 입장권, 영수증, 안내책자, 기념 사진 등을 날짜에 따라 순서대로 끼운다.

8 이야기 꾸미기

- 접착주머니를 부착한 면의 옆면에 수집한 자료와 관련된 경험과 생각을 그림과 글로 담아 꾸민다.
- 날짜, 장소, 관람 및 경험 내용, 함께 간 사람들, 입장료 및 관람료 등 소요된 비용, 이용한 교통기관 등 기본적인 정보와 인상 깊었던 장면이나 새로이 알게 된 정보 및 사실을 적는다.
- 수집 자료와 관련된 사진이 있는 경우 접착주머니에 함께 넣거나 본문 면에 붙이고 설명을 적는다.
- 내지 카드의 색깔이 짙은 색상인 경우 125㎜×135㎜ 크기의 속지 카드를 풀칠하여 붙이고 꾸미도록 지도한다.
- 위와 같은 방법으로 나머지 면들을 차례로 꾸민다.
- 하루 또는 한 번에 완성하기 보다는 관람, 견학, 여행 등 각종 활동이나 경험 후에 보고 느낀 것들에 대한 생각을 모으고 꾸준히 표현하여 완성하도록 지도한다.
- 수집한 자료나 활동 내용에 따라 필요한 만큼 외겹접기 내지를 계속적으로 추가하여 1학기 또는 1년 동안의 견학 및 관람과 관련된 활동 자료집을 만들 수 있다.
- 견학 활동에서 보고 들은 내용이나 중요한 점들을 견학지에서 간단히 글과 그림으로 담아오면 책을 만들 때 참고 자료로 활용할 수 있고 생각을 정리하거나 떠올리는데 도움이 된다.
- 견학 가기 전 견학 일시, 장소, 교통수단, 관찰하게 될 내용, 그 밖의 탐구 내용에 따라 적합한 유형의 견학 일지를 제작하여 출력한다.
- 견학일지는 단단하거나 두꺼운 받침대에 끼우고 심이 부러지지 않는 필기구를 준비한다.
- 견학 장소로 출발하기 전에 작성방법에 대하여 이야기 나눈다.
- 내지의 면 수가 많은 경우 본문 면의 적당한 위치에 쪽 수를 적도록 지도한다.

9 뒷표지 꾸미기

- 120㎜×120㎜ 크기의 속지에 펴낸 날, 펴낸이, 펴낸 곳, 뒷표지 그림, 소개하는 글, 연락처, 값 그리고 ISBN 등을 적고 바코드를 직접 그리거나 상품의 바코드를 오려 붙이고 뒷표지에 부착된 접착주머니에 끼운다.
- 뒷표지에 접착주머니를 붙이지 않은 경우 125㎜×135㎜ 크기의 속지 카드를 사용하거나 옅은 색깔의 내지인 경우 직접 글과 그림을 담아 판권면을 꾸민다.

10 소개하기 · 감상하기

- 접착주머니에 어떤 자료들을 수집하여 담았는지 그리고 그곳에서 보고 경험한 것들은 무엇이었는지 소개한다.
- 다녀온 곳이나 수집한 자료 중에 특별한 자료 또는 기억에 남는 이야기를 소개한다.

• 쑥쑥이어린이집 친구들(만 4세). 나의 티켓 모음집. 155㎜×160㎜.

- 표지 | P.P 필름 155㎜×160㎜ 2매
- 내지 | 컬러 머메이드 155㎜×160㎜ 15매
  | 컬러 머메이드 260㎜×140㎜ 14매
- 속지 | Element 110㎜×120㎜ 41매
- CD 접착주머니 16매
- Formtec Label 3102
- 영화 관람 입장권
- 플라스틱 링 20㎜ 1개

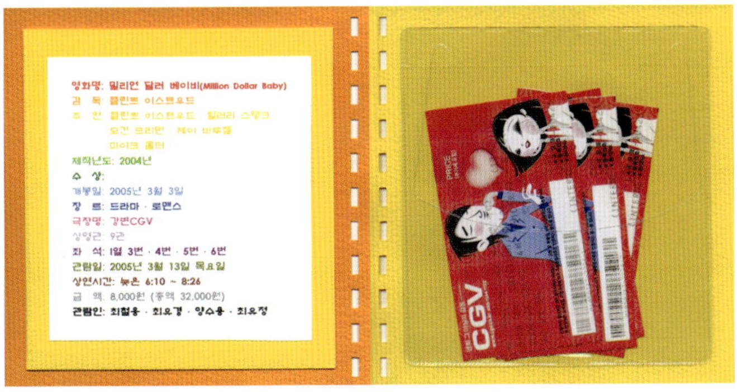

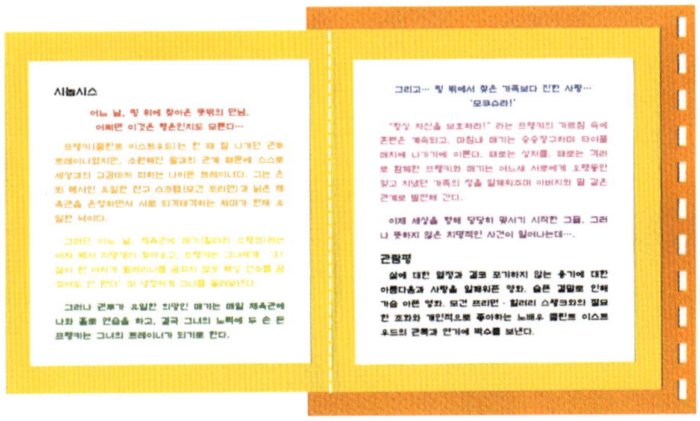

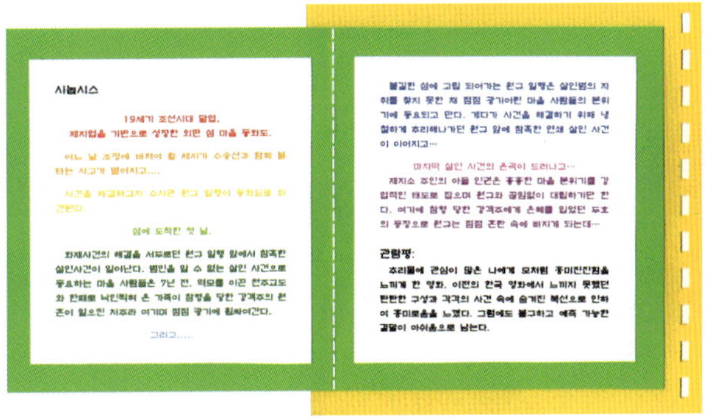

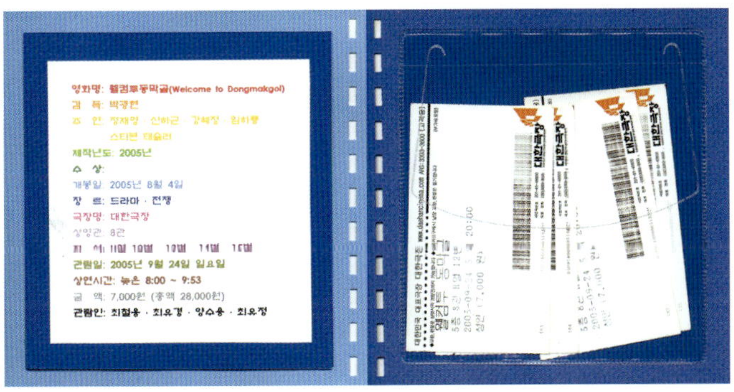

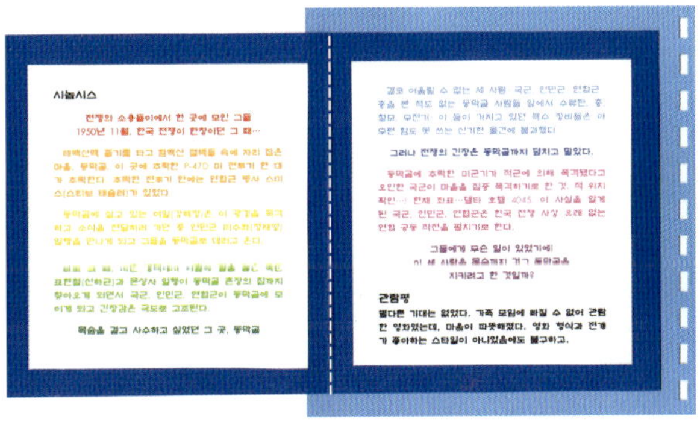

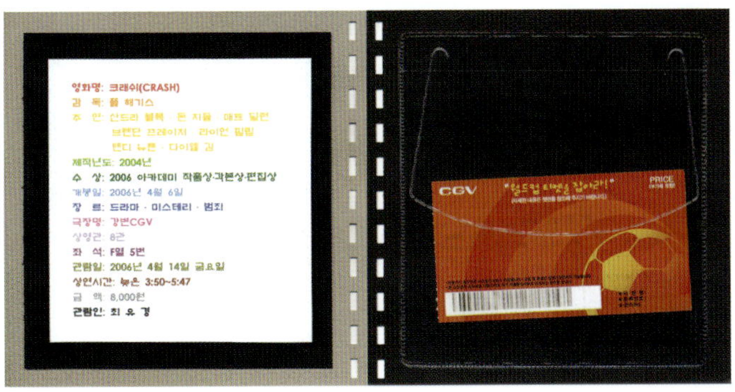

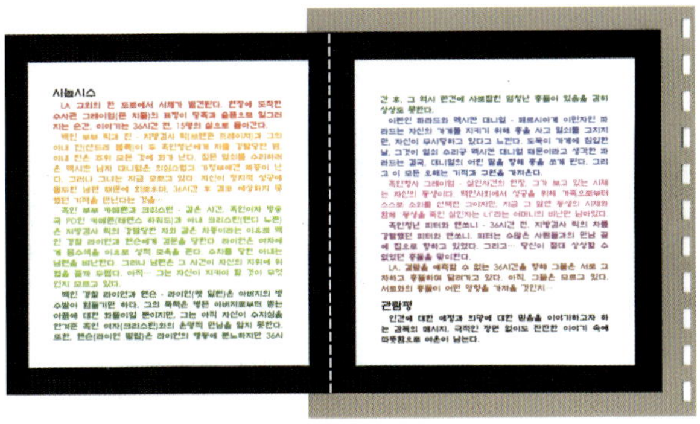

- 최유경(2006). My Movie Gallery. 155㎜×160㎜.

- 표지 | P.P 필름 155㎜×160㎜ 2매
- 내지 | 컬러 머메이드 155㎜×160㎜ 14매
- 속지 | CD 접착 주머니 장식지 Φ120㎜ 16매
  | 접착 주머니 포장지 120㎜×120㎜ 14매
- CD 접착주머니 130㎜×140㎜ 16매
- 접착주머니(소) 130㎜×125㎜ 14매
- 플라스틱 링 18㎜ 1개

- 표지 | P.P 필름 170㎜×250㎜ 2매
  | 하드보드 170㎜×250㎜ 2매
  | 커버지 200㎜×280㎜ · 165㎜×245㎜ 각 2매
- 내지 | 양면 뉴칼라 1080㎜×250㎜ 2매
- 띠지 | 양면 뉴칼라 40㎜×250㎜ 2매
- 접착주머니(대) 32매
- 플라스틱 링 50㎜ 1개

- 수원여자대학 보육과 학생들. 2007. 그림책 프로젝트1. 260㎜×255㎜.
- 표지 | 메탈팩보드 260㎜×255㎜ 2매
- 내지 | 뉴칼라 260㎜×255㎜ 26매
- 속지 | 켄트지 240㎜×240㎜ 24매
- 병풍책 | 켄트지 540㎜×195㎜ 24매
- 접착주머니(대) 24매
- Formtec Label 3639
- 플라스틱 링 50㎜ 1개

Tips

- 양면에 각기 다른 유형과 크기의 접착주머니를 붙이면 다양한 크기와 형태의 자료를 자유롭게 담을 수 있어요. 접착주머니(대 · 소)는 수시로 넣거나 꺼내볼 수 있는 자료를 담는 경우에 사용하고 CD 접착주머니는 주머니를 뜯지 않고 뒷면을 통해 그림 카드나 CD와 같이 전시를 위한 자료를 담을 때 사용하면 좋아요. 필요한 경우 나중에라도 CD 접착주머니 앞면의 절취선을 따라 주머니를 열고 자료를 바꿀 수 있어요.

- 관람 내용과 관련하여 표현할 내용이 많거나 여러 종류의 수집 자료를 담고 싶으면 내지의 형태를 외겹접기 카드 외에 다양한 방법으로 변형하여 만들어 보세요. 설명하거나 표현할 내용의 양과 주제에 따라 양장접기, 3면 카드, 4면 또는 8면 병풍책, 9면 큰 책, 양문접기 내지 등을 활용하면 많은 정보를 다양한 방식으로 소개할 수 있고 시각적 아름다움과 보고 싶은 호기심을 돋우는 책을 만나게 될 거예요.

신체표현 - 우리는 나비 친구들

♣ 활동목표 : - 공간을 이용하여 몸을 다양하게 움직인다.
- 신체를 이용하여 나비의 모습과 움직임을 표현한다.

♣ 집단유형 : 소그룹

♣ 활동자료 : 숲 속 배경의 OHP필름, OHP기기, 스카프(화려한 무늬)

♣ 활동방법 : ① 동화장면 중 나비가 된 마지막 장면에 등장하는 나비모습을 살펴본다.

② 나비의 모습과 움직임에 대해 이야기 나눈다.
교사 : 나비는 어떤 모습을 하고 있니?
교사 : 나비의 날개, 더듬이, 다리는 어떤 모습이니?
교사 : 나비가 움직일 때는 어떻게 움직일 것 같니?

③ 몸을 움직여 나비의 모습과 움직이는 방법을 유아들과 함께 생각해 본다.
- 가만히 서 있을 때 : 두 손을 벌리고 바르게 선다.
- 먹이를 먹을 때 : 두 손을 위아래로 움직이고 허리를 구부렸다 폈다한다.
- 날아다닐 때 : 두 손을 위아래로 움직이며 두 발을 구부리며 한 걸음씩 빠르게 움직인다.
- 친구를 만났을 때 : 두 손을 앞뒤로 휘젓는다.

④ 나뭇잎 또는 나무와 꽃을 배경으로 한 숲 속 풍경 그림을 OHP필름에 복사하여 준비한 후 OHP기를 이용해 숲 속 풍경 그림을 스크린에 비춘다.

⑤ 1~2명의 유아가 나비가 되어 숲 속 풍경그림의 스크린 앞 쪽에서 움직여 본다.
스카프를 이용해 나비의 날개를 표현한다.

⑥ 1~2명, 3~4명, 10명 정도의 순서로 나비의 모습을 표현해 본다.

⑦ 나비가 되어본 느낌에 대해 이야기 나눈다.

※ 알에서 나비가 되기까지의 과정을 3~4명의 유아가 협동하여 몸을 움직여 표현해 볼 수 도 있다.

게임 - 애벌레 되어 반환점 돌아오기

♣ 활동목표 : - 대 근육 운동 능력 발달을 돕는다.
- 신체 조정 능력이 발달한다.
- 게임의 규칙을 안다.

♣ 집단유형 : 대집단

♣ 활동자료 : 애벌레 머리 띠, 반환점 2개, 훌루라기, 스티커

♣ 활동방법 : ① 두 편으로 나누고 편 이름을 정한다.
교사 : 어떻게 두 편으로 나눌까?
교사 : 편 이름은 무엇으로 하면 좋을까?

② 준비물을 보면서 게임 방법을 생각해 보게 한다.
교사 : 어떻게 하는 게임일까?
교사 : 애벌레의 움직임을 어떻게 표현할 수 있을까?
교사 : 애벌레 머리띠는 어떨때 사용하는 것일까?

③ 훌루라기를 불면 애벌레 머리띠를 하고 게임을 시작한다.
애벌레처럼 기어서 먼저 반환점을 돌아오는 유아가 이긴다.
교사 : 누가 먼저 돌아왔니?

④ 먼저 돌아온 유아의 팔에 스티커를 붙여준다.
스티커를 많이 붙인 편이 이긴다. 활동에 참여한 소감에 대해 이야기를 나눈다.
교사 : 어느 편이 규칙을 잘 지키면서 게임을 했다고 생각하니?
교사 : 어느 편이 스티커를 붙인 사람이 많으니? 한번 세어보자
교사 : 오늘 애벌레가 되어 게임을 해 본 느낌이 어땠니?

이야기나누기 - 내가 먹고 싶은 음식

▲ 활동목표 : - 자신이 원하는 음식을 그림으로 표현한 후 표로 완성한다.
- 자신의 생각을 이야기 한다.

▲ 집단유형 : 소그룹 또는 대그룹

▲ 활동자료 : 전지, 작은 종이류, 싸인펜, 색연필 등의 필기구

▲ 활동방법 : ① 배고픈 애벌레가 먹었던 음식에 대해 생각해 본다.
교사 : 애벌레가 먹었던 음식에는 어떠한 것들이 있었을까?

② 내가 만약 1주일 동안 먹을 음식을 정한다면, 먹고 싶은 음식은 무엇인지 생각하여 그림으로 그린다.
교사 : 내가 만약 1주일 동안 먹을 음식을 정한다면 어떤 음식들을 정해볼 수 있을까?
교사 : 먹을 음식을 다 정했으면 그림으로 그려볼 수 있을까?

③ 전지에 월~일요일까지의 '요일' 이 표시되어 있는 표에 자신이 먹고 싶은 음식을 그려 오린 후 붙인다.
(이때 월요일은 1개, 화요일은 2개 등으로 요일에 따라 음식의 수를 늘려서 구성해 본다.)
교사 : 자신이 먹고 싶은 음식을 다 그렸으면 가위로 오려서 전지에 붙여볼 수 있겠니?

④ 완성된 표를 보면서 요일에 따라 어떤 음식을 몇 개씩 그렸는지 수를 세면서 이야기 해 본다.

※ 음식이나 간식을 그리기가 어려운 경우 잡지, 화보, 파티전단지 등을 활용하여 원하는 음식 그림을 오려 붙일 수도 있다.

조형 - 나뭇잎 문지르기

♣ 활동목표 : - 문지르는 방법을 통하여 다양한 그리기 방법을 경험한다.
- 자연물을 이용하여 만들고 꾸민다.

♣ 집단유형 : 소그룹

♣ 활동자료 : 여러 종류의 나뭇잎, 크레용, 신문지, 복사용지, 싸인펜, 매직 등 그릴 수 있는 재료

♣ 활동방법 : ① 크기와 모양이 각각 다른 여러 종류의 나뭇잎들의 생김새에 대해 이야기 나눈 후 잎맥이 보이도록 놓아놓는다.
교사 : 여기 있는 나뭇잎들의 모양이 어떠하니?
교사 : 만졌을 때 느낌이 어떠니?
교사 : 나뭇잎들의 같은점과 다른점은 어떠한 것이 있을까?
교사 : 나뭇잎의 잎맥이 보이도록 놓아 볼 수 있을까?

② 신문지, 복사용지와 같이 얇은 종이를 나뭇잎 위에 놓고 크레용을 이용해 종이를 문지른다.
(잎맥이 잘 드러나도록 가볍게, 너무 진하지 않게 문지른다.)
교사 : 잎맥이 잘 보이게 하려면 어떻게 하면 될까?

③ 문지른 나뭇잎 모양을 살펴보고 나뭇잎 모양을 이용해 애벌레, 번데기, 나비 등 곤충 그림을 그려 넣는다.
교사 : 나뭇잎 모양이 잘 나타났다고 생각하니?
교사 : 나뭇잎 모양위에 애벌레, 번데기, 나비 등 곤충 그림을 그려볼 수 있을까?

④ 완성된 나뭇잎과 곤충그림을 벽면에 연결되게 꾸민다.

수 - 과일 씨의 개수 상상하기

♣ 활동목표 : - 과일의 겉과 속을 관찰한다.
- 과일 속과 겉에 있는 씨의 수를 세고 비교한다.

♣ 집단유형 : 소그룹

♣ 활동자료 : 동화내용의 그림자료, 사과, 배, 자두, 딸기, 오렌지 각2개씩, 칼, 작은 접시

♣ 활동방법 : ① 동화내용을 살펴보면서 애벌레가 먹은 과일들은 무엇인지 이야기 나눈다.
교사 : 애벌레는 무엇을 먹었니?
교사 : 애벌레는 어떤 과일들을 먹었니?

② 동화에서 애벌레가 먹은 사과, 배, 자두, 딸기, 오렌지를 준비한다.

③ 사과, 배, 자두, 딸기, 오렌지를 보면서 색, 모양, 크기를 비교해 본다.
교사 : 과일들의 색은 어떠하니?
교사 : 어떤 모양이니?
교사 : 가장 큰 것은 어느 것이니?
교사 : 크기의 순서대로 놓아 볼 수 있겠니?

④ 5가지 과일을 반으로 자른거나 4쪽으로 자를 때 과일 속에 씨가 얼마만큼 들어 있을지 상상해 본다.
교사 : 이 사과를 자르면 씨가 있을까?
교사 : 사과의 씨가 몇 개가 들어 있을까?

⑤ 먼저 교사의 도움으로 과일을 크게 자른 후 씨가 있을 곳을 예상하여 작게 자른다. 씨가 나오면 씨를 작은 접시에 옮겨 담고 그 수를 세어본다.

⑥ 사과, 배, 자두, 오렌지의 순으로 자른 후 그 씨의 수를 세어 비교해 본다.

⑦ 딸기는 씨가 어디에 있는지, 그 수를 셀 수 있는지 살펴본다.

⑧ 여러 가지 과일을 가지고 자르고, 씨의 수를 세어보는 활동을 해본 소감에 대해 이야기 나눈다.

요리 - 햄 치즈 샌드위치 만들기

♣ 활동목표 : 요리활동을 통해 물질의 변화에 관심을 갖는다.

♣ 집단유형 : 소그룹

♣ 활동자료 : 식빵, 햄, 치즈, 잼, 마요네즈, 스푼, 접시, 빵 칼, 도마

♣ 활동방법 : ① 동화전개 장면 중에 애벌레가 월~일요일에 먹은 음식이 무엇인지 이야기 나눈다.
교사 : 애벌레가 월요일에는 어떤 음식을 먹었을까?

② 식빵, 햄, 치즈 등 준비한 재료를 보면서 애벌레가 먹었던 음식이 있는지 이야기 나눈 후 만들 음식에 대해 알아본다.
교사 : 혹시 여기 있는 재료 중에서 동화책에서 애벌레가 먹었던 음식이 있을까?
교사 : 여기 있는 재료들을 이용해서 어떤 음식을 만들어 볼 수 있을까?

③ 반으로 자른 식빵에 잼이나 마요네즈를 바른 후 햄과 치즈를 한 장씩 얹고 다시 빵으로 덮는다.

④ 여러 가지 재료를 이용해 샌드위치를 만들어 본 소감에 대해 이야기를 나눈다.

⑤ 완성된 샌드위치를 이용해 간식으로 먹는다.

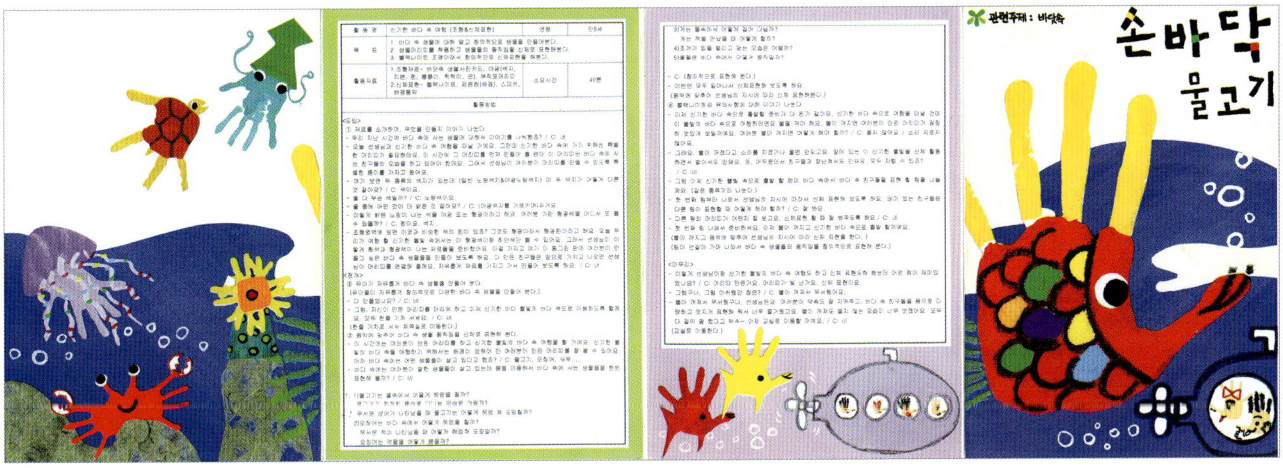

봉투 링 제본책

준비물

- **표지** | P.P 필름 A4 1매
- **내지** | 뉴칼라 봉투 155㎜×90㎜ 31매
- **속지** | 뉴칼라 편지지 31매
- **팬시 라벨**
- **플라스틱 링 51㎜ 1개**
- **플라스틱 링 제본기**

- 박병연(초등 2년). 짱 재미있는 병연책. 155㎜×107㎜.

- 박진희(초등 3년). 산뜻한 글 나들이. 190㎜×130㎜.
- 표지 | P.P 필름 190㎜×130㎜ 2매
- 내지 | 서류봉투 190㎜×130㎜ 31매
- 속지 | 다양한 크기와 색상의 카드 · 색상지 31매
- 플라스틱 링 51㎜ 1개

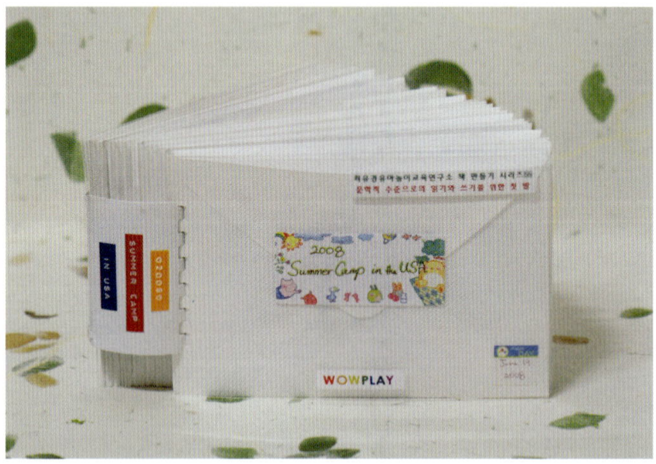

- 박정은 · 이다영 · 최지완 · 박지인 · 김승윤 · 김수빈 · 우수한 · 박소은 · 최지욱 · 유인선(초등 3년 · 4년 · 5년). 2008 Summer Camp in the USA. 190㎜×130㎜.
- 표지 | P.P 필름 190㎜×130㎜ 2매
- 내지 | 카드봉투 190㎜×130㎜ 31매
- 내지 | 다양한 크기와 색상의 카드 · 색상지 · 팸플릿 · 사진
- 플라스틱 링 51㎜ 1개

- 쑥쑥이어린이집 부모님들. 2007. 사랑하는 자녀에게. 220㎜×155㎜.
- 표지 | P.P 필름 220㎜×155㎜ 2매
- 내지 | 디에스칼라 220㎜×155㎜ 10매
  | 카드봉투 195㎜×130㎜ 16매
- 플라스틱 링 24㎜ 1개

만들기

1 뉴칼라 봉투 · 뉴칼라 색지 준비하기

- 최유경유아놀이교육연구소에서 판매하고 있는 뉴칼라 봉투와 뉴칼라 색지 31매 1set를 준비한다.
- 뉴칼라 봉투 와 뉴칼라 색지 외에 시중에서 판매되는 다양한 형태의 봉투와 카드를 구입하여 사용할 수 있다.

① 뉴칼라 봉투 31매 1set

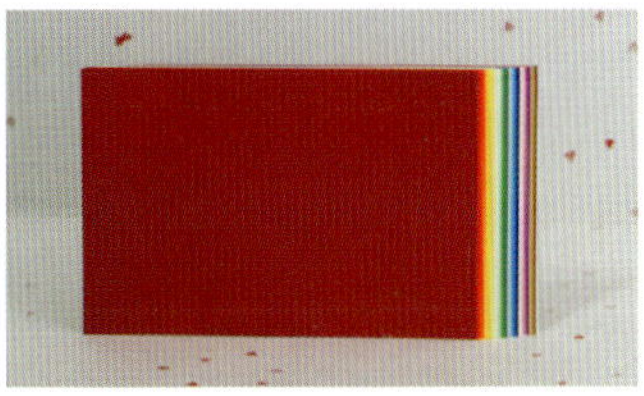

② 뉴칼라 색지 31매 1set

2 표지 P.P 필름 자르기

- A4 규격의 P.P 필름 1매를 뉴칼라 봉투(155㎜×90㎜)와 같은 크기로 자르고 2매의 필름 모서리를 각각 둥글게 처리하여 제공한다.
- 사선이 그어진 무색의 P.P 필름 앞면은 굴곡으로 인하여 라벨을 붙이거나 글과 그림을 표현할 수 없으므로 사선이 없는 투명 또는 불투명한 색상의 샌딩 P.P 필름을 사용한다.
- 위에서 제시된 뉴칼라 봉투 외에 다른 크기와 형태의 봉투를 준비하여 활동하는 경우 준비한 봉투 크기에 맞추어 P.P필름을 자른다.

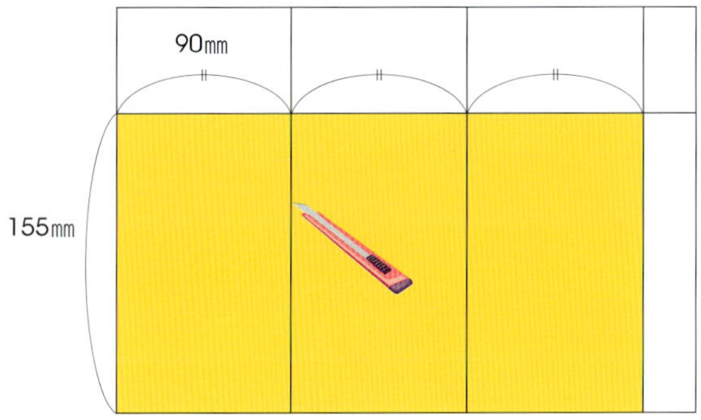

A4 P.P 필름

3 뉴칼라 봉투 포개기

- 준비한 뉴칼라 봉투의 열리는 면(덮개가 있는 면)이 앞면으로 오도록 차례로 포개다.
- 활동 방법 또는 준비한 봉투 유형에 따라 열리는 면이 뒷면으로 가도록 포개어 만들 수 있다.

4 표지 필름과 뉴칼라 봉투 맞추기

- 표지 필름과 뉴칼라 봉투 앞뒷면에 표지 필름을 겹쳐 보고 크기가 맞는지 확인한다.

5 링 제본하기

- 표지 필름 2매를 각각 1매씩 타공한다.
- 뉴칼라 봉투는 적당한 매수만큼 나누어 타공한다.
- 뉴칼라 봉투 앞뒷면에 각각 표지 필름을 덮어 링 제본한다.
- 남는 링 부분은 잘라내고 모서리를 둥글게 처리한다.
- 사선이 그어진 P.P 필름을 사용하여 앞표지를 만든 경우 뉴칼라 봉투와 같은 크기의 표지 카드 2매를 제작하여 표지 필름과 뉴칼라 봉투 사이에 끼우고 링 제본한다.

6 앞표지 꾸미기

- 다양한 크기와 모양의 라벨에 제목, 지은이, 출판사 명 등을 적어 앞표지 필름의 적당한 위치에 붙이고 그림을 그리거나 장식 재료를 이용하여 꾸민다.

7 봉투에 날짜 쓰고 꾸미기

- 뉴칼라 봉투 앞면의 적당한 위치에 날짜와 요일을 적는다.
- 날짜와 요일 도장 또는 스티커를 이용하여 날짜를 표기하고 봉투 앞면에 표현 내용과 관련된 그림을 그리거나 제목을 적고 뒷면에 표현 내용이나 담은 물건에 대한 설명을 적거나 그림을 그려 꾸민다.

8 이야기 쓰기

- 뉴칼라 색지 31매 1set, 편지지, 양면 색지, 모양 종이, 복사 용지 그리고 팬시 라벨 등 다양한 크기와 모양의 내지를 준비하고 표현 내용에 따라 원하는 내지를 선택한다.
- 원하는 시간에 자유로이 하루 동안 있었던 일, 즐거웠거나 화가 났던 일, 칭찬받은 일이나 꾸중들은 일, 시청한 TV 프로그램의 내용 및 감상 등 주제를 정하지 않고 하고 싶은 이야기나 기억하고 싶은 중요한 일들을 적는다.
- 이야기와 함께 그림을 그리거나 사진, 안내문, 조형미술 작품 등 보관하고 싶은 물건들을 함께 봉투에 집어넣는다.
- 위와 같은 방법으로 나머지 면들을 꾸준히 꾸며서 한 달에 1권씩 봉투 링 제본책을 완성한다.

9 헌정사 꾸미기

- 앞표지 뒷면에 헌정사를 적거나 펴내는 글을 적어 꾸민다.

10 뒷표지 꾸미기

- 봉투 링 제본책의 뒷표지 카드 뒷면에 끝마친 날, 뒷표지 그림, 소개하는 글, 값, 바코드 그리고 ISBN 등을 적는다.
- 책 만들기 경험이 풍부한 경우 책을 만드는 과정 중에 느끼고 생각한 점들에 대하여 이야기 나누고 뒷표지 카드 앞면에 끝맺는 글을 적도록 지도한다.

11 소개하기 · 감상하기

- 비밀로 간직하고 싶은 이야기를 적은 경우 소개하는 시간을 갖지 않고 원하는 경우 자유롭게 소개한다.

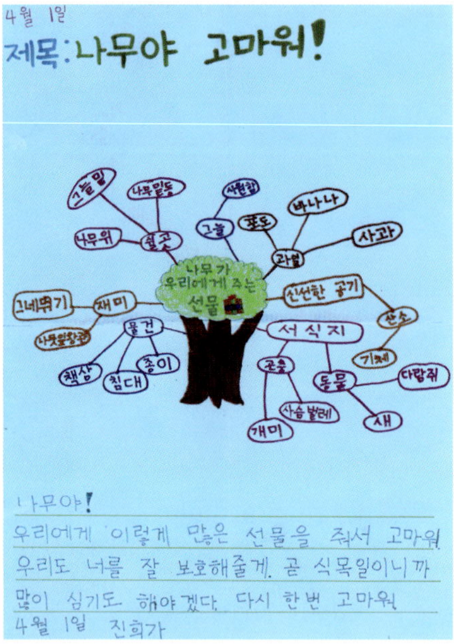

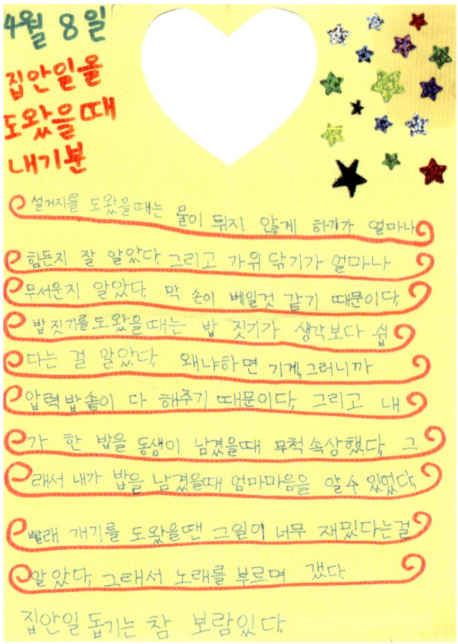

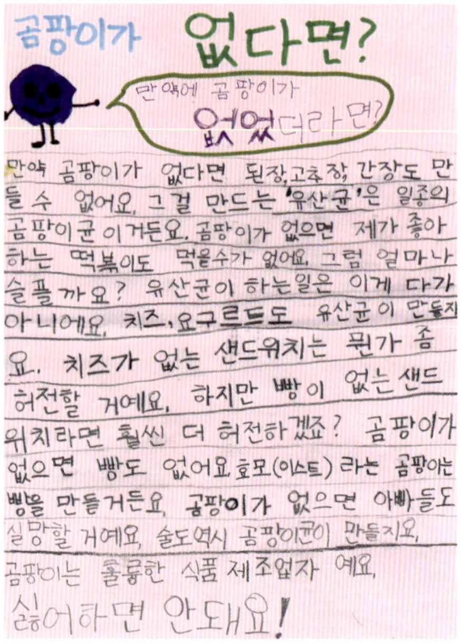

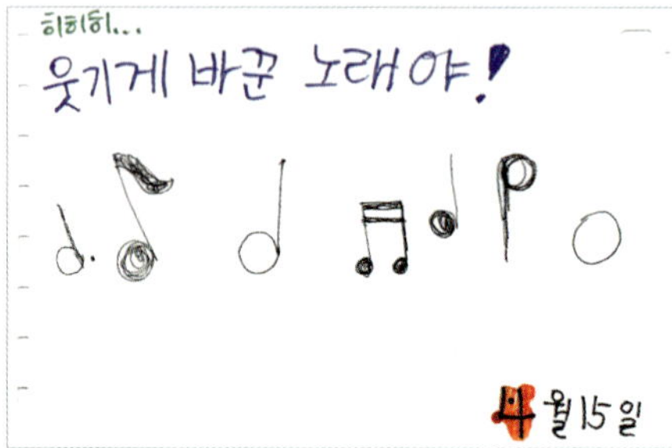

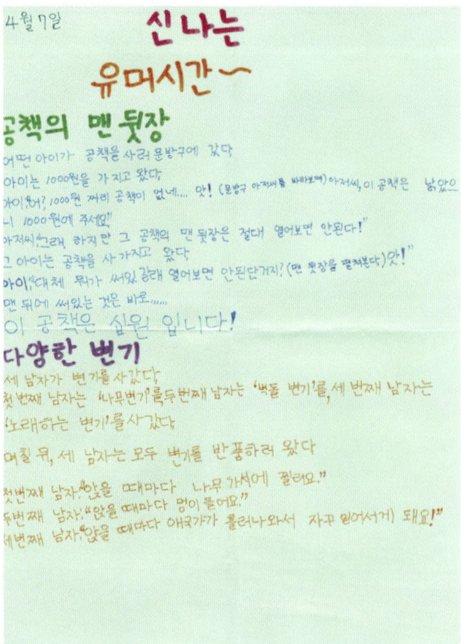

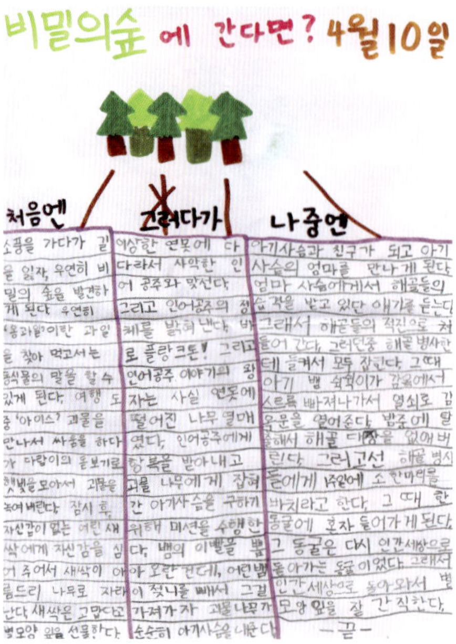

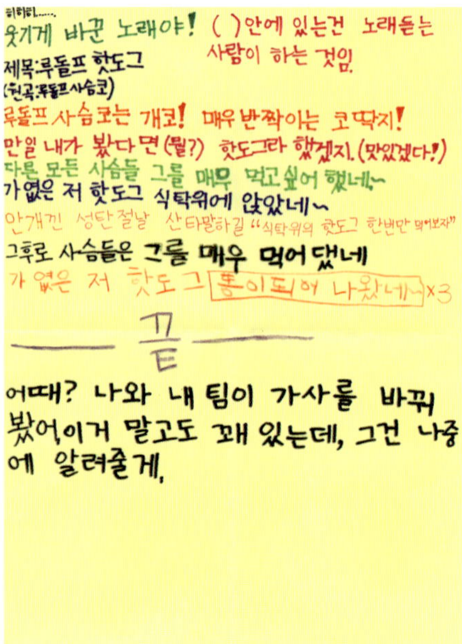

• 박진희(초등 3년). 산뜻한 글 나들이. 190㎜×130㎜.

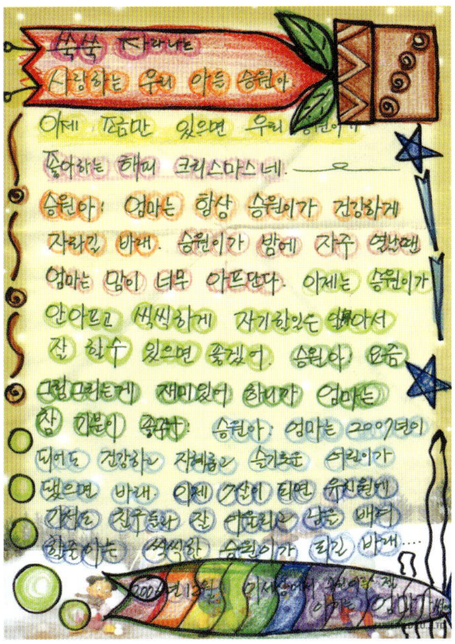
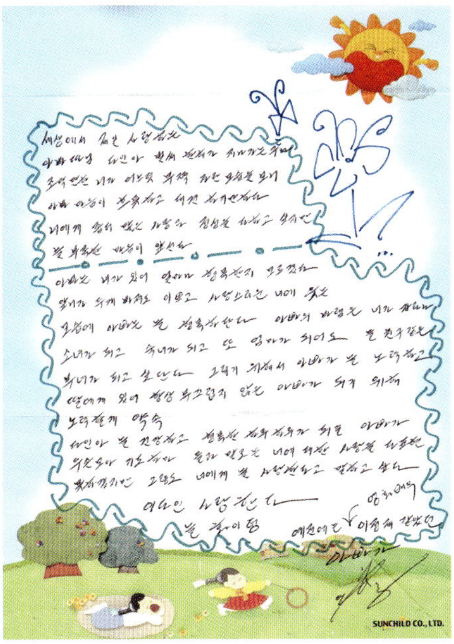

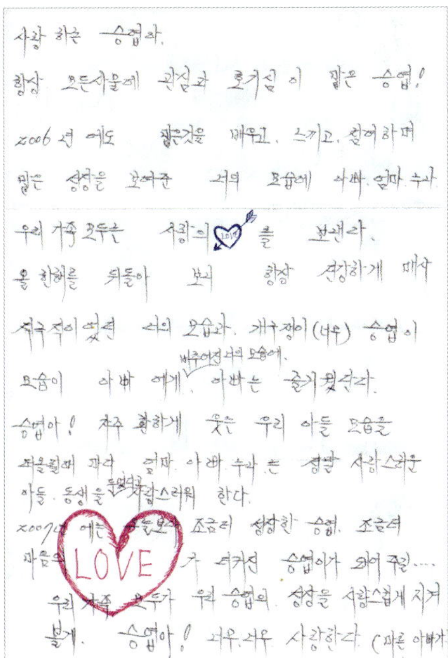

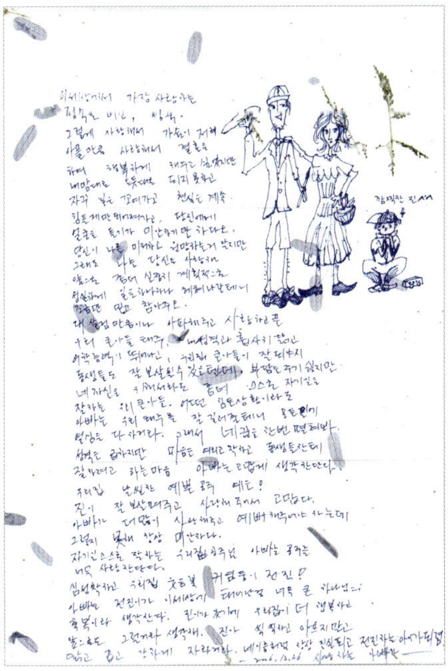

• 쑥쑥어린이집 부모님들. 2007. 사랑하는 자녀에게. 220㎜×155㎜.

New Place

Memorize

Letters to Mam

June 20, 2008

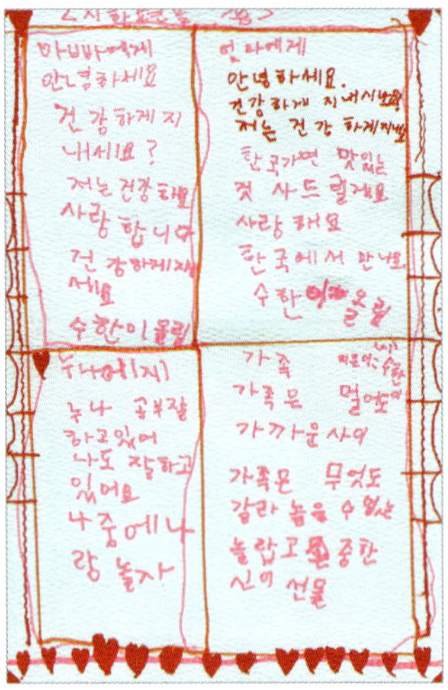
우수한

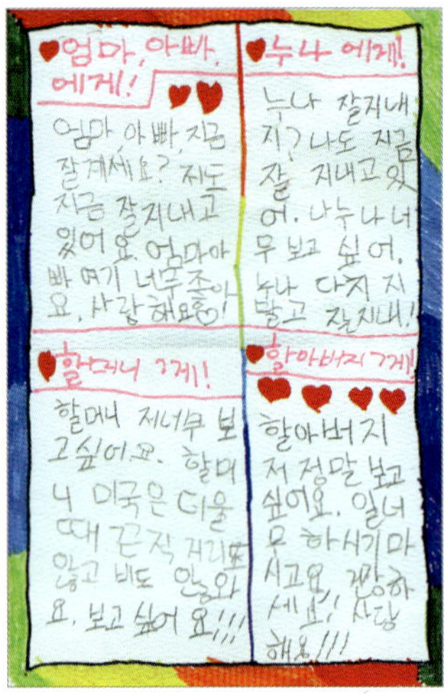

유인선

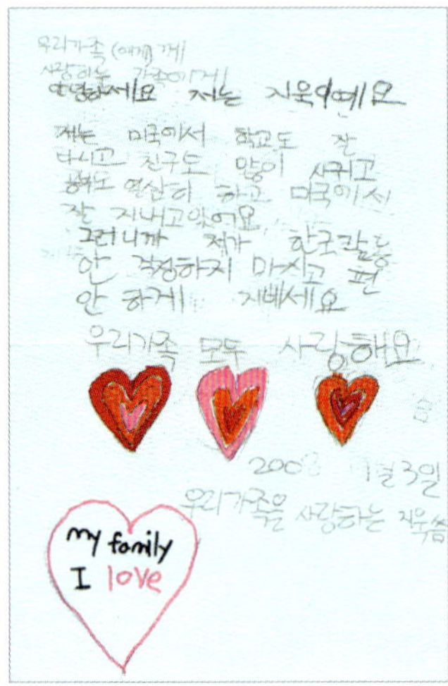

최지욱

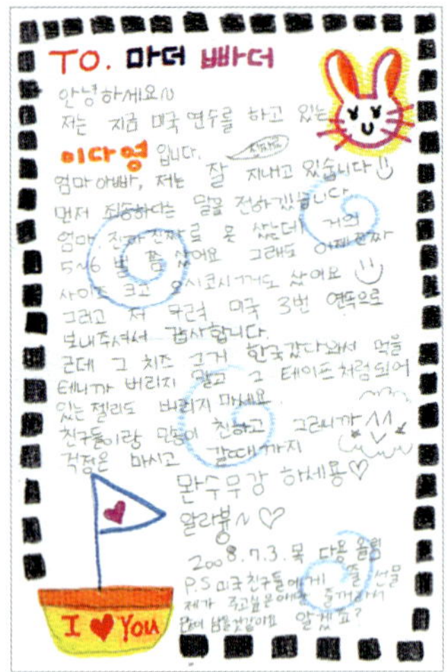

이다영

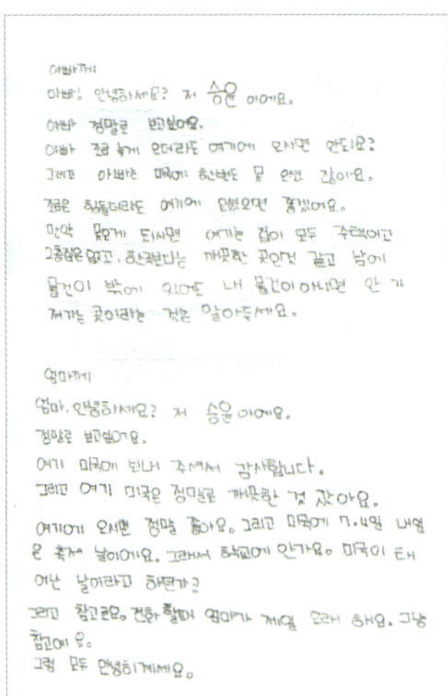
김승윤

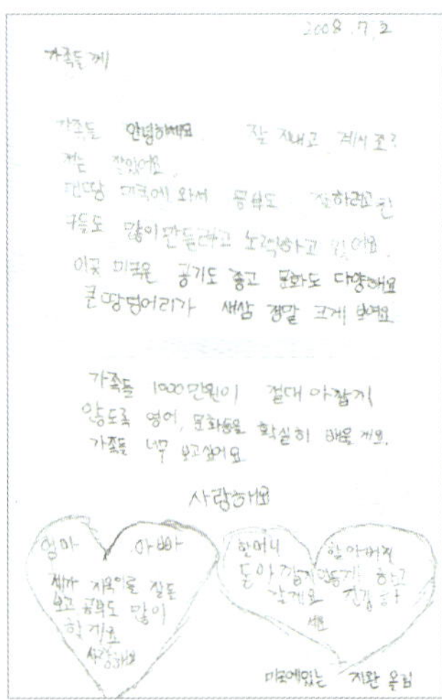

최지완

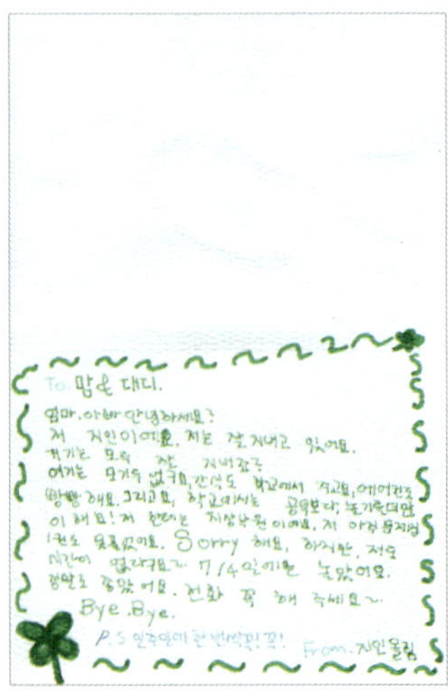

박지인

김수빈

박정은 · 이다영 · 최지완 · 박지인 · 김승윤 · 김수빈 · 우수한 · 박소은 · 최지욱 · 유인선(초등 3년 · 4년 · 5년). 2008 Summer Camp in the USA. 190㎜×130㎜.

- 표지 | P.P 필름 190㎜×130㎜ 2매
- 내지 | 다양한 크기와 색상의 카드 · 색상지 · 팸플릿 · 사진
- 내지 | 카드봉투 190㎜×130㎜ 31매
- 플라스틱 링 18㎜ 1개

- 표지 | P.P 필름 155㎜×90㎜ 2매
- 내지 | 뉴칼라 편지 봉투 155㎜×90㎜ 31매
- 플라스틱 링 51㎜ 1개

- 표지 | P.P 필름 155㎜×90㎜ 2매 · 170㎜×90㎜ 1매
- 내지 | 뉴칼라 편지 봉투 155㎜×90㎜ 31매
- 플라스틱 링 42㎜ 2개

- 표지 | P.P 필름(500mic) 200㎜×100㎜ 투명 2매
- 내지 | 컬러 편지 봉투 200㎜×100㎜ 36매
- 플라스틱 링 51㎜ 1개

- 표지 | P.P 필름(500mic) 200㎜×100㎜ 투명 2매
- 내지 | 컬러 편지 봉투 200㎜×100㎜ 36매
- 플라스틱 링 51㎜ 1개

- 표지 | 하드보드 155㎜×150㎜ 2매
- 커버지 | 한지 180㎜×180㎜ · 150㎜×145㎜ 각 2매
- 내지 | 뉴칼라 편지 봉투 155㎜×90㎜ 31매
- 접착주머니(소) 4매
- 플라스틱 링 51㎜ 1개

CHAPTER 5

특별한 링 제본책 문해 활동

Literacy Activities through Special Ring Binding Books

- 계단 링 제본책
- 모양 링 제본책
- 필름 링 제본책
- Pop-Up 링 제본책

계단 링 제본책

준비물

- 표지 | P.P 필름 A4 2매
- 내지 | 양면색지 A4 4매
  | OA 팬시페이퍼 A4 4매
- 계단 카드 맞춤선 활동지(CD-ROM)
- 플라스틱 링 12㎜ 1개
- 플라스틱 링 제본기

- 박정은(만 5세). 동물사전. 210㎜×200㎜.

Tips

- 계단책은 내지의 크기와 모양, 활동 내용, 표현 방법, 글의 내용과 양, 어린이의 쓰기 발달 유형 및 단계 등 다양한 요소를 고려하여 계단 내지의 간격을 넓거나 좁게 조절하여 만드세요.

- 계단 내지를 0.5㎝, 1㎝, 1.5㎝, 2㎝, 2.5㎝, 3㎝ 간격으로 계단 링 제본책을 만들어 탐색하고 각각의 계단 너비에 따라 적합한 활동을 생각해 보세요.

- 다양한 간격의 계단 링 제본책을 탐색하고 계단 높이에 따라 내지에 그림을 그리거나 이야기를 담을 때 어떤 점을 고려해야 하는지 생각해 보세요.

- 계단 링 제본책은 뒷면으로 갈수록 본문 면이 점점 넓어지는 특징이 있지요. 따라서 계단 링 제본책은 다른 책과 달리 뒤로 갈수록 점점 크기가 커지거나 양이 많아지는 주제나 이야기를 표현하기에 적합한 책이에요. 시간이 흐를수록 점점 커지거나 양이 늘어나는 것에 대하여 생각해보세요.

- 계단책은 계단 높이가 균등하고 반듯해야 시각적으로 아름다운 책을 만들 수 있어요. 카드 밑단이 삐뚤거리거나 간격이 들쑥날쑥하면 계단책이 지닌 아름다움이 낮아지고 글을 쓰기 어려울 수 있어요. 따라서 계단 카드는 계단 카드 맞춤선 활동지(CD-ROM)나 방안직자와 칼을 이용하여 균등한 비율로 잘라서 사용하세요.

- 어린이는 자와 칼을 사용하여 계단 카드를 만들기 어려우므로 교사가 정해진 규격에 따라 필요한 매수만큼 계단 내지를 잘라서 제공하세요.

- 내지를 균등한 비율 간격에 따라 잘라서 계단책을 만들지 않고 테두리접기를 이용하여 계단책을 만들 수 있어요. 테두리접기를 이용한 계단책 만들기 방법은 『책 만들기를 통한 창의적 언어교육 IV』(178쪽~184쪽)을 참고하세요.

- 테두리접기 외에 양장접기를 이용해서도 계단책을 만들 수 있어요. 내지를 양장접기로 접고 계단 카드와 같이 각각의 내지를 균등한 비율로 자르거나 접어보세요. 내지를 계단 형태로 접어 올리거나 뒤로 꺾어 접으면 색다른 표현을 할 수 있고 시각적으로 독특한 효과를 나타낼 수 있어요.

만들기

1 계단 내지 준비하기

- 표현 내용에 따라 A4 크기의 양면색지 또는 색복사지를 필요한 매수만큼 준비한다.
- 계단 내지는 A4 크기 외에 활용도서 또는 표현 내용에 따라 A4 크기의 카드를 길게 절반으로 잘라서 사용하거나 내지의 폭과 너비를 적합한 크기로 조절하여 제공한다.

2 계단 카드 만들기

- 표현 내용에 따라 알맞은 높이의 **계단 카드 맞춤선 활동지(CD-ROM)**을 A4 복사용지에 출력한다.

① 계단 맞춤선 활동지 1㎝ 간격

② 계단 맞춤선 활동지 1.5㎝ 간격

③ 계단 맞춤선 활동지 2㎝ 간격

④ 계단 맞춤선 활동지 2.5㎝ 간격

- **계단 카드 맞춤선 활동지(CD-ROM)** 1번 줄에 첫 번째 계단 내지 1매를 맞추어 올려놓는다.
- 첫 번째 계단 내지 1매를 맞추어 올려놓은 **계단 카드 맞춤선 활동지(CD-ROM)** 2번 · 3번 · 4번 줄에 차례로 계단 내지를 1매씩 맞추어 올려놓는다.
- 계단 형태로 줄을 맞춘 4매의 계단 내지 양끝을 흐트러지지 않게 맞추고 **계단 카드 맞춤선 활동지(CD-ROM)** 5번 줄에 맞추어 4매의 계단 내지를 동시에 잡고 접어 내린다.
- 접어 내린 계단 내지를 다시 펼쳐 올리고 접었다 펼친 선을 따라 자를 대고 칼로 자른다.
- 다양한 색깔의 P.P 필름 4매를 사용하여 각각의 계단 내지와 같은 크기로 잘라서 계단 내지 모양 본을 제공하고 이를 이용하여 계단 내지를 만들거나 필요한 크기로 각각의 계단 내지를 재단하여 제공할 수 있다.

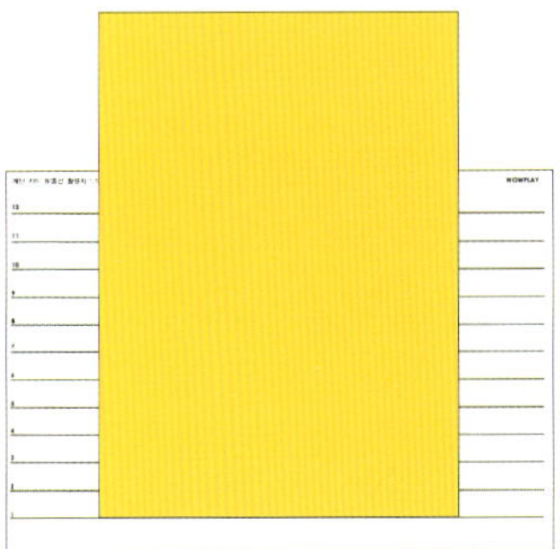

❷-1 계단 카드 맞춤선 활동지 1번 줄에 첫 번째 계단 내지 1매를 맞추어 올려놓는다.

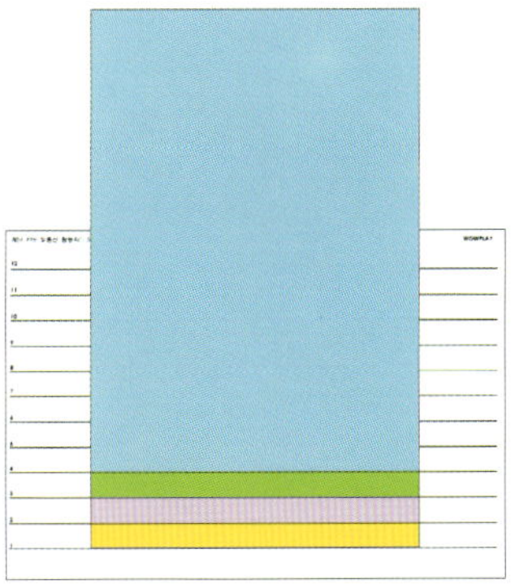

❷-2 위와 같은 방법으로 계단 내지를 카드 맞춤선 활동지 2~4번 줄에 맞추어 차례로 포개어 올린다.

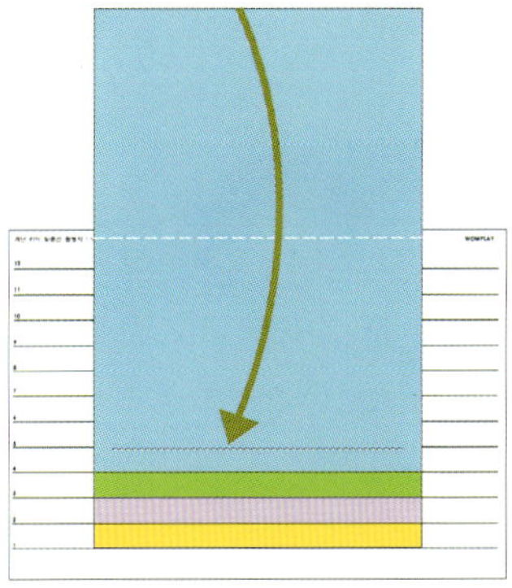

❷-3 계단 카드 맞춤선 활동지 5번 줄에 맞추어 4매의 계단 내지를 동시에 접어 내린다.

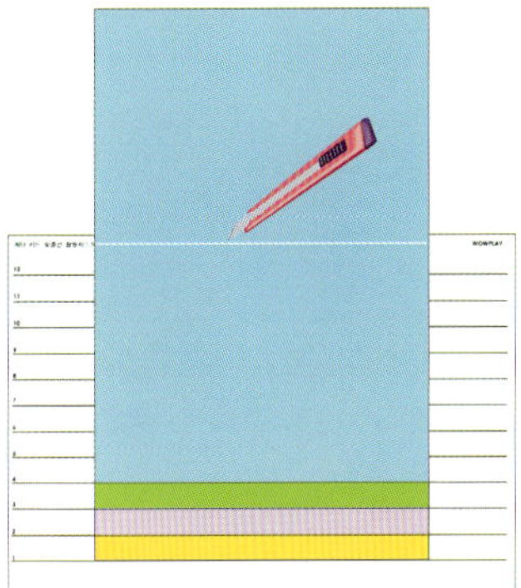

❷-4 계단 내지를 다시 펼치고 선을 따라 자를 대고 포개어 놓은 계단 내지 4매를 동시에 자른다.

3 계단 내지 맞추기

- 8매의 높낮이가 다른 계단 내지를 관찰하고 어린이 스스로 각 내지의 길이를 측정하여 가장 높은 크기의 내지를 바닥면에 놓고 그 위에 차례로 점점 낮은 크기의 내지를 포개어 맞춘다.
- 8매의 계단 내지는 타공하는 윗면에 맞추어 포개도록 지도하고 어려워하는 경우 바닥 면을 맞추어 포갠다.

❸ 가장 높은 크기의 내지를 바닥 면에 놓고 그 위에 차례로 점점 낮은 크기의 내지를 포개어 8매의 계단 내지를 맞춘다.

4 표지 P.P 필름 자르기

- A4 규격의 P.P 필름 2매를 준비한다.
- 높이에 따라 맞춘 계단 내지 8매 중 가장 길이가 긴 내지인 마지막 내지(8번째 내지)와 같은 크기로 P.P 필름 2매를 자르고 모서리를 각각 둥글게 처리하여 제공한다.

5 표지 필름과 계단 내지 맞추기

- 8매의 계단 내지를 크기에 따라 순서대로 포개어 맞추고 앞 뒷면에 표지 필름을 겹쳐 크기가 맞는지 확인한다.

6 링 제본하기

- 표지 필름 2매를 각각 1매씩 타공한다.
- 계단 내지 8매의 높이를 가지런히 맞추고 윗면을 타공한다.
- 8매의 계단 내지 앞뒷면에 각각 표지 필름을 덮고 링 제본한다.
- 남는 링 부분은 잘라내고 모서리를 둥글게 처리한다.
- 계단 링 제본책은 이야기의 표현 내용과 방법에 따라 타공 위치를 바꾸어 제본하면 책등 면이 달라진다.

❻-1 윗면을 타공한 계단 링 제본책

❻-2 옆면을 타공한 계단 링 제본책

7 앞표지 꾸미기

- 계단 내지 1면에 활동 주제에 따라 제목, 지은이, 앞표지 그림, 출판사 명 등을 꾸민다.
- 본문 면을 완성하고 앞표지를 꾸미도록 할 수 있다.

8 본문 면 꾸미기

- 계단 내지 2면부터 마지막 면의 각 계단 부분에 표현할 내용의 주제 또는 이야기를 차례로 담는다.
- 계단 내지 2면부터 마지막 면의 계단 윗면에 계단 부분에 적은 주제 및 이야기에 따라 그림을 그리거나 다양한 자료를 이용하여 꾸민다.
- 그림을 그릴 때 글을 적은 계단 부분으로 내려가지 않도록 설명해 주고 덧붙이거나 소개하고 싶은 내용이 있는 경우 그림의 여백 부분에 적도록 지도한다.
- 어린이 스스로 글을 쓰기 어려운 경우 그림에 대한 이야기를 듣고 교사나 성인이 받아 적어준다.
- 내지의 쪽수가 많은 경우 계단 면의 적당한 위치에 쪽 수를 적도록 지도한다.

9 뒷표지 꾸미기

- 계단 내지의 마지막 면 뒷면에 끝마친 날, 광고문, 소개하는 글, 값, 바코드 그리고 ISBN 등을 적어 꾸민다.

10 소개하기 · 감상하기

- 계단 링 제본책에 어떤 주제의 이야기를 어떻게 담았는지 한 면씩 넘겨가며 소개한다.
- 계단 면의 높이와 넓이에 따라 표현 내용이 아름답거나 구성이 아름다운 작품을 알아본다.
- 계단 링 제본책을 만드는데 어려움이 있었는지 알아본다.
- 계단 링 제본책이 주는 시각적 효과와 느낌에 대하여 이야기 나누고 계단 내지의 폭과 높이에 따라 표현할 수 있는 적합한 활동에 대하여 이야기 나눈다.

Tips

- Eric Carle의 『The Mixed-Up Chameleon』를 읽어 본 적이 있나요? 내지의 너비뿐만 아니라 책배 부분의 높이도 층층이 튀어나와 독특한 형태의 계단 모양으로 만들어져 있지요! 꼭지가 있는 것처럼 책배 부분을 균등한 간격으로 나누어 필요한 부분을 남겨두고 나머지 부분을 잘라내면 꼭지 계단책을 만들 수 있어요.

- 꼭지 계단 링 제본책은 계단 간격을 동일하게 만들어야 아름다운 특성을 살릴 수 있는 것처럼 꼭지 높이 또한 균등하게 제작해야 내용을 담고 표시하기 좋아요.

- 어린이는 스스로 꼭지 높이를 일정하게 조정하여 자르기 어려워요. 계단 꼭지 모양 본(CD-ROM)를 출력하고 P.P 필름으로 본을 만들어 제공하면 일정한 간격과 높이의 꼭지 계단 링 제본책을 쉽게 만들 수 있어요.

- 아래는 CD-ROM에 제공된 꼭지 모양 본이에요. 각각의 모양 본을 탐색하고 앞표지, 뒷표지 그리고 7매의 내지로 구성된 꼭지 계단 링 제본책의 형태를 상상해 보세요.

꼭지 모양 본(앞표지) ①

꼭지 모양 본 ②

꼭지 모양 본 ③

꼭지 모양 본 ④

꼭지 모양 본 ⑤

꼭지 모양 본 ⑥

꼭지 모양 본 ⑦

꼭지 모양 본 ⑧

꼭지 모양 본(뒷표지) ⑨

- 같은 크기의 카드를 다양한 색깔로 준비하고 뾰족뾰족 울퉁불퉁 높낮이가 다양하게 마음대로 찢어서 링 제본책하면 오브제 느낌의 책을 만들 수 있어요. 알록달록 단풍 든 가을산, 파릇파릇한 풀밭, 시원한 들판들을 표현해 보세요.

- 유예준(만 9세). 행복한 나의 삶. 140㎜×250㎜.
- P.P 필름 140㎜×250㎜ 2매
- 내지 | 뉴칼라 140㎜×125㎜ · 140㎜×140㎜
  140㎜×155㎜ · 140㎜×170㎜
  140㎜×185㎜ · 140㎜×200㎜
  140㎜×215㎜ · 40㎜×230㎜
  140㎜×245㎜ · 140㎜×260㎜ 각 1매
- 플라스틱 링 12㎜ 1개

- 표지 | P.P 필름 290㎜×200㎜ 2매
- 내지 | 컬러 머메이드 190㎜×200㎜ ~ 290㎜×200㎜ 12매
- 플라스틱 링 10㎜ 1개

- 표지 | P.P 필름 300㎜×130㎜ 2매
- 내지 | 컬러 머메이드 200㎜×130㎜ ~ 300㎜×130㎜ 12매
- 플라스틱 링 10㎜ 1개

- 표지 | P.P 필름 A4 2매
- 내지 | 디에스칼라 75㎜×175㎜ ~ A4 25매
- 플라스틱 링 10㎜ 1개

- 표지 | P.P 필름 A4 2매
- 내지 | 뉴칼라 A4 38매
- 플라스틱 링 18㎜ 1개

- 표지 | P.P 필름 205㎜×160㎜ 2매
- 표지 | 컬러 머메이드 340㎜×260㎜ 2매
- 내지 | 디자이너스칼라 350㎜×160㎜ ~ 410㎜×160㎜ 14매
- 플라스틱 링 18㎜ 1개

- 표지 | P.P 필름 180㎜×300㎜ 2매
- 내지 | 뉴칼라 180㎜×300㎜ 14매
- 플라스틱 링 12㎜ 1개

- 표지 | P.P 필름 180㎜×260㎜ 2매
- 내지 | 뉴칼라 360㎜×260㎜ 23매
- 플라스틱 링 28㎜ 1개

Tip 위에 제시된 다양한 유형의 계단 내지를 탐색하고 각각의 방법으로 계단 링 제본책을 만들어 보세요.

모양 링 제본책

준비물

- 표지 | P.P 필름 A4 2매
- 내지 | 켄트지 200㎜×200㎜ 15매
- 속지 | 양면색지 180㎜×180㎜ 16매
- 삼각 모양 본(P.P 필름 500mic)
- Formtec Label 3910S
- 플라스틱 링 12㎜ 1개
- 플라스틱 링 제본기

생각 모으기

Q. 링 제본을 이용한 책 만들기에 적합한 모양을 생각하고 5가지 이상 그려 보세요.

A.

Q. 링 제본을 이용한 책 만들기에 적합하지 않은 모양을 3가지 이상 생각하고 그려 보세요. 그리고 각각의 모양이 적합하지 않은 이유를 설명해보세요.

A.

Q. 정사각 내지 또는 직사각 내지가 아닌 형태의 모양 내지를 이용하여 링 제본 책을 만들 때 주의해야 할 점은 무엇일지 생각하고 적어보세요.

A.

Tips

- 링 제본을 이용한 책 만들기에 적합한 모양은 좌우대칭이 되면서 세울 수 있는 형태를 사용하는 것이 적절해요. 좌우 비대칭 형태는 어린이가 오리기에 어렵고 제본 시 타공 면에 따라 형태가 어색해지거나 그림과 글을 표현할 때 어려울 수 있어요.

- 바닥면이 뾰족하거나 둥근 형태의 모양 링 책은 정면으로 세울 수 없으므로 전시에 어려움이 있어요. 좌우 대칭뿐만 아니라 하단의 형태를 고려하여 모양 본을 만들어 보세요.

- 모양 링 제본책에 사용하는 내지는 외겹접기 내지 외에 양장접기 내지를 이용하여 만들어 보세요. 양장접기 내지를 1매씩 포개거나 2~4매씩 가운데에 끼워 링 제본하면 색다른 느낌의 모양 링 제본책을 만들 수 있어요.

- 모양 외겹접기 내지를 양문 링 제본책처럼 마주보게 포개어 링 제본해보세요. 같은 모양이라도 한쪽 면을 타공하여 링제본한 모양책과 양문 모양 링 제본책은 활용 방법과 표현 내용을 다르게 꾸밀 수 있어요.

- 모양 내지를 이용한 양장접기 모양 링 제본책을 만드는 방법은 Chapter 1의 22~26쪽을 참고하세요.

- 모양 내지를 이용한 양문 모양 링 제본책을 만드는 방법은 Chapter 2의 58~62쪽을 참고하세요.

- 같은 모양의 외겹접기, 양장접기 그리고 양문 내지를 이용하여 각각 모양 링 제본책을 만들어보세요.

- 경기도청어린이집 친구들(만 4세). 비가 내리면. 200㎜×200㎜.
- 활용도서 | 유리 슐레비츠(1994). 비 오는 날. 시공주니어.
  | 서세옥(2006). 즐거운 비. 한솔수북.

- 표지 | P.P 필름 130㎜×190㎜ 2매
- 내지 | 컬러 머메이드 260㎜×190㎜ 21매
- 플라스틱 링 20㎜ 1개

- 표지 | 에이프랑 팬시홀 260㎜×195㎜ 2매
- 내지 | 오감지 팬시홀 260㎜×195㎜ 26매
- 플라스틱 링 24㎜ 1개

- 표지 | P.P 필름 150㎜×190㎜ 2매
- 내지 | 컬러 머메이드 150㎜×190㎜ 40매
- 플라스틱 링 20㎜ 1개

- 표지 | P.P 필름 150㎜×210㎜ 2매 · 300㎜×210㎜ 1매
  | 하드보드 150㎜×210㎜ 2매 · 300㎜×210㎜ 1매
- 커버지 | 한지 150㎜×210㎜ 4매 · 300㎜×210㎜ 2매
- 내지 | 컬러 머메이드 150㎜×210㎜ 40매
- 플라스틱 링 24㎜ 2개

- 표지 | P.P 필름 170㎜×190㎜ 2매
- 내지 | 디에스칼라 170㎜×190㎜ 12매
- 플라스틱 링 12㎜ 1개

만들기

1 모양 본 만들기

- 만들어야 할 모양과 크기에 따라 A4 규격의 P.P 필름 또는 마분지(500g)를 준비한다.
- 만들고자 하는 모양에 따라 준비한 마분지 또는 P.P 필름을 가로 또는 세로로 한쪽 면을 타공한다.
- 마분지 또는 P.P 필름의 타공 면을 중심으로 유성펜을 이용하여 원하는 모양을 그린다. 이때 위아래 타공 구멍이 잘리지 않도록 모양과 크기를 조절하여 그린다.
- P.P 필름 또는 마분지에 그린 모양 선을 따라 오리고 P.P 필름의 모양 본에 남아있는 유성펜 자국은 손걸레에 아세톤을 묻혀 닦아낸다.
- 모양 본은 활동에 참여하는 어린이의 인원에 맞추어 여러 매를 제작한다.
- 어린이 스스로 모양 본을 만들도록 지도하는 경우 P.P 필름보다는 얇은 두께의 마분지(300g)를 제공하고 원하는 모양을 그려서 오리도록 지도한다.

❶-1 P.P 필름 가로로 타공하기

❶-2 P.P 필름 세로로 타공하기

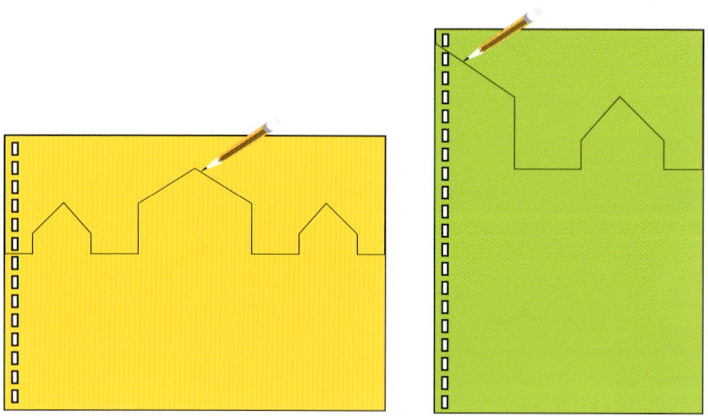
❶-3 P.P 필름의 위 · 아래 타공 구멍이 잘리지 않게 원하는 모양을 그린다.

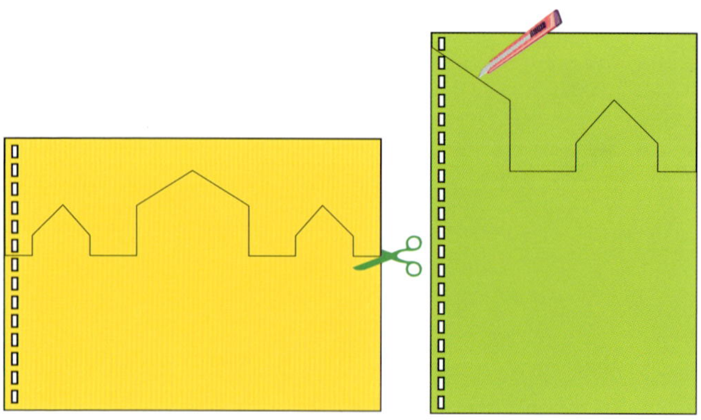
❶-4 P.P 필름 위에 그린 선을 따라 오려서 모양 본을 완성한다.

2 표지 P.P 필름 자르기

- 표지 필름을 만드는 방법은 모양 본을 만드는 방법과 같다.
- A4 규격의 P.P 필름 2매를 준비하고 제본할 한쪽 면을 각각 1매씩 타공한다.
- 필름의 타공 면에 맞추어 위 · 아래 타공 구멍이 잘리지 않도록 모양 본을 올려놓고 연필로 선을 따라 1매씩 그린다.
- 그려진 선을 따라 필름을 1매씩 자른다.
- P.P 필름에 남아있는 유성펜 자국은 손걸레에 아세톤을 묻혀 닦아낸다.
- 종이 표지는 남아있는 연필 선을 지우개로 지운다.

3 모양 내지 만들기

- 모양 내지를 만드는 방법은 모양 본을 만드는 방법과 같다.
- 내지를 필요한 매수만큼 준비하고 제본 할 한쪽 면을 적당한 매수만큼 나누어 타공한다.
- 내지의 타공 면에 맞추어 위 · 아래 타공 구멍이 잘리지 않도록 모양 본을 올려놓고 연필로 선을 따라 1매씩 그린다.
- 그려진 선을 따라 내지를 1매씩 자른다.
- 모양 링 제본책은 표지와 내지를 반듯하게 오리거나 잘라야 아름다운 책이 만들어지므로 고학년 이하의 어린이와 활동하는 경우 성인이 오려서 제공하는 것이 적절하다.

❷/❸-1 표지 · 내지 타공하기

❷/❸-2 표지 · 내지의 타공 구멍이 잘리지 않게 모양 본 올려놓고 선 따라 그리기

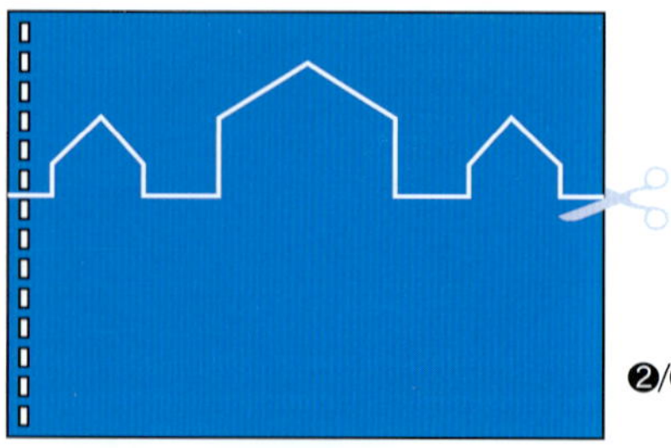
❷/❸-3 표지 · 내지의 그려진 선 따라 오리기

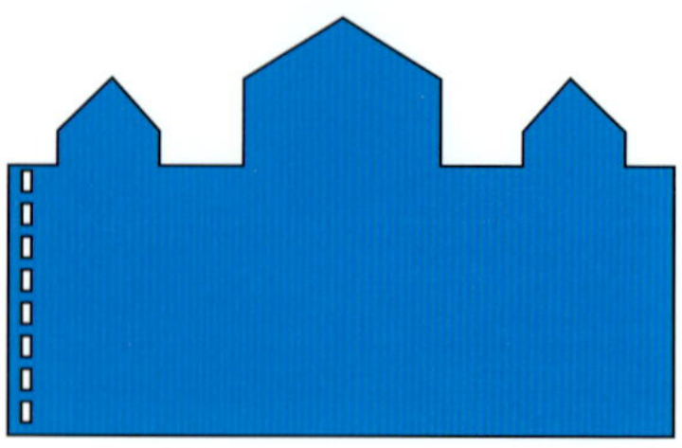
❷/❸-4 완성된 모양 표지 · 내지

4 표지 필름과 모양 내지 맞추기

- 선을 따라 자른 모양 내지를 타공 면에 맞추어 포갠다.
- 포개어 놓은 모양 내지 앞뒷면에 표지 필름을 겹쳐 보고 크기가 맞는지 확인한다.

5 링 제본하기

- 포개어 놓은 모양 표지 필름과 모양 내지를 링 제본한다.
- 남는 링 부분은 잘라내고 모서리를 둥글게 처리한다.

6 앞표지 꾸미기

- 모양 내지 첫 면에 제목, 지은이, 앞표지 그림, 출판사 명 등을 꾸민다.
- 본문 면을 완성하고 앞표지를 꾸미도록 할 수 있다.
- 표지 카드의 색깔이 짙은 색상인 경우 속지 카드를 풀칠하여 붙이고 꾸미도록 지도한다.
- 속지 카드는 모양 내지와 같은 모양으로 오려서 사용하거나 모양 조각 종이 또는 팬시 라벨을 이용하여 꾸민다.

7 본문 면 꾸미기

- 두 번째 모양 내지의 왼쪽 또는 오른쪽 면에 내지의 모양 또는 활동 주제에 따라 생각나거나 알고 있는 것, 경험한 일 등을 그림으로 표현한다.
- 그림을 그린 면의 반대 면에 그림에 대한 이야기 또는 설명을 글로 적는다.
- 어린이 스스로 글을 쓰기 어려운 경우 성인이 이야기를 듣고 받아 적는다.
- 위와 같은 방법으로 나머지 면들을 차례로 꾸민다.
- 내지의 면 수에 따라 하루에 끝마치기 보다는 여러 차례에 걸쳐 꾸준히 활동하여 완성하도록 지도한다.
- 모양 링 제본책은 외겹접기 외에 양장접기 또는 양문접기 내지를 사용하여 제작할 수 있다. 내지 모양과 형태에 따라 적합한 방식으로 그림과 글을 담도록 지도한다.

8 뒷표지 꾸미기

- 모양 내지 마지막 면에 펴낸 날 또는 끝마친 날, 펴낸 이, 뒷표지 그림, 광고문, 소개하는 글, 가격, ISBN, 바코드 등을 적어 꾸민다.
- 앞표지와 마찬가지로 표지 카드의 색깔이 짙은 색상인 경우 모양 내지와 같은 모양으로 속지 카드를 오려서 사용하거나 모양 조각 종이 또는 팬시 라벨을 이용하여 꾸민다.

9 소개하기 · 감상하기

- 어떤 모양의 링 제본 책을 만들었는지 소개한다.
- 내지의 모양에 따라 생각한 것들이 무엇인지 또는 주제에 따라 모양 내지를 어떻게 꾸몄는지 소개한다.
- 사각 형태의 내지 외에 다양한 모양 내지에 글과 그림을 담을 때 다른 점이 무엇인지 그리고 어떤 어려움이 있었는지 알아본다.
- 모양에 따라 표현할 수 있는 주제 또는 주제에 따라 적합한 모양에 대하여 알아본다.
- 모양 링 제본 책의 형태에 따라 책을 세우거나 전시할 수 있는 방법에 대하여 이야기 나눈다.

Tips

- **아래에 제시된 모양의 특징을 탐색하고 각각의 형태를 고려하여 적절한 크기의 모양 본을 만들어 보세요. 모양 본은 책의 내지 크기를 고려하여 제작하고 되도록 A4 크기를 넘지 않게 만들어야 P.P 필름으로 모양 본과 표지를 만들 수 있어요.**

- **모양 링 제본책은 전체 형태와 표현 방법을 고려하여 외겹접기, 양장접기, 테두리접기, 양문 외겹접기, 양문 양장접기 등 다양한 내지로 모양 링 제본책을 만들어보세요.**

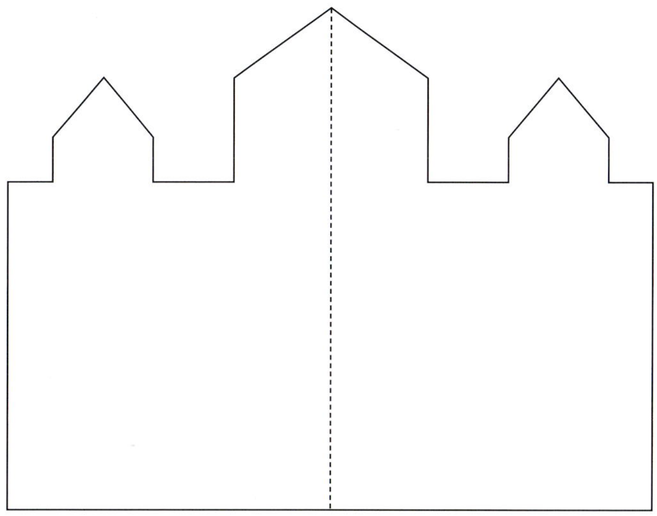

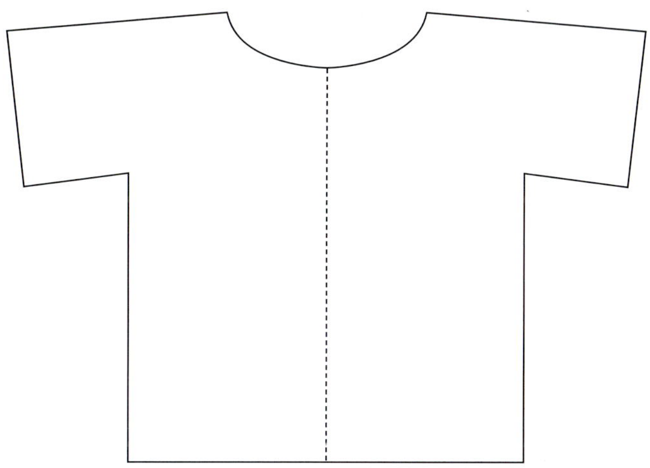

뒷표지 · 앞표지

조범진

조성태

고주성

최원준

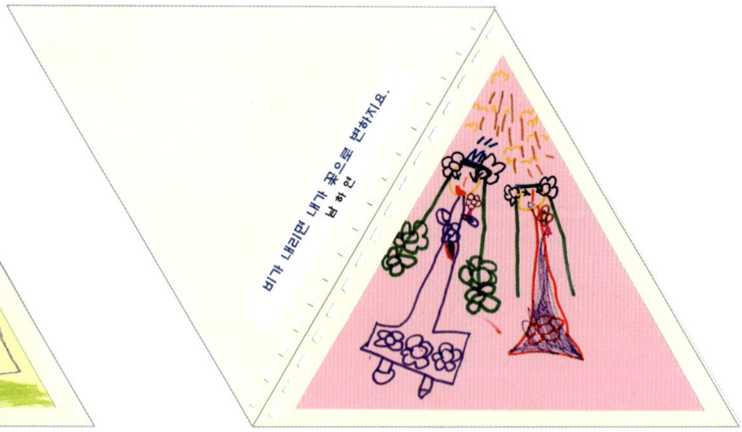

남하연

신미주

정민규

김다인

송현규

손동우

왕수진

최원희

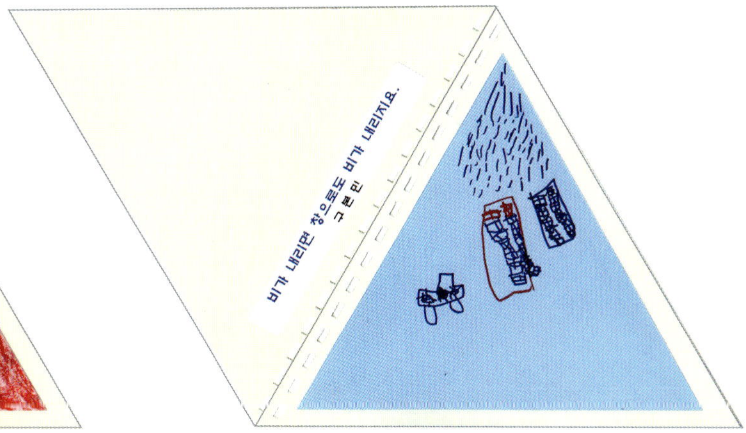

구본민

박정원

- 경기도청어린이집 친구들(만 4세). 비가 내리면. 200㎜×200㎜.
- 활용도서 | 유리 슐레비츠(1994). 비 오는 날. 시공주니어.
  | 서세옥(2006). 즐거운 비. 한솔수북.

필름 링 제본책

준비물

- **내지 | P.P 필름 A4 5매**
- **컬러 머메이드**
- **양면테이프**
- **원형 스티커 5㎜**
- **색종이 접기 순서도 라벨 3621(CD-ROM)**
- **Formtec Label 3621**
- **플라스틱 링 20㎜ 1개**
- **플라스틱 링 제본기**

- 표지 | P.P 필름 150㎜×210㎜ 10매
- 컬러 머메이드 90㎜×90㎜ 26매 · 100㎜×40㎜ 8매
- Formtec Label 3621 1매
- 플라스틱 링 12㎜ 1개

- 수원여자대학 아동보육과 학생들. 2007. 그림책 프로젝트1. 210㎜×297㎜.
- 내지 | P.P 필름 A4 15매
- 속지 | 켄트지 540㎜×195㎜ 29매
- 접착주머니(소) 29매
- Formtec Label 3639 2매
- 플라스틱 링 51㎜ 1개

- 내지 | P.P 필름 A4 3매
- 컬러 머메이드
- 양면테이프
- 원형 스티커 5㎜
- Formtec Label 3621
- 플라스틱 링 24㎜ 1개

- 내지 | PVC 필름 A4 32매
  | 디자이너스칼라 960㎜×120㎜ 1매
  | 그림엽서 62매
- 접착주머니(소) 64매
- 플라스틱 링 51㎜ 1개

생각 모으기

Q. P.P 필름 또는 PVC 필름을 내지로 사용하여 만든 링 제본책을 이용하여 할 수 있는 문해 활동과 조형미술 활동을 생각하고 적어보세요.

A.

Q. 전체를 설명하기 위하여 각각의 부분을 표현하거나 설명할 수 있는 다양한 방법을 생각하고 적어보세요.

A.

Q. 필름 링 제본책을 만들 때 사용하는 필름은 P.P 필름 또는 PVC 필름 외에 어떤 종류가 있는지 찾아보고 적어보세요.

A.

Q. P.P 필름이나 PVC 필름 링 제본책에 사용할 수 있는 재료 및 필기도구를 생각하고 적어보세요.

A.

Q. P.P 필름 또는 PVC를 내지로 사용하는 링 제본책을 만들 때 고려해야 할 점은 무엇일까요?

A.

Tips

- P.P 필름은 앞면에 사선이 그어진 것과 양면이 매끈한 샌딩 필름 2종류가 있어요. 사선과 샌딩 P.P 필름은 다양한 색깔의 불투명과 반투명 제품이 판매되고 있으므로 활동에 따라 적합한 유형의 필름을 선택하여 사용하세요.

- 필름 링 제본책은 표지와 내지 모두 필름을 사용하므로 필름 위에 직접 글과 그림을 담고 스티커나 다양한 재질의 자료를 붙여야 하므로 양면이 매끈한 샌딩 필름을 사용하는 것이 좋아요.

- 필름 링 제본책은 어린 연령의 어린이들을 위한 색종이접기 설명서를 제작할 때 활용하면 좋아요. 유아는 그림으로 설명된 색종이접기 순서도는 평면의 형태와 입체적인 형태의 차이를 구별하기 쉽지 않아 스스로 접는 방법에 어려움을 느껴요. 또한 교사의 시범에 따라 한 번 접고 난 후 다시 접고 싶어도 순서를 외울 수 없으므로 성인에게 의존하게 되지요. 난이도가 낮은 유형부터 점차 복잡한 형태의 색종이접기를 할 수 있도록 각 단계별로 순서에 따라 접어서 필름 링 제본책에 차례로 붙여주면 접는 과정을 직접 확인하고 손으로 만져볼 수 있으므로 이해도가 높아지고 스스로 활동할 수 있도록 격려함으로써 성취감을 높일 수 있어요.

- 표현 내용이나 재료에 따라 라미네이팅 필름을 이용하여 링 제본책을 만들 수 있어요. 부서지기 쉬운 재료 또는 오랜 기간 보존해야 하는 자료는 라미네이팅하고 필름 자체를 링 제본하면 내용물의 손상을 줄일 수 있어요.

- 접착주머니 링 제본책(90쪽 참고)과 같이 샌딩 P.P 필름을 내지로 만든 링 제본책에 접착주머니를 붙이면 접착주머니 필름 링 제본책이 만들어져요. 무겁고 두꺼운 자료를 담아야 하는 경우 종이를 내지로 사용하기 보다는 P.P 필름을 이용하여 링 제본하고 접착주머니를 붙이면 보다 견고하고 보관이 용이한 책을 만들 수 있어요.

만들기

1 색종이 접기 순서도 라벨 출력하기

- **색종이 접기 순서도 라벨 3621(CD-ROM)**에 제공된 순서도 접기 라벨(나무 · 튤립)을 탐색하고 Formtec Label 3621 라벨용지에 출력한다.
- 활동에 참여하는 어린이의 연령, 발달 수준, 흥미도 그리고 교육 내용에 따라 다양한 색종이 접기 참고도서에서 적합한 유형의 색종이 접기를 선택하고 순서도를 라벨 또는 활용 가능한 용지에 직접 작성하여 제작한다.

2 P.P 필름 자르기

- A4 규격의 P.P 필름을 필요한 매수만큼 준비하여 절반으로 자르고 각각의 필름 모서리를 둥글게 처리하여 제공한다.
- 필름 링 제본책에 사용하는 필름은 사선이 없는 샌딩 P.P 필름을 사용한다.
- 샌딩 P.P 필름은 불투명 또는 색이 있는 필름 중에 표현 내용이나 사용하는 재료에 따라 적절한 종류를 선택한다.

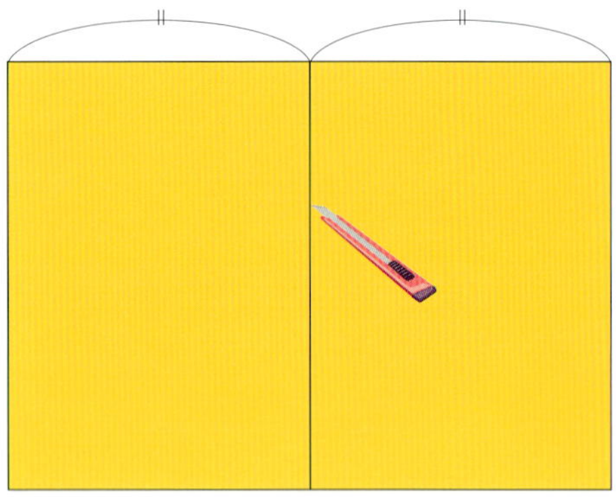

A4 P.P 필름

3 링 제본하기

- 절반으로 자른 필름을 각각 1매씩 타공한다.
- 타공한 필름을 포개어 링 제본한다.
- 남는 링 부분은 잘라내고 모서리를 둥글게 처리한다.

4 앞표지 꾸미기

- P.P 필름 링 제본책의 앞표지에 완성된 형태의 색종이를 접어 붙이고 제목, 지은이, 출판사 명 등을 표현한다.
- 완성된 형태의 색종이 접기는 뒷면에 넓은 너비의 양면테이프를 전체 면에 부착하여 들뜨지 않도록 붙인다.
- 앞표지 필름에 접착주머니(소)를 붙이고 완성된 형태의 색종이 접기를 넣으면 자유롭게 꺼내어 전체 모습을 자유로이 탐색할 수 있다.

❹-1 색종이 접기 뒷면에 양면테이프를 이용하여 부착한 앞표지

❹-2 접착주머니 안에 색종이 접기 완성품을 넣어 꾸민 앞표지

5 본문 면 꾸미기

- 제작할 색종이 접기 순서도에 따라 각각의 단계에 맞추어 내지를 접는다.
- 순서에 따라 접은 내지에 적절한 색깔의 유성펜으로 접는 선과 방향 등을 자를 이용하여 그리거나 스티커 등을 이용하여 표시한다.
- 색종이 접기 순서도 책은 각각의 단계마다 어린이가 직접 만져볼 수 있도록 내지가 돌출되므로 얇은 색종이를 사용하면 쉽게 훼손되므로 컬러 머메이드와 같은 두꺼운 지종을 이용하여 제작하는 것이 적절하다.
- P.P 필름 두 번째 상단 면부터 순서도에 따라 접은 내지 뒷면에 넓은 너비의 양면테이프를 전체 면에 부착하여 들뜨지 않도록 붙인다.
- 색종이 접기 순서도 내지를 붙인 P.P 필름 하단에 출력한 **색종이 접기 순서도 라벨 3621(CD-ROM)**을 차례로 붙인다.
- 표현 내용에 따라 P.P 필름 위에 아크릴 물감, 유성펜, 스티커, 라벨, 접착펠트, 접착 주머니 등 다양한 재료를 사용하여 직접 글과 그림을 그리거나 장식한다.

6 뒷표지 꾸미기

- P.P 필름 뒷표지에 펴낸 날 또는 끝마친 날, 펴낸 이, 뒷표지 그림, 광고문, 소개하는 글, 가격, ISBN, 바코드 등을 적어 꾸민다.
- 표현 내용에 따라 라벨에 적어 붙이거나 접착 주머니를 붙이고 속지 카드에 꾸며서 담는다.
- 앞표지와 같이 뒷표지 필름에 접착주머니(소)를 붙이고 완성된 형태의 색종이 접기를 위해 사용할 색종이를 준비해 넣어두면 완성되기 전의 종이 크기와 재료를 자유로이 탐색하고 어린이 스스로 필요한 크기와 매수의 색종이를 준비하여 활동할 수 있다.

7 소개하기 · 감상하기

- 색종이 접기 순서도 필름 링 제본책을 소개하고 책의 특징에 대하여 이야기 나눈다.
- 색종이 접기 순서도 책의 특별한 부분이 무엇인지 이야기 나누고 사용할 때 주의해야 할 점에 대하여 알아본다.
- 제작된 색종이 접기 순서도 책을 읽기 영역 또는 조형미술 영역에 제공하고 원하는 시간에 자유로이 색종이 접기를 하도록 지도한다.
- 종이를 내지로 만든 책과 필름을 내지로 사용하여 제작한 책의 특징과 차이점에 대하여 이야기 나눈다.
- P.P 필름 또는 PVC 필름 링 제본책을 이용하여 색종이 접기 순서도 외에 어떤 이야기를 어떻게 표현할 수 있을지 알아본다.
- 생각한 이야기를 필름 링 제본책에 꾸며보고 이야기 또는 표현 방법이 독특하거나 아름다운 작품을 알아본다.
- 필름 링 제본책을 사용하거나 제작하면서 느낀 어려운 점이 있었는지 이야기 나누고 해결할 수 있는 방법을 탐구한다.

뒷표지 · 앞표지

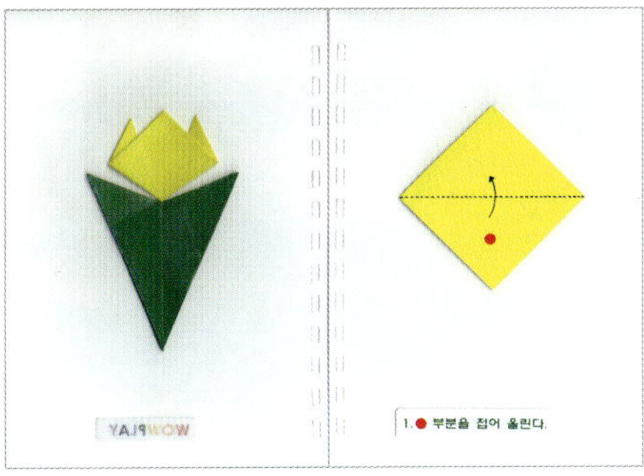

1면 · 2면

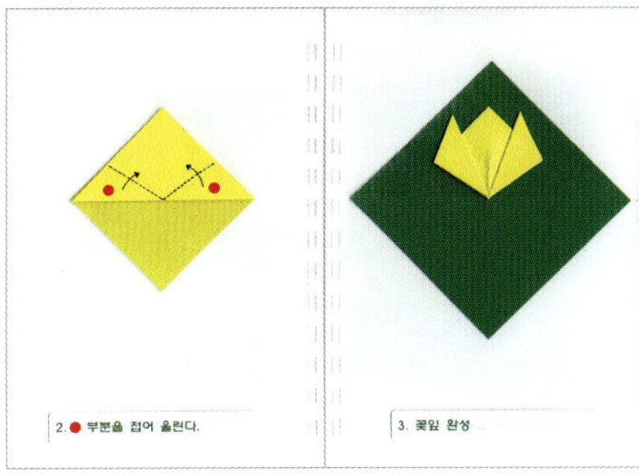

3면 · 4면

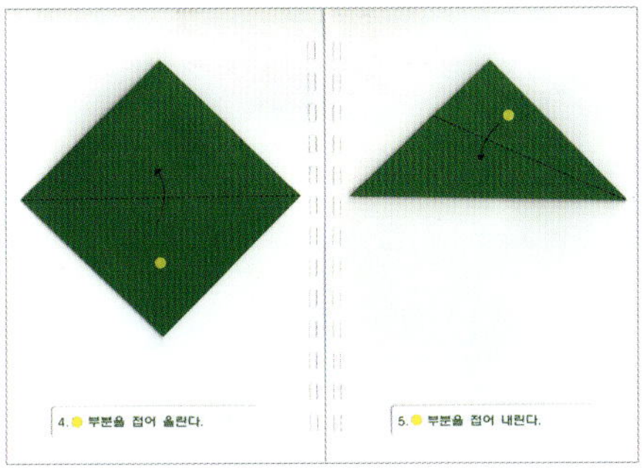

5면 · 6면

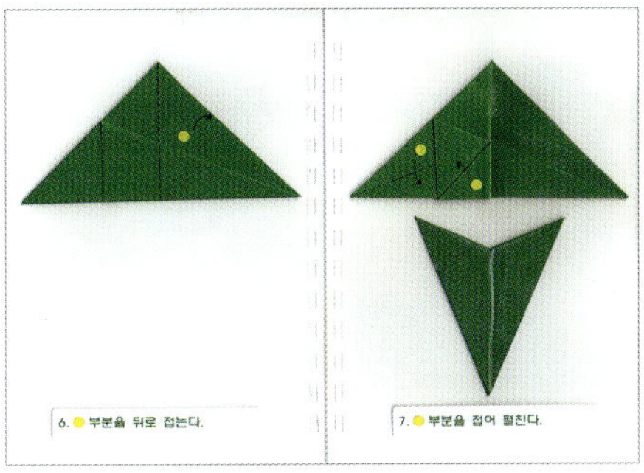

7면 · 8면

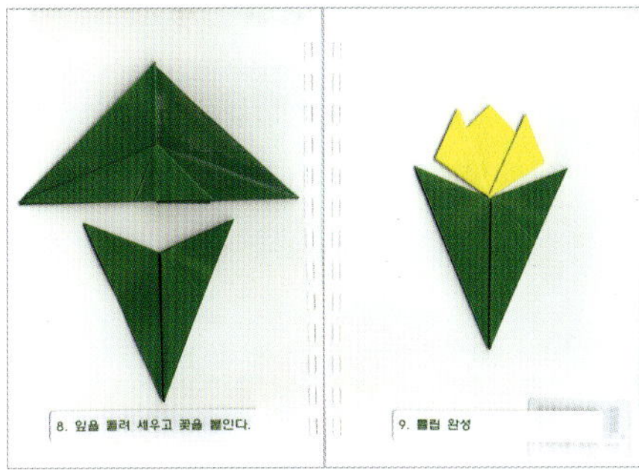

9면 · 10면

• 최유경(2005). 튤립. 150㎜×210㎜.

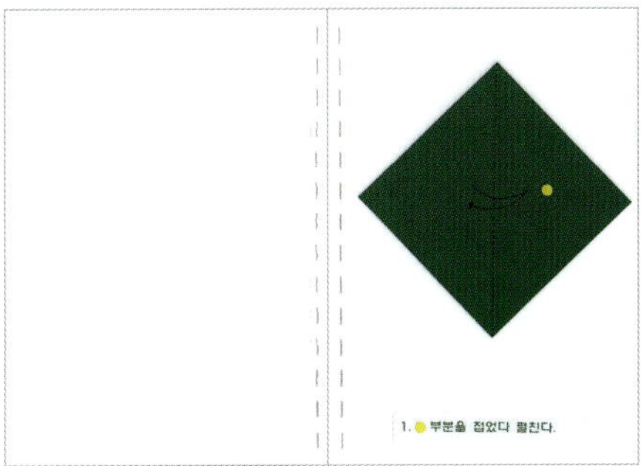

뒷표지 · 앞표지

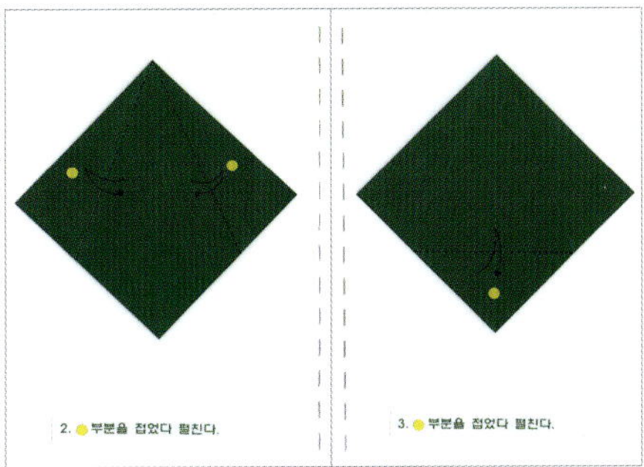

1면 · 2면

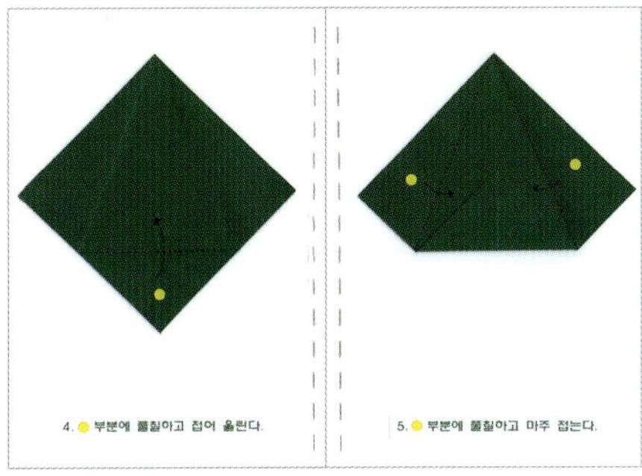

3면 · 4면

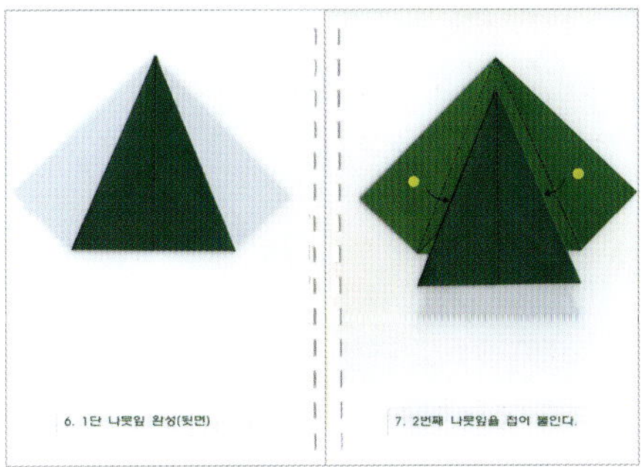

5면 · 6면

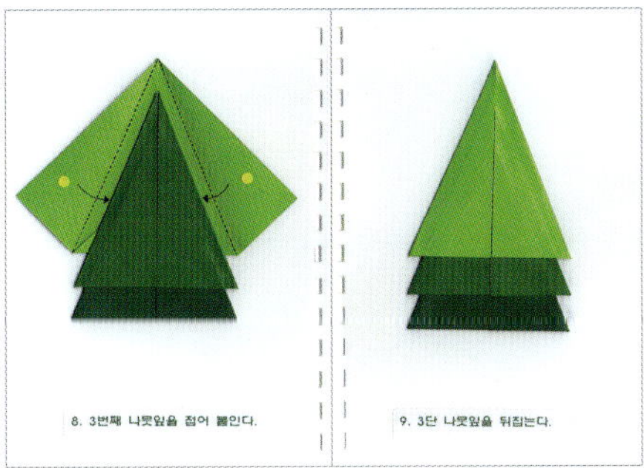

7면 · 8면

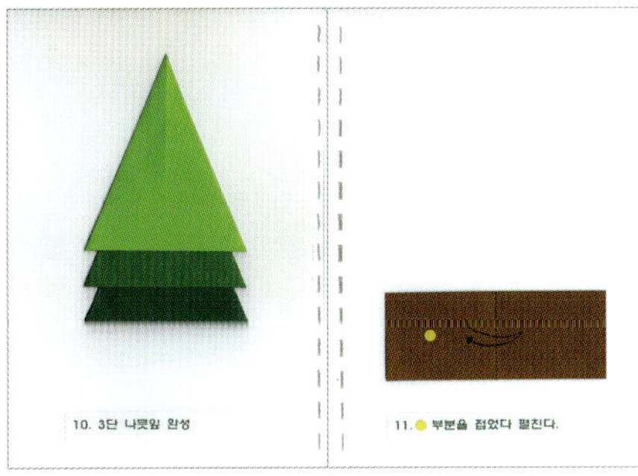

9면 · 10면

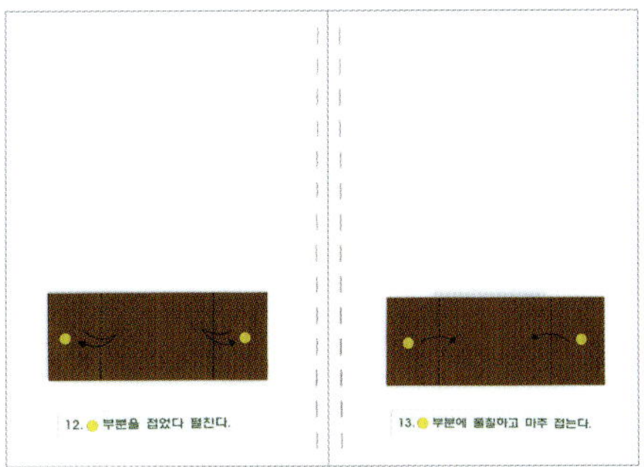

11면 · 12면

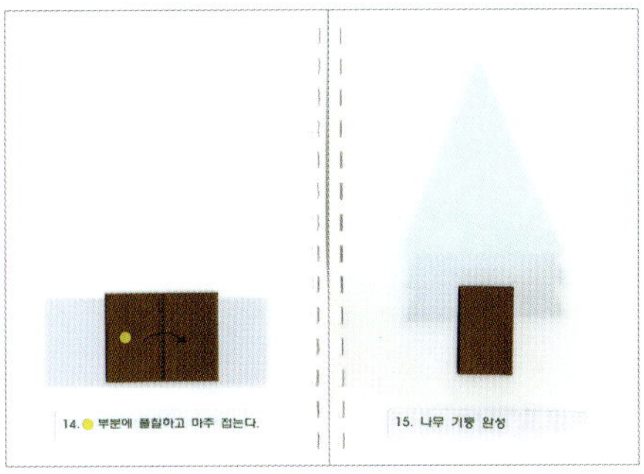

13면 · 14면

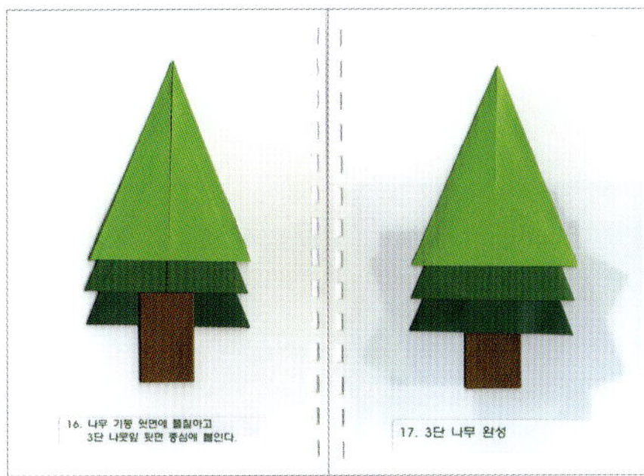

15면 · 16면

• 최유경(2005). 나무. 150㎜×210㎜.

Pop-Up 링 제본책

준비물

- 표지 | P.P 필름 A4 1매
- 내지 | 양면색지 135㎜×195㎜ 2매
  | 양면색지 540㎜×195㎜ 7매
- 플라스틱 링 20㎜ 1개
- 플라스틱 링 제본기

- 박진희 · 박병연 · 김태정 · 김가현 · 김민정 · 문정원(초등 1 · 2 · 3년). 사랑이란 무엇일까요? 135㎜×195㎜.
- 활용도서 | 채인선(2005). 아름다운 가치사전. 한울림어린이.

- 표지 | 보드 200㎜×190㎜ 2매
  | 장식지 240㎜×230㎜ · 195㎜×185㎜ 각 2매
- 내지 | 컬러 머메이드 400㎜×190㎜ 30매
  | 컬러 머메이드 200㎜×190㎜ 31매
- 접착주머니(대) 4매
- 플라스틱 링 51㎜ 1개

Tips

- pop-up 링 제본책은 병풍접기 내지 외에 양장접기, 테두리접기, 양문 양장접기, 양문 병풍접기 내지를 이용하여 만들 수 있어요. 각각의 내지를 이용하여 사랑표 pop-up 내지를 만들고 링 제본하여 내지 형태에 따른 책의 특징을 탐색해 보세요.

- pop-up 링 제본책은 내지 유형에 따라 링 제본하는 책등 면을 다르게 만들어야 하고 같은 형태의 내지라도 책등 면을 반대로 만들어 제본할 수 있어요. 양장접기와 전통접기 내지는 같은 형태라도 책등 면에 따라 표현 면이 달라지는 것을 알 수 있듯이 양장접기 내지를 돌려서 전통접기 내지와 같이 제본하면 pop-up을 만드는 방식 또한 달라져요.

- pop-up 제작 기법은 간단한 유형부터 복잡한 형태까지 다양하므로 표현 내용에 따라 적합한 방법을 활용하면 아름다운 책을 만들 수 있어요. 다양한 pop-up 기법을 활용하려면 기본 방식을 먼저 학습하는 과정이 필요해요.

- pop-up 제작을 위한 기본 방법은 123쪽에 설명되어 있으므로 제시된 방법에 따라 차례로 연습하고 제시된 방법 외의 내지를 준비하여 변형된 방식으로 제작해 보세요.

- 보다 다양한 pop-up 기법은『최유경(2005). 책 만들기를 통한 창의적 언어교육 III. WOWPLAY』에 상세히 소개되어 있으므로 이를 참고하세요.

생각 모으기

Q. pop-up 링 제본책을 만들 때 주의해야 할 점을 생각하고 적어보세요.

A.

Q. pop-up 링 제본책을 만들기에 적합한 모양을 생각하고 5가지 이상 그려 보세요.

A.

Q. pop-up 링 제본책을 만들기에 적합하지 않은 모양을 3가지 이상 생각하고 그려 보세요. 그리고 각각의 모양이 적합하지 않은 이유를 설명해보세요.

A.

만들기

1 표지 P.P 필름 자르기

- A4 규격의 P.P 필름을 135㎜×195㎜ 크기로 자르고 2매의 필름 모서리를 각각 둥글게 처리하여 제공한다.

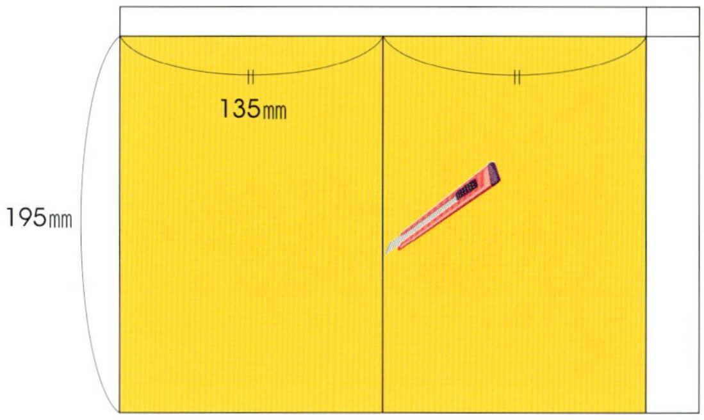

A4 P.P 필름

2 내지 4면 병풍접기

- 540㎜×195㎜ 크기의 내지를 필요한 매수만큼 준비한다.
- 각각의 내지를 지그재그로 접어서 4면 병풍 내지를 만든다.

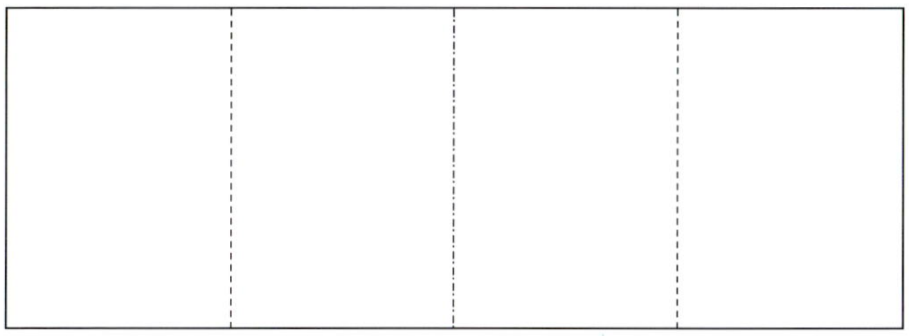
❷ 내지를 지그재그로 접어서 4면 병풍책을 만든다.

3 pop-up 만들기

- 4면 병풍접기 내지를 펼쳐서 다시 절반으로 접는다.
- 접은 면을 중심으로 원하는 형태의 사랑표 모양을 절반만 그린다.
- 사랑표 모양의 옆면을 2㎝ 정도 남겨두고 두 겹의 병풍접기 내지를 선을 따라 자른다.
- 옆선을 남겨두고 자른 사랑표 모양을 내지 앞뒷면으로 한번씩 접었다 펼친다.
- 접었다 펼친 사랑표 모양 부분을 병풍접기 내지 안쪽으로 밀어 넣는다.
- 사랑표 모양을 밀어 넣은 병풍내지의 좌우 옆면의 날개를 사랑표 pop-up이 만들어진 면 위로 접어 포갠다.
- 위와 같은 방법으로 나머지 병풍접기 내지에 차례로 사랑표 pop-up을 만든다.
- 사랑표 모양이 병풍접기 내지 한 면 너비의 절반을 넘을 경우 내지 밖으로 pop-up 부분이 튀어나오게 되므로 내지 한 면 너비의 절반을 넘지 않게 그리도록 지도한다.
- 활동 내용에 따라 사랑표 모양 외에 다양한 모양과 크기의 모양 본을 제작하여 제공한다.
- 각각의 면마다 다른 형태의 pop-up을 만들 수 있다.

4 표지 필름 · 외겹접기 표지 · pop-up 병풍접기 내지 맞추기

- 사랑표 pop-up을 만든 병풍접기 내지 7매를 pop-up이 만들어진 접은 면과 1면과 4면을 접어 포갠 날개 면이 책등으로 가도록 한 매씩 포갠다.
- pop-up 병풍접기 내지 앞뒷면에 준비해 놓은 외겹접기 표지와 표지 필름을 각각 한 매씩 포갠다.

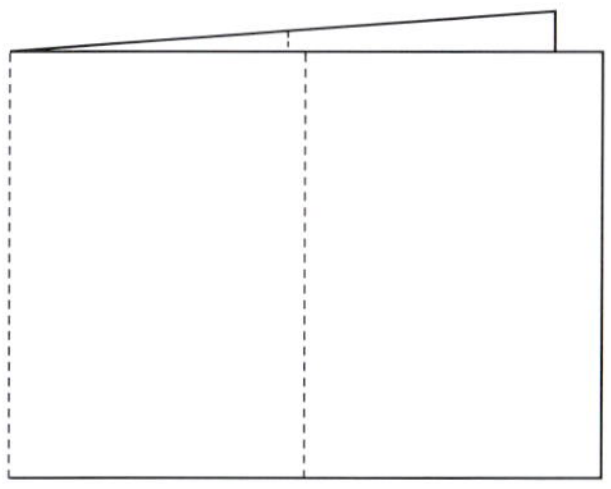
❸-1 4면 병풍접기 내지를 펼쳐서 절반으로 접는다.

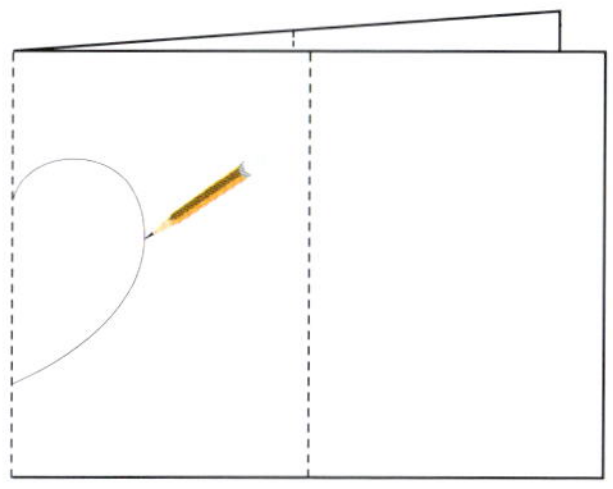
❸-2 병풍접기 내지의 접은 면을 중심으로 사랑표 모양을 그린다.

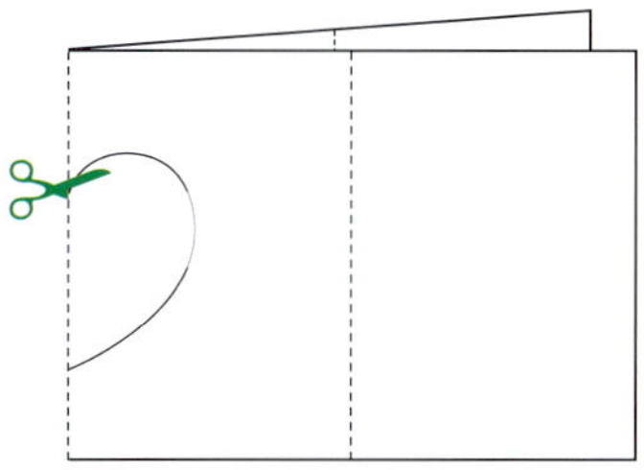
❸-3 사랑표 모양의 옆선을 2㎝ 정도 남겨두고 선을 따라 자른다.

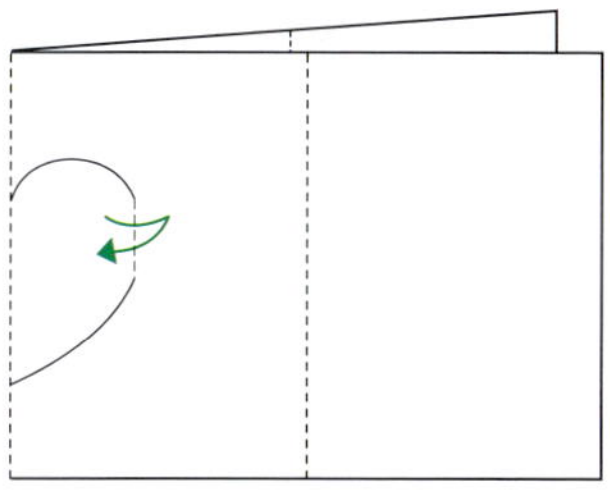
❸-4 사랑표 모양의 남겨진 옆선을 따라 앞뒤로 접었다 펼친다.

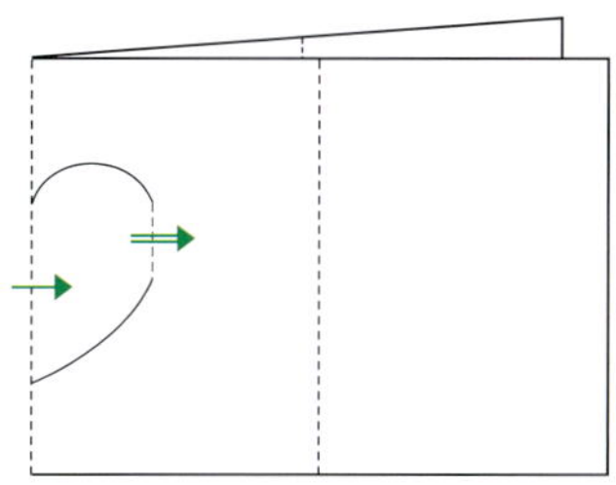
❸-5 병풍접기 내지 안쪽으로 사랑표 모양 부분을 밀어 넣는다.

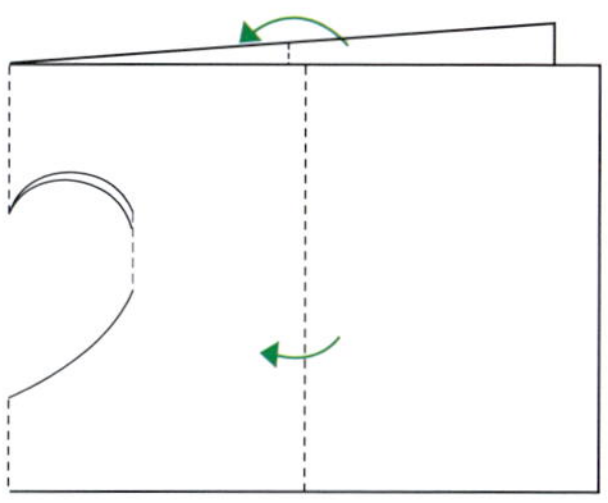
❸-6 사랑표 pop-up을 만든 내지의 좌우 날개를 pop-up이 만들어진 면 위로 접어 포갠다.

5 표지 필름 · 표지 · pop-up 병풍접기 내지 타공하기

- 표지 필름 2매를 각각 1매씩 타공한다.
- 외겹접기 표지와 pop-up 병풍접기 내지는 적당한 매수만큼 포개어 타공한다.
- pop-up 병풍접기 내지는 타공할 때 pop-up 부분을 안으로 밀어 넣은 상태에서 타공해야 사랑표 모양에 타공 구멍이 생기지 않는다.
- pop-up 링 제본책은 내지의 타공 면에 그림과 글을 쓰지 않아야 하고 pop-up 부분이 펼쳤을 때 링에 걸리므로 타공을 먼저 하고 내지를 꾸민 후 마지막에 링 제본한다.

❺-1 사랑표 pop-up이 만들어진 4면 병풍내지를 접어서 pop-up이 만들어진 면을 타공한다.

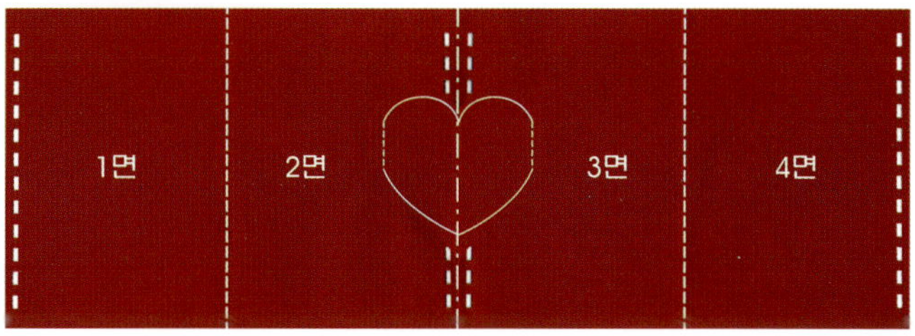

❺-2 타공한 사랑표 pop-up 4면 병풍접기 내지의 펼친 모습

6 사랑표 pop-up 내지 꾸미기

- 사랑하는 사람 또는 사물이 무엇인지, 왜 사랑하는지, 사랑하는 마음을 어떻게 표현할 수 있는지 자유롭게 이야기 나누며 생각을 모은다.
- 사랑표 pop-up을 만든 병풍접기 내지 앞면에 사랑에 대한 나만의 정의, 기억에 남는 문구, 사랑하는 대상에 대한 생각과 느낌 등을 글과 그림으로 표현한다.
- 양장접기 내지를 펼치고 다양한 재료를 이용하여 사랑표 pop-up 부분을 아름답게 꾸미고 여백 부분에 원하는 글과 그림을 담는다.
- pop-up 부분을 꾸민 양장접기 내지 뒷면에 오늘 하루 내가 한 아름다운 행동이나 생각에 대하여 표현한다.
- 위와 같은 방법으로 나머지 사랑표 pop-up 양장접기 내지를 차례로 꾸민다.
- 생일 또는 축하할 특별한 날에 학급 전체 어린이가 내지 앞면과 뒷면에 축하 글과 자신의 이름을 담고 pop-up 면을 장식하여 전체를 모아 링 제본하면 특별한 의미가 담긴 선물이 된다.
- 표현 내용이나 활동 주제에 따라 사랑표 모양 외에 적합한 pop-up을 만들고 내지의 앞 · 뒷면을 꾸미도록 지도한다.
- pop-up 모양은 표현 내용에 따라 원하는 모양으로 만든다.

❻-1 사랑표 pop-up 내지의 앞면과 뒷면 꾸미기(1면 · 4면)

❻-2 사랑표 pop-up 내지의 안쪽 면 꾸미기(2면 · 3면)

7 링 제본하기

- 완성한 pop-up 내지 앞 · 뒷면에 외겹접기 표지를 포개고 그 위에 표지 P.P 필름을 덮는다.
- 링에 앞표지 P.P 필름 ⇒ 외겹접기 앞표지 ⇒ pop-up 병풍 접기 내지 ⇒ 외겹접기 뒷표지 ⇒ 뒷표지 P.P 필름의 순서로 차례로 끼어 링 제본한다.
- 남는 링 부분은 잘라내고 모서리를 둥글게 처리한다.

8 앞표지 꾸미기

- 외겹접기 앞표지의 앞면에 제목, 지은이, 앞표지 그림, 출판사 명 등을 꾸민다.

9 뒷표지 꾸미기

- 외겹접기 뒷표지의 뒷면에 끝마친 날, 광고문, 소개하는 글, 값, 바코드 그리고 ISBN 등을 적어 꾸민다.

❾-1 외겹접기 앞표지 꾸미기

❾-2 외겹접기 뒷표지 꾸미기

10 소개하기 · 감상하기

- 어떤 모양의 pop-up을 만들었는지 pop-up 모양에 따라 어떤 이야기를 어떻게 표현했는지 소개한다.
- 독특한 모양의 pop-up과 내용 및 구성이 아름다운 작품을 알아본다.

Tips

- **사랑표 pop-up(양장접기 내지)**

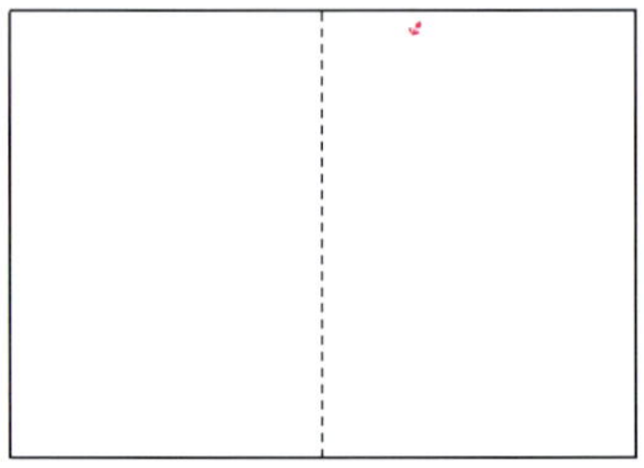

① 내지를 절반으로 접는다.

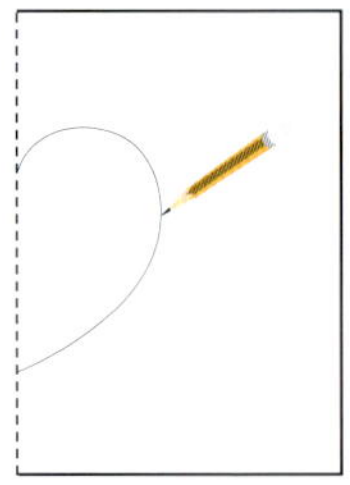

② 접은 면을 중심으로 사랑표 모양을 너비의 절반이 넘지 않게 그린다.

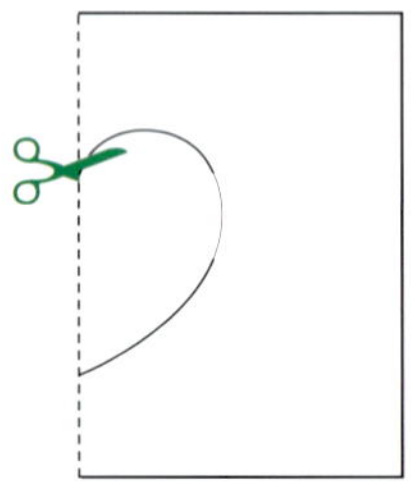

③ 선을 따라 옆면을 남겨두고 자른다.

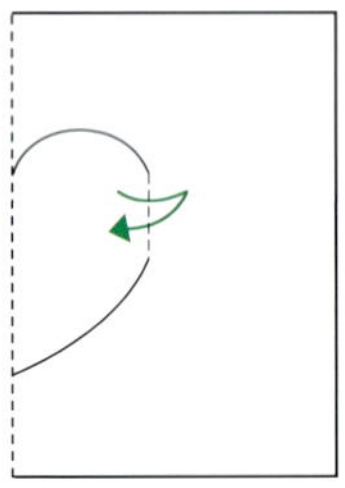

④ 남겨진 옆선을 따라 앞 · 뒤로 접었다 펼친다.

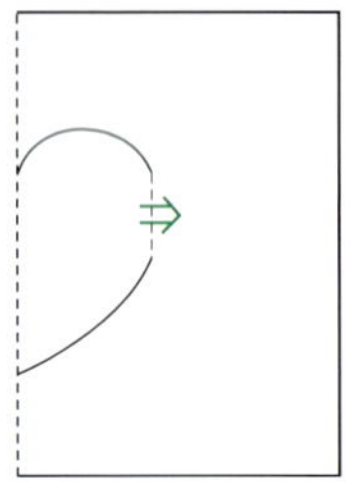

⑤ 사랑표 부분을 안쪽으로 밀어 넣는다.

⑥ pop-up이 만들어진 내지의 접혀진 면을 타공한다.

⑦ 양장접기 사랑표 pop-up 내지의 펼친 모습

- **사랑표 pop-up(테두리접기 내지)**

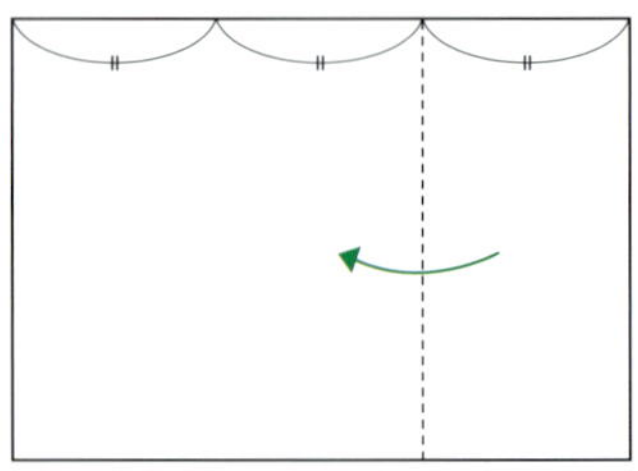

① 내지를 3등분으로 나누어 1/3만큼 접는다.

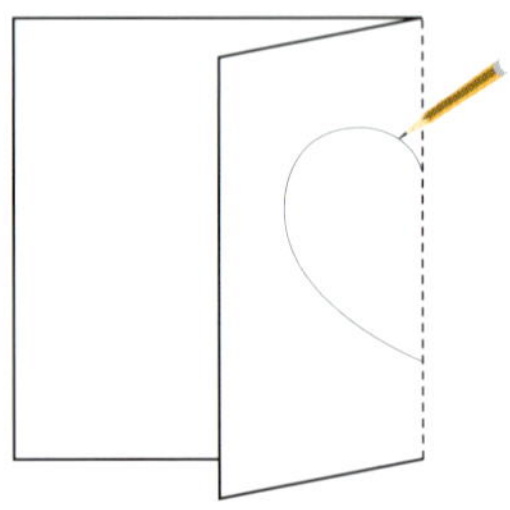

② 접은 면을 중심으로 사랑표 모양을 너비의 절반이 넘지 않게 그린다.

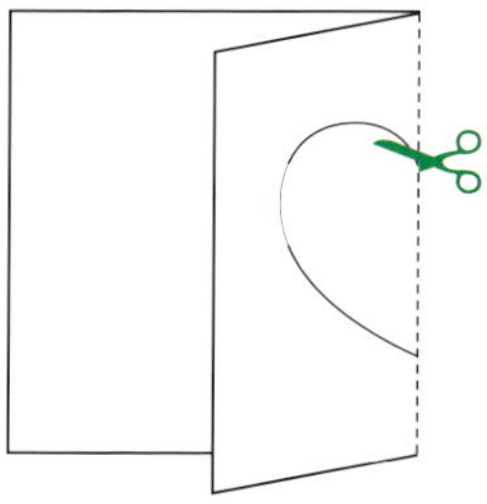

③ 그려진 선을 따라 옆면을 남겨두고 자른다.

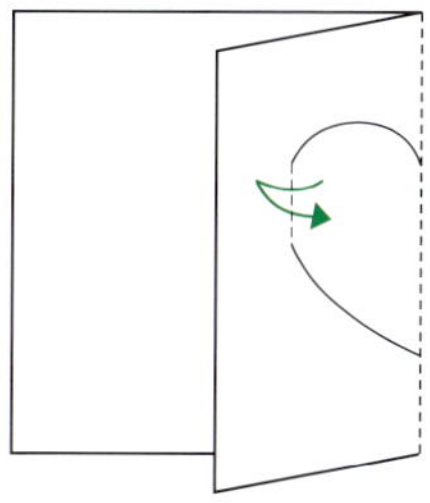

④ 남겨진 옆선을 따라 앞 · 뒤로 접었다 펼친다.

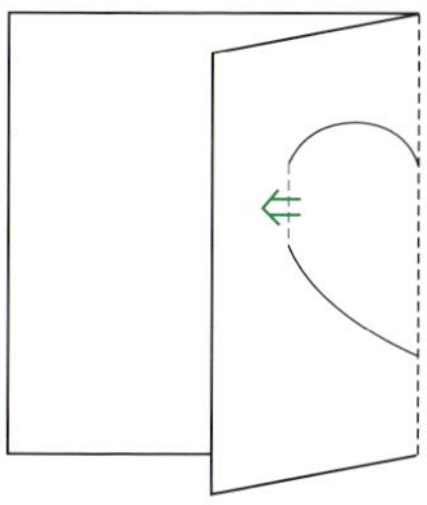

⑤ 사랑표 부분을 내지 안쪽으로 밀어 넣는다.

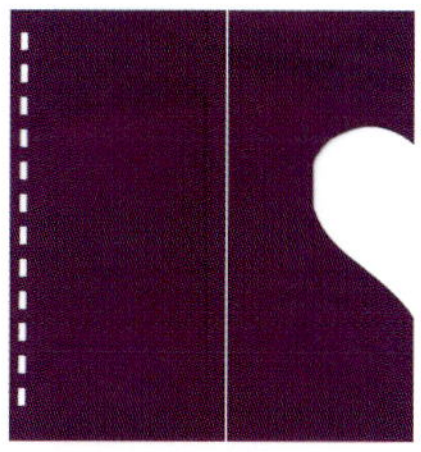

⑥ pop-up이 만들어진 내지의 반대 면을 타공한다.

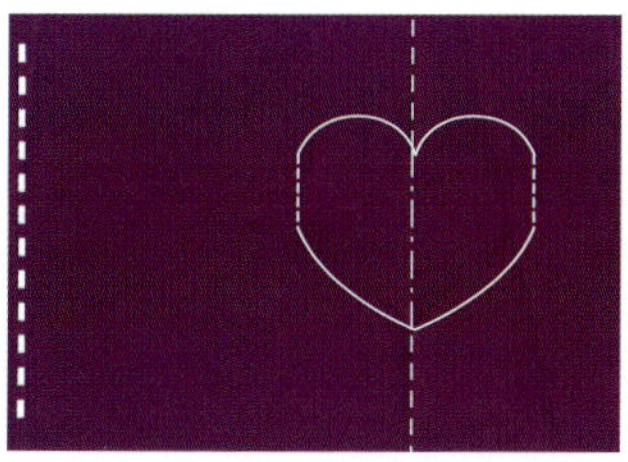

⑦ 테두리접기 사랑표 pop-up 내지의 펼친 모습

- **사랑표 pop-up(테두리접기 내지)**

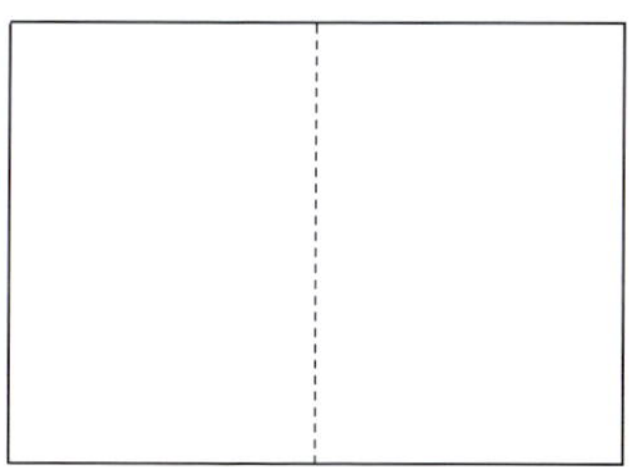

① 내지를 절반으로 접는다.

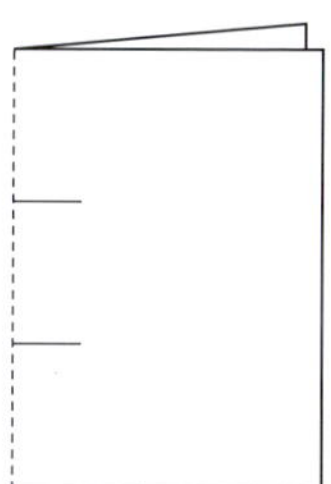

② 접은 면을 중심으로 적당한 너비만큼 칼선을 넣는다.

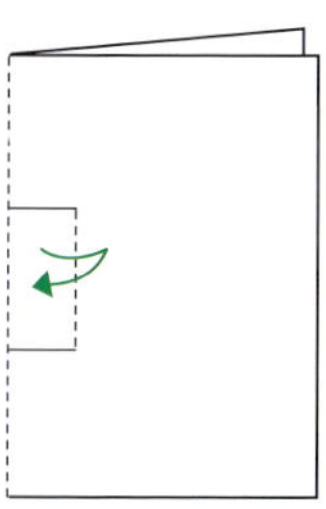

③ 칼선을 넣은 상자 부분을 앞 · 뒤로 접었다 펼친다.

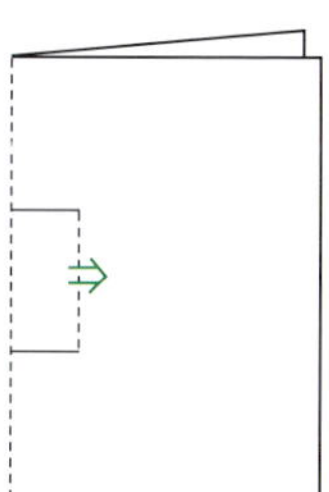

④ 상자 부분을 안쪽으로 밀어 넣는다.

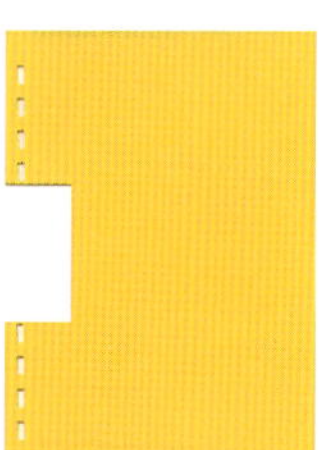

⑤ pop-up이 만들어진 내지의 접혀진 면을 타공한다.

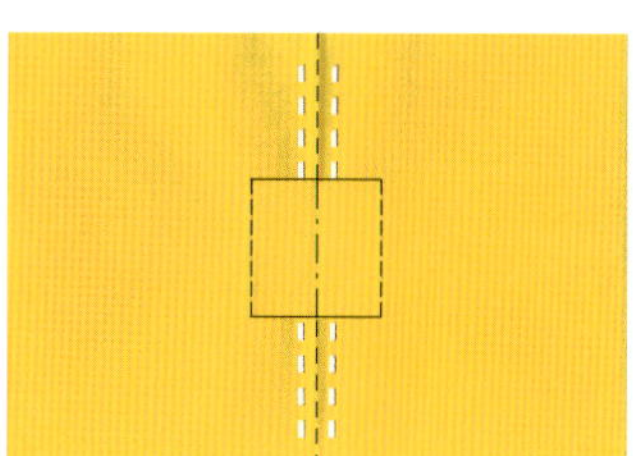

⑥ 양장접기 상자 pop-up 내지의 펼친 모습

- **상자, 계곡, 무대 pop-up 면에 그림 카드를 만들어 붙이세요(124쪽 참고).**

- **계곡접기 pop-up(테두리접기 내지)**

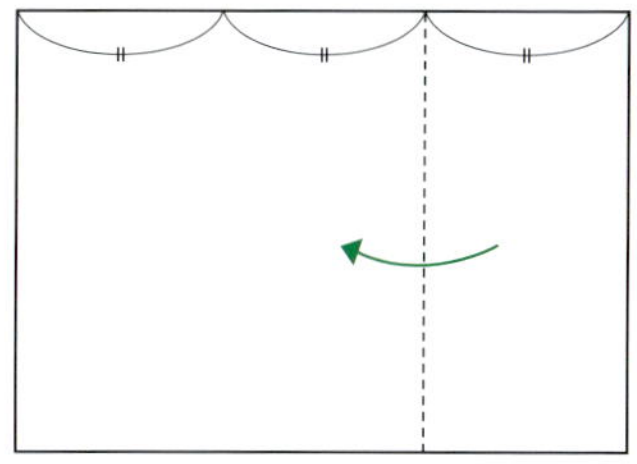

① 내지를 3등분으로 나누어 1/3만큼 접는다.

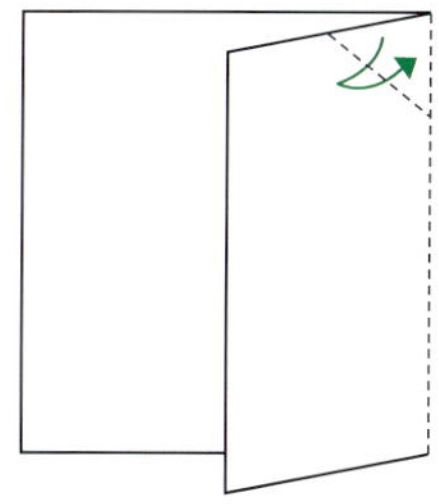

② 접은 면을 중심으로 비스듬히 접었다 펼친다.

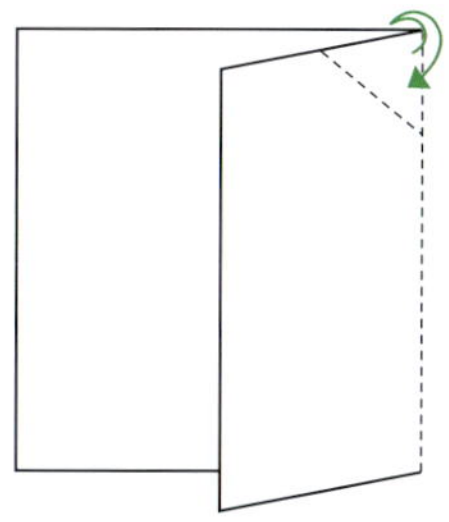

③ 접은 선을 따라 다시 뒷면으로 접었다 펼친다.

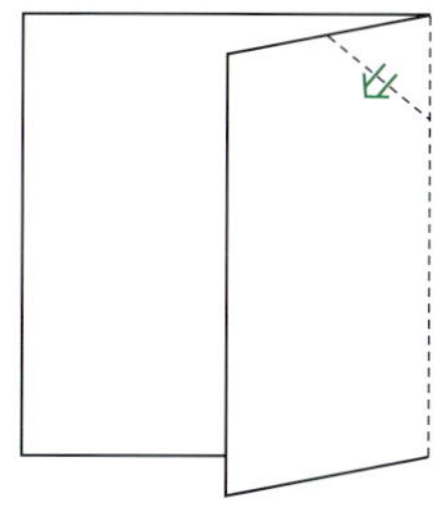

④ 사선으로 접은 부분을 내지 안쪽으로 밀어 넣는다.

⑤ pop-up이 만들어진 내지의 반대 면을 타공한다.

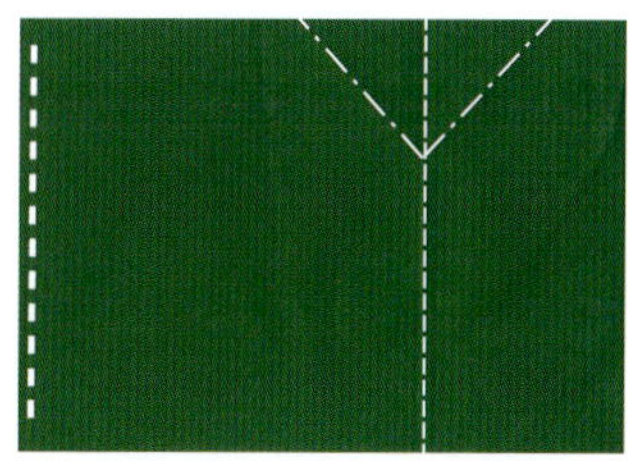

⑥ 계곡접기 pop-up 내지의 펼친 모습

- **계곡접기 pop-up(테두리접기 내지)**

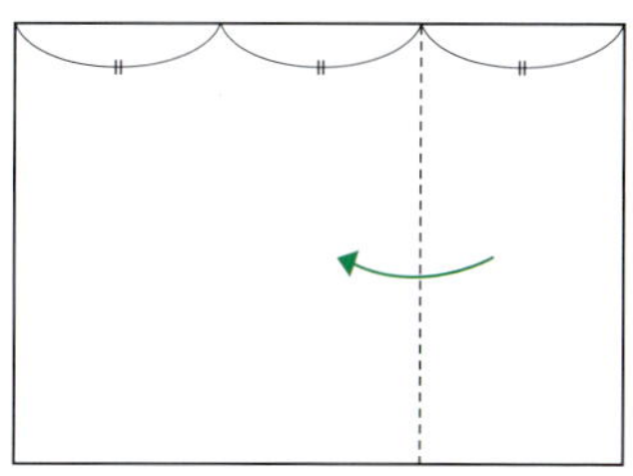

① 내지를 3등분으로 나누어 1/3만큼 접는다.

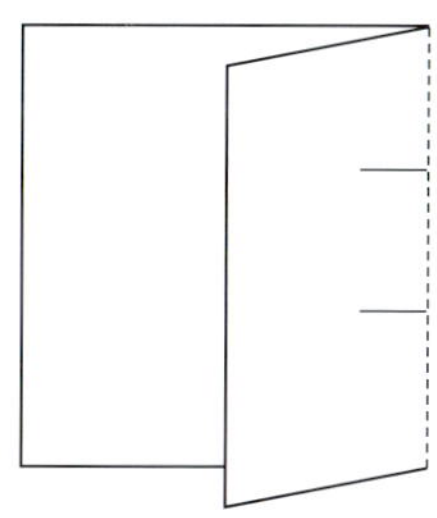

② 접은 면을 중심으로 적당한 너비만큼 칼선을 넣는다.

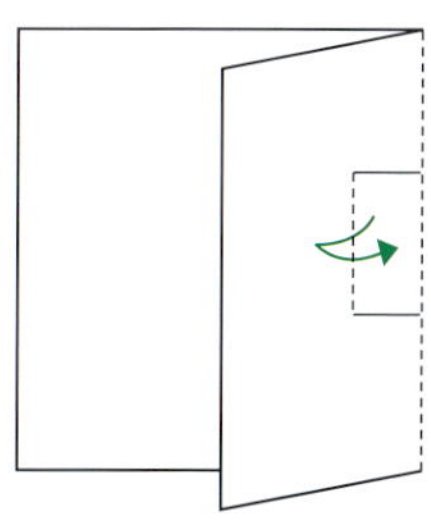

③ 칼선을 넣은 상자 부분을 앞 · 뒤로 접었다 펼친다.

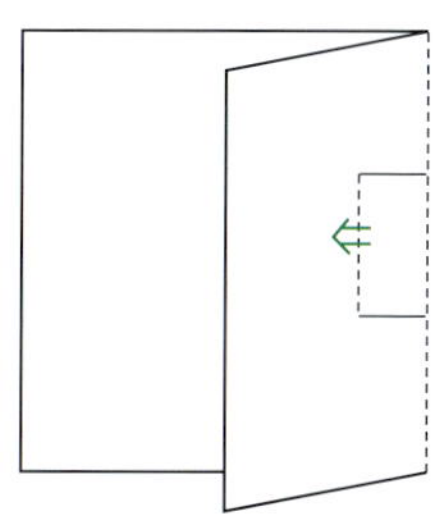

④ 상자 부분을 안쪽으로 밀어 넣는다.

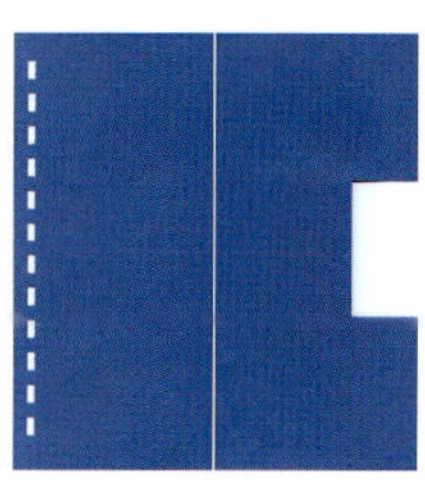

⑤ pop-up이 만들어진 내지의 반대 면을 타공한다.

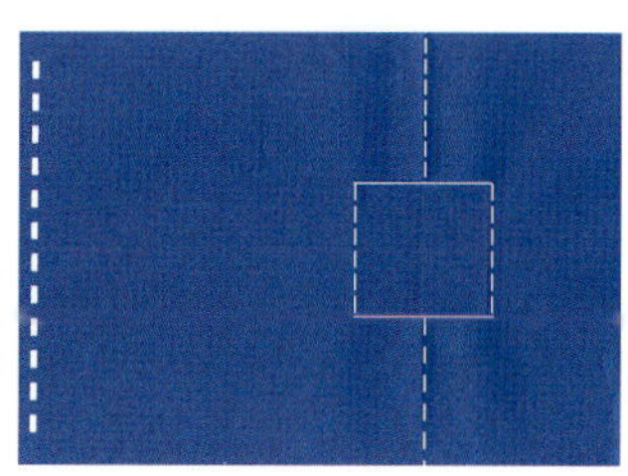

⑥ 테두리접기 상자 pop-up 내지의 펼친 모습

2
4
5

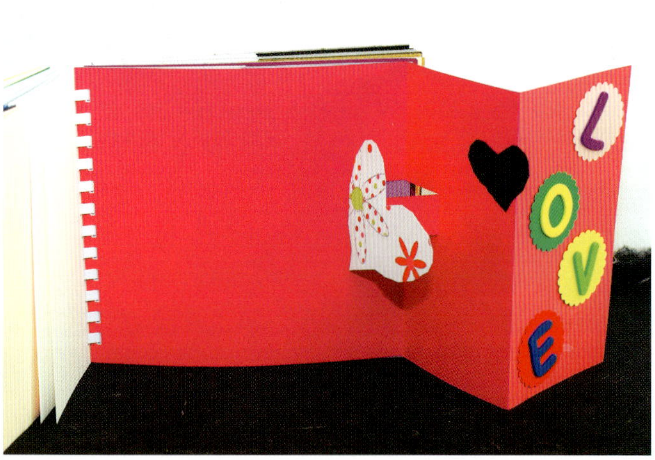
LOVE

CHAPTER 6

태그 · 아일릿 · 포스트 · 책철을 활용한 문해 활동

Literacy Activities through Tag · Eyelet · Post · Fastener Books

- 태그 제본책
- 아일릿 제본책
- 포스트 제본책
- 책철 제본책

태그 제본책

준비물

- 내지 | 태그
- 태그 끈
- 군번줄
- 라미네이팅 필름
- 링 라벨

- 김가현(초등 1년). 빨간 풍선의 모험. 45㎜×72㎜.
- 활용도서 | 엘라 마리(1995). 빨간 풍선의 모험. 시공주니어.
- 태그 | 45㎜×72㎜ 17매
- 양우석(초등 4년). 책나. Φ72㎜.
- 활용도서 | 고미 타로(2003). 모두가 가르쳐 주었어요. 달리.
- 내지 | 디자이너스칼라 Φ72㎜ 31매.
- Formtec label 3640

- 문정원(초등 2년). 엄마에게. Φ72㎜.
- 내지 | 디자이너스칼라 Φ72㎜ 31매.
- Formtec label 3640

- 박성옥. 전하고 싶은 엄마의 마음. 48㎜×72㎜.
- 태그 | 컬러머메이드 48㎜×72㎜ 32매

- 카드 | 흑기사 270㎜×195㎜ 각 1매
- 인형 | 컬러 머메이드 · 양면 뉴칼라
- 아일릿 4호

- 내지 | 컬러 머메이드 2800㎜×190㎜ 1매
- 태그 프레임 | 컬러 머메이드 57㎜×95㎜ 4매
- 태그 | 컬러 머메이드 31㎜×53㎜ 4매
- 알파벳 폼 스티커
- 태그 펀치(대 · 소)
- 원형 브래드
- 낚시줄
- Pop Dot

생각 모으기

Q. 태그(tag)란 무엇인지 그리고 어디에 사용하는 것인지 찾아보고 설명해 보세요.

A.

Q. 태그를 이용하여 할 수 있는 문해 활동을 생각하고 적어보세요.

A.

Q. 시중에서 판매되는 태그 외에 태그를 만들 수 있는 다양한 도구 또는 재료를 생각하고 적어보세요.

A.

Q. 태그를 꾸밀 때 사용할 수 있는 다양한 재료를 생각하고 적어 보세요.

A.

Q. 다양한 모양과 크기의 태그를 관찰하고 원하는 형태의 태그 모양을 그려보세요.

A.

Tips

- 태그는 다양한 모양과 크기의 제품을 시중에서 구입하여 사용하거나 직접 원하는 형태로 만들어 꾸밀 수 있어요.

- 태그를 직접 만들려면 태그 펀치와 태그 템플릿을 사용하여 손쉽게 제작할 수 있어요. 일반적인 모양 외에 나만의 태그를 만들려면 P.P 필름에 원하는 형태와 크기의 태그 모양을 그리고 오려서 활용하세요.

- 태그는 인상 깊은 글귀를 적어서 한 매씩 책갈피를 만드는 방법 외에 감사 메시지, 축하 카드, 수수께끼 카드, 단어 카드, 일기 등 조형미술 및 글쓰기 재료로 다양하게 활용할 수 있어요.

- 태그는 종이 재질 외에 나뭇잎, P.P 필름, 가죽 등 다양한 재료를 이용하여 만들 수 있어요. 나뭇잎 같이 부서지기 쉬운 재료는 글과 그림을 담은 후 라미네이팅하여 사용하면 독특한 느낌의 태그를 만들 수 있어요.

- 나뭇잎으로 태그를 만들려면 낙엽을 모아 두꺼운 책 사이에 끼워 완전히 펼쳐 말린 후 사용해야 습기가 없어져 오래 보존할 수 있어요. 나뭇잎에 직접 글과 그림을 그리고 라미네이팅하거나 라미네이팅 한 나뭇잎에 유성펜이나 수성액을 이용하여 동시를 지어 적거나 재미있는 그림 카드를 만들어 벽면과 천장에 매달면 독특한 느낌의 나뭇잎 태그나 모빌을 만들 수 있어요.

- 태그 템플릿과 태그 펀치를 이용하여 태그를 만드는 경우 고학년 이하의 어린이는 반듯하게 따라 그리고 오리거나 펀치를 누르는 힘이 약하여 사용하기 어려울 수 있어요. 태그 템플릿이나 태그 펀치를 이용하여 태그를 만드는 경우 성인이 만들어 제공하세요.

- 태그 펀치로 만든 태그는 크기가 작아서 유아가 사용하기에 적합하지 않아요. 글씨를 작게 쓸 수 있는 초등학교 고학년이나 장식을 위한 태그를 만들 때 사용하면 좋아요.

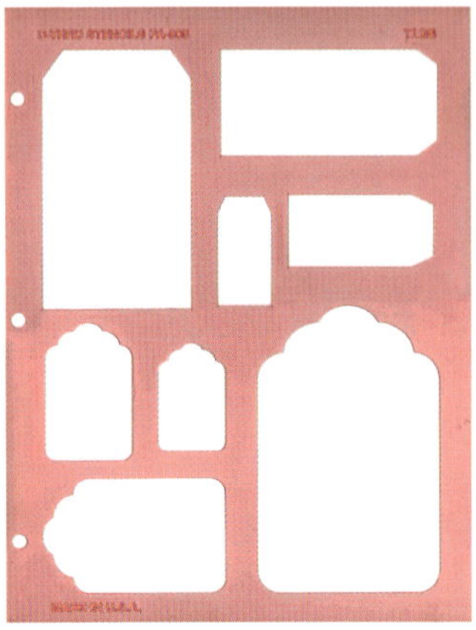

① 태그 템플릿 I

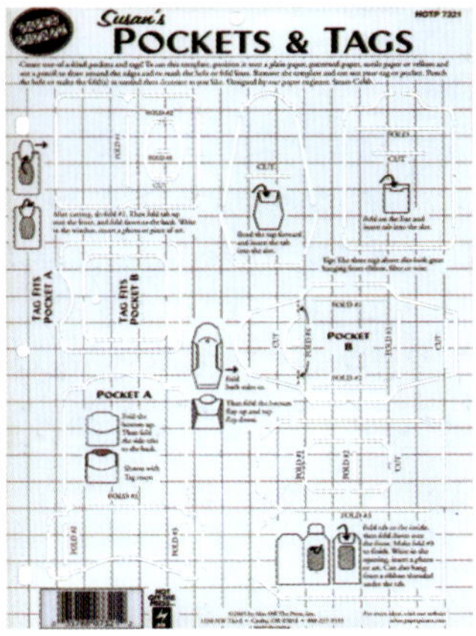

② 태그 템플릿 II

- 태그 구멍에 링 라벨을 붙이거나 아일릿을 박으면 끈을 걸었을 때 태그가 쉽게 찢어지거나 구겨지는 것을 방지할 수 있어요. 태그에 아일릿을 박는 방법은 아일릿 펀치, 다용도 아일릿 툴, 타공 펀치와 누름쇠를 사용하는 3가지 방법이 있어요. 아일릿 다용도 툴의 사용방법은 129쪽에 소개되어 있고 아일릿 펀치 그리고 타공 펀치와 누름쇠를 이용하여 아일릿을 박는 방법은 134쪽과 135쪽을 참고하세요.

- 아일릿 다용도 툴은 자동으로 작동하도록 제작되어 있어서 강한 힘을 요구하는 아일릿 펀치나 망치를 사용해야 하는 타공 펀치와 누름쇠를 사용하는 것 보다 쉽고 편리하며 안전해요. 어린이와의 활동에서는 되도록 아일릿 다용도 툴을 구입하여 사용하는 것이 좋아요.

- 아일릿 다용도 툴에는 1.6㎜(1/16″) · 3.2㎜(1/8″) · 5㎜(3/16″) 크기의 타공 펀치와 누름쇠로 구성되어 있으므로 각각의 규격에 맞는 아일릿을 구입하여 사용하세요.

- 태그는 한 매 또는 여러 매를 동시에 아일릿으로 박을 수 있어요. 여러 매의 태그를 사용하는 경우 아일릿의 높이에 맞추어 적당한 매수를 끼워야 박을 수 있어요. 아일릿 2호를 사용하는 경우 양면색지는 5매 정도가 적절해요. 여러 매의 태그를 아일릿으로 박고 옆으로 펼치면 부채책(fan books)과 같은 형태가 만들어져요.

- 태그 구멍에 태그 끈, 리본테이프, 군번줄 등 다양한 재료를 사용하여 끈을 걸어 보세요. 끈의 재질과 매듭 형태에 따라 책갈피 외에 이름표, 명칭 카드, 메모지, 축하 카드 등 다양한 용도로 활용할 수 있어요.

③ 일반 태그

④ 링 라벨을 붙인 태그

⑤ 아일릿을 박은 태그

아일릿 다용도 툴 사용방법

1 instant setter에 알맞은 크기의 타공 펀치를 끼운다.

2 바닥에 받침대를 깔고 태그의 적당한 위치에 instant setter를 직각으로 세우고 힘주어 눌러 구멍을 뚫는다.

3 태그 앞면의 타공 구멍에 타공 펀치에 맞는 크기의 아일릿을 끼운다.

4 아일릿의 머리 부분이 바닥으로 가고 배 부분이 보이도록 아일릿을 끼운 태그를 뒤집어 놓는다.

5 instant setter에 타공 지름에 맞는 크기의 누름쇠를 끼운다.

6 누름쇠를 끼운 instant setter를 직각으로 세워 아일릿의 배 부분을 3~4차례 힘주어 눌러서 고정시킨다.

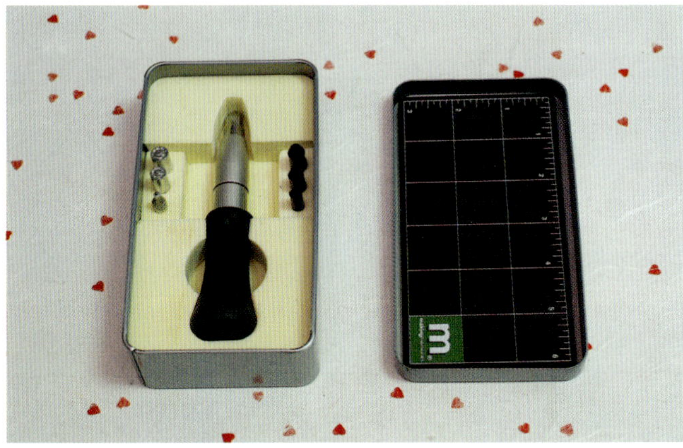

아일릿 다용도 툴의 구성

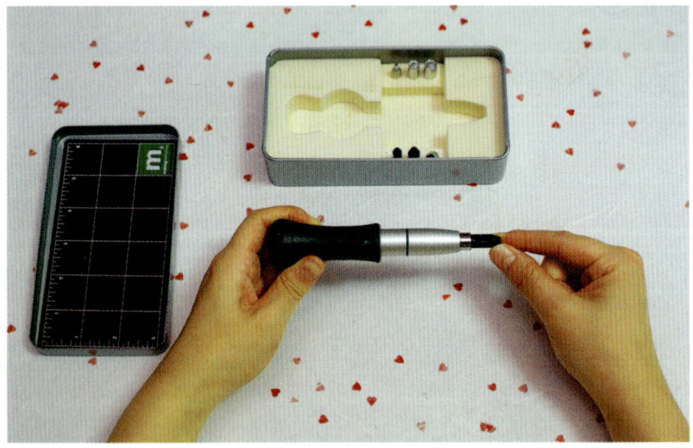

① instant setter에 알맞은 크기의 타공 펀치를 끼운다.

② 바닥에 받침대를 깔고 태그의 적당한 위치에 instant setter를 직각으로 세우고 힘주어 눌러 구멍을 뚫는다.

③ 태그 앞면의 타공 구멍에 타공 펀치에 맞는 크기의 아일릿을 끼운다.

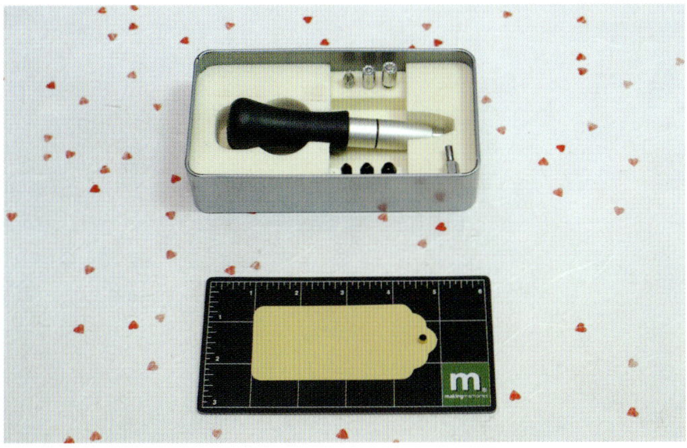

④ 아일릿의 배 부분이 보이도록 아일릿을 끼운 태그를 뒤집어 놓는다.

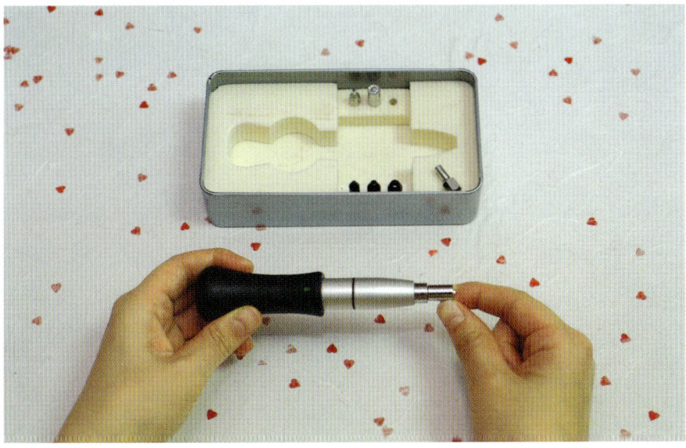

⑤ instant setter에 타공 지름에 맞는 크기의 누름쇠를 끼운다.

⑥ 누름쇠를 끼운 instant setter를 직각으로 세워 아일릿의 배 부분을 3~4차례 힘주어 눌러서 고정시킨다.

만들기

1 태그 만들기

- 어린이의 발달수준과 활동 내용 및 표현에 적합한 모양과 크기의 태그를 필요한 매수만큼 준비한다.
- 태그는 시중에서 판매되는 다양한 크기의 태그를 구입하여 사용하거나 태그 템플릿, 태그 펀치, 모양 펀치, 나뭇잎 등을 이용하여 직접 제작한다.

❶-1 시중에서 판매되는 다양한 형태의 태그

❶-2 태그 펀치와 모양 펀치를 이용하여 제작한 태그

❶-3 책갈피를 이용하여 제작한 태그

2 태그 앞표지 만들기

- 여러 매의 태그를 사용하여 연결된 이야기를 표현하는 경우 태그 1매에 표현 내용에 따라 제목, 지은이, 출판사 명 등을 적고 앞표지 그림을 그려 꾸민다.
- 낱장의 태그를 만드는 경우 앞표지를 만들지 않는다.

3 태그 꾸미기

- 태그에 하루에 한 가지씩 내가 알고 있는 지식, 기술, 태도 등에 대해서 생각하고 누구에게, 언제, 어떻게 배우거나 익히게 되었는지 글과 그림으로 표현한다.
- 부모와 자녀가 함께 한달 동안 매일 서로에게 하고 싶은 이야기, 듣고 싶은 이야기, 들었던 이야기 중에서 행복했거나 슬프게 했던 이야기 등을 적어서 서로의 마음을 전달하는 가족 일기장을 만들어 적당한 위치에 걸어둘 수 있다.

4 뒷표지 꾸미기

- 태그 1매에 한 달 동안 진행한 태그 일기장 또는 이야기가 끝나면 끝마친 날, 광고문, 소개하는 글, 값, 바코드 그리고 ISBN 등을 적어 꾸민다.
- 책갈피를 만든 태그는 글귀 아래 또는 뒷면에 적은 글귀의 출처를 적는다.

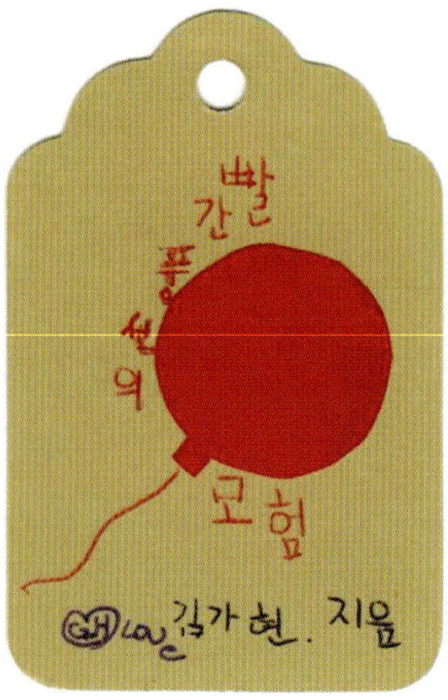

❷ 앞표지 꾸미기

❹ 뒷표지 꾸미기

5 링 라벨 붙이기

- 완성한 태그 앞면의 구멍에 맞추어 링 라벨을 붙인다.
- 링 라벨은 붙이지 않거나 뒷면 구멍에도 붙일 수 있다.

6 태그 끈 달기

- 태그 끈을 적당한 길이로 잘라서 두 줄로 접는다.
- 두 줄로 접은 끈의 연결된 고리 부분을 태그 구멍의 앞쪽에서 뒤쪽으로 끼워 넣는다.
- 태그 구멍 뒤쪽으로 나온 끈의 고리 사이로 앞면에 남아있는 끈을 끼워 잡아당긴다.
- 잡아당긴 태그 끈의 위부분이 풀어지지 않게 매듭을 짓는다.
- 여러 매의 태그는 태그 끈 외에 군번줄, 리본테이프, 쇠고리 등 적합한 재료를 사용하여 줄을 달아서 필요한 곳에 걸 수 있다.

❺ 태그 구멍 앞면에 맞추어 링 라벨 붙이기

❻-1 태그 구멍에 고리 걸기

7 소개하기 · 감상하기

- 태그에 어떤 이야기를 담았는지 소개한다.
- 태그 책갈피에 담은 글귀 또는 이야기를 어디에서 읽고 옮겨 적었는지 그리고 왜 마음에 드는지 이야기 나눈다.
- 태그의 앞뒷면을 아름답거나 독특하게 꾸민 작품을 알아보고 활용방법에 대하여 알아본다.
- 태그 책을 만들면서 어려운 점이 있었는지 알아본다.

❻-2 태그 구멍에 적합한 크기의 아일릿을 박는다.

❻-3 구멍의 뒷면에서 앞면으로 끈을절반으로 접어 끼워 넣는다.

❻-4 앞으로 빼낸 고리 안쪽으로 뒷면의 두 줄을 끼워 넣는다.

❻-5 고리 안쪽으로 끼워 넣은 두 줄을 위로 잡아당긴다.

- 양우석(초등 4년). 책나. Φ72㎜.
- 활용도서 | 고미 타로(2003). 모두가 가르쳐 주었어요. 달리.
- 내지 | 디자이너스칼라 Φ72㎜ 31매.
- Formtec label 3640

• 김가현(초등 1년). 빨간 풍선의 모험. 45㎜×72㎜.

아일릿 제본책

준비물

- **내지** | 양면 색지 B4 5매
- **마음대로 그리기 라벨 3621(CD-ROM)**
- **아일릿 2호(5㎜ · 3/16″)**
- **아일릿 펀치**

- 류태현(만 2세). 쓱쓱쓱쓱 싹싹싹싹. B5.

- 김민정(초등 2년). 재미있는 빙글빙글 놀이. B5.
- 내지 | 뉴칼라 B4 5매
- 마음대로 그리기 라벨 3621(CD-ROM)
- 아일릿 2호
- 아일릿 펀치

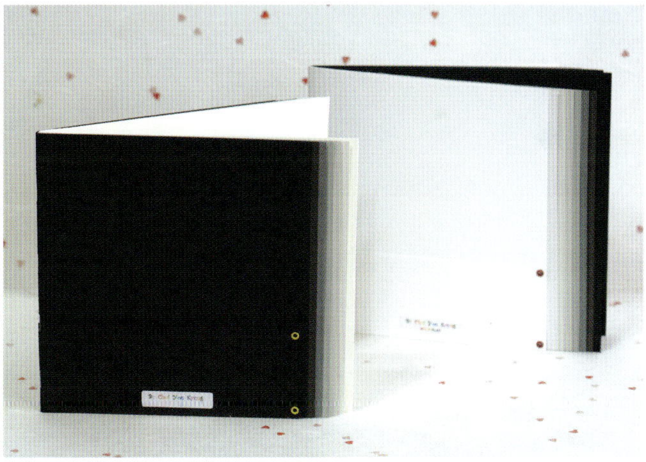

- 표지 | 컬러 머메이드 380㎜×250㎜ 각 1매
- 내지 | 디자이너스칼라 380㎜×205㎜ 각 7매
- 아일릿 4호
- 아일릿 다용도 툴
- 장철박음쇠 4호

- 표지 | 양면 뉴칼라 385㎜×245㎜ 1매
- 내지 | 디자이너스칼라 190㎜×245㎜ · 58㎜×150㎜
133㎜×150㎜ · 190㎜×95㎜ 각 10매
- 아일릿 2호
- 아일릿 펀치

생각 모으기

Q. 아일릿과 아일릿 펀치를 이용하여 만들 수 있는 다양한 유형의 책을 생각하고 그려보세요.

A.

Q. 아일릿 제본책을 제작할 때 사용할 수 있는 다양한 도구에 대하여 알아보고 각각의 도구를 이용하여 만들 수 있는 책의 유형과 특징을 설명해 보세요.

A.

Q. 시중에서 판매되는 태그 외에 태그를 만들 수 있는 다양한 도구 또는 재료를 생각하고 적어보세요.

A.

Q. 아일릿 제본책을 제작할 때 고려해야 할 점을 생각하고 적어보세요.

A.

Tips

- 아일릿 펀치 · 아일릿

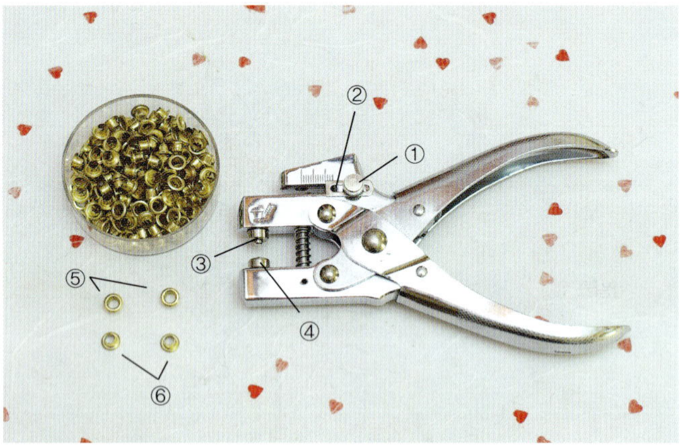

① 천공깊이조절레버
② 천공깊이고정대
③ 아일릿 머리 받침대
④ 아일릿 배 누름대
⑤ 아일릿 머리
⑥ 아일릿 배

- 아일릿은 다양한 색깔과 크기가 있어요. 하지만 아일릿 펀치에 사용할 수 있는 아일릿은 2호(5㎜ · 3/16″)만 가능하므로 다른 크기의 아일릿을 사용하는 경우 규격에 맞는 아일릿 고정 툴 또는 타공 펀치와 누름쇠를 사용하여 내지를 타공하고 아일릿을 박으세요.

- 아일릿 펀치를 사용하여 제본하는 경우 두꺼운 표지를 사용하거나 내지를 8~10매 이상 끼우면 내지가 눌러지지 않아서 제본되지 않으므로 아일릿의 높이에 맞추어 적당한 매수 만큼 사용하세요.

- 아일릿 펀치와 아일릿 2호(5㎜ · 3/16″)를 이용한 제본책의 내지 매수는 8매~10매 정도가 적당해요.

- 아일릿 펀치는 아일릿 다용도 툴이나 타공펀치와 누름쇠를 사용하여 아일릿을 박는 것과 달리 타공과 아일릿을 박을 수 있는 위치가 자유롭지 않아요. 따라서 외겹접기, 양장접기, 전통접기, 테두리접기와 같은 접기를 이용하여 4~10 정도의 내지로 책등이 정해진 책을 제본하는 경우에 활용하면 좋아요.

- 아일릿 펀치는 아일릿 다용도 툴과 달리 강한 힘을 필요로 하기 때문에 어린 연령의 어린이가 사용하기에 어려움이 있으므로 성인의 도움이 필요해요.

- 타공 펀치 · 누름쇠

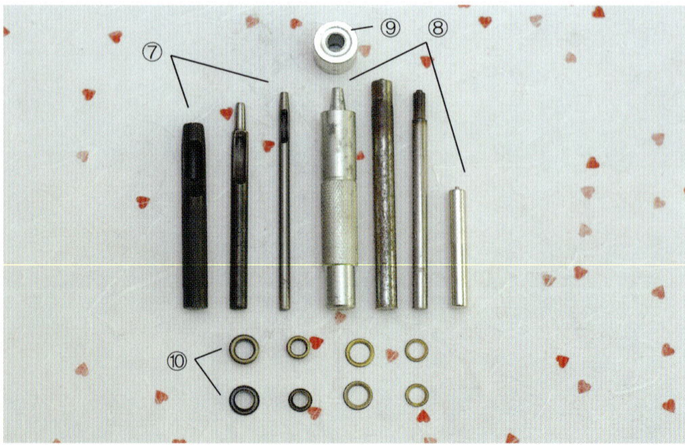

⑦ 타공 펀치 ⑧ 누름쇠 ⑨ 받침대 ⑩ 아일릿

1 바닥에 받침대를 깔고 내지의 적당한 위치에 알맞은 크기의 타공 펀치를 직각으로 세워 망치로 때린다.
2 타공한 내지를 포개고 타공 구멍 앞면에 알맞은 크기의 아일릿을 끼운다.
3 아일릿을 끼운 내지를 뒤집어 아일릿에 맞은 규격의 누름쇠를 직각으로 세우고 망치로 3~4차례 두드려 아일릿을 고정시킨다.

- 타공 펀치와 누름쇠를 사용하여 아일릿을 박는 방법은 아일릿 다용도 툴의 사용방법과 유사하고 원하는 위치에 자유 자재로 타공하고 아일릿을 박을 수 있는 장점이 있어요.

- 타공 펀치와 누름쇠를 이용하여 구멍을 뚫고 아일릿을 박으려면 망치를 사용해야 하고 약하게 두드리면 구멍이 뚫리지 않거나 아일릿이 깔끔하게 박히지 않아요. 고학년 이하의 어린이는 망치를 사용하는 과정 중에 다치거나 위험한 상황이 발생할 수 있으므로 타공과 아일릿을 박는 과정은 성인이 도와주세요.

- 아일릿 다용도 툴과 타공 펀치 · 누름쇠는 다양한 규격이 있고 타공 지름에 따라 알맞은 크기의 아일릿을 사용해야 해요.

- 일반적으로 시중에서 판매되는 타공 펀치와 누름쇠는 다양한 규격이 있고 아일릿 또한 3.2㎜~15㎜까지 다양한 크기가 판매되고 있으므로 제본 내지에 따라 적합한 규격의 타공 펀치, 누름쇠 그리고 아일릿을 구입하여 사용하세요.

- 타공 펀치를 사용하여 내지의 구멍을 뚫을 때에는 바닥에 받침대, 칼판 또는 하드보드를 놓고 그 위에서 작업해야 책상이나 바닥면이 손상되지 않아요.

만들기

1 내지 양장 접기

- B4 크기의 내지를 4~5매 정도 준비하여 절반으로 접는다.
- 이때 내지는 반드시 한 매씩 접도록 지도한다.
- 표현 내용에 따라 제시된 크기 외에 A4 또는 A3 규격의 내지를 사용할 수 있다.

2 양장접기 내지 포개기

- 절반으로 접은 내지를 접은 면이 책등으로 가도록 한 매씩 포갠다.
- 각각의 내지가 책등으로 보이도록 한매씩 윗면에 포개거나 첫 번째 양장접기 내지 안에 차례로 다른 내지들을 끼워 포갤 수 있다.

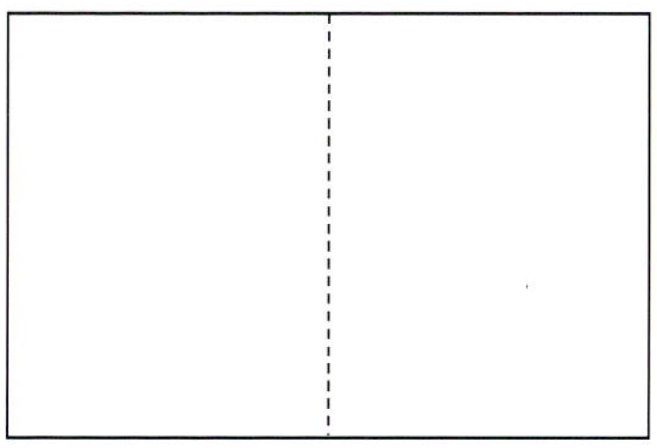

❶ 내지를 절반으로 접는다.

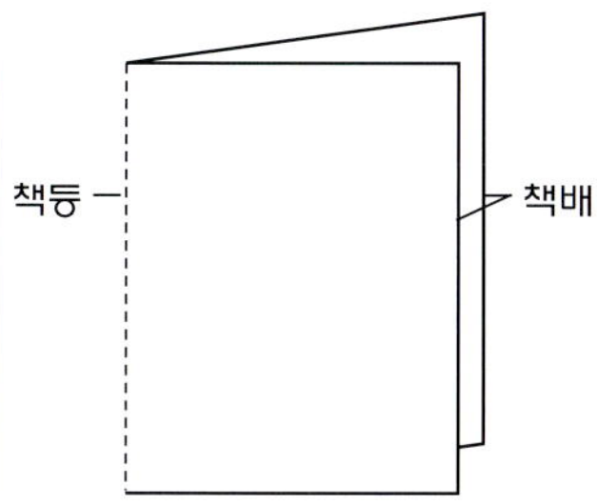

❷ 접은 면이 책등이 되도록 포갠다.

3 아일릿 제본하기

- 천공깊이조절레버를 돌려서 천공깊이고정대를 원하는 깊이로 조절하여 맞추고 다시 레버를 조여서 고정시킨다.
- 포개어 놓은 양장접기 내지의 책등 면을 3등분으로 나누어 타공 위치를 정한다.
- 아일릿 펀치의 타공 위치에 맞추어 포개어 놓은 양장접기 내지를 끼우고 손잡이를 눌러서 중심, 상단, 하단 부분에 각각 구멍을 뚫는다.
- 타공한 내지를 포개어 맞추고 앞면에 아일릿의 머리 부분이 오도록 끼운다.
- 아일릿 펀치의 머리 받침대가 아래로 향하도록 잡고 아일릿을 끼운 양장접기 내지를 뒤집어 아일릿의 머리 부분을 아일릿 펀치의 머리 받침대에 맞추어 끼운다.
- 아일릿 펀치의 머리 받침대와 배 누름대가 맞닿도록 손잡이를 힘주어 3~4번 눌러서 아일릿을 고정시킨다.
- 고학년 이하의 어린이는 강한 힘을 필요로 하는 아일릿 펀치를 사용하기 어려우므로 아일릿을 박는 과정은 교사가 진행하고 관찰하도록 지도한다.

❸-1 포개어 놓은 내지의 책등 면을 3등분으로 나누어 각각 타공한다.

❸-2 내지 앞면의 타공 구멍에 아일릿을 끼운다.

❸-3 아일릿을 끼운 양장접기 내지를 뒤집는다.

❸-4 아일릿 펀치를 뒤집어 머리 받침대에 아일릿 머리를 맞추어 끼우고 3~4 차례 힘주어 누른다.

❸-5 ❸-4의 상세 모습

❸-4 아일릿을 박은 앞면의 모습

❸-5 아일릿을 박은 뒷면의 모습

4 책홈 긋기

- 아일릿을 박은 양장접기 제본책의 책등이 오른쪽 면으로 가도록 회전시키고 책등에서 1.5㎝ 안쪽으로 자를 대고 뼈칼로 선을 그어 책홈을 만든다.
- 책홈을 그은 아일릿 제본책을 다시 회전하여 돌리고 책홈을 따라 앞표지를 펼친다.
- 앞표지의 접은 선을 따라 뼈칼로 선을 긋고 같은 방법으로 남은 내지를 펼쳐가며 차례로 선을 긋는다.
- 책홈은 제본된 책의 내지를 180° 로 펼칠 수 있고 각 면을 자연스럽게 넘길 수 있도록 도와주는 역할을 한다. 책홈을 그어주지 않으면 내지를 완전히 펼칠 수 없거나 삐뚤빼뚤해 지므로 각 면마다 펼침선을 만들어 주어야한다.

❹-1 앞표지의 책등에서 1.5㎝ 안으로 들어와 자를 대고 뼈칼로 선을 긋는다.

❹-2 앞표지에 그은 선(책홈)을 따라 내지를 접어 펼치고 1면과 2면 사이의 접은 선을 따라 뼈칼로 선을 긋는다.

5 책홈 긋기

- 아일릿 제본 내지의 첫 장 앞면에 제목, 지은이, 앞표지 그림, 출판사명 등을 담아 앞표지를 꾸민다.
- 본문 면을 완성하고 앞표지를 꾸미도록 할 수 있다.

6 내지 꾸미기

- **마음대로 그리기 라벨 3621(CD-ROM)**을 Formtec Label 3621 라벨용지에 출력하고 내지의 각각의 면에 출력한 라벨을 한 매씩 떼어서 붙인다.
- 내지에 붙인 각각의 라벨을 읽고 표현 내용과 방법에 대하여 생각을 모으고 자유롭게 표현한다.
- 마음대로 그리기 라벨을 사용하지 않고 교사 또는 어린이가 활동 내용을 정하여 표현할 수 있다.
- 스스로 글을 쓸 수 있는 경우 표현 형태를 감상하고 제목을 정하거나 생각나는 것에 대하여 그림 여백에 적는다.

7 뒷표지 꾸미기

- 아일릿 제본 내지의 마지막 면 뒷면에 끝마친 날, 뒷표지 그림, 광고문, 소개하는 글, 값, 바코드 그리고 ISBN 등을 적어 꾸민다.
- **판권면 라벨 3626(CD-ROM)**을 Formtec Label 3623 라벨 용지에 출력하여 사용할 수 있다.

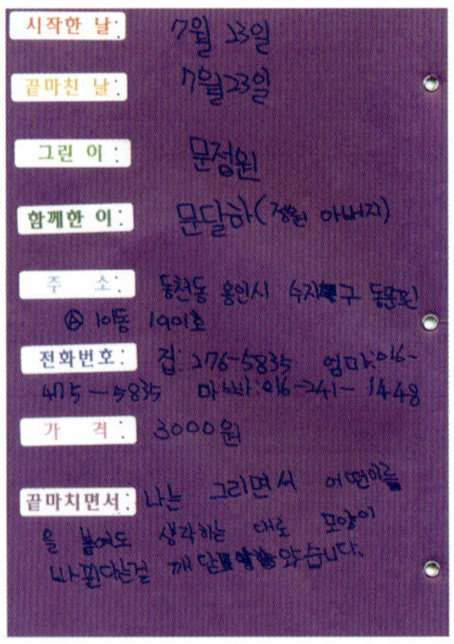

8 소개하기 · 감상하기

- 마음대로 그리기 라벨 내용에 따라 어떻게 표현했는지 소개한다.
- 그리기 내용에 따라 표현이 독특하거나 아름다운 작품을 알아본다.
- 아일릿 제본책과 링 제본책의 차이점을 탐색보고 아일릿 제본을 이용하여 만들 수 있는 다양한 책의 형태를 알아본다.

• 김민정(초등 2년). 재미있는 빙글빙글 놀이. B5.

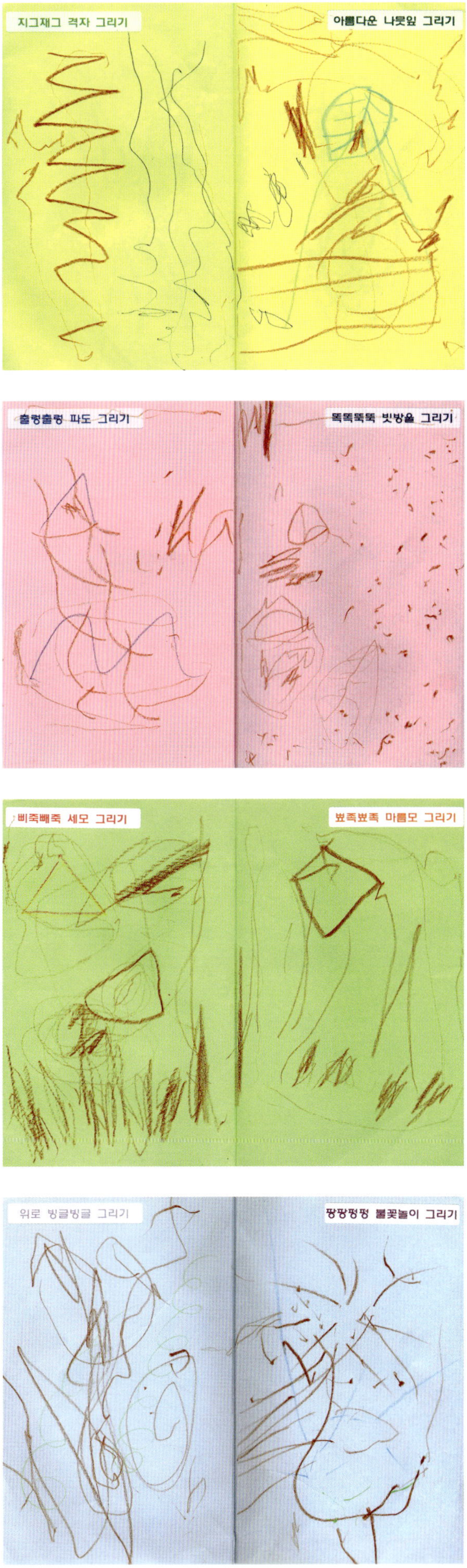

• 류태현(만 2세). 쓱쓱쓱쓱 싹싹싹싹. B5.

- 표지 | 컬러 머메이드 330㎜×260㎜ 1매
- 내지 | 디자이너스칼라 330㎜×190㎜ 11매
- 아일릿 4호
- 아일릿 다용도 툴
- 장철박음쇠

- 표지 | 컬러 머메이드 265㎜×240㎜ · 265㎜×240㎜ 각 1매
- 내지 | 디자이너스칼라 340㎜×180 15매 · 340㎜×180 11매
- 아일릿 4호
- 아일릿 다용도 툴
- 장철박음쇠

- 내지 | 컬러 머메이드 380㎜×190㎜ 7매
- 아일릿 4호
- 아일릿 다용도 툴

- 내지 | 컬러 머메이드 190㎜×510㎜ 13매
- 아일릿 13㎜
- 타공 펀치 13㎜
- 누름쇠 13㎜

포스트 제본책

준비물

- **표지** | P.P 필름 A4 1매
- **내지** | 양면색지 135㎜×65㎜ 50매
- **써클 핸드펀치** 5㎜(3/16″)
- **아일릿 펀치**
- **포스트** 10㎜ 1개
- **십자드라이버**

- 최은민(초등 4년). 만화와 함께 하는 애니 동시. 135㎜×65㎜.

- 이예지(만 5세). 모든 것에 관한 한 글자. 70㎜×65㎜.
- 표지 | P.P 필름 70㎜×65㎜ 2매
- 내지 | 뉴칼라 70㎜×65㎜ 50매
- 포스트 10㎜ 1개

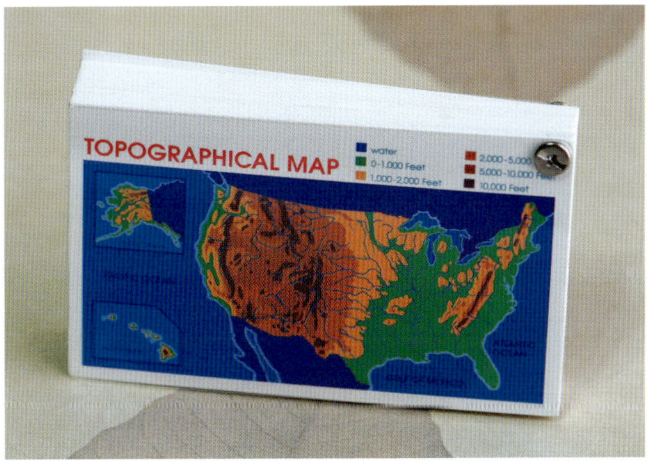

- 표지 | PVC 필름 135㎜×83㎜ 2매
- 내지 | Five-State Rummy Game Cards 55매
- 포스트 20㎜

- 내지 | 컬러 머메이드 38㎜×70㎜ 36매
- 태그 대형 펀치
- 포스트 10㎜

- 내지 | 컬러 머메이드 Φ72㎜ 36매
- 조가비 써클 펀치 72㎜
- 포스트 10㎜

생각 모으기

Q. 포스트를 이용하여 제본할 수 있는 다양한 재료들을 생각하고 적어보세요.

A.

Q. 포스트의 규격에 따라 사용할 수 있는 내지로 적당한 것들을 생각해 보세요. 각각의 특성이 다른 재질의 내지를 이용하여 적합한 규격의 포스트를 사용하여 제본해 보세요.

A.

Q. 포스트 제본책을 만들 때 내지의 특성에 따라 고려해야 할 점을 생각하고 적어보세요.

A.

Q. 포스트를 이용하여 만들 수 있는 책의 형태를 생각하고 만들 수 있는 모양을 그려보세요.

A.

Tips

- 포스트는 10㎜ · 20㎜ · 35㎜ 세 가지 높이가 있어요. 높이가 다양하므로 종이뿐만 아니라 두꺼운 보드 또는 펠트 등을 제본하여 부채책(fan book)이나 헝겊책(felt book)을 만드는 경우 사용하면 좋아요.

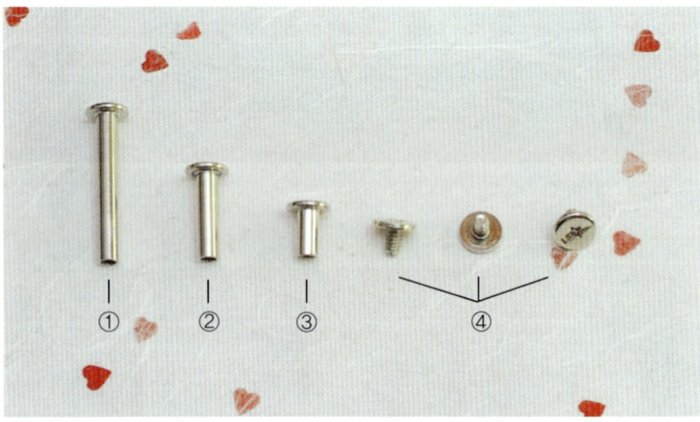

① 포스트 암 35㎜ ② 포스트 암 20㎜ ③ 포스트 암 10㎜ ④ 포스트 수

- 포스트 제본책은 종이 외의 두꺼운 재질의 내지를 자유롭게 사용할 수 있고 내지 재질에 따라 표현 내용과 방법 또한 다양하므로 특별한 느낌의 책을 제작하거나 영아를 위한 놀이책을 만들어 보세요.

- 포스트의 지름은 써클 핸드펀치(5㎜ · 3/6″) · 타공 펀치 · 아일릿 펀치의 타공 크기와 같으므로 세 가지 중에 가지고 있는 도구를 사용하여 타공하세요.

- 아일릿 펀치와 써클 핸드펀치는 타공 시 강한 힘을 필요로 하지 않기 때문에 고학년 어린이는 스스로 구멍을 뚫을 수 있어요. 그러나 아일릿 펀치는 어린이가 잡기에 크기 때문에 되도록 써클 핸드펀치를 이용하여 타공할 수 있도록 준비해 주세요.

- 정사각형, 직사각형, 삼각형, 원형 등 다양한 형태의 내지를 이용하여 포스트 제본책을 만들어 보세요. 각각의 형태와 크기에 따라 책을 펼쳤을 때 형태가 어떻게 변하는지 탐색하고 각각의 특성에 따라 적합한 활동 방법과 표현 내용을 생각하고 지도해 보세요.

- 원형 내지는 원형(circle) 펀치 · 조가비 원형(scalloped circle) 펀치 또는 원형 컷터를 이용하여 만들 수 있어요. 포스트 제본에 적합한 모양 펀치는 56㎜와 72㎜를 사용하면 좋아요. 원형 컷터는 편리하고 정확하게 보다 큰 지름의 원형 내지를 만들어야 할 때 사용하세요.

- 원형 컷터는 소형, 중형, 대형 컷터가 있으므로 만들어야 할 내지 크기에 따라 적당한 유형의 컷터를 구입하여 사용하면 다양한 크기의 원형 카드를 만들 수 있어요.

- 원형 내지에 먹물로 자유롭게 그림을 그리고 부채꼴 형태로 8등분 또는 16등분하여 포스트 제본해 보세요. 부채꼴 형태의 내지를 포스트로 제본하고 펼치면 부채와 같은 형태이기 때문에 다양한 조형미술 활동에 활용할 수 있어요.

- 원형 컷터 · 원형 모양 펀치 · 조가비 원형 펀치 · 태그 펀치

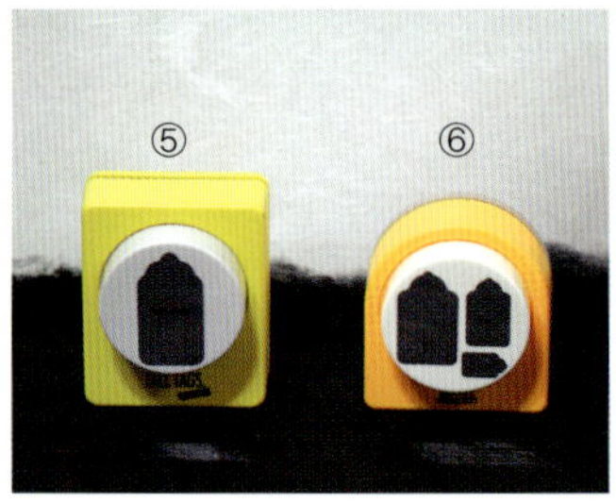

⑤ 태그 펀치 I
⑥ 태그 펀치 II

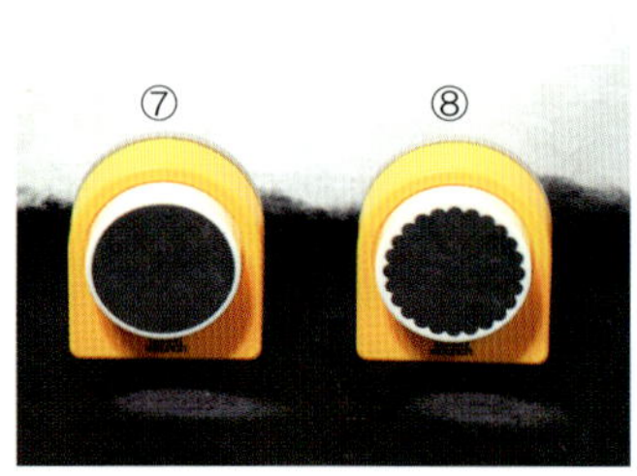

⑦ 원형 펀치 72㎜
⑧ 조가비 원형 펀치 72㎜

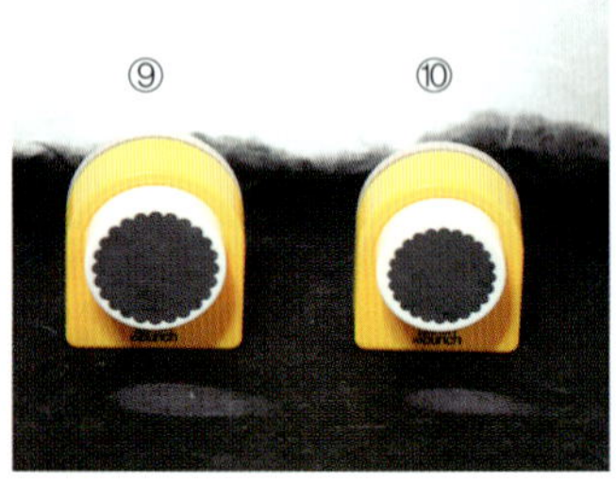

⑨ 조가비 원형 펀치 52㎜
⑩ 조가비 원형 펀치 40㎜

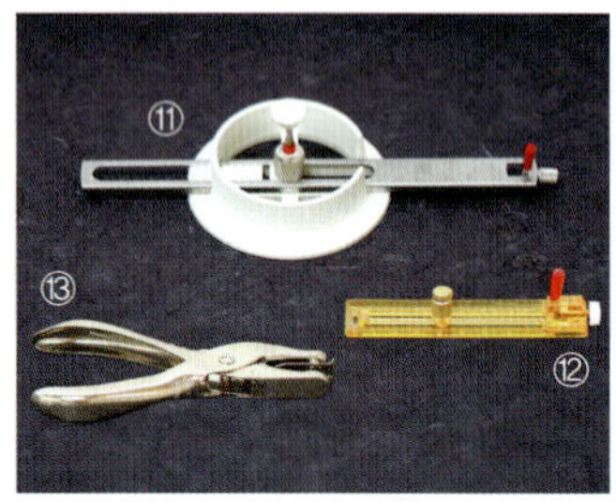

⑪ NT-Cutter C-1500P
⑫ NT-Cutter C-400P
⑬ 써클 핸드 펀치

- 포스트 제본책은 많은 매수의 내지를 끼우기 때문에 제본 상태에서 글을 쓰기 어려울 수 있어요. 책의 형태와 표현 내용에 따라 내지를 완성하고 제본하세요.

- 포스트는 다양한 높이에 따라 두꺼운 재질의 내지를 사용할 수 있는 장점이 있어요. 두꺼운 펠트 또는 보드를 내지로 사용하면 영아들을 위한 감각책이나 인지놀이책을 만드는데 활용해 보세요.

- 펠트책은 벨크로테이프의 까끌이를 붙일 수 있어요. 활동 주제에 따라 다양한 그림 카드를 라미네이팅하고 뒷면에 까끌이를 붙이면 지시어에 따라 그림 카드를 붙이고 뗄 수 있기 때문에 다양한 놀이 활동에 활용할 수 있어요.

- 가정이나 기관에서 사용하는 플래시 카드를 모아서 포스트로 제본해 보세요. 카드 종류에 따라 수수께끼 놀이, 끝말잇기, 속담풀이 등 다양한 말놀이를 즐길 수 있어요.

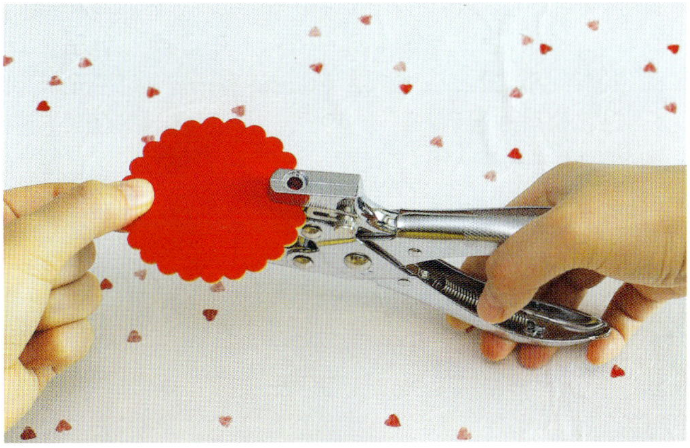

❹ 아일릿 펀치를 이용하여 표지와 내지를 적당한 매수만큼 나누어 타공한다.

❺-1 포스트 암 부분에 표지와 내지를 차례로 끼운다.

❺-2 표지와 내지를 끼운 포스트 암 부분에 수를 끼운다.

❺-3 십자 드라이버로 포스트가 풀어지지 않도록 꽉 조인다.

만들기

1 표지 P.P 필름 자르기

- A4 규격의 P.P 필름을 135㎜×65㎜ 크기로 자르고 2매의 필름 모서리를 각각 둥글게 처리하여 제공한다.
- 내지 모양과 크기에 따라 P.P 표지 필름을 사용하지 않거나 원하는 크기로 만든다.

2 외겹접기 내지 포개기

- 135㎜×65㎜ 크기의 외겹접기 내지를 필요한 매수만큼 준비하여 포갠다.
- 포스트 제본책의 내지는 활동에 참여하는 어린이의 연령과 표현 내용에 따라 모양과 크기를 적합한 형태로 제작한다.
- 내지 모양과 크기는 제작 도구에 따라 달라질 수 있다.

3 표지와 외겹접기 내지 맞추기

- 외겹접기 내지 앞뒷면에 표지 필름을 겹쳐 보고 크기가 맞는지 확인한다.

4 타공하기

- 표지와 내지의 제본 면을 아일릿 펀치를 사용하여 적당한 매수만큼 나누어 타공한다.
- 여러 매의 내지를 나누어 타공 할 때 타공 위치가 달라지면 포스트를 끼웠을 때 내지가 울퉁불퉁해지므로 타공한 내지 1매를 타공되지 않은 다른 내지들 위에 포개어 맞춘 후 같은 위치를 타공한다.
- 내지의 양이 적거나 얇은 경우에는 아일릿 펀치 대신에 써클 핸드펀치를 사용하여 타공한다.

5 포스트 제본하기

- 포스트의 암 부분에 타공 한 앞표지 필름을 먼저 끼우고 내지를 차례로 끼운다.
- 내지를 모두 끼운 후에 마지막에 뒷표지 필름을 끼운다.
- 표지 필름과 내지를 끼운 포스트 암 부분에 수 부분을 맞추어 돌려서 고정시킨다.
- 포스트를 단단히 고정해야 하는 경우 십자드라이버를 이용하여 포스트를 조이고 필요한 경우 성인이 도와준다.
- 포스트 제본책의 내지 매수와 크기에 따라 제본 후에 그림과 글을 쓰기 어려운 경우 본문 면을 완성한 후 내지들을 모아서 포스트로 제본할 수 있다

6 앞표지 꾸미기

- 포스트 제본 내지의 첫 장 앞면에 제목, 지은이, 앞표지 그림, 출판사명 등을 담아 앞표지를 꾸민다.
- 본문 면을 완성하고 앞표지를 꾸미도록 할 수 있다.

7 펴내는 글 · 헌정사 꾸미기

- 책 만들기 경험이 풍부한 어린이와 활동하는 경우 포스트 제본 내지의 두 번째 면에 책을 펴내게 된 이유나 목적 또는 글을 쓰기 전 생각 등에 대하여 자유롭게 적는다.
- 펴내는 글 외에 책이 완성되면 주고 싶은 사람 또는 이 책을 만들기까지 도움을 준 사람이나 고마운 이에게 감사 인사 글을 적을 수 있다.
- 본문 면을 완성하고 헌정사를 꾸미도록 할 수 있다.

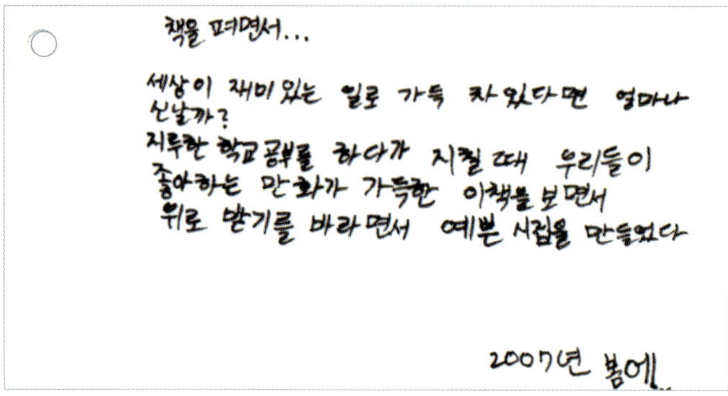

8 목차 꾸미기

- 포스트 제본 내지의 세 번째 면에 내지의 담을 이야기의 제목과 쪽 수를 적는다.
- 이야기 제목이 정해지지 않은 경우 본문 면을 완성하고 목차를 꾸미도록 할 수 있다.

9 내지 꾸미기

- 포스트 제본 내지의 네 번째 면부터 차례로 각각의 면에 담고 싶은 이야기를 적고 그림을 그려 꾸민다.
- 수수께끼, 속담풀이 등과 같은 활동의 경우 외겹접기 내지의 앞면과 뒷면을 모두 활용하여 꾸밀 수 있다.
- 타공 후 포스트 제본 시 타공 주변은 일정 부분 가려지게 되므로 보이지 않는 부분에 대하여 이야기 나누고 타공 주변에는 글과 그림을 담지 않도록 지도한다.

10 쪽 수 적기

- 표현 내용에 따라 내지의 적당한 위치에 차례로 쪽 수를 적거나 숫자 스티커를 붙인다.

11 뒷표지 꾸미기

- 포스트 제본 내지의 마지막 면 뒷면에 끝마친 날, 뒷표지 그림, 광고문, 소개하는 글, 값, 바코드 그리고 ISBN 등을 적어 꾸민다.
- 포스트 제본하지 않고 낱장의 외겹접기 내지에 글과 그림을 담고 꾸민 경우 완성된 내지들을 모아서 포스트 제본한다.

12 소개하기 · 감상하기

- 포스트 제본책에 어떤 이야기를 표현했는지 소개한다.
- 포스트 제본책을 이용하여 독특한 주제를 다루었거나 아름답게 표현한 작품을 알아본다.
- 포스트의 높이에 따라 적절한 내지 유형과 매수를 탐색하고 적합한 표현 내용과 방법에 대하여 알아본다.
- 포스트 제본을 이용하여 만들 수 있는 다양한 유형의 책을 생각하고 이야기 나눈다.

- 내지 | 컬러 머메이드 190㎜×510㎜ 13매
- 막대 | 하드보드 190㎜×20㎜ 2매
- 커버 | 장식지 220㎜×30㎜ 2매
  | 장식지 187㎜×17㎜ 2매
- 포스트 10㎜
- 아일릿 펀치

• 최은민(초등 4년). 만화와 함께 하는 애니 동시. 135㎜×65㎜.

• 이예지(만 5세). 모든 것에 관한 한 글자. 70㎜×65㎜.

• 김재현 · 강명숙. 9월 우리 가족 사랑의 메세지. 48㎜×72㎜.

- 내지 | 컬러 머메이드 Φ72㎜ 120매
- 써클 펀치 72㎜
- 포스트 35㎜

- 표지 | PVC 필름 197㎜×63㎜ 2매
  | 하드보드 197㎜×63㎜ 2매
- 커버 | 장식지 220㎜×85㎜ · 193㎜×59㎜ 2매
- 내지 | 디자이너스 칼라 197㎜×63㎜ 168매
- 포스트 35㎜

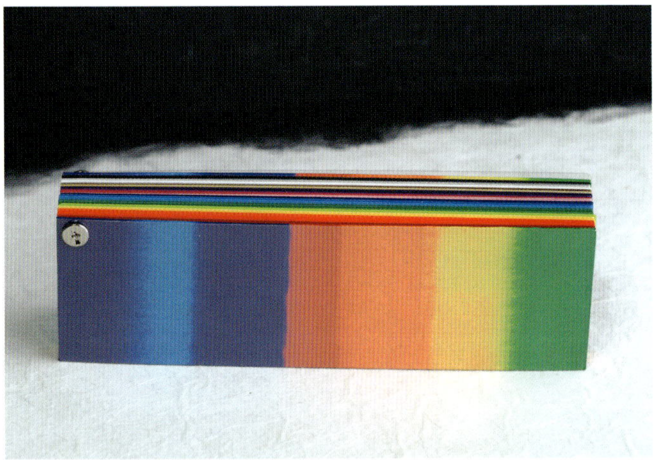

- 표지 | PVC 필름 Φ120㎜ 2매
  | PVC 필름 Φ150㎜ 2매
  | PVC 필름 Φ180㎜ 2매
- 내지 | 컬러 머메이드 Φ120㎜ 38매
  | 컬러 머메이드 Φ150㎜ 38매
  | 컬러 머메이드 Φ180㎜ 38매
- 포스트 10㎜

- 표지 | 하드보드 195㎜×195㎜ 2매
- 커버 | 장식지 220㎜×220㎜ · 192㎜×192㎜ 2매
- 내지 | 컬러 머메이드 195㎜×195㎜ 48매
- 포스트 20㎜

책철 제본책

준비물

- 표지 | 양면색지 A4 2매
- 내지 | 복사용지 A4 20매
- 책철(fasteners)
- 아일릿 펀치

- 성민영(만 3세). 그리기 세상. A4 40매.

- 표지 | 양면 뉴칼라 830㎜×190㎜ 1매
- 내지 | 디자이너스칼라 200㎜×190㎜ 80매
- 책철

- 표지 | 양면 뉴칼라 510㎜×190㎜ 1매
- 내지 | 컬러 머메이드 400㎜×190㎜ 8매
- 접착식 책철

- 표지 | 양면 뉴칼라 390㎜×505㎜ 1매
- 내지 | 컬러 머메이드 400㎜×190㎜ 4매
  | 컬러 머메이드 190㎜×400㎜ 4매
- 접착식 책철

생각 모으기

Q. 책철을 이용하여 제본할 수 있는 다양한 방법을 생각하고 적어보세요.

A.

Q. 책철을 이용하여 제본을 할 때 고려해야 할 점을 생각하고 적어보세요.

A.

Q. 아일릿, 포스트 그리고 책철을 이용하여 제본한 각각의 책을 탐색하고 제본 도구에 따른 각각의 특징을 적어보세요.

A.

Tips

- 책철은 여러 장의 내지를 제본하거나 두꺼운 표지가 달린 책을 특별한 도구 없이 제본하고 싶을 때 간단하고 편리하게 만들 수 있는 장점이 있어요.

- 책철을 끼우기 위해서는 칼을 사용하여 칼집을 만들거나 아일릿 펀치 또는 써클 핸드펀치로 구멍을 뚫어야 해요.

- 내지에 책철을 끼우기 위한 홈은 칼을 사용하지 않고 아일릿 펀치 또는 써클 핸드펀치를 사용하면 보다 안전하고 깨끗하게 구멍을 만들어 끼울 수 있어요.

- 국내에서 제작 판매되고 있는 책철은 비접착식 책철로 값이 저렴하고 색상이 다양하여 쉽게 구입하여 사용할 수 있어요. 이에 비해 접착식 책철은 수입품으로 값이 높고 색상이 다양하지 않은 단점이 있지만 종이뿐만 아니라 PVC 필름, P.P 필름, 파일 등에 별도의 접착제나 접착 과정 없이 고정시켜 다양한 방법으로 활용할 수 있는 장점이 있어요.

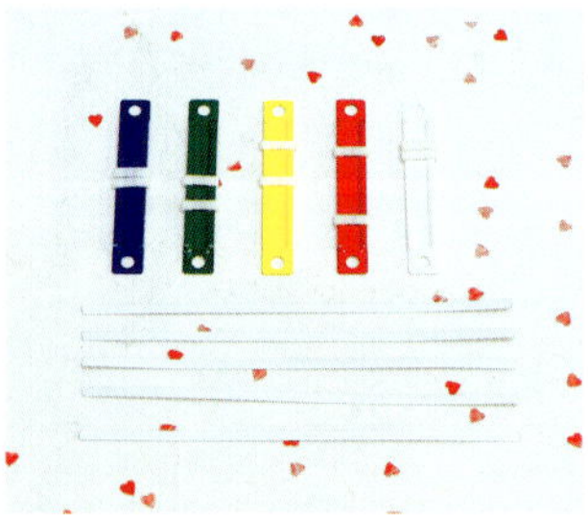

① 비접착식 책철

② 접착식 책철

만들기

1 외겹접기 표지와 내지 포개기

- A4 크기의 표지 2매를 준비한다.
- 활동에 적합한 크기의 내지를 필요한 매수만큼 준비하거나 자유롭게 그림을 그리고 글을 쓴 내지들을 모아서 한 매씩 포갠다.
- 내용이 담긴 내지를 포개는 경우 활동한 순서 또는 날짜에 따라 차례로 포갠다.
- 포개어 맞춘 내지 앞 · 뒷면에 표지 2매를 각각 덮는다.

2 외겹접기 표지와 내지 타공하기

- 표지의 책등 면에 맞추어 중앙 부분에 책철의 암(막대) 부분을 올려놓고 양쪽 구멍을 연필로 표시한다.
- 아일릿 펀치의 타공 위치를 표지와 내지를 적당한 매수만큼 나누고 표시한 구멍에 맞추어 타공한다.
- 내지에 표현할 내용이나 활동 방법에 따라 내지의 가로면 또는 세로면을 타공한다.

❷-1 책철의 암(막대) 부분을 내지의 책등 중앙 부분에 올려놓고 양쪽 구멍을 연필로 표시한다.

❷-2 내지에 표시한 위 · 아래 구멍에 맞추어 아일릿 펀치로 타공한다.

3 책철로 제본하기

- 뒷표지의 뒷면에서 앞표지 잇면으로 위 · 아래 구멍 사이에 책철의 수(심) 부분을 각각 끼우고 ㄷ자 형태로 구부린다.
- 앞표지 윗면으로 끼워 올린 책철의 수(심) 부분을 암(막대) 부분의 구멍에 각각 끼운다.
- 앞표지 윗면으로 나온 책철의 수(심) 부분을 각각 중앙으로 구부려 접는다.
- 접혀진 책철 수(심) 부분 위로 암(막대)의 고정핀을 끼운다.

❸-1 내지의 뒷면에서 앞면으로 뚫린 구멍으로 책철의 수(심) 부분을 끼운다.

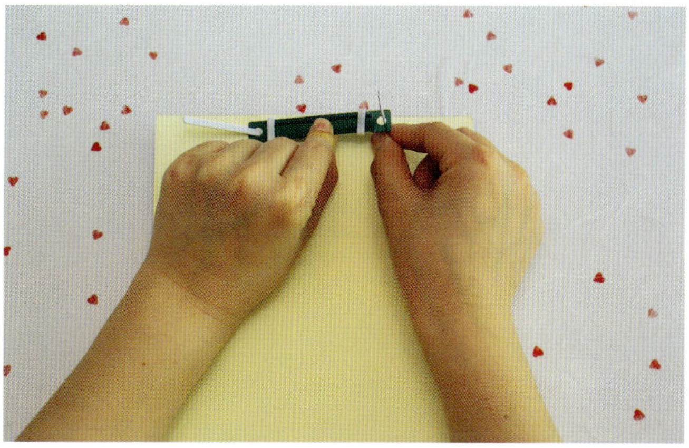

❸-2 내지의 앞면에 나온 책철의 수(심) 부분을 암(막대) 부분의 구멍에 끼운다.

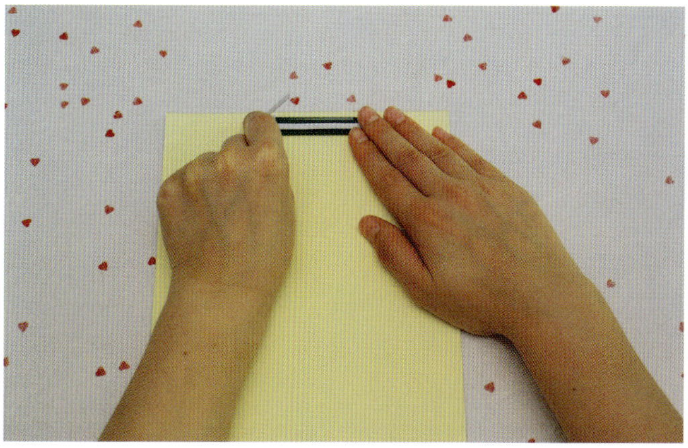

❸-3 책철의 암(막대) 부분 위로 나온 수(심) 부분을 안쪽으로 구부려 접는다.

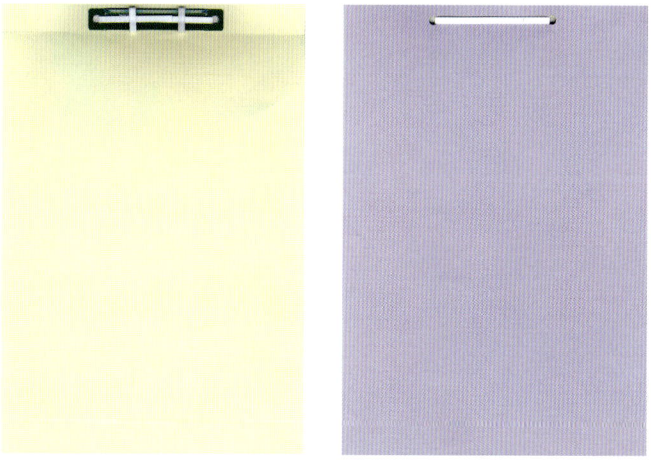

❸-4 책철의 암(막대) 부분에 고정된 핀을 접혀진 수(심) 부분 위로 끼워 고정시킨다.

4 책홈 긋기
- 책철을 박은 앞표지의 책등에서 책철 안쪽으로 자를 대고 뼈칼로 선을 그어 책홈을 만든다.
- 책홈을 따라 앞표지를 펼치고 접은 선을 따라 뼈칼로 선을 긋는다.
- 위와 같은 방법으로 남은 내지에 차례로 선을 그어 책홈을 만든다.
- 책철 제본책은 아일릿 제본책과 마찬가지로 책홈을 그어주지 않으면 표지와 내지를 열고 닫을 때 완전히 펼쳐지지 않아 사용에 어려움을 겪으므로 사용 전 또는 제본 후 책홈을 만들어준다.
- 저학년의 어린이와 활동하는 경우 책홈은 반드시 자와 뼈칼을 이용하지 않고 책철의 안쪽 선을 따라 한 매씩 접어주도록 지도한다.

5 앞표지 꾸미기
- 책철 제본 내지의 첫 장 앞면에 제목, 지은이, 앞표지 그림, 출판사 명 등을 담아 앞표지를 꾸민다.
- 본문 면을 완성하고 앞표지를 꾸미도록 할 수 있다.

❺-1 앞표지의 책등에서 책철 안으로 들어와 자를 대고 뼈칼로 선을 긋는다.

❺-2 앞표지를 펼치고 접은 선을 따라 차례로 뼈칼로 선을 긋는다.

6 내지 꾸미기
- 아일릿 제본책의 내지 꾸미기와 같이 마음대로 그리기 라벨을 붙이고 각각의 주제에 따른 그림을 그리거나 글을 쓰도록 지도한다.
- 자유롭게 표현하고 싶은 그림과 글을 쓰거나 교육 활동에 따라 주제를 정하여 표현하도록 지도하다.

7 뒷표지 꾸미기
- 책철 제본책의 뒷표지에 끝마친 날, 뒷표지 그림, 광고문, 소개하는 글, 값, 바코드 그리고 ISBN 등을 적어 꾸민다.

8 소개하기 · 감상하기
- 책철 제본책에 어떤 내용을 표현했는지 소개한다.
- 책철 제본을 이용하여 만들 수 있는 다양한 유형의 책을 생각하고 이야기 나눈다.
- 책철, 아일릿, 포스트 제본책을 각각 탐색하고 각각의 제본 도구에 따른 책의 특징과 활용방법에 대하여 알아본다.

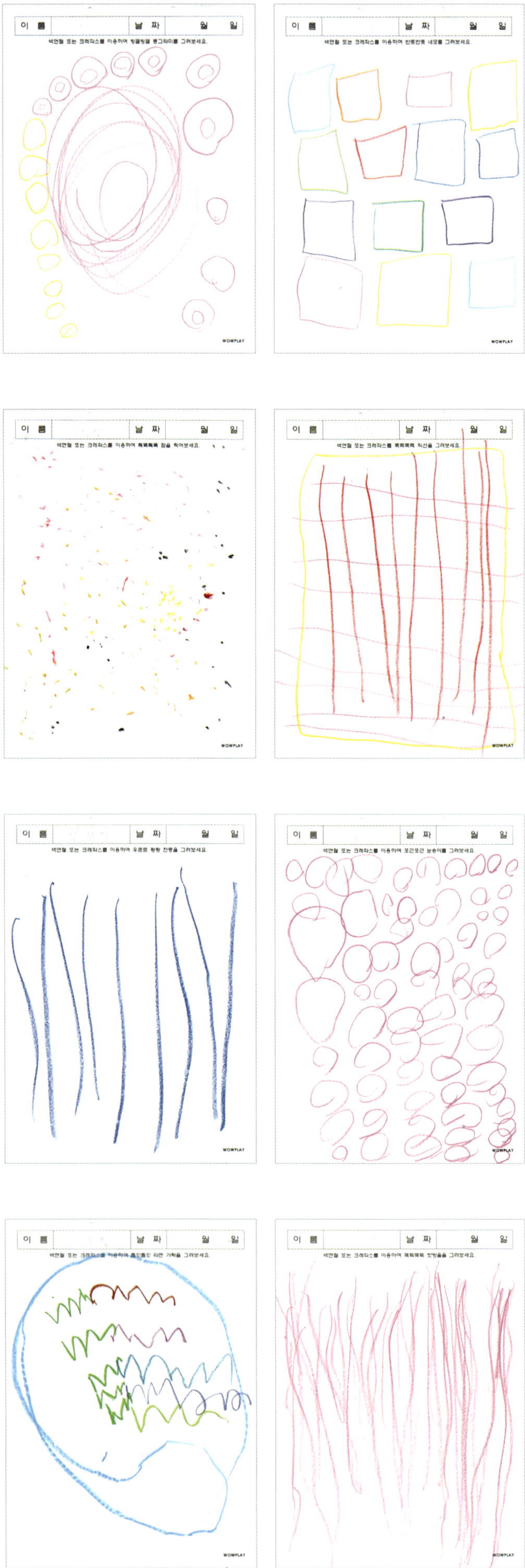

• 성민영(만 3세). 그리기 세상. A4.

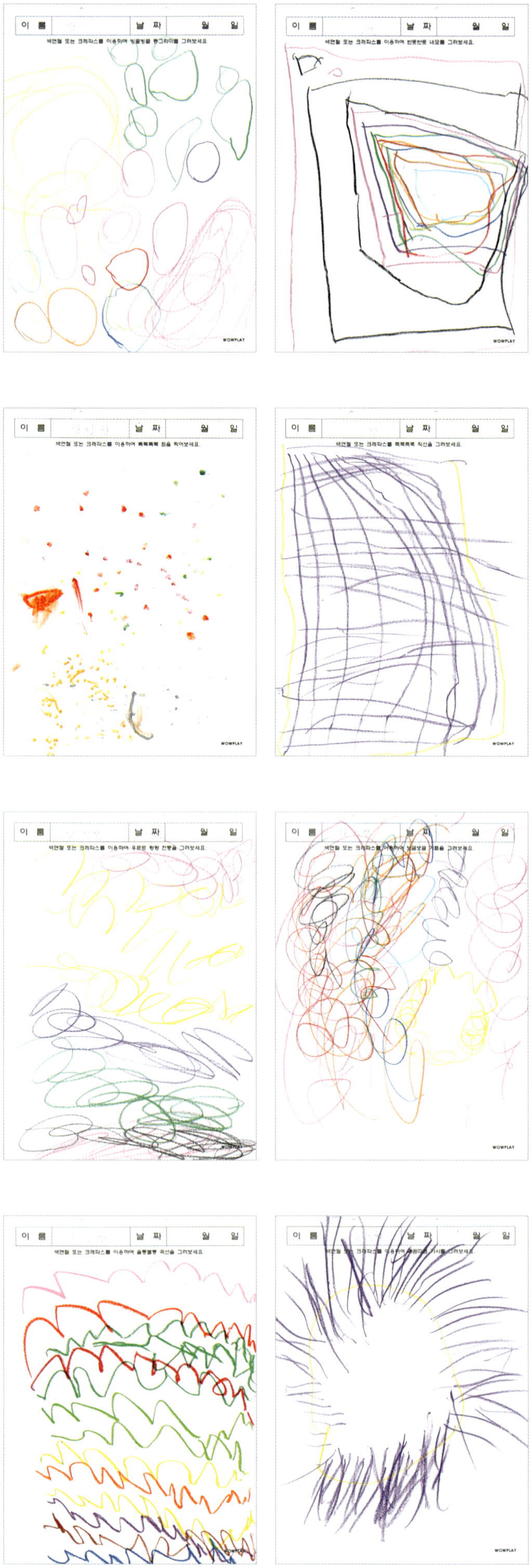

• 박성찬(만 3세). 그림 나라. A4.

CHAPTER 7

막대 · 상자 · 꿰매기를 활용한 문해 활동

Literacy Activities through Stick · Box & Stitch Books

- 막대책
- 상자책
- 꿰매기 제본책

막대책

준비물

- 컬러 나무 막대 18㎜ 33개
- 군번줄
- 색끈
- 아일릿 펀치

- 김가현(초등 1년). Falling in Love 엄마.

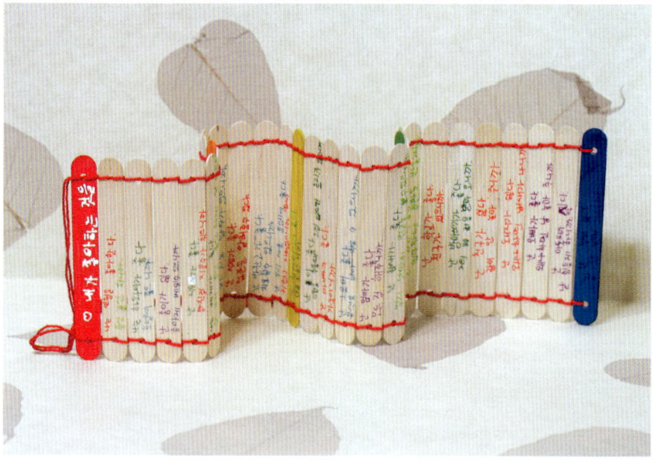

- 김태정(초등 1년). 내가 좋아하는 것들. 150㎜×5900㎜.
- 나무 막대(대) 32개
- 색끈

- 류인선. Falling in Love 가현. 150㎜×5900㎜.
- 나무 막대(대) 32개
- 색끈

- 나무 막대(대) 6개
- 컬러 머메이드
- 모양 펀치
- 아일릿 2호
- Pop Dot
- 색끈

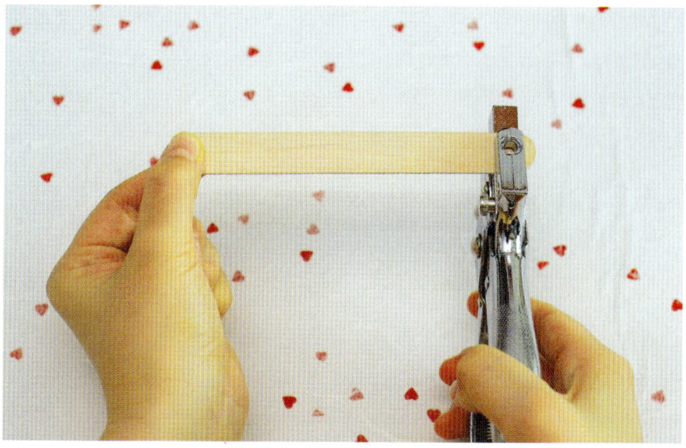

❷-1 나무 막대의 상단 중앙 부분을 아일릿 펀치로 타공한다.

❷-2 나무 막대의 타공 구멍에 아일릿을 끼운다.

❷-3 아일릿을 끼운 나무 막대를 뒤집고 아일릿 펀치를 뒤집어 머리 받침대에 아일릿 머리를 맞추어 끼우고 3~4차례 힘주어 누른다.

❸-1 아일릿을 끼운 구멍에 군번줄을 풀어 한 줄을 넣고 고리에 걸어 끼운다.

생각 모으기

Q. 나무 막대를 이용하여 할 수 있는 다양한 문해 활동을 생각하고 적어보세요.

A.

Q. 나무 막대에 글을 쓰거나 그림을 그릴 때 사용할 수 있는 다양한 재료를 적어보세요.

A.

Q. 나무 막대를 전시하거나 연결할 수 있는 다양한 방법을 생각하고 적어보세요.

A.

Q. 나무 막대에 글을 쓰거나 그림을 그릴 때 고려해야 할 점을 생각하고 적어보세요.

A.

Tips

- 컬러 나무 막대는 빨강, 주황, 노랑, 초록, 파랑, 보라 6가지 색깔과 나무색의 막대가 있어요. 활동 내용에 따라 색색의 막대와 나무색 막대 중 적합한 색깔을 선택하거나 표현 재료에 따라 섞어서 활동하세요.

- 컬러 나무 막대는 너비 10㎜와 18㎜ 두 종류가 있어요. 글을 쓰거나 그림을 그리기 위해서는 18㎜ 막대가 적합하고 테두리를 만들거나 제본을 위한 활동은 10㎜ 막대를 사용하는 것이 좋아요.

- 나무 막대의 종류

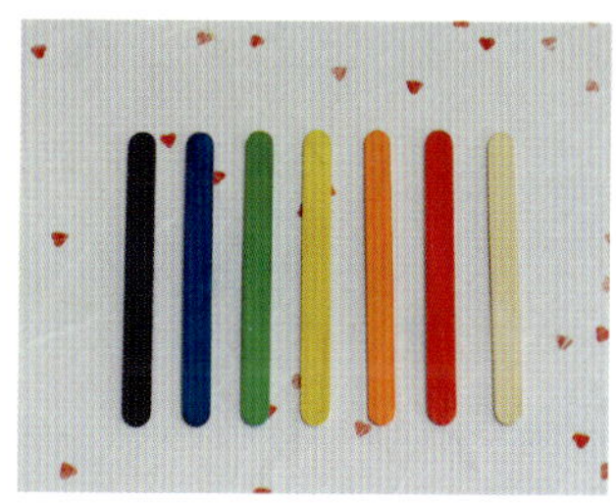

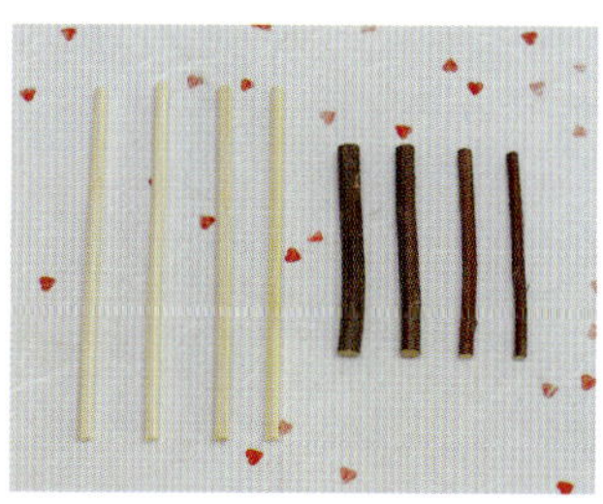

① 컬러 나무 막대 18㎜
② 컬러 나무 막대 10㎜
③ 원형 나무 막대 · 막대 나무 가지

만들기

1 나무 막대 타공하기

- 필요한 개수만큼 컬러 나무 막대를 준비하고 아일릿 펀치를 이용하여 막대의 상단 중앙 부분을 한 개씩 타공한다.
- 막대책은 막대의 개수, 제본 도구에 따라 연결하거나 묶는 방법이 달라지므로 표현 내용과 전시 방법에 따라 원하는 방법으로 타공한다.
- 막대에 한 개의 구멍을 뚫어 여러 개의 막대를 연결하는 방법은 154쪽을 참고하고 두 개의 구멍을 뚫어 블라인드와 같은 방식의 제본은 155~156쪽을 참고한다.
- 나무 막대를 타공하는 아일릿 펀치는 손잡이 간격이 넓고 강한 힘을 주어야 하므로 저학년의 어린이와 활동하는 경우 성인이 타공하여 제공한다.

2 아일릿 박기

- 나무 막대의 타공 구멍에 아일릿을 끼우고 아일릿 펀치로 강하게 눌러서 아일릿이 빠지지 않게 박는다.
- 아일릿 펀치를 이용하여 아일릿을 박는 경우 강한 힘이 필요하므로 저학년의 어린이와 활동하는 경우 성인이 타공하여 제공한다.
- 어린이 스스로 아일릿을 박도록 하는 경우 아일릿 다용도 툴을 이용하여 활동하도록 지도한다.
- 아일릿 다용도 툴을 사용하는 방법은 127쪽을 참고한다.
- 나무 막대의 타공 구멍에 아일릿을 박으면 보다 견고하고 시각적으로 아름다운 효과를 나타내기 위한 것으로 어린이의 연령이나 활동 내용에 따라 아일릿을 박지 않는다.

3 색끈 · 줄 끼우기

- 아일릿을 박은 나무 막대의 구멍으로 군번줄, 리본테이프, 쇠고리 등 표현 내용 및 전시 방법에 적합한 재료를 이용하여 줄을 끼운다.
- 군번줄은 연결된 고리에서 한 줄을 빼내어 구멍 속에 넣고 다시 고리에 걸어 끼운다.
- 리본테이프는 절반으로 접어 구멍의 앞면에서 뒷면으로 중앙 부분을 2~3㎝ 정도 집어넣고 뒤로 나온 고리 속에 앞면의 리본테이프 두 줄을 동시에 끼워 잡아당긴다.
- 군번줄이나 리본테이프 외에 태그 끈, 쇠고리, 옷핀, 할핀(브래드) 등 다양한 재료를 사용하여 끈을 걸 수 있다.
- 나무 막대는 활동 내용에 따라 여러 개의 막대를 함께 끼울 수 있다. 일주일 동안 활동하는 경우 하루에 한 개씩 7개를 끼우고 한 달간 활동하는 경우 그 달의 일 수에 따라 28개~31개를 끼운다. 앞표지와 뒷표지를 함께 만드는 경우 2개를 추가하여 끼운다.
- 나무 막대에 끈을 끼울 때 한 개씩 끼우지 않고 동시에 여러 개의 막대를 끼우는 경우 지름이 넓은 쇠고리를 사용하거나 군번줄을 2~3개 연결하여 끼운다.
- 블라인드 방식의 막대책을 제작하는 방법은 153쪽에 소개되어 있으므로 이를 참고한다.

4 앞표지 꾸미기

- 첫 번째 나무 막대 앞면에 제목과 지은이를 적고 여백을 다양한 재료로 아름답게 꾸민다.
- 본문 막대를 완성하고 앞표지 막대를 꾸미도록 할 수 있다.
- 짙은 색깔의 컬러 나무 막대에 글과 그림을 표현하는 경우 하얀색의 수정액 펜이나 눈에 띄는 자료를 사용한다.

5 본문 면 꾸미기

- 하루에 한 가지씩 두 번째 나무 막대부터 차례로 정해진 주제에 따라 이야기를 쓰고 그림을 그리거나 다양한 재료를 이용하여 여백을 꾸민다.
- 어린이 스스로 주제를 정하지 못한 경우 이야기 주제를 정하여 소개하고 하루에 한 번씩 시간을 정하여 꾸준히 표현 하도록 지도한다.
- 일주일 또는 한 달간 꾸준히 활동할 수 있는 이야기를 주제를 생각하고 원하는 주제를 선택하여 활동하거나 1년 동안 꾸준히 쓰거나 알아보고 싶은 주제를 정하여 활동한다.

예) 오늘 아빠 또는 엄마에게 듣고 싶은 이야기
　오늘 아빠 또는 엄마에게 들은 이야기
　오늘 기분 좋은 일 또는 마음 아픈 일
　오늘의 사자성어
　오늘의 영어 단어
　나의 하루

- 어린이와 함께 부모가 가정에서 함께 활동하면 자녀의 글쓰기에 흥미를 북돋우고 꾸준히 글쓰기를 할 수 있는 자극제가 될 수 있다.

예) 아빠 또는 엄마가 자녀에게 하고 싶은 이야기
　아빠 또는 엄마가 자녀와 함께 하고 싶은 일
　아빠 또는 엄마의 행복한 이야기
　아빠 또는 엄마의 속상한 이야기

6 헌정사 꾸미기

- 앞표지 나무 막대 뒷면에 막대책을 완성하기까지 도움을 주었거나 고마움을 전달하고 싶은 사람에게 헌정사를 적는다.

7 판권면 꾸미기

- 막대책의 마지막 막대 앞면에 펴낸 날, 펴낸이, 펴낸 곳 등을 적는다.

8 뒷표지 꾸미기

- 판권면을 작성한 막대책의 마지막 막대 뒷면에 ISBN을 적고 바코드를 그리거나 가격을 적는다.

9 소개하기 · 감상하기

- 한 달 동안 이야기 주제로 무엇을 정하였는지 소개한다.
- 매일 매일 주제를 정하거나 글을 쓰며 느낀 점이나 어려움에 대하여 이야기 나눈다.
- 어떤 이야기 주제가 독특하거나 흥미 있는지 알아본다.
- 막대에 글을 쓰고 그림을 그리는 활동과 종이에 표현할 때의 차이점에 대하여 이야기 나눈다.
- 한 학급의 어린이가 공통으로 활동한 경우 반복되거나 가장 많이 다룬 주제 또는 이야기가 무엇인지 알아본다.
- 조각 카드에 어린이 각각의 이름과 이야기 주제를 적고 이를 모아 같은 주제 또는 이야기끼리 모아서 그래프를 만들거나 고사성어 또는 영어 단어의 경우 게임을 진행한다.

Tips

- 블라인드 방식의 막대책을 연결하는 방법은 순서에 따라 천천히 지도해 주어야 하고 매듭을 짓는 단계는 막대가 반듯하고 끈이 팽팽해지도록 잡아주어야 견고하고 아름답게 엮을 수 있어요. 어린 연령의 어린이와 활동하는 경우 성인이 도움을 주고 고학년의 어린이는 짝꿍과 함께 협동하여 만들도록 지도해 주세요.

- 블라인드 방식으로 엮는 막대책은 처음부터 많은 개수의 막대를 사용하여 제작하기 보다는 5~7개 정도의 막대를 사용하여 활동하고 익숙해지면 점차 막대의 개수를 늘려 제작해 보세요.

- 블라인드 방식의 막대책은 구멍 부분에 필요한 경우 아일릿을 박고 엮을 수 있어요.

- 막대책을 연결하는 구멍은 좌우 끝 면에서 1㎝~1.5㎝ 정도 안쪽으로 들어와 뚫어주어야 끈이 밖으로 빠지지 않아요.

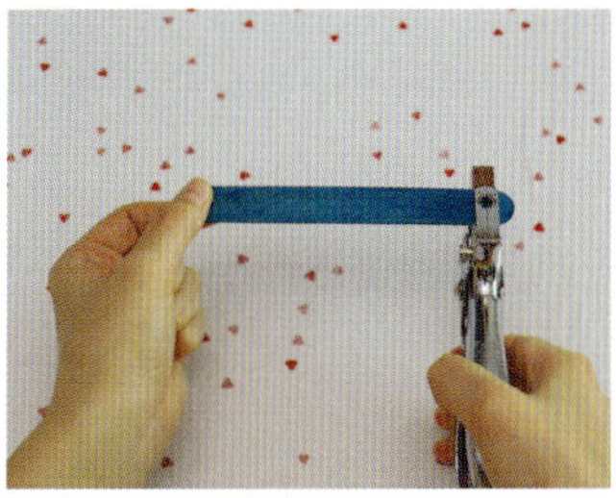

1 막대의 상단 중앙 부분을 아일릿 펀치로 타공한다.

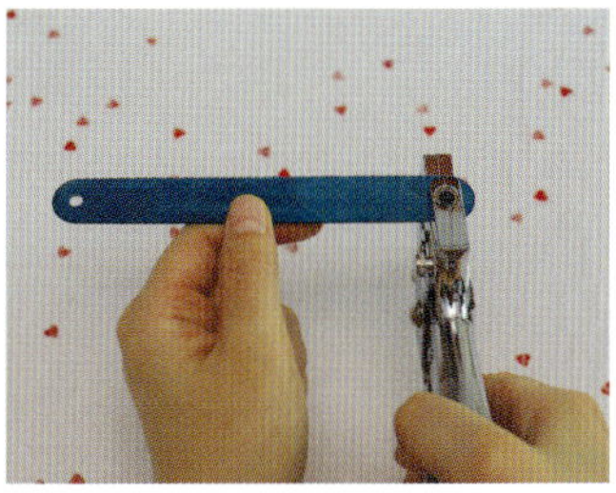

2 막대의 하단 중앙 부분을 아일릿 펀치로 타공한다.

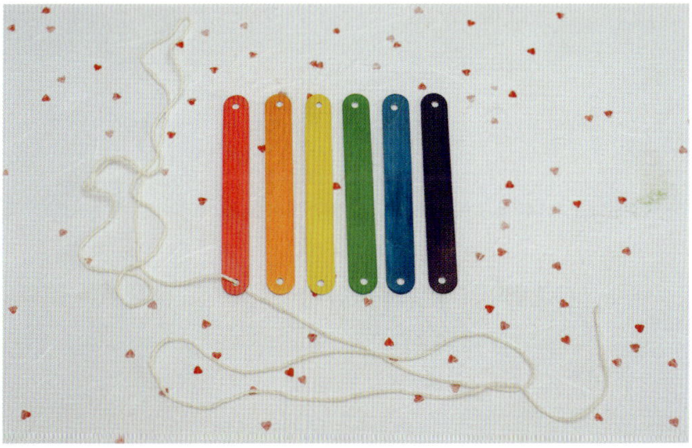

3 끈을 충분한 길이만큼 잘라서 오른쪽 타공 구멍에 절반을 끼운다.

4 구멍 앞면의 끈을 막대 뒷면에서 앞면으로 돌려 차례로 끼운다.

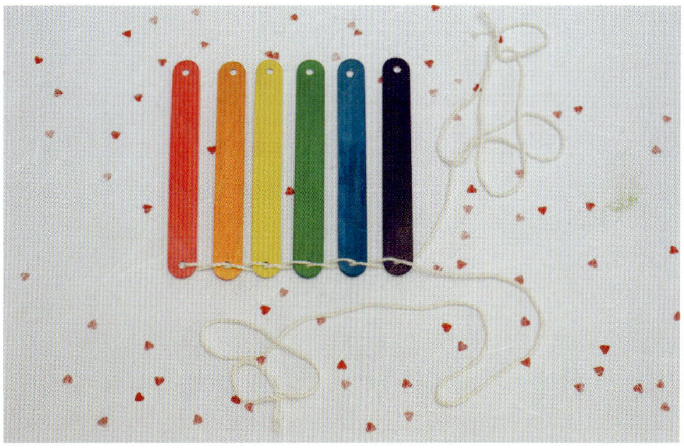

5 위와 반대로 뒷면의 끈을 막대 앞면에서 뒷면으로 돌려 차례로 끼운다.

6 위와 같은 방법으로 반대 면의 구멍에 앞면에서 뒷면으로 차례로 끼운다.

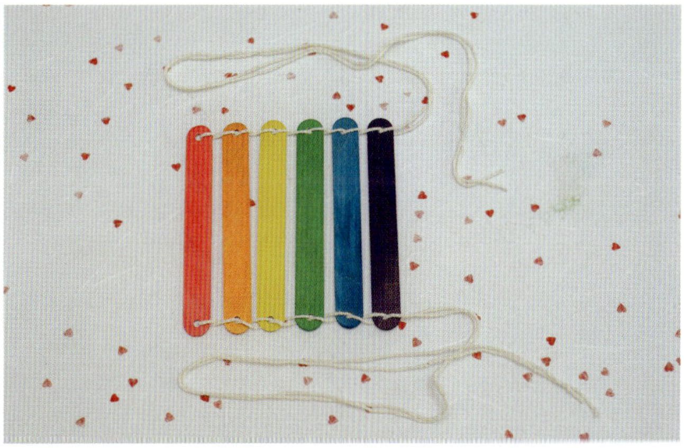

7 위와 반대로 남은 끈을 뒷면에서 앞면으로 지그재그로 돌려가며 끼운다.

8 위 · 아래 구멍에 엇갈리게 끼운 두 줄의 끈 윗부분을 팽팽히 잡고 막대 사이의 여백이 생기지 않도록 차례로 잡아당겨가며 줄을 맞춘다.

8 두 가닥의 실을 엇갈리게 꼬아 단단히 잡아당긴다.

9 다시 한 번 같은 방법으로 두 가닥의 실을 엮어서 사각매듭 짓는다.

10 연결된 막대책 좌우 면의 네 줄의 끈을 모아 적당한 높이에서 꼬아서 매듭 짓는다.

11 실 매듭 위의 남은 부분은 깨끗하게 잘라낸다.

• 김가현(초등 1년). Falling in Love 엄마.

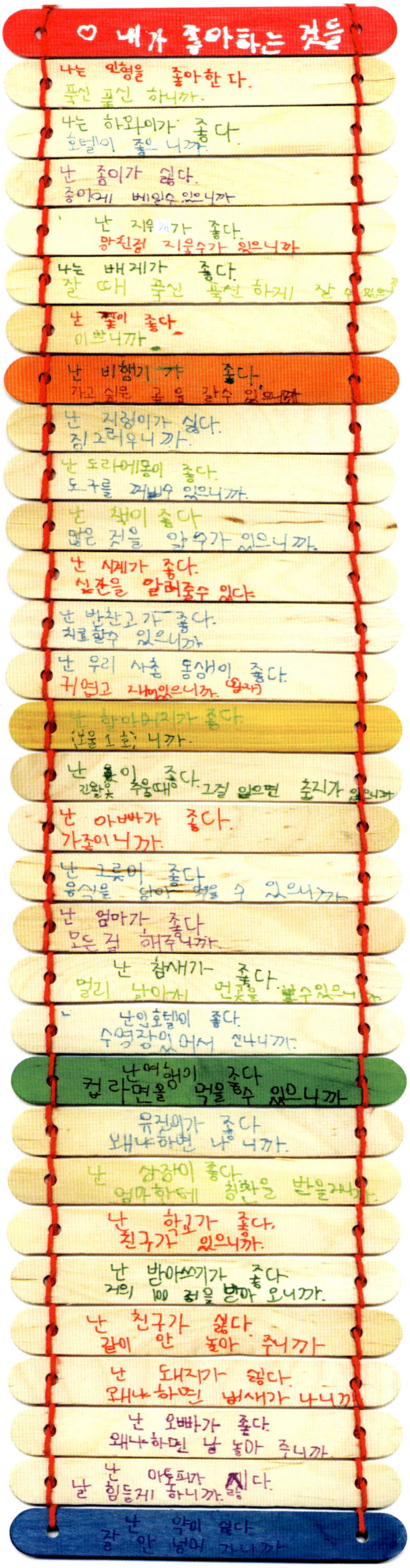

• 김태정(초등 1년). 내가 좋아하는 것들.

• 류인선. Falling in Love 가현.

• 남준영(만 5세). 나무는 좋다. 390㎜×135㎜.

- 남준영(만 5세). 나무는 좋다. 390mm×135mm.
- 활용도서 | 제니스 메이 우드리(1997). 나무는 좋다. 시공주니어.
- 표지 | 뉴칼라 390mm×135mm 1매
- 내지 | 뉴칼라 390mm×135mm 6매
- 속지 | 뉴칼라 340mm×115mm · 160mm×115mm 각 2매
- 나무 막대
- 색끈

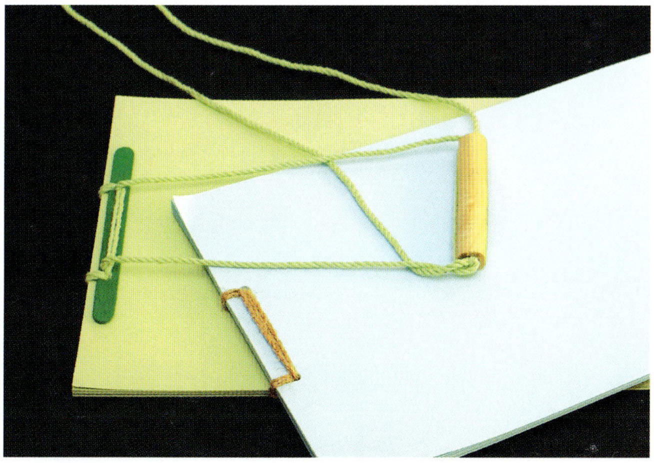

- 내지 | 디자이너스칼라 410mm×190mm 20매
- 나무 막대(소)
- 아일릿 2호
- 납작 고무줄 클립
- 색끈

- 내지 | 디자이너스칼라 410mm×190mm 20매
- 나무 막대(소)
- 구슬
- 색끈

Tips

- 나무 막대는 막대 자체에 글과 그림을 담는 방식 외에 막대를 제본 도구로 활용하여 다양한 유형의 독특한 책을 만드는데 이용할 수 있어요.
- 막대를 이용하여 제본할 때 사용하는 막대는 습기가 완전히 제거된 마른 나무를 사용해야 해요. 습기가 있는 나무는 제본 후에 묶은 끈이 느슨해지거나 막대 주변에 곰팡이가 피어날 수 있어요.
- 나무 막대, 단추, 골프 핀과 같은 재료를 이용한 제본은 만드는 이의 생각에 따라 다양한 방법으로 제본할 수 있어요.
- 막대 제본책은 나뭇가지와 같은 둥근 형태의 막대와 납작한 형태의 막대에 구멍을 뚫고 끈으로 묶어서 제본하는 방법이 있어요.
- 나뭇가지와 같은 둥근 형태의 막대는 제본된 면 위로 막대가 튀어나와 있으므로 단면만 사용하는 책이나 내지가 긴 책을 제본할 때 사용하는 것이 적절해요.
- 납작한 나무 막대는 제본 면 위로 높이 올라오지 않으므로 양면을 사용하는 책을 만들 때 사용하세요.
- 둥근 나뭇가지와 나무 막대는 시중에서 판매되는 재료를 구입하여 사용하세요. 길이가 긴 막대가 필요한 경우 다양한 지름의 목봉을 구입하여 필요한 길이로 잘라서 사용하세요.
- 막대 제본책은 막대의 끈을 이용하여 달력처럼 걸어두고 읽거나 전시하는 책을 만들 때 활용하면 좋아요. 완성된 책은 읽거나 글을 쓰는 어린이의 눈높이에 맞추어 걸어주세요.
- 나뭇가지나 나무 막대뿐만 아니라 골프 핀, 단추, 연필, 붓, 고리 등 다양한 재료를 사용하여 제본하면 독특한 형태와 느낌의 아름다운 책을 만들 수 있어요.
- 연필이나 붓과 같이 표면이 매끈한 종류의 재료를 사용하여 제본하면 사용하는 도중에 끈이 빠지는 경우가 있어요. 막대의 끈을 묶는 부분에 홈을 내어 파주고 끈을 묶으면 빠지지 않아요.
- 납작한 나무 막대를 이용하여 제본하는 책은 내지와 같은 위치에 구멍을 만들어 끈을 끼워야 해요. 먼저 내지의 제본 할 부분을 타공하고 나무 막대를 맞추어 구멍을 표시하세요. 나무 막대에 표시된 구멍은 내지와 마찬가지로 아일릿 펀치를 이용하면 쉽게 타공할 수 있어요.
- 막대책은 막대의 한 면에 구멍을 뚫어 끈을 연결하는 방법 외에 막대의 양 끝에 구멍을 뚫고 양쪽 구멍에 각각 끈을 끼워 지그재그 엮기를 이용하면 블라인드와 같은 형태의 제본을 할 수 있어요.
- 블라인드 방식의 막대 제본책을 제작하는 방법은 154쪽에 상세히 설명되어 있으므로 이를 참고하여 만들어보세요.

상자책

준비물

- 상자 | 종이상자
  | 원통상자
  | 플라스틱 케이스
  | 양철통
- 내지 | 양면색지
  | 켄트지
  | 나무 막대
  | 태그
  | 모양 종이
- 포장지
- 접착시트
- 스프레이 본드
- 팬시 라벨
- 원형 · 조가비 원형 모양 펀치
- 군번줄
- 리본테이프
- 아일릿 2호
- 아일릿 펀치

생각 모으기

Q. 선물을 주고받을 때 포장 상자, 상품 포장 박스 그리고 주변에서 구할 수 있는 다양한 유형의 상자 또는 케이스를 모아서 각각의 형태와 특징을 탐색하고 적어보세요.

A.

Q. 사각 상자와 케이스 또는 원형 상자와 케이스 형태에 따라 각각의 내부에 넣거나 담을 수 있는 다양한 유형의 재료들을 생각하고 적어보세요.

A.

Q. 상자 또는 케이스 형태에 따라 겉면과 안쪽 면을 포장하거나 장식할 수 있는 다양한 방법을 생각하고 적어보세요.

A.

Q. 상자 또는 케이스를 이용한 문해 활동 또는 조형미술 활동 진행시 고려해야 할 점을 생각하고 적어보세요.

A.

Tips

- 같은 크기와 형태의 상자라도 안에 담는 내지 유형에 따라 색다른 책을 만들 수 있어요. 사각 또는 원형 상자에 외겹접기, 양장접기, 병풍접기, 테두리접기 등 다양한 접기를 이용하여 책을 만들어 넣어보세요.

- 원형 상자 또는 원통에는 긴 내지를 접지 않고 두루마리처럼 돌돌 말아서 넣을 수 있어요. 두루마리 형태의 책은 길이가 길어서 보관에 어려움을 겪은 적이 있지요! 두루마리 책을 만들기 전에 먼저 적합한 크기의 원통을 준비하고 이에 맞게 내지를 잘라서 글쓰기 또는 조형미술 활동을 진행 하세요. 완성한 책의 전시가 끝나고 원통 상자에 넣어두면 시간이 흐른 뒤에도 오랫동안 간직할 수 있고 필요할 때마다 꺼내어 활동을 진행하면 되므로 여러모로 편리해요.

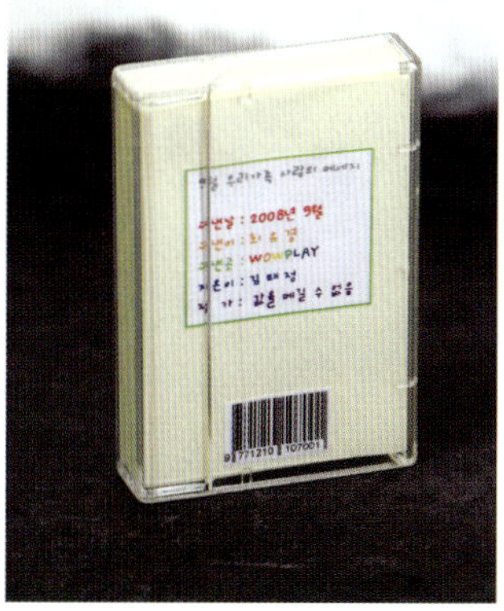

- 김태정(초등 1년). 9월 우리가족 사랑의 메시지. 67㎜×100㎜.
- 케이스 | 카메라 테이프 케이스 67㎜×100㎜
- 내지 | 컬러 머메이드 2016㎜×64㎜ 1매

- 김가현(초등 1년). 가연이와 엄마의 비밀 이야기. 178㎜×98㎜.
- 상자 | 사각 상자 178㎜×98㎜
- 내지 | 나무 막대(대) 32개
- 군번줄 3개

- 신현호 · 신혜민 · 신현준(초등 5 · 3년). 내가 태어난 이유. 100㎜×100㎜.
- 활용도서 | 볼프 에를브루흐 글 · 그림(2004). 커다란 질문. 베틀북.
- 케이스 | 3.5˝ 플로피디스켓 케이스 100㎜×100㎜
- 내지 | 컬러 머메이드 2850㎜×92㎜ 각 3매

- 나현숙. 엄마의 바램 Ⅰ · Ⅱ · Ⅲ. 92㎜×92㎜
- 내지 | 컬러 머메이드 920㎜×92㎜ 3매

- 엔젤킹덤어린이집 친구들(만 1 · 2세).
  선으로 그리는 세상. 420㎜×395㎜ 8매
- 상자 | 원통 상자 100㎜×145㎜
- 내지 | 뉴칼라 780㎜×130㎜ 10매
- 띠지 | 뉴칼라 30㎜×130㎜ 20매
- 아일릿 2호
- 군번줄

만들기

1 사각 또는 원형 상자·케이스 모으기

- 선물 받은 상자, 상품 포장 상자, 사용하고 남은 각종 제품 케이스 등을 모은다.

다양한 유형의 상자·케이스

2 사각 또는 원형 상자·케이스 탐색하기

- 수집한 다양한 유형의 상자와 케이스를 탐색하고 각각의 형태와 크기에 따라 적합한 활동 유형과 표현 내용에 대하여 생각을 모은다.

3 상자 내·외부 포장하기

- 준비한 상자에 붙은 불필요한 장식이나 상표 라벨 등은 조심스럽게 떼어낸다.
- 상자 또는 케이스의 내부와 외부를 한지, 포장지, 접착 시트, 접착 펠트 등을 이용하여 깨끗하게 포장한다.
- 겉면이 깨끗하거나 인쇄된 그림이 아름다운 상자 또는 케이스는 별도의 포장을 하지 않는다.
- 상자의 형태 또는 특성에 따라 내부를 먼저 포장하고 외부를 감싸거나 내부는 제외하고 외부만 포장할 수 있다.
- 사각 상자 겉면의 크기에 맞추어 하드보드를 자르고 겉면을 포장하여 붙인 후 아일릿을 박으면 상자가 견고해진다.
- 상자의 내·외부를 포장하는 과정은 고학년 이하의 어린이는 스스로 진행하기 어려우므로 성인이 포장하여 제공한다.
- 투명한 플라스틱 케이스는 완성한 내지를 끼우면 앞·뒷표지가 자연스럽게 보이므로 별도의 포장을 하지 않는다.

❸-1 사각 상자 내·외부 포장하기

❸-2 원통 상자 뚜껑·외부 포장하기

4 상자·케이스 내·외부 규격 측정하기

- 상자 또는 케이스의 내부·외부 규격(가로×세로×높이)을 자를 이용하여 측정한다.
- 상자 또는 케이스의 내부 규격을 측정할 때 각각의 길이에서 3㎜~5㎜ 정도 줄여서 잰다.

  예) 내부 규격이 7㎝(가로)×10㎝(세로)인 경우 6.7㎝(가로)×9.7㎝(세로)
  내부 규격이 10㎝(가로)×18㎝(세로)인 경우 9.5㎝(가로)×17.5㎝(세로)
  내부 규격이 10㎝(가로)×18㎝(세로)인 경우 9.5㎝(가로)×17.5㎝(세로)
- 상자 또는 케이스의 내부 규격보다 작게 측정하여 내지를 접어야 책을 넣고 빼기 편리하다.

5 내지 만들기

- 상자 또는 케이스의 내부 규격에 따라 전지 또는 적당한 크기의 내지를 준비한다.
- 상자 또는 케이스에 적합한 내지 유형을 정하여 외겹접기, 양장접기, 전통접기, 병풍접기, 테두리접기, 두루마리 등 표현 내용에 따라 적합한 방법으로 내지를 접는다.
- 내지는 상자 또는 케이스의 높이와 너비에 따라 적당한 매수만큼 접거나 말아서 넣는다.
- 사각 상자 또는 케이스의 높이가 높은 경우 여러 권의 병풍 책을 다양한 색상의 내지로 접어서 넣거나 4면 또는 8면 병풍책을 여러 권 접어서 연결하여 붙일 수 있다.
- 원형 상자 또는 원통에 넣는 내지는 나무 막대, 태그, 모양 종이 등을 아일릿 또는 포스트로 제본하여 만들어 넣거나 긴 내지를 둘둘 말아 두루마리 형태로 집어넣는다.

6 글쓰기 주제 정하기

- 상자 또는 케이스에 담는 내지 유형과 활용도서에 따라 일주일 또는 한 달 간 진행할 글쓰기 주제를 정한다.
- 활동에 참여하는 어린이의 연령과 활동 내용에 따라 4장 주 머니접기링 제본책에서 활용한 **이야기 목록표(CD-ROM)**를 출력하여 제공할 수 있다.
- 이야기 목록표에 시작하는 날자와 요일을 적고 표현할 이야기 주제를 정하고 그에 따른 제목을 생각하여 각각 적는다.
- 어린 연령의 어린이 또는 교사가 이야기 주제를 정하여 활동하는 경우 이야기 목록표는 사용하지 않는다.
- 이야기 목록표 작성하기는 글을 쓰기 전에 매일 매일 적어가거나 2~3일에 걸쳐 한 달 동안 쓰고 싶은 주제를 미리 선정하여 적도록 지도한다.

- 이야기 목록표는 상자책을 완성하는 기간 동안 자유로이 읽고 생각할 수 있도록 눈에 잘 띄는 벽면 또는 정해진 위치에 부착해 놓는다.
- 미리 이야기 주제를 정한 경우라도 글 쓰는 상황에 따라 자유로이 수정하거나 변경할 수 있도록 지도한다.

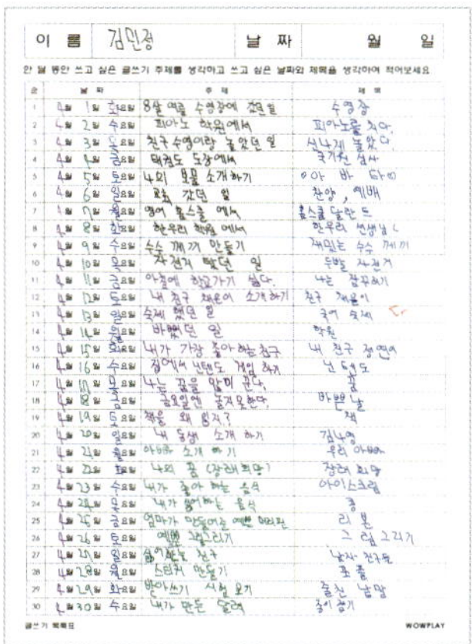

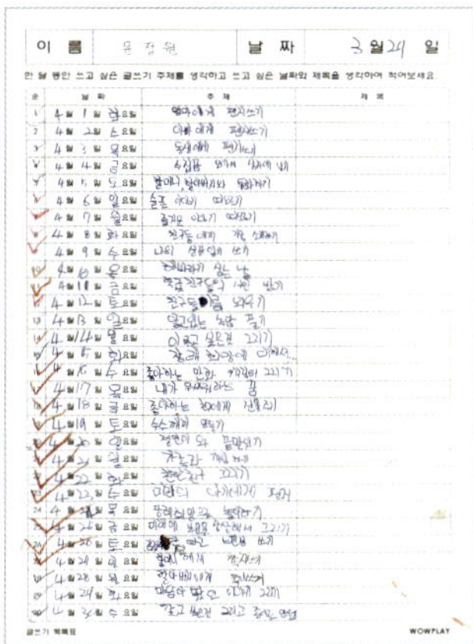

6 내지 꾸미기
- 내지의 앞표지 또는 첫 면에 표현할 주제에 대한 제목, 지은이, 출판사 명을 적고 앞표지 그림을 그려 꾸민다.
- 내지의 두 번째 면부터 차례로 날짜와 요일을 적는다.
- 하루에 한 면씩 '내가 세상에 태어난 이유'에 대하여 생각하고 차례로 글을 쓰고 그림을 그리거나 다양한 재료를 이용하여 꾸민다.
- 제시된 활용도서 외에 선정 도서 또는 토론 주제에 따라 스스로 글쓰기 주제를 정하도록 지도한다.
- 어린이 스스로 주제를 정하지 못한 경우 하루에 한 가지씩 부모님이나 교사가 궁금한 생각이나 전하고 싶은 이야기를 들려주고 이에 대한 생각을 표현하도록 지도한다.

  예) 너는 세상에 왜 태어난 걸까?
  지금 10만원이 있다면 무엇에 사용하고 싶니?
  지구를 위해 발명하고 싶은 것은?
- 일주일 또는 한 달 간 꾸준히 활동할 수 있는 이야기를 주제를 생각하고 원하는 주제를 선택하여 활동하거나 1년 동안 꾸준히 쓰거나 알아보고 싶은 주제를 정하여 활동한다.
- 상자 또는 케이스의 형태와 크기에 따라 활동 기간은 일주일에서 1년까지 다양한 방법으로 진행한다.

8 헌정사 꾸미기
- 내지의 앞표지 뒷면에 책을 완성하기까지 도움을 주었거나 고마움을 전달하고 싶은 사람에게 헌정사를 적는다.

9 판권면 꾸미기
- 내지의 마지막 면 앞면에 펴낸 날, 펴낸이, 펴낸 곳, 주소, 전화번호, 블로그 주소, 이메일 주소 등을 적는다.

10 뒷표지 꾸미기
- 판권면을 작성한 내지의 마지막면 뒷면에 ISBN을 적고 바코드를 그리거나 가격을 적는다.

11 사각 상자 · 케이스 겉면 꾸미기
- 완성된 책을 앞표지가 보이도록 상자 안에 넣는다.
- 상자의 겉면에 책의 앞표지와 같이 제목, 지은이, 출판사 명을 적고 다양한 재료를 이용하여 아름답게 꾸민다.
- 상자 바닥 면이나 뚜껑 안쪽 면에 판권면을 꾸밀 수 있다.

- 투명 케이스는 겉면에 별도의 글이나 그림을 담지 않고 책등 면의 너비에 적합한 라벨을 준비하여 제목과 지은이를 적어 붙인다.

12 소개하기 · 감상하기
- 상자 또는 케이스에 따라 어떤 형태의 내지를 만들어 넣었는지 소개한다.
- 매일 표현한 이야기 주제가 무엇인지 소개하고 생각한 이야기가 독특하거나 재미있는 작품에 대하여 알아본다.
- 글쓰기를 진행하면서 표현하기 어렵거나 재미있는 주제가 있었는지 이야기 나눈다.
- 상자에 넣을 수 있는 다양한 책의 유형에 대하여 알아본다.
- 한 학급의 어린이가 공통으로 활동한 경우 반복되거나 가장 많이 생각한 이유가 무엇인지 알아본다.
- 조각 카드에 어린이 각각의 이름과 이유를 적고 이를 모아 같은 생각끼리 모아서 그래프를 만들어 본다.

• 김태정(초등 1년). 9월 우리가족 사랑의 메시지. 2016㎜×64㎜.

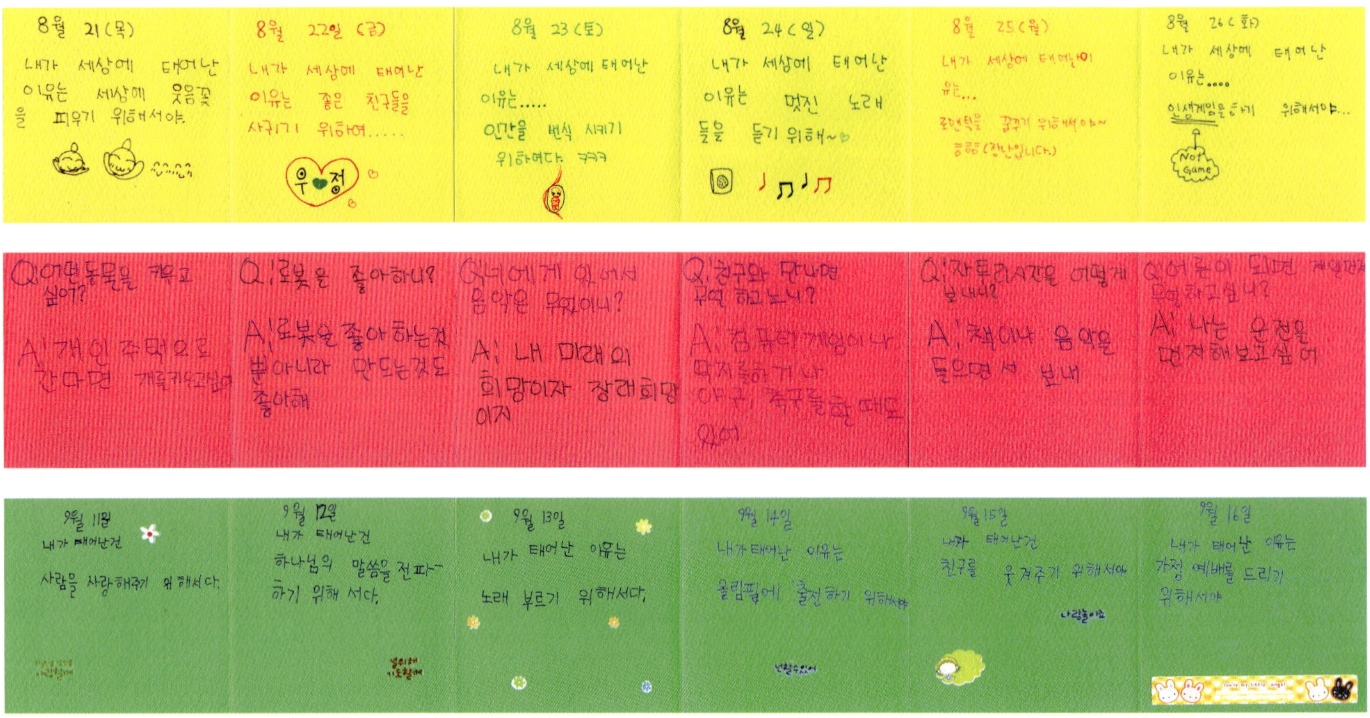

• 신현준·신현호·신혜민(초등 3년·5년). 내가 태어난 이유. 2850㎜×92㎜.

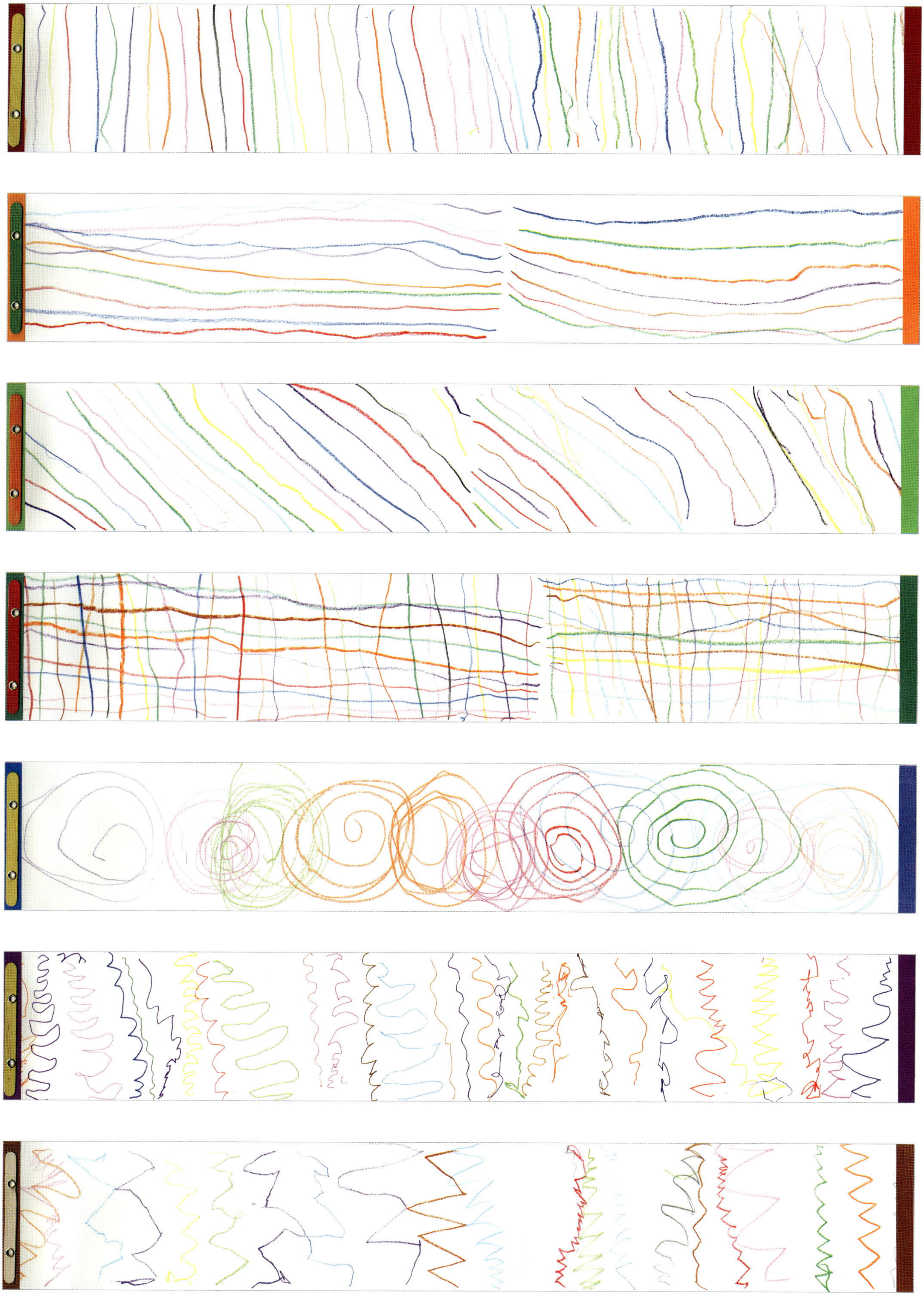

• 엔젤킹덤어린이집 친구들(만 1 · 2세). 선으로 그리는 세상. 420㎜×130㎜.

- 케이스 | 카메라 테이프 케이스 67㎜×100㎜
- 내지 | 컬러 머메이드 1008㎜×64㎜ 각 2매

- 케이스 | 3.5″ 플로피디스켓 케이스 100㎜×100㎜
- 내지 | 컬러 머메이드 950㎜×90㎜ 각 7매

- 상자 | 플라스틱 사각 케이스 190㎜×73㎜×30㎜
- 내지 | 컬러 머메이드 1020㎜×178㎜ 1매

- 상자 | 원통 상자 100㎜×170㎜
- 내지 | 디자이너스 칼라 1080㎜×160㎜ 16매
- 띠지 | 디자이너스 칼라 40㎜×160㎜ 32매
- 아일릿 2호
- 리본테이프

- 상자 | 양철통 85㎜×55㎜
- 내지 | 컬러 머메이드 Φ75㎜ 12매
  | 컬러 머메이드 1050㎜×52.5㎜ 6매

- 상자 | 양철통 85㎜×55㎜
- 내지 | 컬러 머메이드 Φ72㎜ 120매

- 상자 | 사각 상자 215㎜×115㎜×35㎜
- 표지 | 컬러 머메이드 425㎜×197㎜ 1매
- 내지 | 컬러 머메이드 6000㎜×197㎜ 1매

- 상자 | 사각 상자 215㎜×115㎜×35㎜
- 표지 | 컬러 머메이드 425㎜×197㎜ 1매
- 내지 | 컬러 머메이드 6000㎜×197㎜ 1매

- 상자 | 사각 상자 183㎜×103㎜×53㎜
- 표지 | 하드보드 82㎜×162㎜ 2매
- 커버지 | 장식지 90㎜×170㎜ 2매
- 내지 | 컬러 머메이드 4160㎜×162㎜ 1매
- 접착주머니(대) 1매
- 아일릿 2호

- 상자 | 사각 상자 135㎜×98㎜×60㎜
- 아일릿 2호

- 상자 | 사각 상자 82㎜×82㎜×45㎜
- 내지 | 컬러 머메이드 Φ72㎜ 120매
- 포스트 35㎜ 1개

꿰매기 제본책

준비물

- 내지 | 양면색지 B4 5매
- 끈
- 제본용 바늘 · 돗바늘
- 송곳
- 집게
- 다용도 아일릿 툴

- 권유진(초등 1년). 유진이의 가족 여행. 135㎜×195㎜.
- 표지 | 뉴칼라 270㎜×195㎜ 1매
- 속지 | 켄트지 270㎜×195㎜ 5매
- 태그 끈

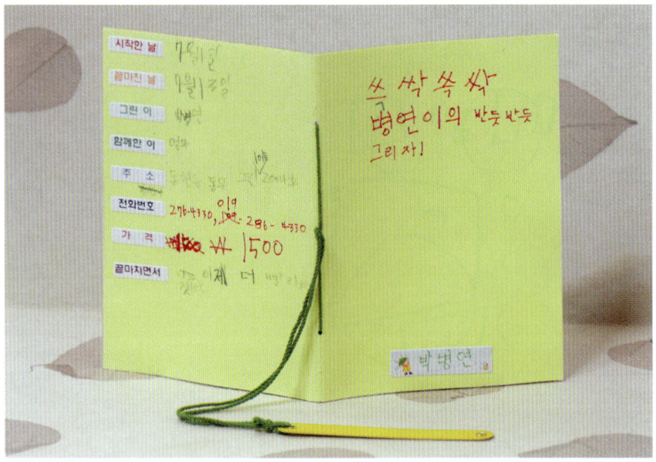

- 박병연(초등 1년). 쓱싹쓱싹 병연이의 반듯반듯 그리자. B4
- 내지 | 뉴칼라 B4 5매
- 마음대로 그리기 라벨 3621(CD-ROM)

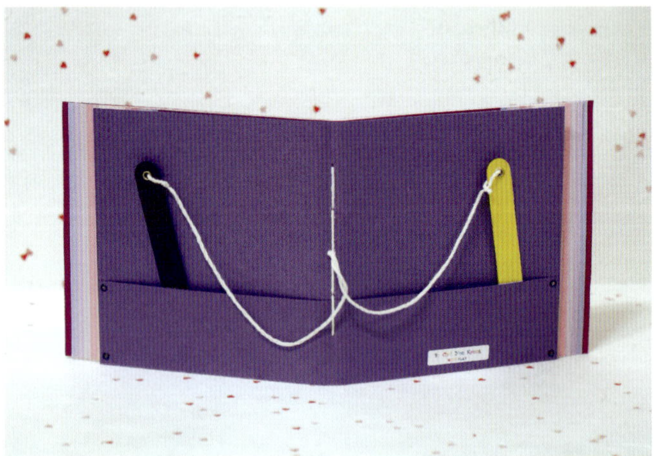

- 표지 | 컬러 머메이드 340㎜×255㎜ 1매
- 내지 | 디자이너스칼라 400㎜×195㎜ 16매
- 아일릿 4호
- 태그 끈
- 나무 막대(대)

- 표지 | 흑기사 1015㎜×190㎜ 1매
- 내지 | 컬러 머메이드 290㎜×190㎜ 24매
- 리본테이프

생각 모으기

Q. 꿰매기 제본책을 탐색하고 제본 방식에 따른 특징과 표현시 장점에 대하여 생각하고 적어보세요.

A.

Q. 꿰매기 제본책의 매듭을 짓거나 남은 끈을 꾸밀 수 있는 다양한 방법을 생각하고 적어보세요.

A.

Q. 꿰매기 제본책을 만들 때 고려해야 할 점을 생각하고 적어 보세요.

A.

Tips

- 꿰매기 제본책에 사용하는 끈은 책 형태와 내지 종류에 따라 면을 꼬아 만든 제본용 실 외에 수공예용 실, 리본테이프, 가죽끈, 털실 등 다양한 재료를 사용할 수 있어요.

- 실을 잡아당겨 쉽게 늘어나거나 탄성이 있는 실을 사용하면 내지가 헐거워지므로 늘어나지 않는 재질의 실을 사용하는 것이 좋아요.

- 꿰매기 제본에 사용하는 바늘은 끝이 뭉뚝한 바늘을 사용해야 내지의 손상을 줄일 수 있고 어린이가 안전하게 사용할 수 있어요.

- 꿰매기 제본책은 적은 매수의 내지를 제본할 때 활용할 수 있는 방법으로 타공과 꿰매기 단계에 도구를 사용해야 하므로 초등학교 고학년 어린이들은 스스로 각 단계를 경험할 수 있도록 지도하고 저학년 어린이들은 수준에 따라 타공과 꿰매기 단계를 성인이 도와주세요.

- 내지가 크거나 길이가 긴 경우에는 보다 견고하게 만들기 위해 5단 꿰매기를 하는 것이 적절해요. 5단 꿰매기는 3단 꿰매기와 같은 방법으로 위와 아랫부분에서 8자 형태로 꿰매는 방식으로 168쪽을 참고하여 5단 꿰매기 제본책을 만들어 보세요.

만들기

1 내지 양장접기

- B4 크기의 내지를 필요한 매수만큼 준비하고 각각 절반으로 접는다.
- 절반으로 접은 내지를 접은 면이 책등이 되도록 포갠다.

2 양장접기 내지 포개기

- 절반으로 접은 내지를 접은 면이 책등 면이 되도록 1매씩 차례로 필요한 매수만큼 끼워 포갠다.

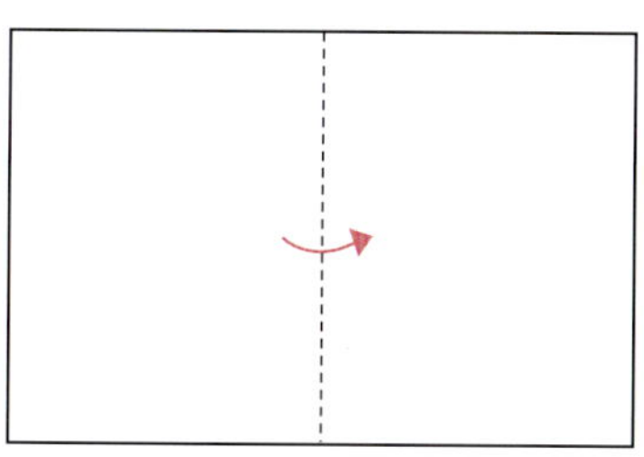

❶ 외겹접기 내지 각각 1매씩 절반으로 접는다.

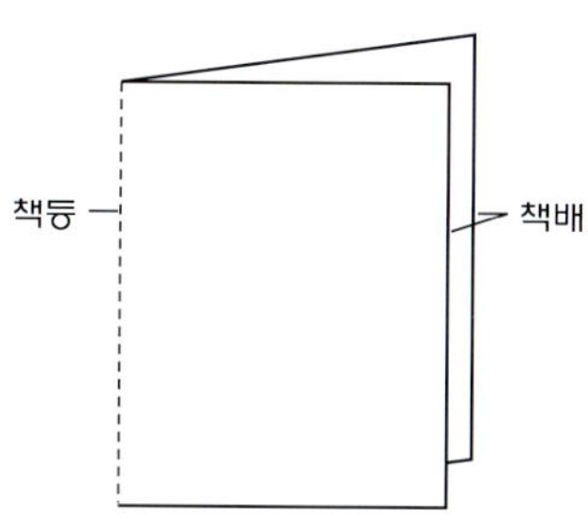

❷ 절반으로 접은 면이 책등이 되도록 차례로 포갠다.

3 꿰미기 제본하기(170쪽 참조)

- 포개어 놓은 내지를 펼치고 접은 선을 따라 맞춘다.
- 포개어 펼친 내지가 비뚤어지지 않도록 양쪽 책배 중앙 부분을 집게로 집어 고정시킨다.
- 펼친 상태의 내지의 가운데 접은 선을 따라 중앙, 위, 아래 부분을 각각 다용도 아일릿 툴 또는 송곳을 이용하여 타공한다.
- 제본용 바늘 또는 돗바늘에 끈을 끼우고 충분한 길이만큼 남겨두고 자른다.
- 매듭을 지을 수 있을 만큼의 길이를 남겨두고 내지의 앞표지에 해당하는 바깥 면에서 안쪽으로 들어간다.
- 가운데 안쪽 구멍에서 위쪽 구멍의 안에서 밖으로 나온다.
- 위쪽 구멍의 밖에서 다시 가운데 구멍의 밖에서 안으로 들어간다.
- 가운데 구멍 안쪽에서 아래 구멍의 안에서 밖으로 나간다.
- 가운데 구멍에 남겨둔 끈과 아래 구멍에서 나온 끈을 팽팽히 잡아당기고 중앙에서 사각 매듭을 짓는다.

4 앞표지 꾸미기

- 꿰매기 제본책의 앞면에 제목, 지은이, 출판사 명 등을 적고 앞표지 그림을 그린다.
- 표현 내용에 따라 본문 면을 완성하고 앞표지를 꾸미도록 할 수 있다.

5 본문 면 꾸미기

- 활용도서를 참고하여 손가락 끝부분의 지문이나 손바닥에 다양한 색상의 잉크를 묻히고 원하는 형태로 찍는다.
- 잉크가 마르면 다양한 종류의 필기도구를 이용하여 손가락 지문이나 손바닥 모양에 그림을 그려 꾸민다.
- 색종이, 스티커, 반짝이 등 다양한 재료를 사용하여 꾸민다.
- 그림이 완성되면 여백의 적당한 면에 그림에 대한 설명이나 이야기를 적는다.
- 양장접기 내지의 면 수가 많은 경우 내지의 적당한 위치에 쪽 수를 적도록 지도한다.

6 뒷표지 꾸미기

- 양장접기 꿰매기 제본책의 뒷면에 펴낸 날, 펴낸이, 펴낸 곳, 뒷표지 그림, 소개하는 글, 연락처, 값 그리고 ISBN 등을 적고 바코드를 직접 그리거나 상품의 바코드를 오려 붙인다.

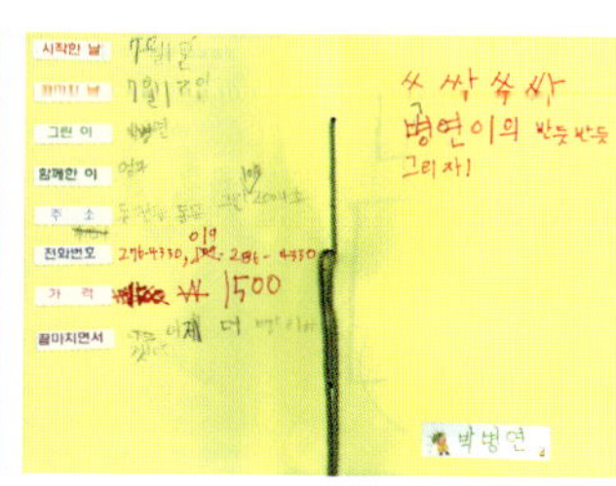

7 소개하기 · 감상하기

- 지문을 이용하여 어떤 모양을 만들었는지 소개한다.
- 독특한 형태나 모양을 구성했거나 모양 종이를 이용하여 재미있는 이야기를 만든 작품을 알아본다.
- 꿰매기 제본책, 링 제본책, 아일릿 제본책, 포스트 제본책 등을 각각 탐색하고 제본 형태에 따라 어떤 차이점이 있는지 이야기 나눈다.

❺-1 표지와 내지의 가운데 접은 선을 따라 중앙, 위, 아래 부분을 타공한다.

❺-2 제본용 바늘 또는 돗바늘에 끈을 끼우고 매듭을 지을 수 있을 만큼의 길이를 남겨두고 내지의 바깥 면에서 안쪽으로 들어간다.

❺-3 가운데에서 위쪽 구멍의 안에서 밖으로 나온다.

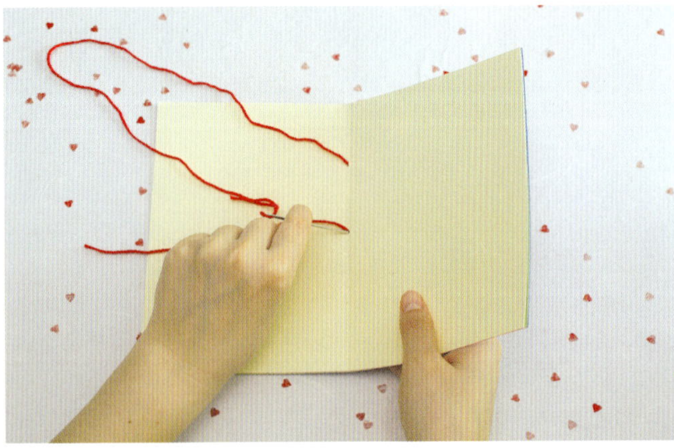

❺-4 위쪽 구멍의 밖에서 다시 가운데 구멍의 밖에서 안으로 들어간다.

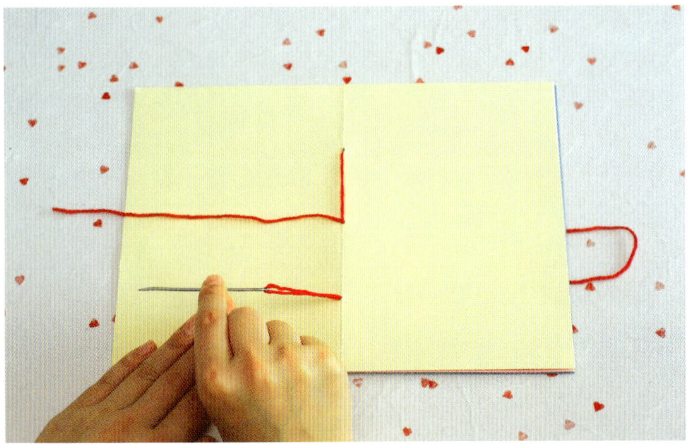

❺-5 가운데 구멍에서 아래 구멍의 안에서 밖으로 나간다.

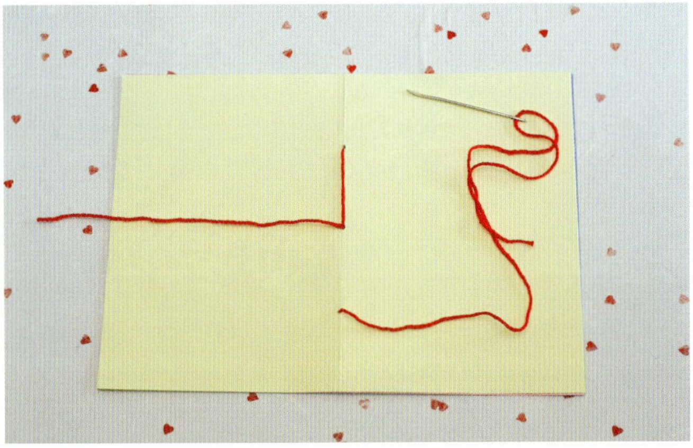

❺-6 3단 실꿰기가 완료된 내지 앞표지의 모습

❺-7 위 · 아래 두 줄을 팽팽히 잡아당기고 중앙에서 사각 매듭을 짓는다.

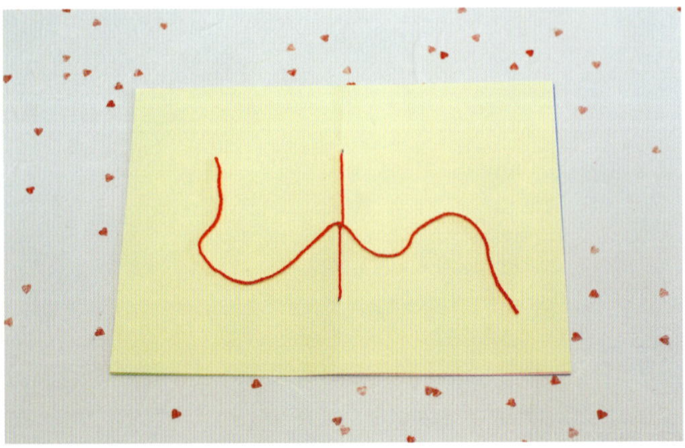

❺-8 사각 매듭짓기가 완료된 모습

• 권유진(초등 1년). 유진이의 가족 여행. 135㎜×195㎜.

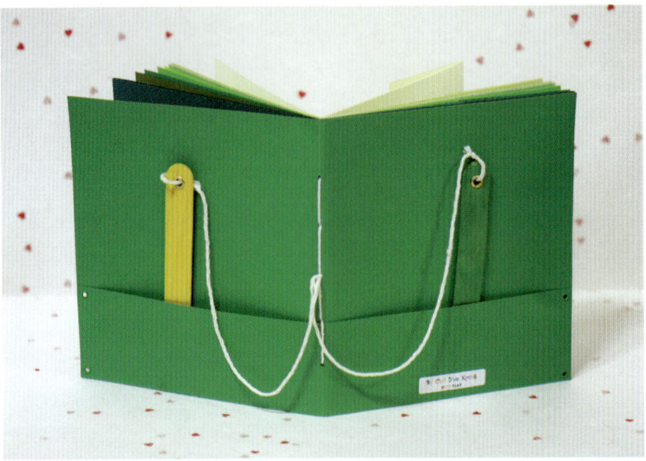

Tip 5단 꿰매기 제본 방법

① 내지를 필요한 매수만큼 준비하고 절반으로 접어서 양장접기 한다.

② 절반으로 접은 내지를 접은 면이 책등이 되도록 1매씩 차례로 끼워 포갠다.

③ 포개어 놓은 내지를 펼치고 접은 선을 따라 맞춘다.

④ 포개어 펼친 내지가 비뚤어지지 않도록 양쪽 책배 중앙 부분을 집게로 집어 고정시킨다.

⑤ 펼친 상태의 표지와 내지의 가운데 접은 선을 따라 중앙을 중심으로 위, 아래 부분을 각각 2곳씩 5개의 구멍을 다용도 아일릿 툴 또는 송곳을 이용하여 타공한다.

⑥ 제본용 바늘 또는 돗바늘에 끈을 끼우고 충분한 길이만큼 남겨두고 자른다.

⑦ 매듭을 지을 수 있을 만큼의 길이를 남겨두고 표지의 가운데 구멍 바깥 면에서 안쪽으로 들어간다.

⑧ 가운데 구멍 안에서 위쪽 두 번째 구멍의 안에서 밖으로 ⇒ 위쪽 첫 번째 구멍 밖에서 안으로 ⇒ 두 번째 구멍 안에서 밖으로 ⇒ 가운데 구멍 밖에서 안으로 8자 형태를 그리며 꿰맨다.

⑨ 다시 가운데 구멍 안에서 아래쪽 네 번째 구멍의 안에서 밖으로 ⇒ 아래쪽 다섯 번째 구멍 밖에서 안으로 ⇒ 네 번째 구멍 안에서 밖으로 8자 형태를 그리며 꿰맨다.

⑩ 가운데 구멍에 남겨둔 끈과 아래 네 번째 구멍에서 나온 끈을 팽팽히 잡아당기고 중앙에서 사각 매듭을 짓는다.

- 표지 | 컬러 머메이드 340mm×255mm 1매
- 내지 | 디자이너스칼라 410mm×195mm 8매
- 아일릿 4호
- 태그 끈
- 나무 막대(대)

- 표지 | 컬러 머메이드 330mm×190mm 1매
- 내지 | 컬러 머메이드 410mm×190mm 8매
- 리본테이프

- 표지 | 컬러 머메이드 340mm×255mm 1매
- 내지 | 디자이너스칼라 370mm×195mm 8매
- 아일릿 4호
- 태그 끈
- 나무 막대(대)

- 표지 | 흑기사 1015mm×190mm 1매
- 내지 | 컬러 머메이드 290mm×190mm 24매
- 리본테이프

CHAPTER 8

표지 만들기와 소품을 활용한 문해 활동

Literacy Activities through Cover & Oddment Books

- 양면 보드 표지책
- 책등이 있는 표지책
- 소품을 활용한 나만의 책

양면보드 표지책

준비물

- 표지 | 하드보드 135㎜×195㎜ 2매
  | 커버지 165㎜×225㎜ 2매
- 내지 | 양면색지 1080㎜×195㎜ 1매
  | 양면색지 210㎜×165㎜ 8매
- 속지 | 양면색지 115㎜×175㎜ 2매
  | 양면색지 210㎜×165㎜ 8매
- 두 낱말로 한 낱말 만들기 생각 모으기(CD-ROM)

- 박유진(초등 1년). 단어 만들기. 1080㎜×195㎜.

- 박정은(만 5세). 도깨비를 빨아버린 우리 엄마. 540㎜×97.5㎜.
- 표지 | 하드보드 135㎜×100㎜ 2매
  | 커버지 155㎜×120㎜ 2매
- 내지 | 켄트지 540㎜×97.5㎜ 1매

- 표지 | 하드보드 170㎜×250㎜ 2매
  | 커버지 200㎜×280㎜ 2매
- 내지 | 컬러 머메이드 2040㎜×377㎜ 1매
  | 흑기사 300㎜×190㎜ 2매
- 접착주머니(대) 2매
- 아일릿 2호
- 삼각 코너 4개

생각 모으기

Q. 양면 보드 제본책을 탐색하고 앞 · 뒷표지에 보드를 붙일 수 있는 다양한 유형의 제본 방식과 내지 형태를 생각하여 적어보세요.

A.

Q. 별도의 제본 과정 없이 내지에 직접 양면 보드를 붙일 수 있는 다양한 유형의 접기 방식을 생각하고 적어보세요.

A.

Q. 링 제본, 포스트 제본, 꿰매기 제본책의 특징을 탐색하고 양면 보드를 붙일 수 있는 각각의 방법을 적어보세요.

A.

Q. 양면 보드 제본책을 만들 때 고려해야 할 점을 생각하고 적어보세요.

A.

Tips

- 보드를 감싸는 커버지는 아름다운 디자인의 포장지, 한지, 접착 펠트, 벽지, 실크지, 가죽, 레자 등 다양한 재료를 사용할 수 있어요. 재료의 특성을 고려하여 내지에 잘 어울리고 표현 내용에 적합한 커버지를 사용하여 보드를 만들면 표지 자체만으로도 책의 아름다움을 높일 수 있어요.

- 양면 보드 제본책은 링, 포스트, 꿰매기 제본에도 활용할 수 있어요. 제본 방식과 더불어 활동 주제 또는 표현 내용에 따라 다양한 형태의 내지를 만들어 제본해 보세요. 양면 보드 링 제본책은 병풍책 외에 외겹접기, 전통접기, 양장접기, 양문접기, 테두리접기, 주머니접기, 깃발 병풍책, 계단 카드 등을 내지로 만들고 앞 · 뒷면에 다양한 종류의 커버로 감싼 보드를 붙이면 견고하고 아름다운 책을 만들 수 있어요.

- 양면 보드 링, 포스트, 꿰매기 제본책에 사용하는 보드는 병풍책과 달리 커버지를 감싼 보드 뒷면에 내지를 붙이지 않으므로 보드 앞면뿐만 아니라 뒷면도 커버지를 붙여주어야 해요. 보드 뒷면에 붙이는 커버지는 보드 크기보다 너비와 높이를 각 3㎜ 정도 작게 재단하여 앞면을 감싼 커버지 여분을 덮어서 붙이세요.

- 보드를 이용하여 앞 · 뒷표지를 만든 책은 책배의 위 · 아래 모서리에 삼각 코너를 끼우면 미적으로 아름답고 보관 시 보드 모서리의 구김이나 훼손을 막을 수 있어요.

- 삼각 코너는 보드의 모서리가 둥근 경우를 제외하고 둥근 형태의 삼각 코너 보다는 직각 형태의 삼각 코너를 사용하는 것이 좋아요.

- 삼각 코너를 끼우고 펜치로 누를 때 직접 누르면 철제에 흠이 생겨 아름답지 않을 뿐 만 아니라 자칫 손에 상처를 입을 수 있어요. 보드에 철제 코너를 끼우고 그 위에 천을 덧 댄 후 펜치로 단단하게 눌러주세요.

- 철제 코너 달기는 펜치를 사용하기 때문에 강한 힘을 필요로 하고 움직이거나 빠지지 않게 단단히 고정해야 하므로 낮은 연령의 어린이와 활동하는 경우 성인이 도와주세요.

만들기

1 내지 8면 병풍접기

- 1080㎜×195㎜ 크기의 내지를 지그재그로 접어서 4면 병풍책을 만든다.
- 4면 병풍 내지를 다시 지그재그로 접어서 8면 병풍 내지를 만든다.
- 표현 내용에 따라 내지의 크기와 길이를 보다 크거나 작게 원하는 규격으로 바꾸어 만든다.
- 많은 면수의 내지가 필요한 경우 시접이 있는 8면 병풍책을 필요한 매수만큼 접고 연결하여 붙인다.
- 시접이 있는 병풍책 외에 연결 카드를 만들어 각각의 병풍책을 연결하여 붙일 수 있다.
- 연결 카드를 이용하여 병풍책을 연결하는 방법은 『책 만들기를 통한 창의적 언어교육 Ⅱ』(최유경, WOWPLAY, 23쪽)을 참고한다.

2 표지 보드 자르기

- 병풍 내지의 가로와 세로 길이를 각각 재고 가로와 세로 길이 모두 5㎜ 길게 앞 · 뒷표지 2매를 자른다.
- 1080㎜×195㎜ 크기의 내지로 접은 8면 병풍책은 접힌 한 면의 크기가 135㎜×195㎜이므로 보드는 140㎜×200㎜ 크기로 자른다.

3 커버지 자르기

- 표현 내용에 적합한 무늬의 커버지를 준비하고 보드 크기보다 가로와 세로 길이를 각각 3㎝ 길게 앞 · 뒷표지 커버지 2매를 자른다.
- 보드 크기가 140㎜×200㎜인 경우 커버지는 170㎜×230㎜ 크기로 자른다.

4 보드 커버지 감싸기

- 재단한 보드 앞면에 골고루 풀칠하고 커버지 중앙에 반듯하게 붙인다.
- 커버지를 붙인 보드를 뒤집어 공기 방울이 생겼거나 풀이 덩어리진 부분은 마른 수건으로 중앙에서 밖으로 문질러가며 탄탄하게 붙인다.
- 커버지의 네 모서리를 보드 두께의 2배 만큼 여유를 두고 45° 각도의 삼각형 형태로 잘라낸다.
- 네 모서리를 잘라낸 커버지의 가장자리에 골고루 풀칠하고 팽팽하게 잡아당기며 하단 ⇒ 상단 ⇒ 왼쪽 ⇒ 오른쪽 면의 순서로 차례로 붙인다.
- 모서리가 겹치는 부분은 다시 풀칠하여 단단히 붙인다.
- 위와 같은 방법으로 남은 1장의 보드에 커버지를 붙여서 뒷표지를 만든다.

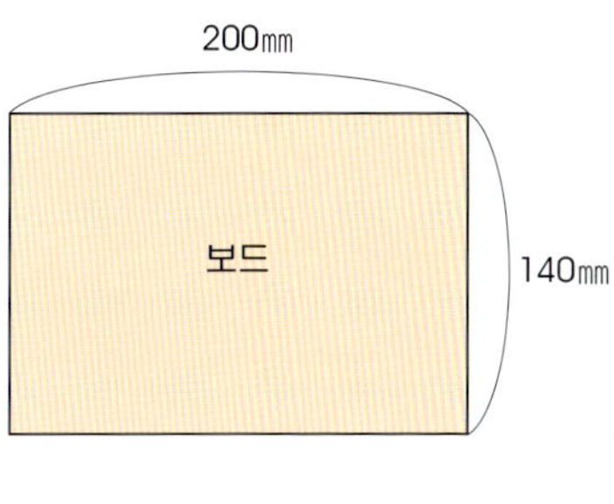

❸-1 보드를 140㎜×200㎜ 크기로 2매를 자른다.

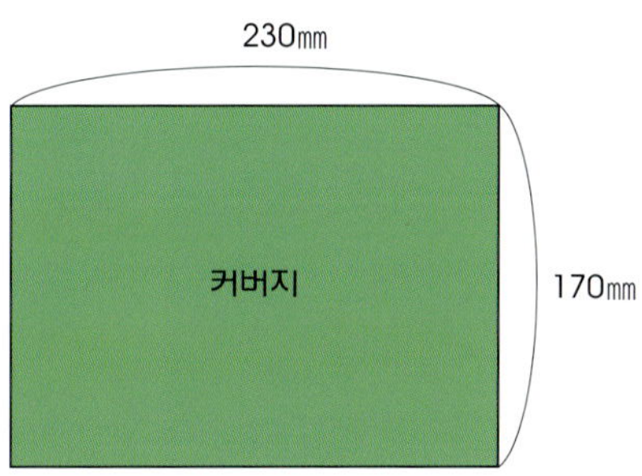

❸-2 보드 크기보다 가로와 세로 길이를 각각 3㎝ 길게 자른다.

❸-3 보드 앞면에 골고루 풀칠하고 커버지 중앙에 붙인다.

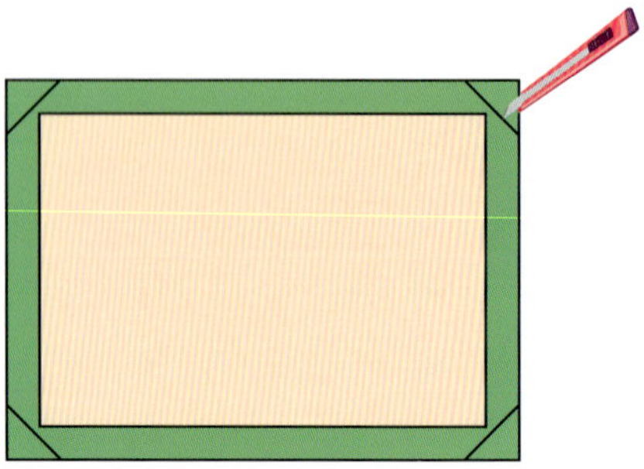

❸-4 커버지의 네모서리를 보드 두께의 2배 정도 여유를 두고 45° 각도의 삼각형 형태로 잘라낸다.

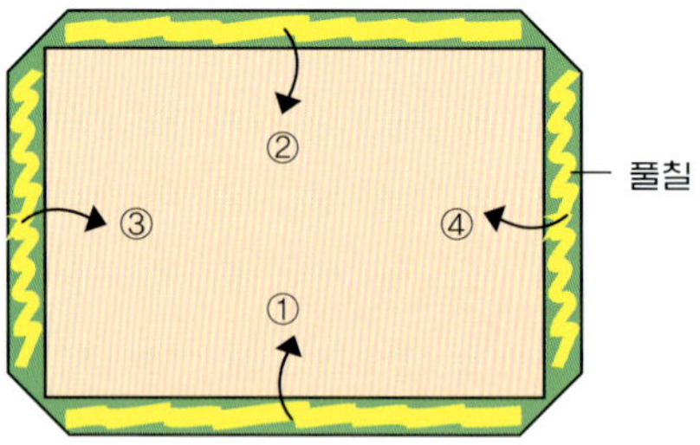

❸-5 네 모서리를 잘라낸 커버지의 가장자리에 골고루 풀칠하고 팽팽하게 잡아당기며 하단 ⇒ 상단 ⇒ 왼쪽 ⇒ 오른쪽 면의 순서로 차례로 붙인다.

❸-6 커버지를 붙인 보드의 안쪽 면 모습

5 병풍책에 하드 커버 붙이기

- 병풍 내지의 앞면에 골고루 풀칠하고 커버지를 감싼 하드 커버 중심에 붙인다.
- 병풍 내지를 붙인 앞면을 펼치고 공기 방울이 생겼거나 풀이 덩어리진 부분은 마른 수건으로 중앙에서 밖으로 문질러 가며 탄탄하게 붙인다.
- 위와 같은 방법으로 병풍 내지의 뒷면에 남은 1장의 하드 커버를 붙인다.
- 양면에 보드를 붙인 병풍책의 앞 · 뒷표지를 바닥에 펼치고 그 위에 수분을 흡수할 수 있는 지류나 복사용지를 놓고 두꺼운 책이나 무거운 물건을 올려 한나절 정도 말린다.

6 속지 양문접기

- 210㎜×165㎜ 크기의 속지 8매를 절반으로 접었다 펼친다.
- 중앙의 접은 선을 마주보고 양면을 마주보게 접는다.

7 양문접기 속지 붙이기

- 8매의 양문접기 속지 뒷면에 골고루 풀칠하고 양면에 보드를 붙인 8면 병풍책의 각각의 면 중앙에 차례로 붙인다.

8 앞표지 꾸미기

- 115㎜×175㎜ 크기의 속지에 제목, 지은이, 출판사 명 등을 적고 앞표지 그림을 그려 꾸민다.
- 완성한 앞표지 속지 카드 뒷면에 골고루 풀칠하고 커버지로 감싼 보드 앞표지 중앙에 붙인다.
- 본문 면을 완성하고 앞표지를 꾸미도록 할 수 있다.

9 본문 면 꾸미기

- **두 낱말로 한 낱말 만들기 생각 모으기(CD-ROM)**를 A4 용지에 출력하여 제공하고 두 낱말이 모여 만들어지는 새로운 낱말을 생각하여 적도록 지도한다.

  예) 사과 + 나무 = 사과나무
  막대 + 사탕 = 막대사탕
  먹 + 물 = 먹물
  우주 + 선 = 우주선
  손 + 수건 = 손수건
  달 + 나라 = 달나라
  자동 + 차 = 자동차
- 병풍 내지 1면에 붙인 양문접기 속지 앞면 양문에 생각 모으기 활동지를 참고하여 생각한 낱말을 각각 적고 그림을 그려 꾸민다.
- 양문접기 속지를 열고 앞면에 생각한 두 낱말을 합쳐서 만든 새로운 한 낱말을 적고 그림을 그려 꾸민다.
- 위와 같은 방법으로 나머지 면들을 차례로 꾸민다.
- 활용도서 또는 표현 내용에 따라 양문접기 속지를 붙이지 않고 내지에 직접 원하는 내용을 표현할 수 있다.

10 뒷표지 꾸미기

- 115㎜×175㎜ 크기의 속지에 펴낸 날, 펴낸이, 펴낸 곳, 뒷표지 그림, 소개하는 글, 연락처, 값 그리고 ISBN 등을 적고 바코드 등을 그려 꾸민다.
- 완성한 뒷표지 속지 카드 뒷면에 골고루 풀칠하고 커버지로 감싼 양면 보드 뒷표지 중앙에 붙인다.

11 소개하기 · 감상하기

- 두 개의 낱말이 모여 만든 새로운 낱말이 무엇인지 각각 소개한다.
- 두 낱말을 모아 새로 만든 한 낱말이 독특하거나 재미있는 낱말을 알아본다.
- 새로 만든 낱말이 처음 듣는 낱말이거나 어색한 낱말에 대하여 알아본다.
- 한 학급의 어린이가 공통으로 활동한 경우 반복되거나 가장 많이 생각한 낱말이 무엇인지 알아본다.
- 조각 카드에 어린이 각각의 이름과 낱말을 적고 이를 모아 같은 낱말끼리 모아서 그래프를 만든다.

뒷표지 · 앞표지

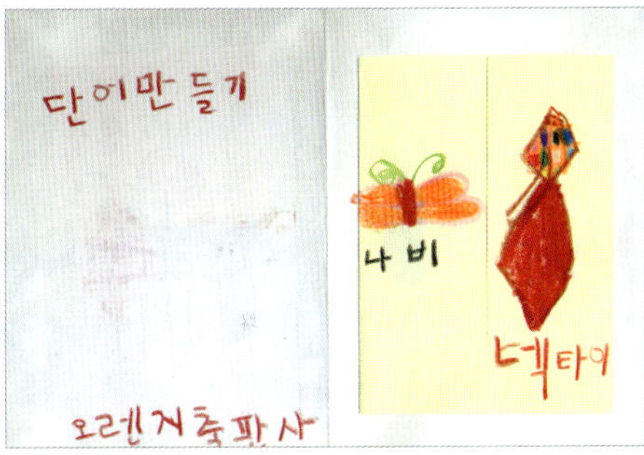

1면 · 2면

2면 양문접기 내지

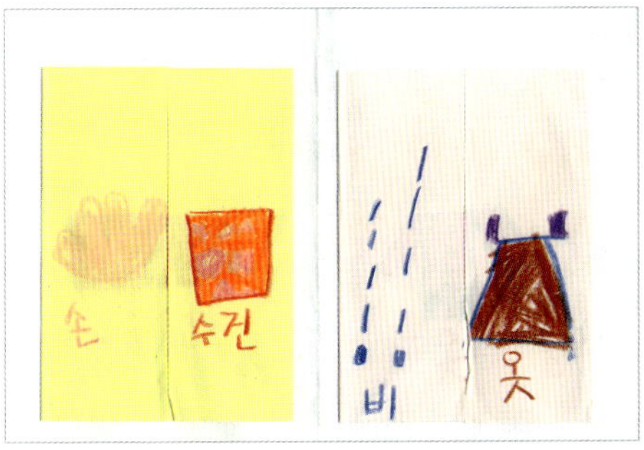

3면 · 4면

3면 양문접기 내지

4면 양문접기 내지

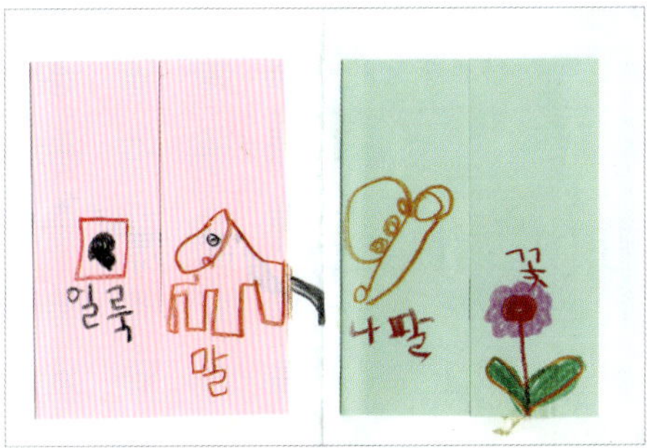

5면 · 6면

5면 양문접기 내지

6면 양문접기 내지

7면 · 8면

7면 양문접기 내지

8면 양문접기 내지

• 박유진(초등 1년). 단어 만들기. 1080㎜×195㎜.

• 박정은(만 5세). 도깨비를 빨아버린 우리 엄마. 540㎜×97.5㎜.

Tip 포스트를 활용한 양면 보드 제본책

① 외겹접기 내지를 필요한 매수만큼 준비한다.

② 외겹접기 내지보다 가로와 세로 길이가 5㎜ 길게 2매의 보드를 재단한다.

① 외겹접기 내지를 필요한 매수만큼 준비한다.

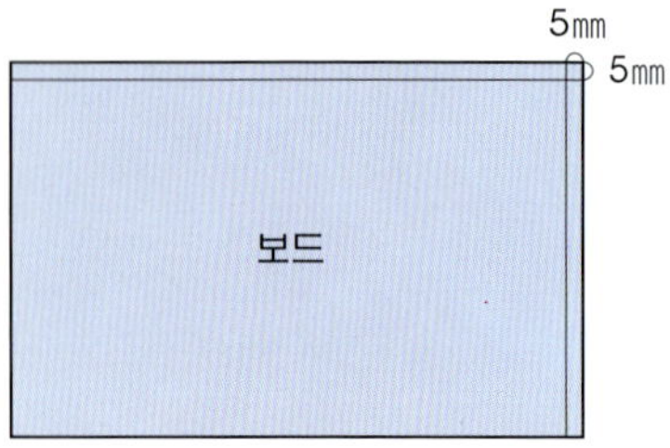

② 내지 크기보다 가로 · 세로 길이를 각각 5㎜ 길게 자른다.

③ 보드 커버를 넘기기 용이하도록 보드의 제본 면이 분리되어야 하므로 자른 보드의 책등 면을 2㎝ 만큼 잘라낸다.

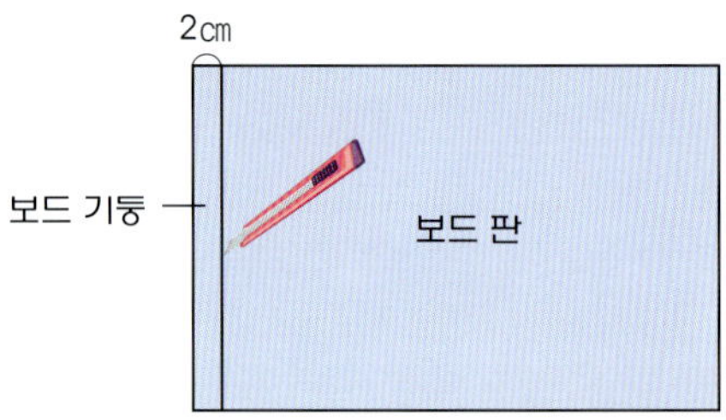

③ 보드의 책등 면을 2㎝ 너비로 자른다.

④ 보드 앞면을 감쌀 커버지는 보드 크기보다 가로 6㎝, 세로 3㎝ 크게 2매를 재단하고, 보드 뒷면을 감쌀 커버지는 보드 크기보다 3㎜ 작게 2매를 재단한다.

⑤ 2개로 분리된 보드 앞면에 골고루 풀칠하여 책등 면에 4㎝ 여유를 두고 앞면 커버지에 보드 기둥과 판을 5㎜ 정도 간격을 띄워서 붙인다. 커버지를 붙인 하드보드를 뒤집어 공기 방울이 생겼거나 풀이 덩어리진 부분을 마른 수건으로 중앙에서 밖으로 문질러가며 탄탄하게 밀착시킨다.

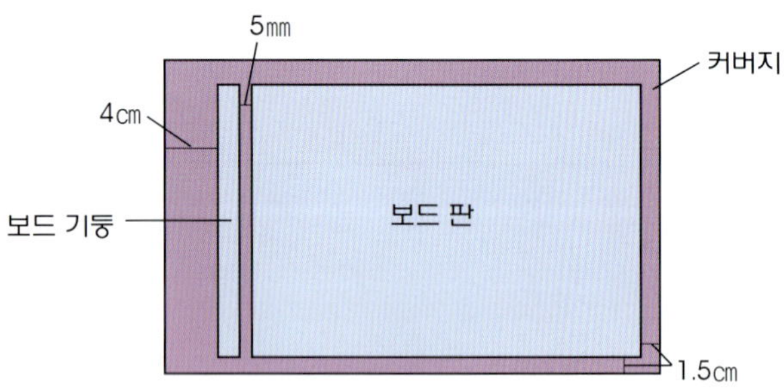

⑤ 보드 기둥과 판 앞면에 골고루 풀칠하고 앞면 커버지의 책등 면에 4㎝ 여유를 두고 5㎜ 정도 간격을 띄워서 붙인다.

⑥ 커버지의 네 모서리를 보드 두께의 2배 만큼 여유를 두고 45° 각도의 삼각형 형태로 잘라낸다.

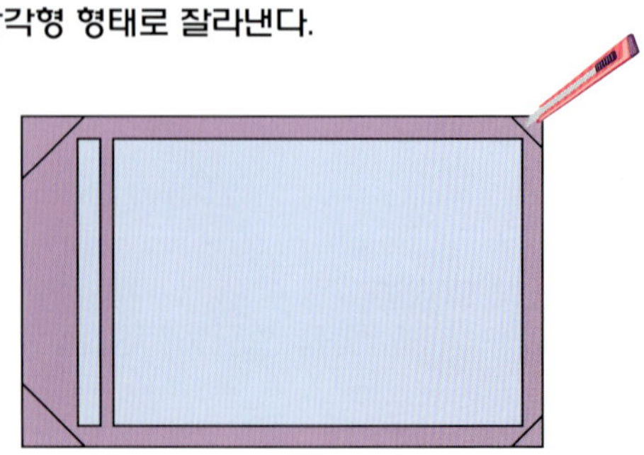

⑥ 커버지의 네 모서리를 보드 두께의 2배 정도 여유를 두고 45° 각도로 잘라낸다.

⑦ 네 모서리를 잘라낸 커버지의 가장자리에 골고루 풀칠하고 팽팽하게 잡아당기며 왼쪽 ⇒ 하단 ⇒ 상단 ⇒ 오른쪽 면의 순서로 차례로 붙인다.

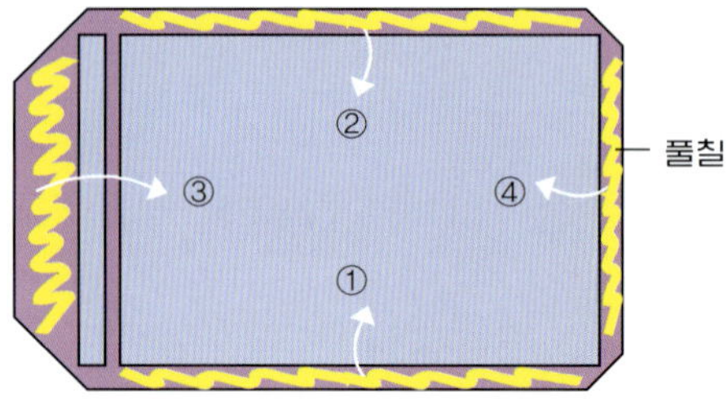

⑦ 네 모서리를 잘라낸 커버지의 가장자리에 골고루 풀칠하고 팽팽하게 잡아당기며 왼쪽 ⇒ 하단 ⇒ 상단 ⇒ 오른쪽 면의 순서로 차례로 붙인다.

⑧ 모서리의 겹쳐지는 부분은 다시 풀칠하여 단단히 붙인다.

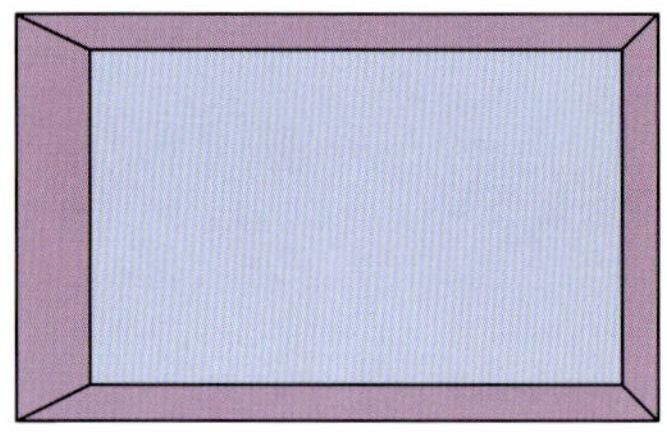

⑧ 커버지를 붙인 보드의 안쪽 면 모습

⑨ 남은 보드 뒷면 커버지에 골고루 풀칠하여 앞면을 감싼 보드 뒷면 중앙에 붙이고 ⑤와 같은 방법으로 탄탄하게 밀착 시킨다.

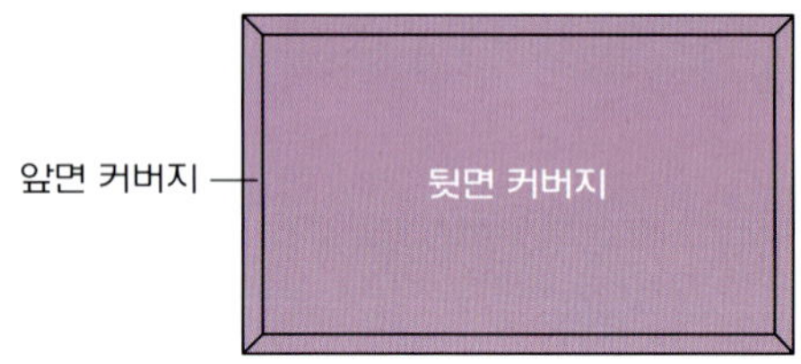

⑨ 남은 보드 뒷면 커버지에 골고루 풀칠하여 앞면을 감싼 보드 뒷면 중앙에 붙인다.

⑩ 기둥과 판 사이의 여백인 홈 부분을 앞뒤로 뭉뚝한 뼈칼로 그어서 움직임이 자연스럽게 만들어준다.

⑪ 위와 같은 방법으로 남은 1장의 보드를 커버지로 감싸서 뒷표지 보드를 만든다.

⑫ 커버지를 씌운 보드는 완전히 마를 때까지 두꺼운 책이나 무거운 물건을 올려서 5~6시간 정도 말린 후 사용한다.

⑬ 커버지를 씌운 앞 · 뒷표지 보드 사이에 준비한 외겹접기 내지를 끼우고 가지런히 맞춘다.

⑭ 6장의 포스트 제본법을 참고하여 앞 · 뒷표지 보드와 외겹접기 내지에 적합한 높이의 포스트를 준비한다.

⑮ 외겹접기 내지의 중앙, 상단, 하단 부분에 각각 타공 구멍을 표시하고 아일릿 펀치를 이용하여 포스트를 끼울 구멍을 만든다.

⑯ 위와 같은 방법으로 커버를 씌운 앞 · 뒷표지 보드에 외겹접기 내지의 타공 위치에 맞추어 타공한다.

⑰ 커버지를 씌운 보드 앞 · 뒷표지 사이에 외겹접기 내지를 끼우고 타공 구멍에 맞추어 가지런히 포갠다.

⑱ 포스트의 암 부분에 타공 한 앞표지 보드를 먼저 끼우고 외겹접기 내지를 차례로 끼운다.

⑲ 외겹접기 내지를 모두 끼운 후에 마지막에 뒷표지 보드를 끼우고 포스트 암 부분에 수 부분을 맞추어 돌려서 고정시킨다.

⑳ 포스트를 단단히 고정해야 하는 경우 십자드라이버를 이용하여 포스트를 조이고 필요한 경우 성인이 도와준다.

㉑ 완성된 포스트 보드 제본책의 책배 양끝 모서리에 삼각 코너를 끼우고 천을 덧대어 펜치로 3~4차례 눌러서 단단히 고정시킨다.

㉑-1 완성된 보드 제본책의 책배 양끝 모서리에 삼각 코너를 끼운다.

㉑-2 삼각 코너 위에 천을 덧대고 펜치로 3~4차례 눌러 고정시킨다.

Tip 링 제본과 꿰매기를 활용한 양면 보드 제본책

- 양면 보드 제본책은 기본 접기 내지와 포스트 제본 외에 링 제본에도 쉽게 활용할 수 있어요. 표현 내용에 따라 외겹접기, 양장접기, 전통접기, 병풍접기, 양문접기, 테두리접기, 계단 내지, 봉투, 접착주머니 링 제본책의 표지로 P.P 필름 대신에 커버지를 씌운 보드를 앞 · 뒷표지로 사용하여 견고하고 아름다운 나만의 책을 만들어 보세요.

- 양면 보드 앞 · 뒷표지를 이용한 링 제본책 제작방법은 1장, 2장, 3장, 4장에서 소개된 각각의 제작방법과 동일하므로 이를 참고하여 만들어보세요.

- 양면 보드 링 제본책은 보드의 기둥과 판 부분을 별도로 만들지 않고 한 장의 보드 앞면을 커버지로 씌우고 보드 크기보다 가로와 세로 길이가 3㎜ 정도 짧게 안쪽 면 커버지를 만들어 붙이세요. 완성된 양면 보드 앞 · 뒷표지 사이에 준비한 내지를 끼우고 링 제본하면 쉽고 간단하게 하드 커버 제본책을 만들 수 있어요.

- 책 만들기 경험이 풍부하거나 연령이 높은 어린이와 양면 보드 제본책을 제작하는 경우 포스트 외에 꿰매기를 이용하여 제본해 보세요.

- 양면 보드 꿰매기 제본은 포스트 제본책과 같이 커버를 씌운 앞 · 뒷표지 보드에 4~5개의 구멍을 뚫고 타공 구멍에 아일릿을 박아 꿰매기를 하면 타공 면과 끈이 지나간 구멍이 보다 견고해지고 깔끔하게 표현할 수 있어요.

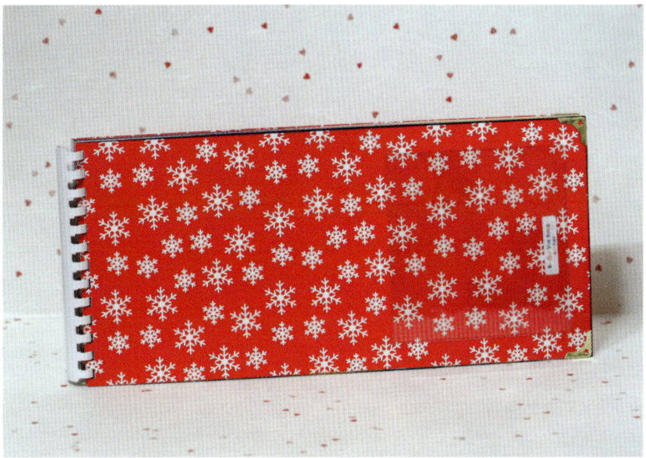

- 표지 | 하드보드 400㎜×190㎜ 2매
  | 커버지 430㎜×220㎜ · 397㎜×187㎜ 각 2매
- 내지 | 디자이너스 칼라 400㎜×190㎜ 135매
- 접착주머니(대) 4매
- 삼각 코너 4개
- 플라스틱 링 38㎜ 1개

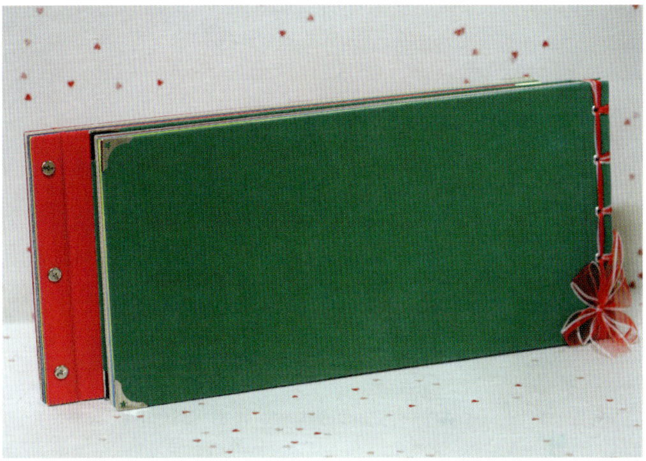

- 표지 | 하드보드 400㎜×190㎜ 2매
  | 접착펠트 430㎜×220㎜ · 397㎜×187㎜ 각 2매
- 내지 | 컬러 머메이드 400㎜×190㎜ 42매
- 포스트 20㎜ 3개
- 삼각 코너 4개

- 표지 | 하드보드 400㎜×190㎜ 2매
  | 접착펠트 430㎜×220㎜ · 397㎜×187㎜ 각 2매
- 내지 | 컬러 머메이드 400㎜×190㎜ 42매
- 아일릿 2호 10개
- 삼각 코너 4개
- 리본테이프

책등이 있는 표지책

준비물

- 표지 | 아트지 540㎜×195㎜ 1매
- 내지 | 양면색지 1080㎜×195㎜ 2매
- 속지 | 양면색지 115㎜×175㎜ 19매
- 뼈칼

- 박유진(만 5세). 만약…. 2160㎜×195㎜.
- 활용도서 | 사라 페리(2000). 만약…. 아가월드.

생각 모으기

Q. 책등이 있는 책을 만들 수 있는 다양한 방법을 생각하고 그려보세요.

A.

Q. 책등이 있는 책과 책등이 없는 책을 탐색하고 각각의 특징과 차이점에 대하여 적어보세요.

A.

Q. 책등에 담을 수 있는 내용에 대하여 생각하고 적어보세요.

A.

Q. 소프트커버 제본책과 하드커버 제본책을 탐색하고 각각의 특징과 차이점에 대하여 적어보세요.

A.

Q. 소프트커버 제본책을 만들 때 주의해야 할 점을 생각하고 적어보세요.

A.

Q. 소프트커버 제본책은 어떤 활동이나 책을 만들때 유용한지 생각하고 적어보세요.

A.

Q. 소프트커버를 이용하여 만들 수 있는 다양한 유형의 제본책을 생각하고 적어보세요.

A.

Tips

- 책등이 있는 책은 얇은 지종을 커버지로 사용하여 만든 소프트커버(soft cover)와 보드를 이용하여 만든 하드커버(hard cover)가 있어요.

- 소프트 커버는 내지와 같은 지종 또는 내지보다 약간 두꺼운 지종을 사용하여 만들고 뼈칼과 자를 이용하여 만들기 때문에 제작 시간이 짧고 어려움이 없으므로 초등학생이나 유아들도 성인의 지도에 따라 쉽고 빠르게 책등이 있는 책을 만들 수 있는 장점이 있어요.

- 하드 커버는 제작하는데 많은 시간이 필요하고 두꺼운 보드를 자르고 커버지를 붙이는데 강도 높은 힘을 필요로 하며, 위험한 도구들을 사용해야 하므로 저학년의 어린이는 스스로 만들기에 어려움이 많아요. 전문적인 방식으로 만들지 않은 하드커버 제본책은 사용 중 망가지거나 찢어지는 경우도 많으므로 교실에서 사용하기 어려운 제본이에요.

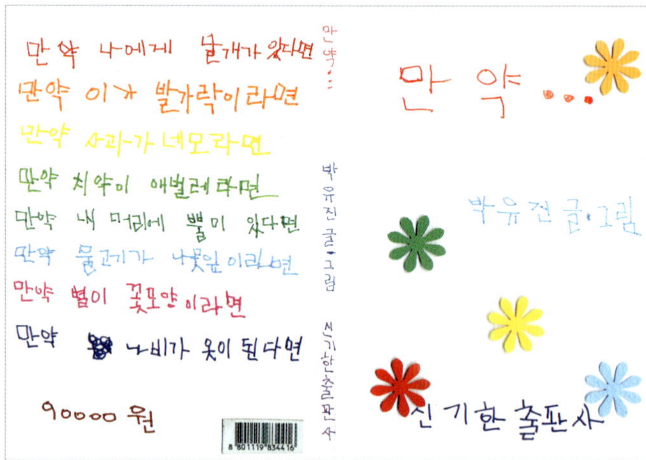

만들기

1 내지 시접 접기

- 1080㎜×195㎜ 크기의 내지를 필요한 매수만큼 준비한다.
- 준비된 내지의 한 면을 각각 2㎝ 정도씩 접어서 시접을 만든다.
- 표현 내용에 따라 제시된 크기 외에 보다 크거나 작은 규격의 내지를 준비하여 사용할 수 있다.

① 내지의 한 면을 2㎝ 정도 접어서 시접을 만든다.

2 내지 8면 병풍접기

- 시접을 접은 내지를 시접 부분을 제외하고 지그재그로 접어서 시접이 있는 4면 병풍 내지를 만든다.
- 4면 병풍 내지를 다시 지그재그로 접어서 시접이 있는 8면 병풍 내지를 만든다.
- 남은 1내지도 위와 같은 방법으로 접어서 각각 시접이 있는 8면 병풍 내지를 만든다.

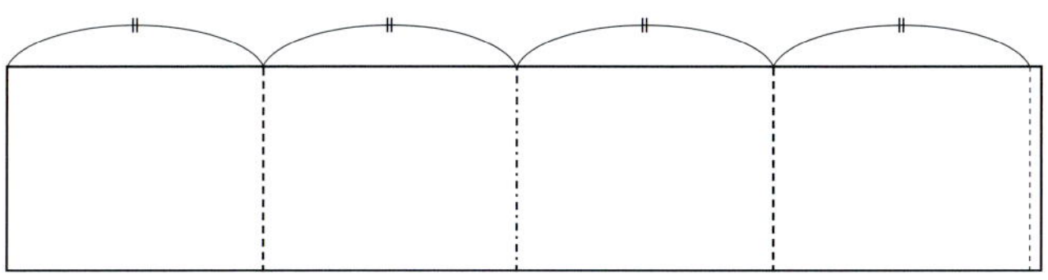

②-1 시접을 제외하고 지그재그로 접어서 4면 병풍접기한다.

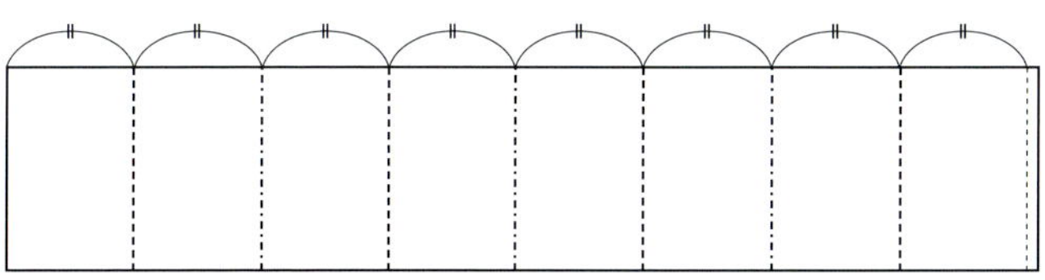

②-2 4면 병풍접기 내지를 다시 지그재그로 접어서 8면 병풍접기한다.

3 8면 병풍 내지 연결하기

- 시접이 있는 8면 병풍 내지 중 1매의 시접 부분에 풀칠하고 다른 8면 병풍 내지의 시접이 없는 앞부분을 맞추어 붙여서 16면 병풍 내지를 만든다.
- 16면 병풍내지의 남은 시접 부분에 풀칠하고 위와 같은 방법으로 8면 병풍 내지를 필요한 매수만큼 차례로 연결한다.
- 연결된 병풍 내지의 마지막 내지에 남아 있는 시접은 자를 대고 칼로 깨끗하게 잘라낸다.

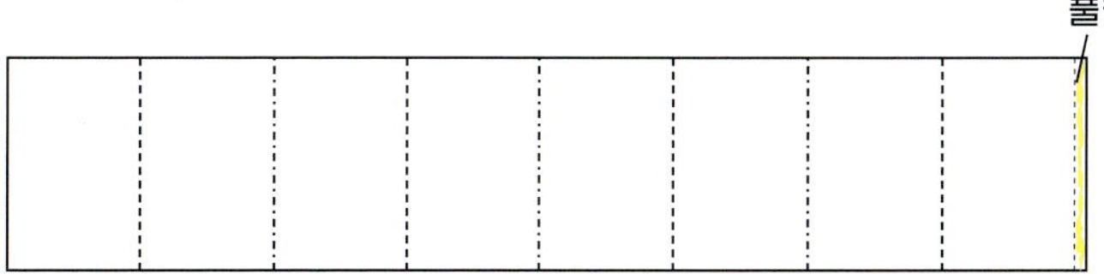

③-1 8면 병풍접기 내지의 시접 면에 풀칠하고 다른 8면 병풍 내지의 시접이 없는 앞부분을 맞추어 붙인다.

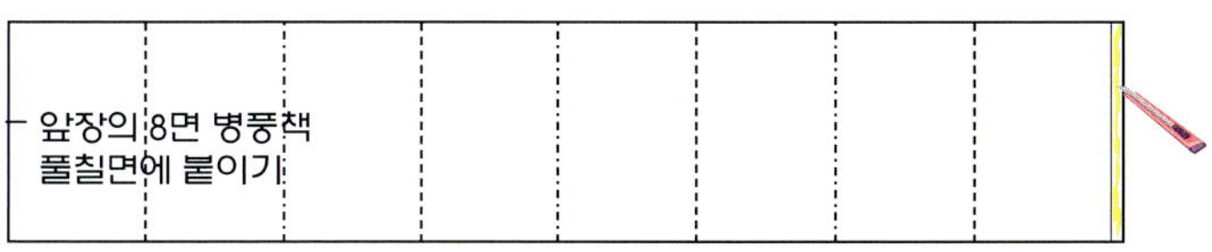

③-2 연결된 마지막 8면 병풍접기 내지의 시접 부분은 자를 대고 칼로 깨끗하게 잘라낸다.

4 책등이 있는 소프트 표지 만들기

- 540㎜×195㎜ 크기의 표지 카드를 준비한다.
- 필요한 매수만큼 연결된 병풍책의 뒷면에 골고루 풀칠한다.
- 540㎜×195㎜ 크기의 표지 카드 오른쪽 면에 풀칠한 병풍 내지의 책배 면이 오른쪽 면으로 가도록 맞추어 붙인다.

④-1 병풍 내지 뒷면에 풀칠하고 표지 카드 오른쪽 면에 맞추어 붙인다.

- 표지 카드에 부착한 병풍 내지 책등 면의 테두리 선을 따라 표지 카드에 뼈칼로 금을 긋는다.
- 그어진 선을 따라 표지 카드를 병풍 내지 안쪽으로 반듯하게 접었다 펼친다.

④-2 병풍 내지 책등 면의 테두리 선을 따라 뼈칼로 금을 긋고 선을 따라 접었다 펼친다.

- 표지 카드에 붙인 병풍 내지의 높이를 자로 측정하고 그 높이 만큼 간격을 두어 병풍 내지 책등 면의 왼쪽 면에 자를 대고 뼈칼로 금을 긋는다.
- 그어진 선을 따라 표지 카드를 병풍 내지 안쪽으로 반듯하게 접었다 펼친다.

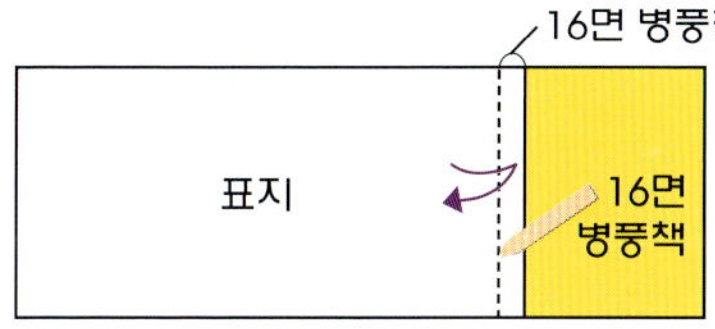

④-3 병풍 내지 책등 면의 왼쪽 면에 병풍 내지의 높이 만큼 간격을 두고 금을 긋고 선을 따라 접었다 펼친다.

- 내지의 책등 너비를 측정할 때는 접은 내지를 손바닥으로 완전히 누르고 재어야 표지를 만들었을 때 책등이 찌그러지는 것을 막을 수 있다.
- 책등 면의 왼쪽 남은 표지 카드 부분은 병풍 내지 너비와 같은 쪽 만큼 남겨두고 자를 대고 칼로 깨끗하게 잘라낸다.

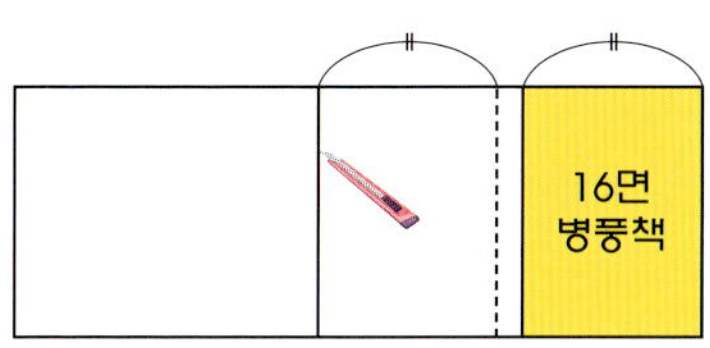

④-4 병풍 내지의 너비만큼 표지 카드의 왼쪽 면을 남겨두고 잘라낸다

- 책등 너비는 사용하는 내지의 지종과 면 수 뿐만 아니라 내지 유형에 따라 달라지므로 높이를 측정하여 그에 맞추어 만든다.
- 표현 내용이나 활동 주제에 따라 내지를 필요한 매수만큼 추가하여 붙이고 그에 따라 책등 너비를 측정하여 폭을 조절한다.
- 저학년의 어린이와 활동하는 경우 표지의 책등 면을 만드는 단계는 성인이 도와준다.

5 내지 앞표지 꾸미기
- 표지 카드 안쪽에 붙인 병풍 내지의 앞표지에 제목, 지은이, 출판사 명 등을 적고 앞표지 그림을 그려 꾸민다.
- 내지 앞표지는 소프트커버 앞표지 보다 간단하게 표현할 수 있다.
- 소프트커버 앞표지를 먼저 표현하고 병풍 내지 앞표지를 꾸미도록 할 수 있다.

6 본문 면 꾸미기
- 병풍 내지의 각각의 면에 활용도서 또는 활동 주제에 따라 차례로 글과 그림을 담아 꾸민다.
- 왼쪽 면에는 그림을 그리고 오른쪽 면에는 글을 쓰도록 하거나 그와 반대로 표현하도록 지도한다.
- 내지 면수를 28면~31면으로 제작하여 매일 매일 주제에 따른 글쓰기를 할 수 있다.

7 소프트커버 앞표지 꾸미기
- 소프트커버의 앞표지에 병풍 내지 앞표지와 같이 제목, 지은이, 출판사 명 등을 적고 앞표지 그림을 그려 꾸민다.

8 책등 꾸미기
- 앞표지를 꾸민 소프트커버를 펼치고 책등 부분에 제목, 지은이, 출판사명을 세로 형태로 적는다.
- 책등 폭이 좁은 경우 유아는 폭에 맞추어 작게 글을 쓰기 어려우므로 성인이 대신 적어준다.
- 책의 형태에 따라 가로쓰기를 할 수 있다.

9 헌정사 쓰기
- 앞표지를 꾸민 소프트커버를 펼치고 병풍 내지를 붙인 표지 카드 왼쪽 면에 책을 만들기까지 도움을 준 사람이나 좋아하는 사람에게 헌정사를 적는다.
- 활동 내용에 따라 목차를 쓸 수 있다.

10 뒷표지 꾸미기
- 소프트커버 뒷표지에 펴낸 날, 펴낸이, 펴낸 곳, 뒷표지 그림, 소개하는 글, 연락처, 값 그리고 ISBN 등을 적는다.
- 뒷표지 하단에 바코드를 직접 그리거나 상품의 바코드를 오려 붙인다.

11 소개하기 · 감상하기
- 책등이 있는 표지책에 어떤 이야기를 어떻게 담았는지 소개 한다.
- 표현 내용이 독특하거나 재미있는 작품을 알아본다.
- 소프트커버 앞 · 뒷표지를 아름답게 꾸민 작품을 알아본다.
- 그동안 만들었던 책등이 없는 책과 새로 만든 책등이 있는 책의 특징에 대하여 탐색하고 각각의 책이 지닌 특징과 차이점에 대하여 이야기 나눈다.
- 책등이 있는 표지책을 만들 수 있는 다양한 방법에 대하여 생각을 모으고 이야기 내용을 바탕으로 새로운 형태의 책등이 있는 표지책을 만들어 활동한다.

- 내지 | 컬러 머메이드 8730㎜×135㎜ 1매
- 속지 | 디자이너스칼라 180㎜×180㎜ 26매
  | 컬러 머메이드 130㎜×130㎜ 2매
  | 컬러 머메이드 130㎜×30㎜ 1매
- Formtec Label 3116 · 3640

• 박유진(만 5세). 만약…. 2160㎜×195㎜.

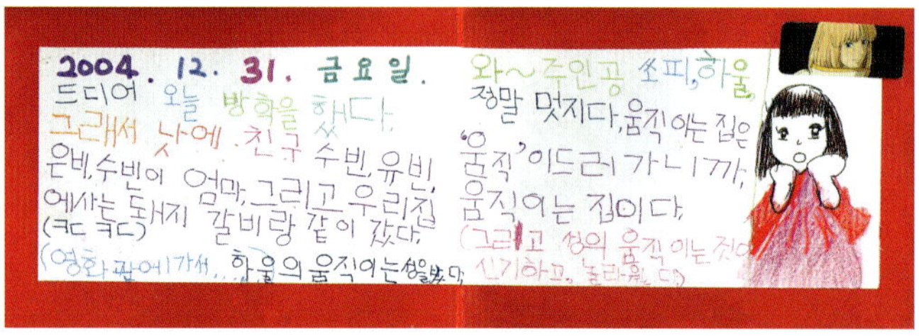
2004. 12. 31. 금요일.
드디어 오늘 방학을 했다.
그래서 낮에 친구 수빈, 유빈, 은비, 수빈이 엄마, 그리고 우리집 식구는 돼지 갈비랑 같이 갔다.
와~ 주인공 소피, 하울 정말 멋지다. 움직이는 집은 '움직'이드러 가니까 움직이는 집이다.

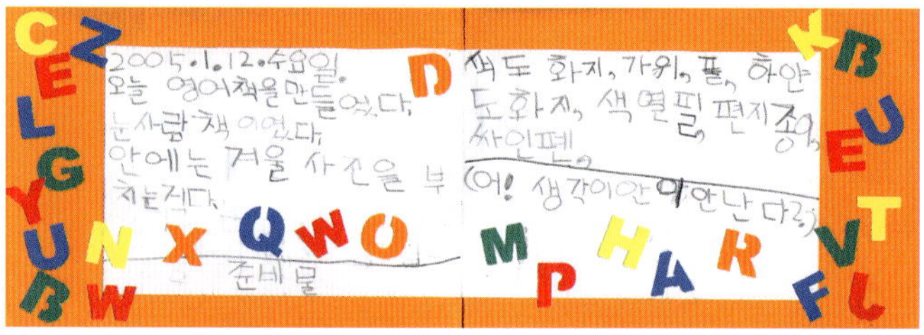
2005. 1. 12. 수요일.
오늘 영어책을 만들었다.
안에는 겨울 사진을 붙이는거다.
준비물
색도화지, 가위, 풀, 하얀 도화지, 색연필, 편지종이, 사인펜
어! 생각이 안난다.

2005. 1. 1. 토요일.
이제 2005년 새해가 되었다. 아침에 떡국을 먹어서 9살이 되었다.
(그런데 왜 다리가 안아프지?)

2005. 1. 16. 일요일. 눈.
앙~ 나도 좀 알으켜 주세요~ 용

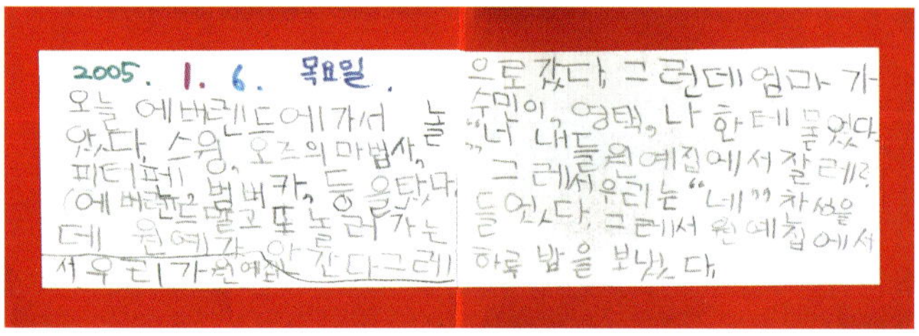
2005. 1. 6. 목요일.
그래서 우리는 "네" 라고 했다.
하룻 밤을 보냈다.

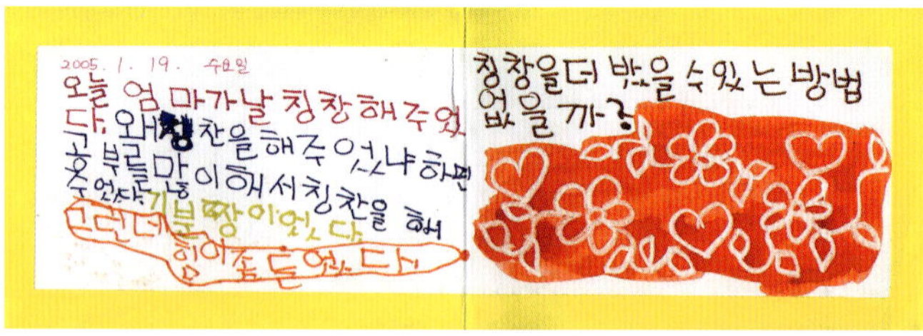
2005. 1. 19. 수요일
오늘 엄마가 날 칭찬해주었다. 왜 칭찬을 해주었냐하면 공부를 많이 해서 칭찬을 해주었다.
그런데 기분짱이었다.
칭찬을 더 받을 수 있는 방법 없을까?

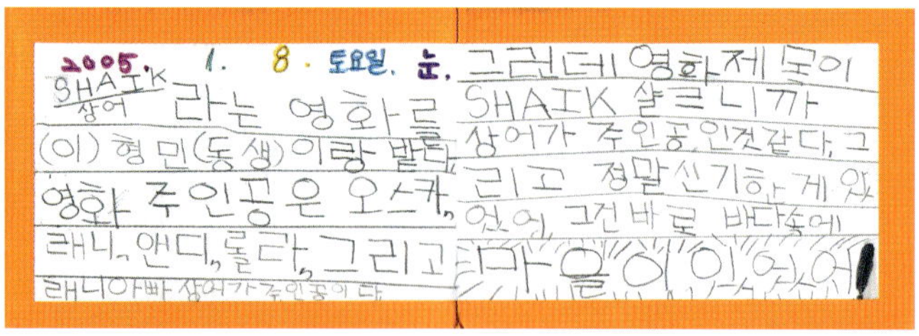
2005. 1. 8. 토요일. 눈.
샤크라는 영화를 형민(동생)이랑 봤다.
영화 주인공은 오스카, 레니, 앤디, 롤라, 그리고
그런데 영화제목이 SHARK 샤크니까 상어가 주인공인것 같다. 그리고 정말 신기하게 봤어. 그건 바로 바다속에 마을이 있었어!

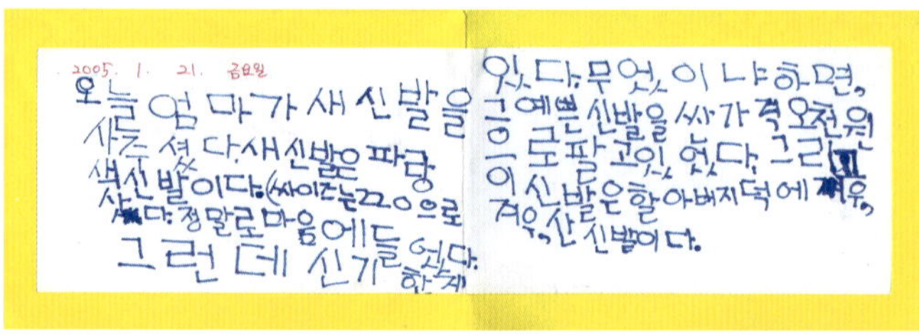
2005. 1. 21. 금요일
오늘 엄마가 새 신발을 사주셨다. 새신발은 파랑색 신발이다.
그런데 신기한게 있다. 무엇이냐하면,

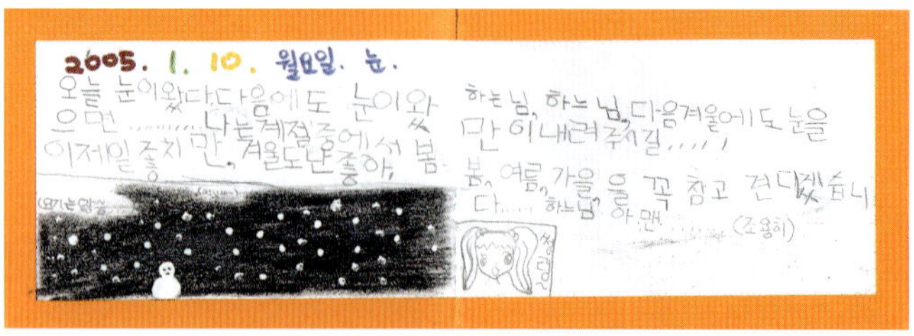
2005. 1. 10. 월요일. 눈.
오늘 눈이 왔다.
하느님, 하느님, 다음겨울에도 눈을 많이 내려주세요....
봄, 여름, 가을을 꼭 참고 견디겠습니다.

2005. 1. 23. 일요일
제목: 집
박정은

- 박정은(초등 1년). My Story 2005. 135㎜×97㎜.
- 표지 | 컬러 머메이드 610㎜×97㎜ 1매
  | 보드 135㎜×97㎜ 1매
  | 커버지 135㎜×97㎜ 1매
- 내지 | 뉴칼라 540㎜×390㎜ 7매
- 리본테이프

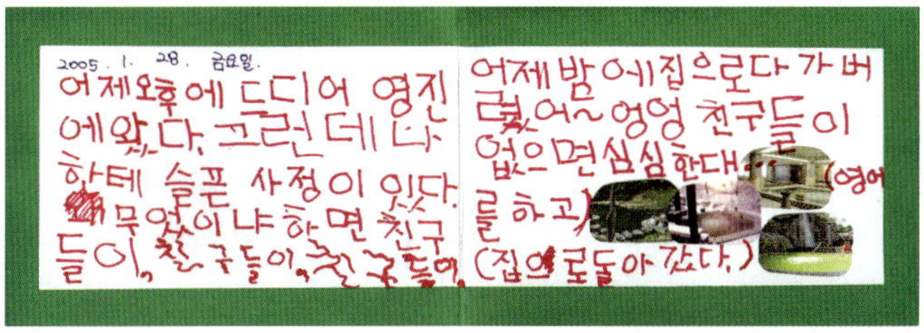

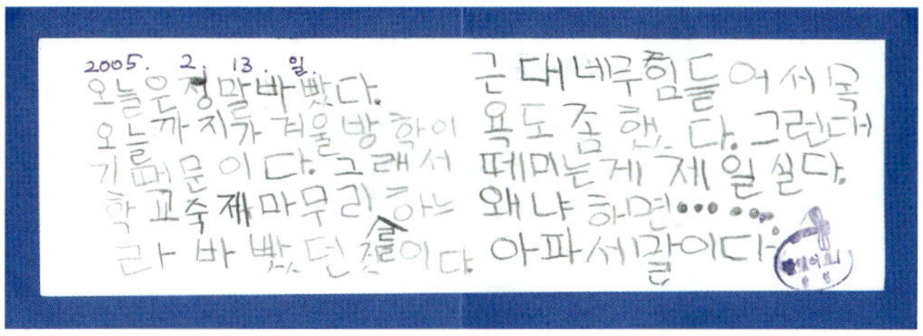

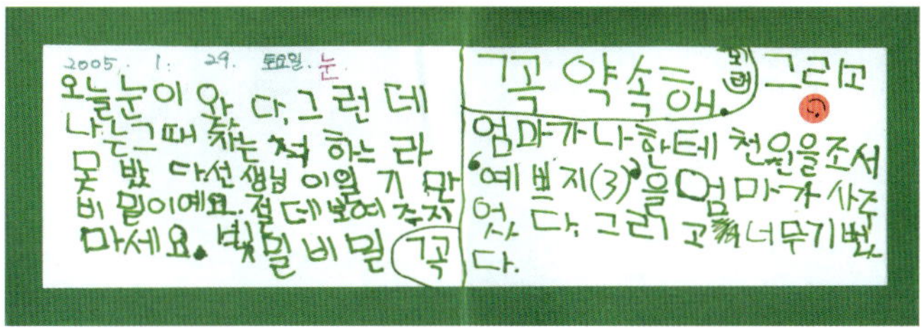

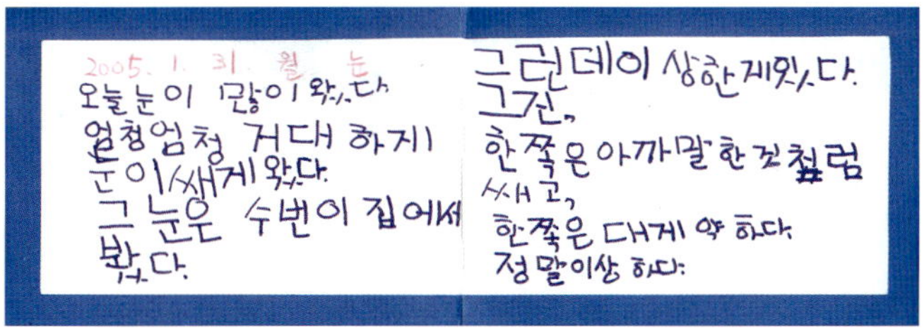

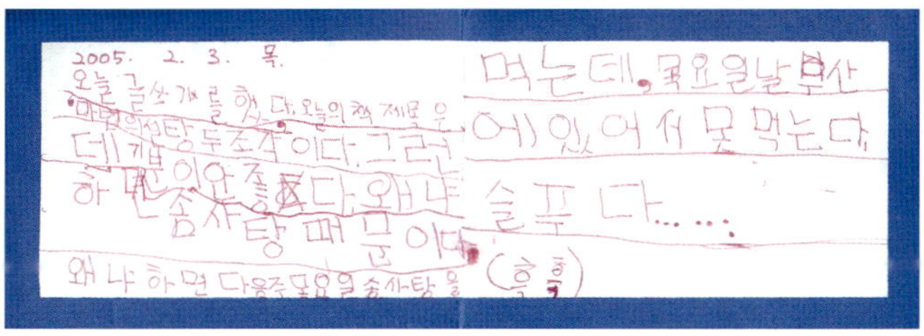

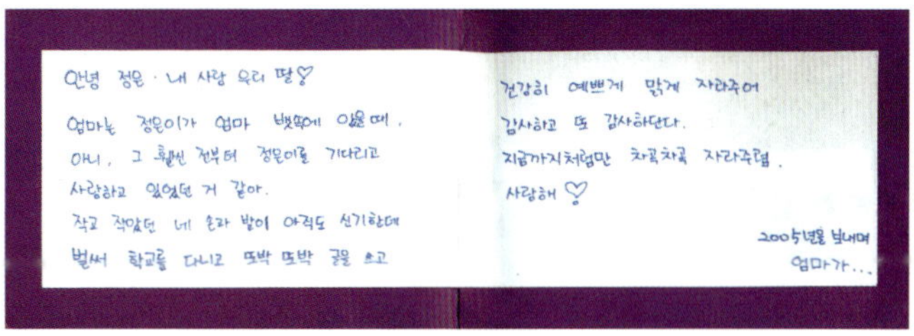

- 표지 | 커버지 285㎜×135㎜ 1매
- 내지 | 컬러 머메이드 2850㎜×135㎜ 1매
- 속지 | 컬러 머메이드 70㎜×70㎜ 10매
  | 컬러 머메이드 60㎜×60㎜ 10매
  | 컬러 머메이드 105㎜×25㎜ 10매
- 모양 종이
- Formtec Label 3116 · 3621

- 표지 | 양면 뉴칼라 1600㎜×185㎜ 1매
- 내지 | 디자이너스칼라 300㎜×185㎜ 90매
- 책철

- 표지 | 컬러 머메이드 425㎜×195㎜ 1매
- 내지 | 컬러 머메이드 1000㎜×195㎜ 6매

- 표지 | 컬러 머메이드 425㎜×195㎜ 1매
- 내지 | 컬러 머메이드 1000㎜×195㎜ 6매

- 표지 | 아트지 805㎜×190㎜ 1매
  | 커버지 835㎜×220㎜ · 802㎜×187㎜ 각 1매
- 내지 | 디자이너스칼라 400㎜×190㎜ 28매
- 책철

- 표지 | 양면 뉴칼라 840㎜×190㎜ 1매
- 내지 | 디자이너스칼라 200㎜×190㎜ 90매
- 책철

- 표지 | 양면 뉴칼라 280㎜×195㎜ 1매
- 내지 | 컬러 머메이드 540㎜×390㎜ 2매

- 표지 | 양면 뉴칼라 1105㎜×195㎜ 1매
- 내지 | 디자이너스칼라 540㎜×390㎜ 8매
- 접착주머니(소) 2매

소품을 활용한 책 만들기

준비물

- Book Kit
- 링 바인더 하드 케이스
- 링 바인더 수첩 케이스
- 수첩 케이스
- 투명 필통
- 양면색지
- 아일릿
- 아일릿 펀치
- 양장 제본 공책
- 무선 제본 공책

Tips

- 책 만들기 경험이 풍부해지고 다양한 유형의 책 만들기 방식을 학습한 고학년의 어린이들은 '이제 나도 서점에서 구입하는 책처럼 진짜 책을 만들고 싶다!' 는 욕구를 드러내지요. 이러한 욕구를 지닌 어린이들이 만들고 싶어하는 단단한 표지에 끈이 달린 책은 양장본, 판지제본, 각장정, 하드커버, 코덱스 책 등 다양한 명칭으로 불리는 책이에요.

- 전통적인 방식의 판지제본은 내지 자르기와 접기, 내지 구멍 뚫기, 꿰매기와 엮어주기, 머리띠(꽃천)와 가름끈 붙이기, 보드커버 자르기와 표지 씌우기, 본문과 표지 연결하기 그리고 면지 붙이기 등 그 과정과 기법이 상당히 복잡하고 장기간의 연습과 제작기간을 거쳐야 하기 때문에 상당한 시일과 노력이 필요하고 위험한 도구들을 다루어야 하므로 어린이가 만들기에 적합하지 않아요.

- 전통적 방식의 판지제본을 대신하여 시중에서 판매되는 양장 공책, 「Book-Kit」, 반제품 판지제본 팩 등을 구입하여 스스로 양장제본 책을 만들어 볼 수 있어요.

- 「Book-Kit」는 「21세기 아이들(www.21ckids.co.kr)」에서 제작 · 판매되고 있어요. 「Book-Kit」는 A4 크기의 내지를 사용하고 표지에 코팅이나 별도의 커버를 씌우지 않아 직접 글과 그림을 그릴 수 있도록 제작되어 있기 때문에 그림 그리기와 꾸미기를 즐기는 유아와 초등학교 저학년 어린이에게 적합한 제품이에요. 제작방법은 제품 내에 구체적으로 소개되어 있으므로 이를 참고하여 제작해 보세요.

- 판지제본 반제품 팩은 대형 문구점, 책 만들기 재료를 판매하는 매장과 인터텟 판매 사이트에서 구입할 수 있어요. 판지제본 반제품 팩은 모든 재료들이 미리 재단되어 제공되므로 쉽고 간단하게 하드커버 책을 만들 수 있지만 크기가 작고 커버를 씌우는 과정이 첨가되므로 고학년의 어린이와 활동하는 것이 좋아요.

- 기성 제품을 구입하여 만드는 판지제본 방식 외에 1년 동안 사용하여 낡은 바인더 수첩이나 케이스를 이용하여 나만의 수첩이나 아름다운 책을 만들 수 있어요.

① 양장 제본책을 제작할 수 있는 Book Kit

② 반제품 판지제본 팩

③ 바인더와 수첩 케이스

④ 다양한 유형의 코덱스 북

- 심규호(만 5세). 우리들의 이야기. 220㎜×287㎜.
- Book Kit
- 내지 | 북킷트 내지 210㎜×280㎜ 29매

- 권지은(만 5세). 우리들의 글모음. 220㎜×287㎜.
- Book Kit
- 내지 | 북킷트 내지 210㎜×280㎜ 27매

- 탁서연(만 5세). 내가 꾸미는 세상. 220㎜×287㎜.
- Book Kit
- 내지 | 북킷트 내지 210㎜×280㎜ 25매

- 표지 | 2공 바인더 하드커버 케이스 360㎜×180㎜
- 내지 | 디자이너스칼라 1080㎜×180㎜ 12매
- 아일릿 2호

- 표지 | 6공 바인더 수첩 케이스 155㎜×190㎜
- 내지 | 컬러 머메이드 1045㎜×170㎜ 6매

- 표지 | 수첩 케이스 360㎜×180㎜
- 내지 | 디자이너스칼라 2040㎜×167㎜ 1매
- 아일릿 2호

우리들의 글모음
지은출판사
내가 꾸미는 세상

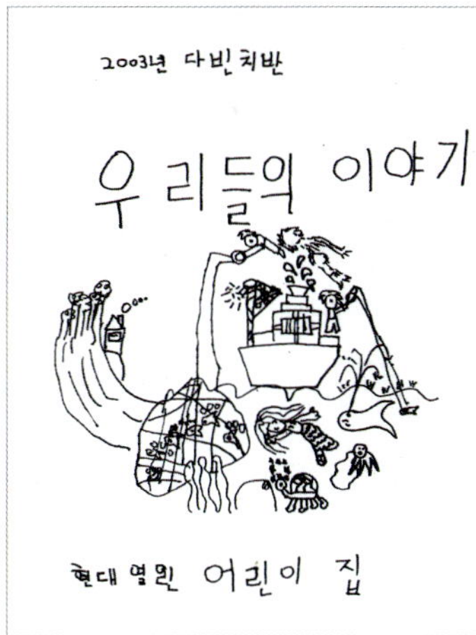
2003년 다빈치반
우리들의 이야기
현대 열린 어린이 집

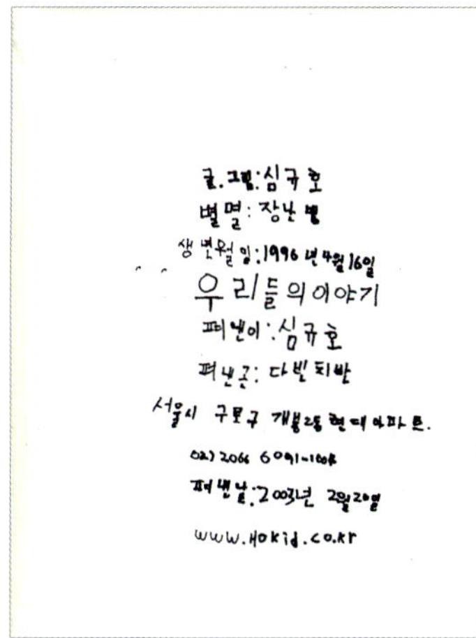
우리들의 이야기
www.hokid.co.kr

세계의 모자들
야구모자
간호사
중절모
소방관
상모
엄지왕자
엄지공주
요리사
털모자

꼬마 눈사람
한겨울에 만들어보자
꼬마 눈사람
눈썹이 우습구나
코도 삐뚤고
겨울은 보여줄까
꼬마 눈사람

3월
일 월 화 수 목 금 토

♠제목:권투
그림설명:두선수가 다른곳
을 보고 펀치하고 있어요

추운 얼음나라에
개구쟁이 펭귄이 놀러
왔어요.우 와신난다

CD-ROM 자료 목록

No.		제목	출력 용지	활용 유형	쪽
1	1	나의 그림책 라벨 3621	Formtec Label 3621	외겹접기 링 제본책	14~19
	2	나의 그림책 생각 모으기	A4 복사용지		
2	1	품사 라벨 3623	Formtec Label 3623	양장접기 링 제본책	22~26
	2	이름씨 · 그림씨 · 동작씨 생각 모으기	A4 복사용지		
3	1	전통접기 활동지	A4 복사용지	전통접기 링 제본책	27~33
4	1	자음 라벨 3640	Formtec Label 3640	테두리접기 링 제본책	36
5	1	반대말 생각 모으기	A4 복사용지		40~41
	2	수수께끼 생각 모으기	A4 복사용지		
	3	무엇이 될까요 생각 모으기	A4 복사용지		42
	4	큰 말 · 작은 말 생각 모으기	A4 복사용지		43
	5	큰 말 · 작은 말 라벨 3108	Formtec Label 3108		
6	1	우리 반 소개하기 라벨 3108	Formtec Label 3108	병풍접기 링 제본책	44~46
	2	우리 반 소개하기 생각 모으기	A4 복사용지		
7	1	다면접기 생각 모으기 (가로형)	A4 복사용지	다면접기 링 제본책	52~57
	2	다면접기 생각 모으기 (세로형)	A4 복사용지		
8	1	가치 생각 모으기	A4 복사용지	양문접기 링 제본책	58~62
	2	가치 라벨 3640	Formtec Label 3640		
9	1	다단 이야기 생각 모으기	A4 복사용지	다단 외겹접기 링 제본책 다단 테두리접기 링 제본책 다단 양문접기 링 제본책	64~82
	2	다단 이야기 라벨 3910S	Formtec Label 3910S		
	3	다단 이야기 라벨 3105	Formtec Label 3105		
	4	다단 이야기 라벨 3110	Formtec Label 3110		
10	1	이야기 목록표	A4 복사용지	주머니접기 링 제본책	84~89
11	1	계단 카드 맞춤선 활동지	A4 복사용지	계단 링 제본책	104~105
	2	계단 꼭지 모양 본	A4 복사용지		106~109
12	1	색종이 접기 순서도 라벨 3621	Formtec Label 3621	필름 링 제본책	116~119
13	1	마음대로 그리기 라벨 3621	Formtec Label 3621	아일릿 제본책	133~137
14	1	두 낱말로 한 낱말 만들기 생각 모으기	A4 복사용지	양면 보드 표지책	174~177
15	1	판권면 라벨 3105	Formtec Label 3105	Chapter 1~8	14~189
	2	판권면 라벨 3108	Formtec Label 3108		
	3	판권면 라벨 3114	Formtec Label 3114		
	4	판권면 라벨 3116	Formtec Label 3116		
	5	판권면 라벨 3623	Formtec Label 3623		
16	1	뉴칼라 색상표	A4 복사용지	부록	14~189
17	1	재료 규격 및 단가표	A4 복사용지		
18	1	재료 구입 신청서	A4 복사용지		
19	1	책 만들기를 통한 문해 활동 전문가과정	A4 복사용지		

참고문헌

최유경(2005). 책 만들기를 통한 창의적 언어교육 I : For Cards, Accordion Books & Flag Books. 서울: WOWPLAY.
최유경(2006). 책 만들기를 통한 창의적 언어교육 II : For Fold, Cut, Ox-flow, Flip & Flap Books. 서울: WOWPLAY.
최유경(2006). 책 만들기를 통한 창의적 언어교육 III : For Pop-up & Objet Books. 서울: WOWPLAY.
최유경(2007). 책 만들기를 통한 창의적 언어교육 IV : For Cd, Pocket, Envelope & Stapler Books. 서울: WOWPLAY.
Aimone, K. D. (2007). The Adventurous Scrapbooker: Creating Wonderful Scrapbooks from Almost Anything. New York: Sterling Publishing.
Baskett, M. (2002). Creative Paper Folding. New York: Sterling Publishing.
Blinn, L., Bitto, J. F., & Mason, J. (2006). Paper Art Workshop: Handmade Gifts Stylish Ideas for Journals, Stationery, and More. Massachusetts: Quarry Books.
Blinn, L., Bitto, J. F., & Mason, J. (2007). Paper Art Workshop: Celebrating Baby Personalized Projects for Moms, Memories, and Gear. Massachusetts: Quarry Books.
Bolton, P. (2007). 1,000 Artist Trading Cards: Innovative and Inspired Mixed Media ATCs. Massachusetts: Quarry Books.
Bourassa, B. (2006). Beyond Scrapbooks: Using Your Scrapbook Supplies to Make Beautiful Cards, Gifts, Books, Journals, Home Decorations, and More! Massachusetts: Rockport.
Browning, M. (2007). Paper Crafts Workshop: Traditional Card Techniques. New York: Sterling Publishing.
Cartwright, A., & Fishburn, S. (2007). In This House: A Collection of Altered Art Imagery and Collage Technique. Massachusetts: Quarry Books.
Crane, A. L. & Shreere, C. M. (2005). Scrapbook Styles: Celebrate Your Stories. St Martins Press.
Crosland, S. (2007). The Ultimate Cardmaker: 180 Card Idears and 20 Essential Techniques. Ohio: David & Charles Book.
Diehn, G. (2005). The Decorated Journal: Creating Beautifully Expressive Journal Pages. New York: Lark Books.
Foose, S. L. (2003). Paper for All Seasons: Projects and Presents to Make Through Year. New York: Watson-Guptill Publications.
Giuliani, B. (2002). Wild and Domestic Animals CD-ROM and Book. New York: Dover Publications.
Golden, A .(2007). Expressive Handmade Books. New York: Sterling Publishing.
Harrison. H. (2003). Altered Books: Collaborative Journals, and Other Adventures in Bookmaking. Massachusetts: Quarry Books.
Hill, N. M. (2004). It's All About Cards & Tags. Little Rock: Nancy & Company.
Hoffman, P., Eisen, M., & Eisen, J. (2005). Easy Invitations: Use Your Home Computer to Create Stylish Stationery for Weddings, Birthdays and Other Occasions. Massachusetts: Quarry Books.
Hufford, D. (2005). Scrapbooking; Keep Your Special Memories. Capstone Press.
Irvine, J. & Reid, B. (2005). East-to-Make Pop ups. New York: Dover Publications.
Ishaque, L. (2006). Creating Papercrafts: Stylish Ideas and Step-by-step Projects. London: Ryland Peters & Small.
Jacobs, M. (2005). Cards That Pop up, Flip & Slide. Ohio: North Light Books.
LaPlantz, S. (1998). Cover To Cover: Creative Techniques for Making Beautiful Books, Journals &Albums. New York: Sterling Publishing.
Ludwig, L. K. (2008). Mixed-Media Nature Journals: New Techniques for Exploring Nature, Life, and Memories. Massachusetts: Quarry Books.
Mason, J. (2008). The Cardmaker's Workbook: The Complete Guide to Design, Color, and Construction Techniques for Beautiful Cards. Massachusetts: Quarry Books.
Mason, J. (2005). Pockets, Pullouts, and Hiding Places: Interactive Elements for Altered Books, Memory Art, and Collage. Massachusetts: Quarry Books.
Mckenna, S. (2005). Eyelets For Scrapbooks. Independent Publishing Group.
McIvor, K. & Mason, S. (2007). Chalking & Stamping Techniques Using Scrapbooks. Independent Publishing Group.
Perrella, L. (2004). Artists°Ø Journals and Sketchbooks: Exploring and Creating Personal Pages. Massachusetts: Quarry Books.
Perrella, L. (2008). Art Making Collections, &Obsessions: An Intimate Exploration of the Mixed-Media Work and Collections of 35 Artists. Massachusetts: Quarry Books.
Reimer-Epp, H. & Reimer, M. (2002). The Encyclopedia of Paper Making and Bookbinding: The Definitive Guide to Making, Embellishing and Repairing Paper and Books.
Rinehart, B. D. (2007). Creating Books &Boxes: Fun and Unique Approaches to Handmade Structures
Ross, K. (2006). The Scrapbooker's Idea Book. Lerner Publishing Group.
Sokol, D. D. (2008). 1,000 Artist Journal Pages: Personal Pages and Inspirations. Massachusetts: Quarry Books.
Thomas, P. & Thomas, D. (2004). More Making Books by Hand: Exploring Miniature Book, Alternative Structures, and Found Objects. Massachusetts: Quarry Books.
Weston, H. (2008). Bookcraft: Techniques for Binding, Folding, and Decorating to Create Books and More. Massachusetts: Quarry Books.
Zocchi, A. (2007). The Scrapbooker's Color Palette: Using Color to Create Fabulous Scrapbook Pages. New York: Sterling Publishing.

그림책

고경숙(2005). 마법에 걸린 병. 재미마주.
고미 타로(2003). 모두가 가르쳐 주었어요. 달리.
권정생 글 · 정승각 그림(1996). 강아지 똥. 길벗어린이.
김지희 글 · 김영곤 그림(2005). 멀뚱이의 식물일기. 진선출판사.
다다 히로시(1996). 사과가 쿵! 보림.
데이비드 위즈너(2002). 구름공항. 중앙출판사.
데이빗 섀논(1999). 안돼, 데이빗! 지경사.
데이빗 섀논(2005). 요정이 될테야. 지경사.
레오 리오니(1997). 으뜸헤엄이. 마루벌.
레오 리오니(1999). 생쥐와 태엽쥐. 마루벌.
레오 리오니(2000). 물고기는 물고기야. 시공주니어.
레오 리오니(2003). 파랑이와 노랑이. 물구나무.
로렌 차일드(2001). 난 토마토 절대 안 먹어. 국민서관.
마르크스 피스터(1994). 무지개물고기. 시공주니어.
마르크스 피스터(1999). 무지개물고기와 흰수염고래. 시공주니어.
마르크스 피스터(2001). 용기를 내, 무지개물고기. 시공주니어.
맥스 벨트하우스(1995). 사랑에 빠진 개구리. 마루벌.
멜라니 월시(2002). 크고 작고. 시공주니어.
멜라니 월시(2002). 무엇이 될까요? 시공주니어.
몰리 뱅(2003). 쏘피가 화나면, 정말 정말 화나면…. 케이유니버스(주).
베르너 홀츠바르트 글 · 볼프 에를부르흐 그림(1993). 누가 내 머리에 똥 쌌어? 사계절.
볼프 에를브루흐 글 · 그림(2004). 커다란 질문. 베틀북.
사라 페리(2000). 만약…. 아가월드.
샘 로이즈(2007). 이 말은 무슨 말. 문학동네어린이.
서세옥(2006). 즐거운 비. 한솔수북.
심스 태백(2000). 옛날 옛날에 파리 한 마리를 꿀꺽 삼킨 할머니가 살았는데요. 베틀북.
심스 태백(2004). 잭이 지은 집에서 도대체 무슨 일이 일어났을까? 베틀북.
안느 구트망(2001). 박물간에 간 가스파르와 리자. 비룡소.
유리 슐레비츠(1994). 비 오는 날. 시공주니어.
윤구병 글 · 이태수 그림(1999). 우리 순이 어디 가니? 보림.
에드 영(1999). 일곱 마리 눈먼 생쥐. 시공주니어.
에릭 칼(2005). 배고픈 애벌레. 몬테소리CM.
에즈라 잭 키츠(1995). 눈 오는 날. 비룡소.
에즈라 잭 키츠(1996). 피터의 의자. 시공주니어.
엘라 마리(1995). 빨간 풍선의 모험. 시공주니어.
이동진(2001). 어느 날 밤. 산하.
이수지(2006). 움직이는 ㄱㄴㄷ. 돌베개어린이.
이완 와이브로우 글 · 세바스찬 브라운 그림(2006). 또요. 대교베텔스만.
이지현(2005). 어디 있나 내 뿔? 삼성출판사.
제니스 메이 우드리(1997). 나무는 좋다. 시공주니어.
주지 오웰 글 · 박제희 그림(2004). 동물농장. 혜원출판사.
채인선 글 · 김은정 그림(2005). 아름다운 가치사전. 한울림어린이.
최숙희(2000). 누구 그림자일까? 보림.
캐롤라인 캐슬 글 · 샘 차일즈 그림(2007). 꼬마 얼룩말 궁금한 것도 많지. 꼬마미디어2.0.
크베타 파코브스타(2000). 모양놀이. 베틀북.
토드 파(2005). 기분이 좋아지는 책. 삐아제어린이.
패드릭 맥도넬(2006). 아트. 지경사.
하브 제마크 글 · 마고 제마크 그림(2004). 어리석은 판사. 시공주니어.
하야시 아키코(2007). 달님 안녕. 한림출판사.
한태희(2002). 손바닥 놀이공원. 예림당.
한태희(2002). 손바닥 동물원. 예림당.
한태희(2004). 손바닥 물고기. 예림당.
황선미 글 · 김환영 그림(2000). 마당을 나온 암탉. 사계절.
헬렌 옥슨버리 글 · 마이클 로젠 그림(1994). 곰 사냥을 떠나자. 시공주니어.